本书为 2017 年度国家社会科学基金项目"七七事变前东北新闻界对日本新闻侵略的抵制研究"（项目编号 17BXW017）结项成果

东北新闻界
反抗日本侵略史
（1903-1945）

王翠荣◎著

中国社会科学出版社

图书在版编目（CIP）数据

东北新闻界反抗日本侵略史：1903-1945 / 王翠荣著. -- 北京：中国社会科学出版社，2024.9. -- ISBN 978-7-5227-4239-7

Ⅰ. K265

中国国家版本馆 CIP 数据核字第 202443J8R0 号

出 版 人	赵剑英
责任编辑	安　芳
责任校对	张爱华
责任印制	李寡寡

出　　版	中国社会科学出版社
社　　址	北京鼓楼西大街甲 158 号
邮　　编	100720
网　　址	http://www.csspw.cn
发 行 部	010-84083685
门 市 部	010-84029450
经　　销	新华书店及其他书店

印　　刷	北京明恒达印务有限公司
装　　订	廊坊市广阳区广增装订厂
版　　次	2024 年 9 月第 1 版
印　　次	2024 年 9 月第 1 次印刷

开　　本	710×1000　1/16
印　　张	21.75
字　　数	356 千字
定　　价	128.00 元

凡购买中国社会科学出版社图书，如有质量问题请与本社营销中心联系调换
电话：010-84083683
版权所有　侵权必究

目　　录

绪　论 …………………………………………………………………… 1
　第一节　研究动因及研究意义 ……………………………………… 1
　第二节　几个基本概念 ……………………………………………… 4
　第三节　相关学术史回顾 …………………………………………… 7
　第四节　逻辑架构及相关史料的运用 …………………………… 20
　本章小结 …………………………………………………………… 22

第一章　日本新闻侵略的萌芽及东北新闻界的反帝意识
　　　　（1903—1912.1）………………………………………… 24
　第一节　最早染指东北的沙俄及实施远东政策的舆论工具 …… 25
　第二节　日本"大陆政策"的实施及在东北罗织的新闻网络 …… 31
　第三节　东北国人报刊的兴起及开启的反帝传统 ……………… 48
　本章小结 …………………………………………………………… 66

第二章　新闻侵略的升级及迎战热情的高涨（1912.1—1931.9）…… 71
　第一节　从怀柔到威压：日本在东北新闻侵略政策的演变 …… 73
　第二节　从孱弱到强健：东北新闻界的大胆迎战 ……………… 98
　第三节　民国时期东三省"排日"倾向强烈的代表性报刊 …… 130
　本章小结 ………………………………………………………… 161

· 1 ·

第三章　日伪新闻统制的开始与国人的新闻抵抗
　　　　（1931.9—1937.7） …………………………………… 167
　　第一节　"九一八"事变后日本人媒介的蛊惑与侵略 ………… 167
　　第二节　日伪政府的新闻统制及东北媒介格局的变化 ……… 174
　　第三节　在共产党领导、参与下的新闻出版及广播战线的
　　　　　　抗日斗争 ……………………………………………… 200
　　第四节　生存与抗争：日伪统治时期的《国际协报》 ………… 213
　　本章小结 ……………………………………………………… 240

第四章　日伪新闻统制的强化及国人的另类反抗
　　　　（1937.7—1945.8） …………………………………… 245
　　第一节　日伪新闻统制的强化 ………………………………… 246
　　第二节　"七七事变"后部分媒体及爱国人士的抵抗 ………… 256
　　本章小结 ……………………………………………………… 277

余　论　关于东北新闻界对日侵略抗争历程的省思 …………… 282
附　表 ……………………………………………………………… 297
参考文献 …………………………………………………………… 326
后　记 ……………………………………………………………… 342

绪　论

第一节　研究动因及研究意义

中国和日本作为东亚的两个古老国家，由于地理位置的接近，原本应该成为"一衣带水"的邻邦，但在中国近现代史上，日本却给中国带来了罄竹难书的浩劫和灾难。东北作为日本侵略中国的首选地区，自中日甲午战争始，便遭受了日本帝国主义的染指。日俄战争后，日本凭借自身优势逐渐在东北站稳脚跟，并将东北作为实现其侵略中国、实现大陆政策的突破口，不断寻找、制造各种时机，大肆侵犯中国主权，扩充自身势力范围，直至发动侵略战争。

当一个民族企图征服和奴役其他民族时，往往会从文化上设法渗透，进而达到对该民族思想和精神的控制。应该看到，日本对中国东北乃至全中国发动侵略战争时，不单单借助于刺刀和枪炮来诛杀中国人的肉体，还善于借助文化，尤其是借助于新闻舆论这把软刀来制造声势，灌输观念，蚕食中国人的心灵。这种侵略对人的戕害比武力屠戮更为隐秘和深厚，因为它作用于人的精神而非肉体。因此，只有认识到这一点，才会对日本侵略中国的面目有一个较为全面的认知。

著名文学理论家、批评家爱德华·W. 萨义德在《文化与帝国主义》一书中，曾经深刻指出了文化的殖民和霸权、文化与帝国主义之间的共谋关系。在他看来，文化并不总是宽容的，而是有侵略性的。"在一切以民族划分的文化中，都有一种想握有主权、有影响、想统治他人的愿望。在这方面，英国、印度与日本文化都是一样的。"① 他还指出："文化成为一个舞台，各种政治的、意识形态的力量都在这个舞台上较量。文化不但不是一个文雅平静的领地，它甚至可以成为一个战场，各种力量在上面亮相，互相角逐。"②

以日本这个妄图长期占领中国、将中国彻底殖民地化的岛国为例，近代以来，其在制定对华方针政策时呈现出了时间性、阶段性和区域性三个特点，并由此为实现所谓的"国策"采取了不同应对措施和方法。日本在对中国实施武装侵略及政治管制之前，便在文化上进行了持之以恒的影响和渗透，在此过程中，其确定的核心宗旨是：要发动侵略战争，必须要将敌对国的文化进行彻底的调查和研究，即文化入侵先于战争入侵。对于日本侵略者而言，对中国实施文化入侵的最佳策略无疑是借助于报刊、广播、通讯社等媒介手段先行发动新闻侵略，在舆论宣传上周密部署、有序推进。但东北地区的国人媒体也从未坐以待毙，而是竭尽所能，将抵制列强侵略的思想贯彻到新闻实践当中，进行必要的还击。

法国社会学家皮埃尔·布尔迪厄曾提及充满着各种话语较量和抗衡的权力场。即"是一个包含许多力量的场域，受各种权力形式或不同资本类型之间诸力量的现存均衡结构的决定。同时，它也是一个存在许多争斗的领域，各种不同权力形式的拥有者之间对权力的争斗都发生在这里"③。

在中国的版图上，东三省自古以来享有十分重要的战略地位。它北接西伯利亚，南临渤海和中原，西达蒙古直通中亚，东望朝鲜半岛和日本海，并且拥有相当丰富的土地资源、矿产资源和森林资源等，因此很早便成为令日本垂涎之地，也自然成为20世纪各帝国主义国家权力角逐的特殊场域。而在日本侵略东北的进程中，东北的新闻生产场域即是各种不同力

---

① [美]爱德华·W. 萨义德：《文化与帝国主义》，李琨译，生活·读书·新知三联书店出版社2003年版，第17—18页。

② [美]爱德华·W. 萨义德：《文化与帝国主义》，李琨译，生活·读书·新知三联书店出版社2003年版，前言第4页。

③ [法]皮埃尔·布尔迪厄：《实践与反思：反思社会学导引》，华康德等译，中央编译出版社1998年版，第285页。

量之间博弈的场所。

正缘于此，从新闻传播视角出发，深入考察日本侵略者染指中国东北前后，如何在东北境内借助于传媒舆论，实施有目的、有蓄谋的侵略和有组织、有威力的严酷统制；系统地爬梳东北新闻界是如何一步步认清军国主义操纵下日本人媒介的实质，又是以何种姿态沉着应对及顽强抗争的脉络，并做出客观的评判，便有着十分重要的意义。

在当前国内的新闻史学著述中，关于日本侵华以来对东北实施的新闻侵略问题鲜少做系统观照，更很少有学者对东北新闻界为抵制日本新闻侵略所做出的一系列努力给予较为深入的研究，这就使得东北新闻史上部分媒介及新闻人的诸多努力无法被学界广泛认知。因此，以日本对东北的新闻侵略为触发点，以东北新闻界对日本新闻侵略的反抗轨迹为观照对象，必将进一步拓展现有东北新闻史的研究领域和研究广度，丰富相关学术体系与话语体系。

东北新闻事业的开端尽管在国内相对迟滞，但其所面临的复杂形势、遭受的挫折及磨难某种程度上却是关内其他地区所不具备的。面对强行闯入并试图进行文化绑架和舆论掌控的日本人媒介，东北新闻界一度奋勇搏击，努力抵制日本帝国主义的文化霸权和新闻侵略。本书将紧密围绕中日两国媒介相互博弈的过程展开论述，同时将揭示出中日双方媒介在东北由于所处位置、力量对比的不同所呈现出的不同形态，进而剖析在不同局势下出现的博弈局势、关系变量及博弈结果，重点展现东北新闻界反抗日本新闻侵略的艰辛历程，从而进一步揭示帝国主义强权的本质，凸显中日媒介博弈的复杂性。

在研究中，将进一步挖掘东北新闻界这一独特样本，充分展现民族气节和精神力量的伟大。尽管由于日本人媒介占据着"先发"优势，也因政府当局的决策失误而令东北新闻界由被动防御到主动出击，再由顽强对弈到对弈失败，但东北新闻界所展现的可贵的抵抗精神，至今仍鼓舞着广大中国民众；东北新闻界所勾勒出的由弱到强、由爆发到隐忍再到曲折反抗等轨迹，以及这一变化与政府当局面对强敌时表现出的政治立场的内在关联，在中国新闻史上也便成为独特的样本，值得后人深思。

因此，通过论述日本有计划、有步骤地利用报刊等媒介在东北进行舆论布局，挖掘日本新闻侵略不断升级的演变过程，由浅入深，以小见大，深刻剖析以新闻侵略为主导的文化侵略的特点、实质，以及对我们国家造成的危害和影响，同时重点突出东北新闻界在抵抗日本侵略中的思想引领作用，可以进一步揭示中国人民民族精神的宝贵，从而弥补当前东北新闻史研究上的缺憾。

第二节　几个基本概念

一 "文化侵略"

"文化"一词有广义与狭义之别。《辞海》有云："广义的文化，指的是人类社会历史实践过程中所创造的物质财富和精神财富的总和。从狭义上看，指社会的意识形态，以及与之相适应的制度和组织机构。文化是一种历史现象，每一社会都有与其相适应的文化，并随着社会物质生产的发展而发展。作为意识形态的文化，是一定社会的政治和经济形态的反映，又给予重大影响和作用于社会的政治和经济。"[①] 文化往往具有阶级性、民族性和历史的连续性。一般而言，"文化"多侧重于指向超越物质实体的观念的、精神的所在，其核心是作为精神产品的各种知识，其本质是传播。

《辞海》中提到，"侵略"指"一国对他国领土、主权的侵犯和对他国人民的掠夺、奴役的活动，它的根源是剥削制度。侵略是帝国主义、霸权主义的本性，也是最严重的国际罪行。它的形式多种多样，以武装侵略最为明显"[②]。而在《现代汉语词典》中，对"侵略"的界定则更为明确。其表述为："一个国家或几个国家联合起来侵犯别国的领土、主权、掠夺并奴役别国的人民。侵略的主要形式是武装入侵，往往也伴随着政治干涉、经济和文化渗透等方式。"[③]

可以说，"侵略"常表现为有组织地发起侵占，杀戮与掠夺，具有组织性、掠夺性和侵害性的特点。其形式多种多样，除最为显性的武装（军事）侵略以外，还包含经济侵略和文化侵略。其中"文化侵略"是最为隐

[①] 辞海编辑委员会：《辞海》（下），上海辞书出版社1984年版，第3510页。
[②] 辞海编辑委员会：《辞海》（上），上海辞书出版社1984年版，第568页。
[③] 中国社会科学院语言研究所词典编辑室：《现代汉语词典》，商务印书馆2005年版，第1024页。

蔽也最为持久的一种形式。

学者王向远指出，文化侵略是指利用"文化"手段，通过采取一系列"文化"行为，重在为武力侵略服务。这些文化侵略行为主要包括以下几方面内容："事先制造侵略他国的思想舆论，对将来武力侵略他国的可能性和必要性进行种种学术意味的设想、研究和论证；或在战争中为侵略进行宣传、辩护；或在占领它国的条件下，以奴役被侵略国的人民为目的，蓄意歧视、诬蔑、毁损、破坏对象国的文化，并将自国的思想观念、宗教信仰、文化设施、自国的语言文学等强加于对象国——这些'文化'的行为都构成'文化侵略'。"[①]

王向远对"文化侵略"的认知是比较到位的。它首先揭示了实施文化侵略的主体和受体——即将发动或已经发动武装侵略的国家和即将遭受或已经遭受敌对国武装侵略的国家；其次揭示了实施文化侵略的目的——为发动侵略国家的武力侵略服务；同时又揭示了实施文化侵略的手段——制造思想舆论、进行学术探讨、为侵略行为宣传辩护，或蓄意抹黑被侵略国家文化，向被侵略国强行灌输自己国家的文化体系和价值观念等。这种建立在损害某个国家的主权和利益基础之上，作用于人的精神层面的文化植入常常是不易察觉的，甚至会披上漂亮的外衣，对被侵略国的国民有着较强的麻醉作用，甚至会在相当长的一段时间内迷惑和欺骗民众。这是其最为可怕的一面。

二 "新闻侵略"

新闻媒介作为承载文化意识形态的重要渠道，在任何时代、任何国家均起到不容忽视的作用。前述已提及，当一个国家拟对他国实施武装侵略时，常常会进行文化渗透及强制输入。而其中，又常常会借助于影响面最广的大众媒介这种便捷渠道来加以宣传和操控，这便涉及一种比较特殊但又十分典型的侵略，即"新闻侵略"。

笔者在本书中，将"新闻侵略"视为"文化侵略"的典型形态，并结合以往的研究，特将"新闻侵略"做如下界定："新闻侵略"就是侵略国有目的、有组织地借助于新闻媒介（报刊、通讯社、广播、电视、网络

---

① 王向远：《日本对中国的文化侵略》，昆仑出版社2005年版，第4页。

等），以觊觎、侵犯、掠夺和占领被侵略国为宗旨所作的虚假信息传递、利己舆论操纵以及本国意识形态强加等，是文化侵略的一种重要方式和手段。它有着鲜明的组织性、掠夺性和侵害性。

在后续研究中，本书将立足于文化之精神产品中的新闻传媒而非宗教信仰、节日习俗、公益文化设施、语言教育等领域，将日本自20世纪初开始侵略中国东北的过程中精心构筑舆论阵地，不惜造谣诽谤、惑乱人心，将报刊、通讯社及广播等媒介手段作为蛊惑、欺骗和攻击中国民众的利器，从而不遗余力地服务于侵略扩张的国家利益的真实行径予以披露，并将日本这一帝国主义国家的殖民掠夺本质及给东北新闻界造成的深重灾难予以客观呈现。同时，将东北新闻界在不同阶段不同形式的反抗予以深入挖掘，着力凸显国人在面对外敌入侵时的精神面貌。

三　日本人媒介

"媒介"一词有广义及狭义之分。本书所指涉的"媒介"采用的是狭义之义项，即所有向广大受众传递各种信息的物质载体，比如报刊、广播、电视、互联网、手机等介质。而根据本书研究的时间范畴，则主要包括报刊、通讯社、广播几大介质。

本书中提到的"日本人媒介"主要是与中国人所创办的媒介相对而言，即指日本人在我国创办、接管或经营的各类面向中国人传播的媒介。这里同时有着明确的地域指向和受众指向，主要指日本在侵略中国东北不同进程中创设的一系列主要面向东北受众的报刊、通讯社、广播电台等。在日本对中国东北半个多世纪的染指中，曾有相当数量的日本国民伴随侵略者入侵的脚步移居到东北各地（尤其是日本直接控制下的"关东州"）。因此为了满足这部分日本人的信息需求，日本官方及民间团体、个人曾在中国东北地区创办了许多以日文报刊为代表的媒介，其主要语种为日语，面向的受众群体也是日本国民，这部分媒介不在本书重点考察之列，但为覆盖到面，将会在必要时粗略提及或在附表部分简要罗列。

四　东北新闻界

"新闻界"作为一个新闻传播领域的惯用词汇，迄今在学界并没有规范的概念表述，它更多指涉的是一个范围，是与从事新闻传播活动相关的媒体机构、新闻团体及个人所构成的集合。而本书中强调的"东北新闻界"的指向主要是在东北这个特定的地域，由国人创办的新闻媒介（以报纸、通讯社、广播为主）、新闻团体（以报界联合会为主）及新闻工作者（以记者、编辑、民间报人为主体）等共同构建的舆论阵地。其恰恰与日本人在中国东北创设的媒介机构及从事新闻活动的新闻工作者相呼应。

同时，结合东北新闻事业发展及面临的不同媒介环境，本书在不同历史阶段关注的东北新闻界涵盖的对象会略有不同。晚清时期将重点关注东北的国人（官办及民办）报刊、代表性报人及代表性事件；伪满洲国成立前的民国时期将重点关注东北的国人（官办及民办）报刊、国人通讯社、广播电台、代表性新闻人物、新闻团体及新闻活动；伪满洲国成立后日本在东北实施殖民统治时期将重点关注东北的民营报刊、广播战线、抗联报刊及中国共产党组织的地下新闻活动（因日伪实施"一国一通讯社"之政策，故国人通讯社此阶段在东北被明令取缔）等。

第三节 相关学术史回顾

一 "文化侵略"源流考

事实上，对于"文化侵略"，国内很早以前就有人关注，甚至在学界及业界均引发过一定的争论，只不过没有为其明确一个相对精准的概念，而是大多从现象出发来阐释其手段及危害。

1. 瞿秋白对"文化侵略"的认知

我国最早对"文化侵略"有所阐述的人主要是中国共产党早期主要领导人之一瞿秋白。1923年7月，瞿秋白曾用笔名"屈维它"发表了一篇题为"帝国主义侵略中国之各种方式"的文章，文章指出资本主义发展至帝国主义阶段，会更疯狂地向海外侵略征服殖民地，这也是帝国主义进程中不可避免之现象。他指出帝国主义对殖民地的侵略，一般可以分为4个步骤："强辟商场，垄断原料，移植资本，文化侵略。"同时"就帝国主义侵略中国之各种方式来看，欧战之后，'文化侵略'的倾向可谓是一种最新的形式……"[①] 瞿秋白认为，帝国主义为了适应对殖民地政治上统治、经

---

① 瞿秋白：《瞿秋白选集》，人民出版社1985年版，第23—39页。

济上掠夺之需要，往往在文化上"竭力综合现代市侩的心理，暗地里建筑成一个系统，这个系统借助于设立教会、学校、办报纸、慈善事业，召开国际会议等形式表现出来，并且在内容上不外乎是'自由平等博爱''实业救国''人道主义''和平发展'之类的论调"①。瞿秋白的这一论断，是基于中国积弱的国情以及对帝国主义本质的了解，特别是在以美国为代表的帝国主义国家提出"庚款兴学"的背景之下所做出的深刻剖析。

1901年9月，中国与11个国家签订了丧权辱国的《辛丑条约》。条约中规定，中国需向各国赔偿战争损失总计4.5亿两白银，分39年还清，这样本息共达9.8亿两白银。后在多方努力下，美国率先于1908年5月作出决定，同意退还部分"庚子赔款"，但要求清政府需将之用于兴办教育和派遣留美学生，这一决定自1909年1月正式实施。"据统计，1909年至1929年'庚款'留美学生总人数为1289人。"② 美国的这一举动，尽管客观上促进了中国教育和科技事业的发展，但其实质却是企图以文化软实力来打开中国教育的大门，实现长远的"文化侵略"。

瞿秋白曾尖锐地指出："美国放弃庚款，造成亲美派留学生的势力，还遍设教会学校，创办慈善事业，不但现时它能够控制中央政府做侵略全中国的事业，而且还能改制中国人的心肺，贿买整个儿的阶级，预备做它将来的'代理统治者'；它能有很大很多的机关报，'洋大人'的舆论每每足以影响中国日常的政治生活；凡此一切都大足以威临中国之人心。"③ 可以说，瞿秋白的这种省察，对于唤醒民众，促进民族意识的觉醒起到了极大的推动作用。其后，日本对中国退还"庚款"的行为，更加彰显了帝国主义国家的侵略本性，进而极大唤醒了中国有识之士的爱国热情。

2. 教育界由日本退还"庚款"引发的"文化侵略"论

鉴于其他国家相继通过各种形式向中国退还"庚款"的行为，日本也决定将中国对日庚款之剩余部分用于所谓"对华文化事业"。1923年3月，日本通过了《对华文化事业特别会计法案》，该法案决定正式退还庚款，用以兴办"对华文化事业"。1924年2月，日本又同中国签订了《对华文

---

① 瞿秋白：《瞿秋白选集》，人民出版社1985年版，第23—39页。
② 王树槐：《庚子赔款》，"中央研究院"近代史研究所1974年版，第282页。
③ 瞿秋白：《瞿秋白选集》，人民出版社1985年版，第23—39页。

化事业非正式协议会备忘录》，历史上称其为《中日文化协定》。

北京政府尽管与日本订立了《中日文化协定》，但是对于庚款的处置权并未掌握在自己手中，而且庚款的去向大多投向日本侵略中国的各种所谓"文化事业"，很少真正用于中国的文化事业。因此，中国文化教育界逐渐发现所谓的"东方文化事业"不过就是日本侵华扩张的一种方式，于是当时文化教育界越来越多的人士从尝试合作开始转向逐渐怀疑、失望、抵制和反对，并将其视为"文化侵略"。

1923年4月27日，中国科学社、中国地质学会、北京师范大学等11个社团，联名发表宣言，反对日本对华文化事业，要求日本政府"反省"①。此后，中国文化教育界开始不断敦请政府对日交涉，强烈呼吁取消《中日文化协定》。

1924年5月，曾有留日经历的中国教育家朱经农与出版家王云五等42人联合提出意见，要求将"东方文化事业"正名为"中国文化事业协进会"，警告日本如若善意办理："不特中日两国友谊将因此日益浓厚，即世界永久和平之基，亦将由此奠定。苟假对支文化之名，行文化侵略之实，曰退还而仍不还，言亲善而终不善，则中国虽贫，何贵多此变相同文书院？弄巧成拙，欲亲转疏，既失信于中国，且贻笑于欧美，窃为日本不取也？"②

1925年6月1日，在"六一惨案"两周年纪念日之际，湖南育群中学校学生会发表了著名的"六一宣言"，对《中日文化协定》及日本的文化侵略伎俩予以强烈抨击。其宣言指出：

起！起！急起直追！全国民众集中民族解放运动旗帜之下，去向帝国主义，尤其是激成"六一惨变"的日本施总攻击！

同胞！我们试回顾前年六月一日那天，日本出其如虎如狼的手段，甘犯国际公法——水兵武装登陆——枪决我爱国男儿——黄、王二烈士——的流血惨状，他蔑视我主权是怎样？侮辱我国民更怎样？我们试观察前年六月一日以后，日本对华侵略，日趋紧张。对于旅

---

① 《学术团体对日本文化事业之宣言》，《东方杂志》1924年第6期。
② 王树槐：《庚子赔款》，"中央研究院"近代史研究所1974年版，第491—492页。

大，还是抗拒不还，对于二十一条，还是暗中进行；对于六一案，更是通之不理，其他援助一方面军阀，来延长中国的战祸，压迫纱厂工人，实行他的经济的掠夺在在令人心痛！令人发指！同时他又知道中国人对于帝国主义政治的侵略，是同敌忾，一致反抗的，于是阳假亲善之名，阴行侵略之实，弄出一种什么《中日文化协定》的把戏来。这种把戏，换句话说，就是"文化侵略"——杀人不用刀和枪。

我们受着这种奇耻大辱，不是凉血动物，谁也会振臂大呼，鼓噪前进，向着日本猛攻，努力的干到下面的工作：

收回旅大　取消二十一条　力争六一案　反对《中日文化协定》实行经济绝交……①

尽管中国知识界坚决反对日本的对华文化事业，但日本依然我行我素。民国学者俞爽迷就曾指出："中国教育学术团体已经洞烛其奸，于民国十四年至十六年中间屡次发宣言反对该文化委员会，并要求撤废《中日文化协定》，另订中日对等平权办法，使此项退款能得脱离日本外交部对支文化事业局的羁绊。可日本定要执行原案坚持不稍退让，民国十八年教育部曾提出废止《中日文化协定》的交涉，而日本仍置之不理。可见他的文化侵略的野心，大有非达目的不止之势。"② 其结果便是软弱的北京政府，不但继续支付对日庚款，而且任由日本以退还庚款为借口来从事"对华文化事业"。

正是这种态度，使得东北成为中国最早遭受日本文化侵略毒害且受害最深之地，也正因此，东北新闻界在国内较早并且持续地与日本的御用媒体展开了激烈的正面交锋。

3. 民国新闻界出现的"文化侵略"论辩

针对中国教育界发起的关于抵制日本对华文化事业的运动，日本外务省出版的汉文报纸《顺天时报》曾于1925年1月8日刊载了程光铭撰写的题为"日本对华文化事业之真相及我见"的文章，大肆吹捧日本退还全

---

① 北京师范大学历史系中国现代史教研室编：《第一次国内革命战争时期历史参考资料》，北京师范大学历史系中国史现代教研室1964年版，第37页。

② 俞爽迷编：《列强侵略中国概况》，大众书局1936年版，第219页。

部庚款并用在所谓的"东方文化事业"上，相比于美国、法国、英国等国家更加"大公无私"与"完美"。作为日系报纸的吹鼓手，《顺天时报》不惜混淆视听，用别具用心的文化"合作"来掩盖其文化侵略的实质，这一点已被当时中国的清醒人士毫不留情地揭穿。

1925年4月，在东北的舆论重镇沈阳，就出现了一场由"文化侵略"引发的激烈论辩。论辩的主角是分属两大阵营的报纸代表——由东三省民治俱进会创办的《东三省民报》和日本报人中岛真雄在中国东北地区创办的第一份影响最大的中文报纸《盛京时报》。论辩前后持续3个多月，可谓影响深远，详见后文相关论述。

4. 恽代英等人对"文化侵略"的认识

1926年6月30日，中国共产党早期青年运动领导人之一恽代英撰写了题为"反对帝国主义的文化侵略"的文章。恽代英认为："'文化侵略'是指帝国主义一种软化驯服弱小民族的文化政策。其内容有四个方面：一、宣传天堂地狱的迷信，使弱小民族不注意眼前所受的切身痛苦；二、鼓吹帝国主义国家的文明，而掩盖他们实际上社会各罪恶；三、宣传片面是和平博爱的学说，对帝国主义压迫蹂躏弱小民族的事，则不能且不敢加以指摘反对；四、鼓吹帝国主义对弱小民族之德意，对帝国主义者在压迫蹂躏弱小民族的事，则一语不提，使弱小民族发生感激之心，以为自甘永不反叛之臣民。"[①] 其后，关于"文化侵略"的抨击矛头，开始明确指向了对中国觊觎已久的日本。

1928年1月28日，《现代评论》上发表了署名"执无"（任叔永）的文章——《日本的文化侵略》。该文揭露了日本在东北大连实行了"拿一国文化来代替他一国文化"的行径。[②] 《时代》杂志也刊文猛烈抨击道："日本侵略我国，无微不至！或为政治的，或为经济的，或为文化的，可谓无时或已！在上述三种侵略方式之中，尤以文化侵略为最险毒，我们要彻底认清日帝国主义的狰狞面目起见，不得不将最近日人在大连所设置的文化侵略机关、报纸、学堂，为诸君告。"[③] 该文用无可辩驳的事实，历数

---

① 恽代英：《恽代英文集》，人民出版社1984年版，第826页。
② 叔永：《日本的文化侵略》，《现代评论》1928年第7卷164期。
③ 天任：《邻国对我文化侵略》，《时代》1930年第1卷第8册。

了日本人在东北创办的文化机构、学堂及报纸的侵略用心，揭示了其给中国带来的危害程度。

二 "新闻侵略"："文化侵略"的典型样态

1. "新闻侵略"的提出

据笔者考证，最早提出"新闻侵略"这一词汇的是中国共产党的主要创始人之一、杰出的政论家、报刊宣传活动家李大钊。1924年6月18日，李大钊针对路透社连续散布孙中山逝世的谣言这一举动，以"新闻的侵略"为题，对各地都充斥着外国的新闻宣传机构并且操纵舆论的现象予以强烈批判。文章指出："中国遍地尽是外国通讯社的宣传机关，如东方、路透、中美等，他们挟资本雄厚的优势，在内地时时操纵新闻，传播于己有利之消息，暴露华人之弱点，以图引起国际公管；表彰外人在内地之言论及事业，以坚华人对西人之崇拜……"①

在李大钊看来，帝国主义之所以在中国实施新闻侵略，恰恰是想从政治上、思想上和文化上控制中国。他十分犀利地指出："最近如日、美争在中国建无线电台，亦是利用传播敏捷消息的便利，在平时图操纵中国的金融、商业；战时亦利用以供军事通讯，帮助中国一派军阀得到胜利。国人习焉不察，每忽视外人在华之新闻宣传事业。实在，各国中从无许外人在内地自由传播消息的事（俄国即是一例）。此种新闻的侵略，只在中国才有……"② 可以说，李大钊的这篇文章将外国新闻宣传机构企图散播谣言、搅乱中国时局的行为认定为是"新闻侵略"，从而不仅揭穿了帝国主义国家利用媒体对我国进行肆意侵略的居心，而且还鲜明地表达了希望收回中国新闻主权的强烈主张。

2. 民国东北新闻界对日本利用新闻政策侵略东北的独特认知

李大钊从理论层面强调了"新闻侵略"的表征，并提醒国人能认清帝国主义国家操纵在中国的媒体侵犯中国主权的危害。而在实践层面，东北新闻界则在国内较早捕捉到日本媒体的侵略手段并毫不留情地加以驳斥，其中最有代表性的是《东三省民报》的还击。早在1924年3月，该报便

---

① 李大钊：《新闻的侵略》，《向导》1924年第71期。
② 李大钊：《新闻的侵略》，《向导》1924年第71期。

专门刊载了笔名为"无畏"的作者撰写的社论《何谓新闻政策》，更加明确而尖锐地指出帝国主义国家在对他国实施侵略主义的过程中文化侵略主义对广大人民造成的危害，同时更进一步揭示了在文化侵略中新闻鼓吹主义带来的直接后果。继而又以欧战（第一次世界大战）前德国新闻政策发挥的功用作比较，阐明效仿德国该政策的某国（日本）在我国大设报馆，广织舆论网络带给国民无尽毒害的事实，最后提醒报界同人有所觉悟，有所抵御。

社论提及："今世之帝国的侵略主义，约有三大动力：1. 武力的侵略主义；2. 经济的侵略主义；3. 文化的侵略主义"，同时指出"以上二种主义为物质的侵略主义，此者为精神的侵略主义，使人于不知不觉中蒙无量之毒害，其方术有数"。接着将"文化的侵略主义"分为三类：曰文字的同化主义……曰学术的侵略主义……曰新闻的鼓吹主义……然后进一步阐述："就以上三种帝国的侵略主义言之，前二者皆为害显而易明，吾人易知而防之，惟后者为害晦而难测，吾人不慎，易受其愚弄。在此主义中，尤以新闻的鼓吹主义为最甚。"①

其后，针对日本人在东北所办的《满洲报》凭空造谣、别有用心地干涉中国内政的现象，该报还连续发表了《大家今后还看某报否？》（7月18日）、《外报造谣》（8月13日）、《辟满洲报之谰言》（8月18日）《对于满洲报之畸形记者忠告》（9月7日）、《满洲报为何不称吴某为阿爹阿父》（9月25日）、《应注意某国报纸又施挑拨》（11月13日）等文。

在深谙日本媒体的侵略手段后，该报归纳出这些手段的4种作用："1. 宣传己国的声威，使中国人羡慕他；2. 宣传拆白式的亲善，使中国人迷信他；3. 用轻描淡写之术，肆行其挑拨手段，使中国内乱延长；4. 用似是而非的言论，以混淆是非，使中国人不知所从……以上四种，即某国人所谓新闻政策。此种政策之施行，与经济政策，以及武力外交等政策，虽方法不同，而其足以致他人之死命……"②

尽管《东三省民报》未直接用"新闻侵略"的字样加以表述，但这篇《何谓新闻政策》的出台，无疑道出了日本善于利用各类媒介，利用在东

---

① 无畏：《何谓新闻政策》，《东三省民报》，1924年3月25日第2版。
② 记者：《应注意某国报纸又施挑拨》，《东三省民报》，1924年11月13日第7版。

北蓬勃发展的新闻事业对中国实施侵略的无耻行为，同时深情呼吁报界同仁能充分警醒，并同样借助于新闻纸来抵御侵略者的阴谋。

3. 高伯时、赵新言关于日本对中国东北发动"新闻侵略"的剖析

关于日本将新闻纸作为侵略中国东北的"急先锋"，学者高伯时在20世纪30年代初就有过十分精辟的论述："文化侵略似无形之毒弩，深入人心……文化侵略可分两种，一为教育，一即宣传；新闻纸者，乃宣传之利器，而侵略之急先锋也，故日本全国上下，皆视新闻纸为侵略满蒙无上劲旅，拥护维持不遗余力……"①

1940年，赵新言先生撰写的《倭寇对东北的新闻侵略》可谓国内学界较为系统地对"新闻侵略"进行阐述的肇始，而且这里的"倭寇"一词明确指涉日本。在此书中，作者将日本帝国主义运用各类新闻媒介发动的新闻宣传比作新闻战，认为应用这个武器，是为了实现《孙子兵法》所讲的"攻心为上"战略。他的许多认知都十分犀利深刻。

他指出："新闻战场上，最重要的堡垒，是报社和通讯社。通讯社供给新闻原料于报社，报社用以制成报纸，再献给读者。报纸，一般人公认为是精神食粮的一种，也是大众教科书和社会教育的锐利工具。它不但能暴露社会的黑暗，并且也能指引人们一条前进的路程。它可以引人走向光明的坦途，但也可以引人步入黑恶的深渊。不过无论如何，它是可以左右千百万读者思想和行为的！所以文化进步的国家，都极为保护它自己的新闻业。而帝国主义国家，更莫不以报纸，为它侵略弱小民族的急先锋……日本帝国主义者，是认识报纸作用的，所以在日俄战役后，它马上即以其较先进的优势报纸，负责宣传吞并满蒙的任务，开始向我们的东北进攻。"②

该书对日本在东北创办报刊等媒介的动机分析得一针见血："敌人在东北创办报纸杂志，完全是有计划、有步骤，用国家金钱津贴，来经营的。他们发行日文报纸杂志，为的是调查东北及蒙古的一切情形，向本国宣传，一方为敌政府谋开展侵略的斗争，一方鼓动本国国民，向东北来经营，并且过甚地宣传东北的富有，使其人民欣然乐往。他们发行中文报纸

---

① 高伯时：《日本侵略东三省之实况》，上海文艺书局印行1932年版，第80页。
② 赵新言：《倭寇对东北的新闻侵略》，东北问题研究社1940年版，第7页。

和杂志，是专门为中国人而设，一方挑拨中国的内乱，麻痹中国人民的思想，以掩饰他们侵略的野心，造成为他们做奴隶的根性，这真是最毒辣不过……"① 赵新言同时提出："敌人侵略东北的行动，在军事未发动前，即'九一八'事变前，它的着重点，是经济和政治。在经济上，它大量投资，强力掠夺资源，开发产业，吮吸东北人民的膏血；在政治上，实行各种阴谋，挑拨离间，使中国军阀自相残杀，自相火拼，而它从中渔利；这种毒辣手段的成功，全靠着敌人的报纸杂志，在起初为它披荆开路，在中途为它摇旗呐喊，在末后为它推波助澜……"②

由此可见，赵新言深入地揭示了日本利用新闻媒介对中国东北实施文化侵略的背景、目的、手段、性质、过程、危害及影响，十分引人深思。但遗憾的是，由于该书保存极少，因此后人对这本书也少有涉猎，甚至之后的很长一段时间，国内均未有学者对"新闻侵略"这个课题进行探讨。直到近年来，方被部分学者重新提及。

4. 近年来国内学术界对"新闻侵略"及相关问题的再度关注

在方汉奇、李矗主编的《新闻学之最》中曾经提到，中国第一次大规模坚决反对外国新闻侵略的斗争发生在五四运动前后。在此期间，帝国主义在华新闻工具，利用强大的势力，肆无忌惮地操纵舆论，混淆视听，竭力抵制革命的发展，从而引起了中国人民的强烈愤慨。国内新闻界也因此形成了一条广泛的反帝爱国主义报刊的新闻统一战线。最具代表性的《热血日报》刊登了一系列反对外报的文章，如《请看外国报纸破坏我们的言论》《斥文汇报记者》《字林报的谬论》《字林报之诬蔑中国人》《制裁大陆报的社论》《日本报纸自五卅以来的态度》《我们是受了消息封锁了——帝国主义列强的新闻政策》等。③ 此外，该书也提及 1924 年春，广州路透社记者向外发稿捏造孙中山逝世的谣言后，广州革命政府毅然将造谣记者驱出国境，使新闻领域发生了一场规模宏大的反帝斗争的事件，并且将其视为中国人民觉醒和中国新闻舆论界进步与成熟的标志。

根据笔者考察，近年来，学界并未有关于日本对东北实施新闻侵略以

---

① 赵新言：《倭寇对东北的新闻侵略》，东北问题研究社 1940 年版，第 8 页。
② 赵新言：《倭寇对东北的新闻侵略》，东北问题研究社 1940 年版，第 19 页。
③ 方汉奇、李矗主编：《中国新闻学之最》，新华出版社 2005 年版，第 325 页。

及反映东北新闻界对其予以抵抗的著作,只有与日本侵略中国东北及反侵略主题相关的一些零散性研究成果。

与日本侵略中国东北相关的代表著作有:日本学者铃木隆史所著《日本帝国主义对中国东北的侵略》(吉林教育出版社 2000 年版)、中国学者王向远所著《日本对中国的文化侵略》(昆仑出版社 2005 年版)及《笔部队和侵华战争》(昆仑出版社 2000 年版)、周佳荣所著《近代日人在华报业活动》(岳麓书社 2012 年版)、维真所著《九一八后东北与日本》(知识产权出版社 2016 年版)、陈本善主编《日本侵略中国东北史》(吉林大学出版社 1989 年版)、王晓峰所著《伪满时期日本对东北的宗教侵略研究》(社会科学文献出版社 2000 年版)、王胜今所著《伪满时期中国东北地区移民研究——兼论日本帝国主义实施的移民侵略》(中国社会科学出版社 2000 年版)、卢鸿德主编《日本侵略东北教育史》(辽宁人民出版社 2010 年版)、齐洪深编著《日本侵华图志(22):文化侵略与奴化教育》(山东画报出版社 2015 年版)等。

与东北民众抗击日本侵略相关的代表性著作有:王明伟所著《东北抗战史》(长春出版社 2016 年版)、王晓宁著《东北抗战那些年:誓不屈服》(长春出版社 2016 年版)、张红蕾著《东北抗战那些年:烽火燎原》(长春出版社 2016 年版)、毕彩云、王明伟著《东北抗战那些年:中流砥柱》(长春出版社 2016 年版)、萨苏著《最漫长的抵抗——从日方史料解读东北抗战十四年》(西苑出版社 2013 年版)、吉林省政协文史资料委员会主编《东北的沦陷与抗战:1931—1945》(吉林人民出版社 2010 年版)、丁宗皓主编《中国东北角之文化抗战:1895—1945》(辽宁人民出版社 2015 年版)等。

从学术论文角度考察,近年来国内部分学者开始再次对"新闻侵略"予以关注并进行了初步研究,尤其对日本在侵华战争期间为了配合武装入侵而借助于媒体实施侵略的一系列行为进行了再度强调及挖掘。尽管相关的成果数量还不是很多,却将这种特殊的文化侵略形式重新拉回到大众视野。现将这几篇论文名称及核心内容概括如下。

1989 年,叶光在《新闻与写作》中发表了一篇简短论文《"新闻侵略"老谱的袭用》。该文以半个多世纪前路透社造谣孙中山逝世这一假新闻为论题,再次提到了李大钊在此后写的那篇《新闻的侵略》,重申了

"资本主义、帝国主义的历史上写的就是侵略。武装侵略如此,思想文化侵略也是如此。以造谣为主要手段之一的新闻侵略,同样是如此"这一观点。

因此,作者基于部分西方国家的历史"前科"呼吁对于这种新闻的侵略,绝对不能任之由之,甘受其害,而应采取反抗的行动。这篇文章也是近年来"新闻侵略"这一词汇的再度被提及。严格意义上讲,该文并非运用大量的史实论证,也并非运用十分严谨的学术语言来阐述,但其可贵之处是将"新闻侵略"这一帝国主义国家惯用的手段重新拉回公众视野,并力求以史为鉴,引起人们对现实的警醒和关注。

2002年,学者王晓岚发表了《日本侵华战争中的新闻谋略》一文,论文开篇即指出:"日本对华的新闻侵略与其侵略战争密不可分。一方面,日本最初对华的新闻侵略是侵略战争的产物;另一方面,日本的新闻宣传又是其进一步发动侵略战争的先锋队。其在华的新闻宣传十分讲究谋略,直接为战争服务,或搜集情报,或制造舆论,是侵略者十恶不赦的帮凶。"[①] 文章正文论述了日本在中国办报涵盖的主要地域、办报形式、新闻宣传策略、宣传目的等,将日本侵华战争中为配合日本政治的和军事的战略目标而采取的新闻谋略做了扼要概括。

王晓岚的这篇论文将研究重心放在了近现代史上与中国有着深切关联,且给广大中国人民带来无限伤痛的日本侵略者,对其利用媒体来充当发动侵华战争的先锋队这一事实做了比较概括的梳理,使学界对日本侵华史的研究视角无疑得到了一定的拓展及丰富,同时也从学理层面引发了相关学者的思考。美中不足是研究比较泛泛,缺乏更加深入有力的文献材料支撑。

笔者曾在2010年发表了《伪满洲国成立前日本对东北的新闻侵略及东北新闻界的抵制》一文[②],文章将关注焦点集中于日本侵华的重地东北,将伪满洲国成立前日本在中国东北实施的新闻侵略及所遭受的抵抗做了简要梳理。论文首先对日本在东北发动新闻侵略的目的及发展阶段做了进一

---

① 王晓岚:《日本侵华战争中的新闻谋略》,《河北学刊》2002年第3期。
② 王翠荣:《伪满洲国成立前日本对东北的新闻侵略及东北新闻界的抵制》,《民国档案》2010年第8期。

步明确及厘清，其次对日本在东北设置的新闻机构的使命及侵略手段做了剖析，然后将视角转向当时的东北新闻界，通过部分国人媒体对日本新闻侵略的顽强抵制，展现了东北新闻界面对帝国主义强权及舆论侵袭的警醒意识回击历程。

该论文的亮点之一是将尘封已久的部分民国学者文献进行了重新打捞，尤其是对高伯时所著《日本侵略东三省之实况》、赵新言的《倭寇对东北的新闻侵略》及许多民国一手报刊资料的呈现，使文章的立论有了比较坚实的理论基础。此外，对于东北新闻界在日本侵略期间的反击也令此课题的研究有了一定的立体性，但文章并未对"新闻侵略"的概念予以明确，很多论述也碍于篇幅的局限未能对东北新闻界的更多个案做深入探讨。

2013年，刘会军、张瑞发表了《大北新报的创办与日本对中国东北的新闻侵略》一文，该文以日本报人中岛真雄于1922年10月在哈尔滨创办的《大北新报》为研究对象，从该报创办的背景、创办初期的出版发行及对东北的新闻侵略做了论述，同时提出了"新闻侵略"这一概念，将其表述为"所谓新闻侵略，主要是指以新闻机构和新闻媒体为载体，配合军事侵略的步伐，进行情报搜集和殖民宣传、殖民文化渗透等活动"[1]。继而指出，《大北新报》创办后立即成为日本在"北满"地区进行舆论欺骗和殖民宣传的重要媒体。

该论文一方面弥补了之前研究中对媒体个案缺乏深入研究的不足，将日本在"北满"地区展开新闻侵略的重要报刊媒介《大北新报》做了一定的分析，同时也用比较简洁的表述对"新闻侵略"的概念加以强调，这也是在前述相关学者研究的基础上的一个明确论断。但关注视角略显单一，概念的阐述也相对单薄。

2019年笔者发表了《20世纪20年代东北新闻界对日本新闻侵略的抵制——以〈东三省民报〉与〈盛京时报〉笔战为中心》[2]一文，以东北国

---

[1] 刘会军、张瑞：《大北新报的创办与日本对中国东北的新闻侵略》，《东北师大学报》2013年第5期。

[2] 王翠荣：《20世纪20年代东北新闻界对日本新闻侵略的抵制——以〈东三省民报〉与〈盛京时报〉笔战为中心》，《江西社会科学》2019年第11期。

人报纸代表《东三省民报》与日本人报纸代表《盛京时报》为考察重心，将发生在 1924—1925 年间东北新闻界一场规模最大且持续时间最长的关于"文化侵略"真伪之辩进行了系统梳理，特别是对于以日本为代表的帝国主义国家利用媒介手段对中国进行意识形态的强加，虚假信息的传递等行为做了深入论述，同时对东北新闻界极力摆脱外国势力对传媒的控制，争取话语权，帮助普通民众牢固树立中华民族共同体意识的文化意义进行了较为深入的开掘。

此外，学者齐辉、梁德学、虞文俊等人多年来也对于日本对东北的新闻宣传、新闻监管与舆论控制等问题进行了较为深入的研究，比如齐辉等的《〈盛京时报〉与九一八事变》（《民国档案》2009 年第 3 期）、《伪满时期日本对东北的新闻监管与舆论控制——以伪满弘报处为中心讨论》（《国际新闻界》2013 年第 7 期）、《试论抗战时期日本对华广播侵略与殖民宣传——以日本在"满洲国"的放送活动为中心》（《新闻与传播研究》2015 年第 9 期）、《抗战前日本在华新闻舆论势力的扩张与建构——以"满铁"在华新闻活动为中心的解读》（《现代传播》2015 年第 11 期），梁德学的《大陆浪人：日人在华办报活动中的一个特殊群体》（《新闻界》2015 年第 9 期）、《近代日本人在华中文报纸的殖民话语与"他者"叙事——以〈盛京时报〉〈泰东日报〉的伪满洲国"建国"报道为例》（《新闻大学》2017 年第 3 期）、《歧义的"吾国"——金子雪斋与〈泰东日报〉的"中国认同"（1908—1925）》（《大连大学学报》2019 年第 10 期）、《灰暗处的"寄居者"："关东州"日人报纸中的中国报人群体——以大连〈泰东日报〉为中心（1908—1947）》（《新闻记者》2019 年第 8 期），虞文俊的《沙俄统治下"关东州"新闻事业及其管制——兼谈日俄战争中的新闻战》（《新闻与传播研究》2016 年第 11 期）、《"满洲伪弘报协会"探微》（《新闻大学》2018 年第 4 期）、《宣传·殖民·战争：日本统治下旅大新闻业的发展与扩张》（《日本侵华南京大屠杀研究》2018 年第 3 期）等。

以上这些论文成果无疑丰富了日本侵略东北期间利用媒介发挥作用等相关问题的研究，从不同方面印证了日本发动舆论战争的可怕。但是由于常常是某个截面，且多以日本人媒介为观照视角，较少涉及东北新闻界的反抗，因此研究尚不够全面充分。

第四节　逻辑架构及相关史料的运用

一　逻辑架构

本书是依托国家社科基金项目"'七七事变'前东北新闻界对日本新闻侵略的抵制研究"撰写的成果。研究中遵循日本对东北实施新闻侵略的路径，将其在东北由初期处心积虑的媒介部署到中期媒介力量的加强直至后期实行严格钳制的过程予以展示，并将东北新闻界对此所作的一系列反击行为进行了深入挖掘。

为保证考察的相对完整性，同时也为更加全面地揭示日本在侵略东北过程中新闻侵略行为的复杂性，展现其由隐性到显性的过程，还为充分展现东北新闻界由晚清开始便奠定的反帝传统，在成果的研究中，本书根据课题立项时的既定目标，结合日本侵略中国东北的完整脉络，选择 1903 年秋日本在东北创办的第一份日系报刊《营口新闻》为开端，直至 1945 年 8 月日本在中国东北的殖民统治解体为收束，补充了"七七事变"后日伪殖民统治日益深化后东北媒介环境的变化，这样便使论证的内容更加完善。

在研究分期及内容组织上，本书分别设置了 1903 年秋—1912 年 1 月（晚清—辛亥革命时期）、1912 年 1 月—1931 年 9 月（北洋军阀及奉张军阀统治时期—国民政府统治时期）、1931 年 9 月—1937 年 7 月（"九一八"事变—日伪统治初期）、1937 年 7 月—1945 年 8 月（"七七事变"—日伪统治中后期）这 4 个阶段，并对应了四章核心内容。为使东北新闻界对日本新闻侵略的抵制过程及因由更加清晰透彻，每章采用对比论述的写作方式，力图以日本对东北实施的新闻侵略手段为经，以广大东北民众受到的毒害及东北新闻界的抗争历程为纬，对日本人媒介与东北新闻界之间的相互博弈过程及结果进行深入探寻。围绕主题进行细致爬梳后，再精心撰写了小结，这样既能使读者对每一章的内容有着较为明晰的认识，又进行了理性升华，从而有助于启发读者思考。

尽管本书将主语落到"东北新闻界"，但在研究中并未从"东北新闻界"出发，而是将日本处心积虑地在东北进行媒介布局，利用诸多的媒体及报人实施对东北的新闻侵略这一视角入手，然后再论述东北新闻界的相关回应，这是基于历史的客观事实及因果关系出发而做出的逻辑架构，与我国外交政策上秉承的一贯理念一脉相承：遵守和平共处五项原则，从不主动侵略他国，但为了维护独立的主权必须做必要的还击。

二 相关史料的运用

因本书主题涵盖的范围比较广，所以在研究中，笔者尽量照顾到不同的新闻媒介及不同时期的新闻人物、新闻活动、新闻事件，同时根据资料存续的现状，尽最大努力占有一手资料，即使是二手资料，也尽量找寻到最权威最有说服力的著述，并且将通过不同渠道搜集的文献相互比对，仔细勘核。尤其是全面翻阅了现存近代新闻史上日本人在东北创办的几份重要报刊（如《盛京时报》《泰东日报》《满洲报》《关东报》《大北新报》《大连新闻》《满洲日报》《大同报》等），以及东北国人创办的报刊（如《吉长日报》《国际协报》《大东日报》《东三省民报》《醒时报》《滨江时报》《东陲商报》《新民晚报》《吉林时报》《哈尔滨公报》《滨江日报》等）。与此同时，还重点对照了国内同时代有影响的几份大报，如《民国日报》《申报》《大公报》对同类事件所做的相关报道，避免人云亦云，道听途说。

笔者在研究过程中，本着严谨的史学意识，做到言必有据，以达到对新闻发展整体乃至社会历史发展整体的认识，从而肩负起新闻史学的特殊地位赋予我们的历史责任。这项工作十分费时耗力，同时又不能面面俱到。因此笔者结合现存资料的实际情况，在研究中往往铺陈到面，再选择保存比较完整的典型媒介深入到点，这样点面结合，力求使论述既有广度又有深度。

另外，在研究过程中，笔者还翻阅了大量省市志鉴和地方文史资料，适当结合部分当事人回忆录及后代子女搜集的文献还原史实，以悉心查阅的第一手资料为依据，更正了以往部分成果中的讹误，从而避免了以讹传讹。现扼要列举几例：

1. 与原缩微报纸核实，将东北现代新闻史上最为权威的《东北新闻史》中提到的《满洲日报》的创办时间1905年6月17日，改为1905年7月26日；

2. 根据多方资料比对指出《中国地区比较新闻史（上）》（宁树藩主

编，复旦大学出版社2018年版）中对日本人在东北创办报刊数量的缺失；

3. 经与《盛京时报》等报纸原始报道比对，更正了《东北新闻史》中关于东三省中日新闻记者大会三次会议召开的时间；

4. 对长春《大东日报》的创刊时间进行了多方重新考证等。

在相关历史档案的搜集上，笔者尽最大努力来获取。但因特定的历史原因，在此期间的历史档案留存比较稀少，而且国内相关档案馆（局）对档案的管控比较严格，开放度较低，尤其是关于民国及伪满统治时期的很多档案都不允许查阅。但为了减少缺憾，笔者还重点从日本的"亚洲历史资料中心"这一数据库中查询了相关资料，这样相互补充、印证，一定程度上保证了研究的系统性和全面性。

本章小结

在中国近现代史上，以日本为代表的帝国主义强国给中国曾带来深重灾难。而日本自发动甲午战争到"七七事变"前后这近半个世纪则是比较关键的时期，由局部侵略到全面武装侵华，日本经过了长期有目的、有计划、有蓄谋的精心准备及大胆实践，从而使自身的政治企图最终得逞。

东北作为日本侵略中国的首选地区，自日俄战争结束后，便以旅顺、大连为策源地不断扩展，成为被日本日益蚕食及殖民统治的重点区域。在此期间，日本始终以新闻侵略这种典型的文化侵略形态为导引，有目的、有组织地借助于新闻媒介，进行着虚假信息传递、利己舆论操纵及本国意识形态的强加。

纵观中国东北的近现代新闻事业发展轨迹，与日本政治霸凌及军事强权相伴相生的文化侵略始终是东北国人媒介无法摆脱的路障。无论是宏观的"文化侵略"还是相对微观的"新闻侵略"，在考察中日两国这段特殊的历史之际，都曾被学界所关注。这些既有的成果成为一个特殊的研究视角，有助于深刻理解中国人民尤其是东北民众长期以来所遭受的精神毒害。

可以说，日本在对中国东北入侵和占领过程中，始终以东北的文化中心城市为攻占堡垒，以新闻侵略为先锋，在东北地区有蓄谋地创办报刊等新闻媒介，精心罗织着一张巨大的新闻网络，并将其逐步发展成为策动舆

绪　论

论、制造舆论的工具和疯狂机器，进行着意识形态的渗透，不遗余力地从攻心开始到不断巩固其在东北的统治地位，直至助其实现颠覆地方政权的阴谋。而东北新闻界的国人媒体自诞生之日起，即面临着以日本为代表的帝国主义强权的舆论蛊惑、言论攻讦和多方制裁，由此表现出的弹性、韧性、强度及硬度便有着不容忽视的典型意义，值得深入分析和探讨。

第一章

日本新闻侵略的萌芽及东北新闻界的反帝意识
（1903—1912.1）

作为清朝的"龙兴之地"，东北自17世纪中期起即被实行了封禁政策，成为一个较为封闭的环境。这里的居民以满人为主，汉人被禁止进入，由此也便有了"满洲"这一具有地理名词和民族名称双重意义的表述。清朝的这一发祥地一度与内地相隔绝，以至于19世纪末20世纪初，当邻国朝鲜与俄国远东地区以及全国其他各地都相继出版了报纸之后，东三省仍"多不知报纸为何物"[①]。

伴随着俄日两国的入侵，报刊作为文明的产物也逐步在东北立足，成为一种强大的外力，型塑着东北的媒介生态。但与东南沿海宣传基督教义和西方文明企图以西方模式改变国人头脑的宗教性报刊，以及寻找发财机会创办的商业性报刊不同，最早登陆东北地区的政治军事外报却有着明显的侵略意图——将中国逐步推向殖民地。

据考证，近代东北"第一报"为《新边疆报》（Новый край），它诞生于1899年，由沙俄在旅顺设立的总督府创办。不久以后，随着俄日两大帝国对东北利益的竞相角逐，一些俄文及日文报刊相继在旅顺、哈尔滨、奉天（今沈阳）和大连等地出现，并且这些俄文、日文报刊绝大多数是以

---

① 孙智先：《二十年来沈阳之报界·大中公报》，《盛京时报》，1929年10月31日第9版。

第一章　日本新闻侵略的萌芽及东北新闻界的反帝意识（1903—1912.1）

强化侵略统治为目的的军政机关报刊。与沙俄相比，日本在东北创办的报刊虽然略晚几年，但其气焰却明显更强，势头也明显更加猛烈。

俄日两国对东北的入侵无疑成为近代东北地区国人报业生长的催化剂。1905年12月21日，由国人创办的第一家中文报纸《东三省公报》的出现，标志着外国人垄断中国东北地区报业时代的结束，同时也开启了东北新闻业的反帝传统。这种反帝思想始终浸润在东北新闻界有识之士的血液中，并且随着俄日两大帝国侵略东北的铁蹄践踏范围及节奏而同频共振。

第一节　最早染指东北的沙俄及实施远东政策的舆论工具

1840年以后，中国逐渐成为半殖民地半封建社会。此后长达一个世纪的时间，中国相继陷入领土被列强瓜分，财富被列强掠夺，人民被列强屠杀的梦魇之中。沙俄作为老牌的扩张主义者，自17世纪中叶起，就把侵略的矛头指向了中国东北地区，并在鸦片战争后得以实现。

一　鸦片战争后沙俄实施的"远东政策"及在东北攫取的利益

"远东政策"是沙俄为了侵略中国和朝鲜、夺取在远东的霸权所实施的争霸策略。这一政策自19世纪中叶以后正式确立，直至1917年俄国十月革命爆发之际自然终止，其中包括积极扩充沙俄在远东的军事力量、向远东移民、修建西伯利亚大铁路、取得旅顺和大连不冻港，独揽亚洲及太平洋地区霸权等。在征服中国东北的过程中，沙俄凭借对华略显优势的资本输出，彰显了要变中国东北为其殖民地的野心。只不过伴随着日本对东北利益的争夺，其政策在后期受到一定的影响。

沙俄在17世纪向东西伯利亚扩张的同时，即开始不断入侵外兴安岭以南的黑龙江流域以及贝加尔湖以东的中国领土。这在苏联早期历史学家霍多罗夫的表述中得到印证："沙皇俄国的殖民政策（征服政策）早在它的最初阶段，目标就比西伯利亚一地更为远大"，"征服西伯利亚政策本身同时也就是图谋进入中国"[①]。早在16世纪，沙俄已经开始了向太平洋的扩

[①] 参见中国社会科学院近代史研究所《沙俄侵华史》第一卷，人民出版社1976年版，第89页。

张和对中国东北地区试探性的侵略。到了17世纪后期，尤其是1689年9月中俄签订《尼布楚条约》后，沙俄更是将贝加尔湖以东尼布楚一带统统纳入其版图，并且获得了很多通商利益，进而初步达到了扩大中国市场的目的，随即为继续打开通向太平洋的大门创造了重要条件。

鸦片战争后，沙俄找到了向远东进行扩张的有利时机，并加紧推行远东政策。1858年5月28日，沙俄强迫清政府签订《中俄瑷珲条约》，并于1860年11月14日签订了《中俄北京条约》，从而抢占了黑龙江流域约100万平方公里的中国领土。

1894年中日甲午战争开始后，随着日本在战场上的迅速扩展，俄国深感不安，特别是中日《马关条约》中规定的分割辽东半岛的内容触动了俄国的底线，因而在1895年4月23日，沙俄开始联合法、德两国，制造了"三国干涉还辽事件"，该事件以日本被迫做出让步而结束。这也使得清政府企图依靠俄国来挽救中国，"联俄制日"成为当时的核心外交策略。此后，沙俄便以中国的"救星"自居，不断地从中国掠夺更多的利益。

1896年6月3日，李鸿章与维特分别代表中俄两国在莫斯科签订了《中俄密约》。1897年8月16日，沙俄正式开始在中国东北地区修筑中东铁路（又称东清铁路或东省铁路）。该铁路以哈尔滨为中心，全长约2500公里，以"T"字形分布在中国东北的广大地区，并于1903年7月正式全线通车。

此后，沙俄利用各种手段侵占中东铁路沿线的大片土地，并且从中大量获利，其目的就是企图以中东铁路为核心，将东三省北部乃至整个中国东北变成其永久殖民地，建立起一套独立于中国行政系统之外的拥有行政权的自治会，将中东铁路沿线打造成铁路公司控制下的"国中之国"。这条铁路也在很长一段时间成为不受我国政府管辖的沙俄殖民区域，从而为其殖民统治提供了极大便利。

1898年3月27日，沙俄又借口"还辽有功"，强迫中国签订了《旅大租地条约》。该条约原则上确定将"旅顺口、大连湾"租给俄国，使中东铁路支线的前哨据点紧密地与中东铁路及西伯利亚大铁路等联结在一起，同时连通了沙俄的远东地区和欧洲。1899年，沙俄又将旅大地区改名为"关东州"，设置了四市五区，行政区下又设立会、屯两级。其后7年间，旅顺、大连便成为沙俄行使完整行政权的"关东州"租借地，直至日俄战

第一章 日本新闻侵略的萌芽及东北新闻界的反帝意识（1903—1912.1）

争后"转租"给日本。

二 伴随沙俄入侵而滋生的东北新闻事业

旅顺、大连在沙俄殖民统治的7年时间里，成为东北最早萌生现代新闻事业的地区，也成为沙俄在华新闻事业的起点。"为达到殖民目的，沙俄颁布军令法规，施行严厉的媒介控制，并将此复制至东北各地，开始了东北新闻事业大半或全部由俄国或日本势力所控制的长达47年的历史，使得东北新闻史成为中国新闻史中颇具特殊性的一部分。"① 1899年8月，沙俄太平洋舰队的一名叫彼得·亚历山大·阿尔捷米耶夫的司法官在旅顺创办了俄文报纸——《新边疆报》，这也是辽宁乃至东北地区出现的第一份报纸。它的出现"打破了东北地区长期以来'不知报纸为何物'的历史"②。该报俄文名"Новый край"中"Край"一词意为"边疆区"，是沙俄的地方行政名称，主办者将辽东地区称作"新的边疆区"，说明他们已将该地区视作沙俄领土的一部分。

自控制旅顺大连以后，沙俄的确已将其作为自己的家园来加以建设。据记载，日俄战争爆发前夕，从沙俄来到旅顺和大连定居的俄国军人和普通俄国人总共约6万人。《新边疆报》上经常对俄国人的各种社会需求以及文化活动进行报道，为发展当地的俄罗斯文化起到了一定的推动作用。正如《新边疆报》记者德米特里·扬契维茨基所言，自创办伊始，该报即成为"俄国利益的当之无愧的表达者"③。作为俄军的御用报纸，《新边疆报》毫无疑问是沙俄殖民统治旅大，企图侵略全东北的代言人，从而为实施远东政策进行舆论开道。

《新边疆报》作为沙俄海军的"机关报"，每年从俄国海军部和陆军处领取一定的补贴，刊登内容也大多是沙俄政府发布的各类信息，间或有一些清政府或是与日本有关的新闻，但其发行量不是很大，发行对象也只局

---

① 虞文俊：《沙俄统治下"关东州"新闻事业及其管制》，《新闻与传播研究》2016年第11期。

② 赵永华：《〈新边疆报〉：一份宝贵的历史资料》，《中华新闻报》，2007年7月25日第F03版。

③ [俄] 德米特里·扬契维茨基：《八国联军目击记》，许崇信等译，福建人民出版社1983年版，第261页。

· 27 ·

限于内部，大多限于在华俄军和俄侨。

但《新边疆报》记者德米特里·扬契维茨基曾公开扬言："外国报纸也许还不太了解这样一个情况：正是由于俄国迅速地占领了营口，不仅使这个港埠的秩序免遭破坏，国际贸易也从而得以通行无阻地继续进行"，"在远东出版了大量的各种文字的报纸（英文报、德文报、法文报、中文报和日文报），它们一唱一和，笔锋逼人，可《新边疆报》在此中却成为俄国的当之无愧的表达者"①。由此，《新边疆报》作为沙俄帝国在华利益"代言人"的面目已日渐清晰。不过《新边疆报》在旅顺只发行到1904年底，后由于日俄战争爆发后印刷厂被炸而停刊。日俄战争结束，战败的俄国把旅顺、大连及"南满"铁路转让给日本。1905年11月，《新边疆报》迁到哈尔滨出版，改为日报。1912年10月，《新边疆报》终刊。

自中东铁路开工以后，各行各业的俄国人抵达中东铁路沿线，因而形成了大量俄国人聚居区，其中最多的是黑龙江。至1903年7月中东铁路全线通车时，人口总数已达3万人以上。哈尔滨作为中东铁路的枢纽，此时已成为沙俄侵华的重要据点，并且与俄国西伯利亚和远东地区均有着直接的铁路联系，这一便利通道为俄文报刊从俄国国内向哈尔滨延伸提供了有利条件，同时也使哈尔滨成为俄国官方和民间在中国的新闻出版中心。

黑龙江历史上第一家报纸是俄文报纸《哈尔滨每日电讯广告报》，创办于1901年8月14日。这份报纸由俄国西伯利亚地区的著名报人罗文斯基在哈尔滨创办，也是黑龙江的第一份民办报纸。只不过该报并非体现沙俄官方旨意，只服务于个人或某团体的利益，反映他们自己的观点和意见。不过发行不久即因言论激进从而受到沙皇势力的密切关注，沙俄当局1902年5月迅速查封了该报。

沙俄在哈尔滨出版的第一家官方报纸是《哈尔滨新闻》。该报社会影响力大，刊行10余年。1903年中东铁路竣工前夕，中东铁路管理局于6月23日创办了这份俄文报纸，第一任主编是中东铁路管理局商务处的主任拉扎列夫。《哈尔滨新闻》初期主要刊登政府法令、东省铁路管理局的各种文件和时事新闻。它是一份纯官方报纸，办报方向保守。该报以官方出

---

① ［俄］德米特里·扬契维茨基：《八国联军目击记》，许崇信等译，福建人民出版社1983年版，第261页。

第一章　日本新闻侵略的萌芽及东北新闻界的反帝意识（1903—1912.1）

版物特有的观点看待问题，体现着政府的意志。1905年11月27日，中东铁路的俄国工人火烧管理局大楼，该报编辑部一同被烧。经中东铁路管理局批准，《哈尔滨新闻》脱离商务处，成为中东铁路管理局在哈尔滨的正式机关报，变成了沙俄推行远东扩张政策的重要舆论工具。①

此外，1904年日俄战争爆发之际，沙俄在东北军事重镇旅顺出版了中文《关东报》，在东北政治中心奉天出版了中文《盛京报》，创办人均为毕业于海参崴俄国东方学院，精通汉文的亚历山大·瓦西里耶维奇·史弼臣（以下简称史弼臣）。尽管两份报纸的出版时间都很短，也即在日俄战争后便随着俄国势力退出"南满"而终刊，但其尝试用中文在东北办报的实践，完全说明了沙俄侵略者准备深度融入中国文化的企图。

三　日俄战争结束后沙俄在东北势力范围及舆论中心的转移

因日本推行的大陆政策和沙俄的远东政策之间存在着不可调的矛盾，1904—1905年间，为争夺朝鲜半岛和中国辽东半岛的控制权，日俄两国在东北爆发了一场争夺战，即"日俄战争"。

日本在明治维新后，随着国力的大增，很快开始谋划对外扩张、称霸亚洲，而大陆政策就是日本实施对外侵略扩张的行动指南。通过甲午战争，日本将中国势力排挤出朝鲜半岛，这使得日本的野心迅速膨胀。但在"三国干涉还辽"过程中，日本考虑到自己的实力还不足以抗衡俄国，于是只能对俄国采取隐忍的态度。但在接下来的几年里，日本通过以俄国为假想敌的十年军备计划案，企图成为世界上屈指可数的海军强国，并最终借助于日俄战争获得觊觎已久的特权。

日俄战争宣告了俄国在这一时期的远东政策的失败。1907年7月30日，日俄两国在俄国的圣彼得堡签订的《日俄协议》，正式将中国东北三省划分为"南满"和"北满"两部分，划定了"南满""北满"的分界线。即以松辽分水岭作为地理界线，此线以北的地域即为"北满"，以南的地域即为"南满"。其后俄国将旅顺口、大连湾之租借权转与日本，另将宽城子（长春）至旅顺的铁路转与日本，以及其他铁路沿线之权利一并

---

①　赵永华：《19世纪末20世纪初沙俄官方和民间在华出版报刊的历史考察与简要评析》，《俄罗斯研究》2010年第6期。

转与日本，俄国将库页岛以南割让给日本。沙俄势力逐渐退到"北满"，这样哈尔滨便成为其殖民侵略的据点，原来在"南满"出版的俄文报刊如俄文《新边疆报》也随之迁到哈尔滨，这便直接导致了其在东北舆论重心的转移。

为继续经略远东，鼓吹沙俄远东扩张政策，与日本相抗衡，1906年3月14日，由沙俄控制的中东铁路公司在哈尔滨出资创办了中文版《远东报》，该报成为沙俄在哈尔滨出版的第一家报纸，也是哈尔滨第一家近代中文报纸。此后15年间，该报作为俄国官方的政府机关报，成为沙俄在远东推行扩张政策的喉舌，忠实地履行着自身的职责，不遗余力地宣扬和维护沙俄的利益，该报也成为沙俄在东北出版时间最长、社会影响最大的舆论工具。

《远东报》隶属于铁路管理局新闻出版处，是中东铁路中文机关报，中东铁路公司每年拨款17万卢布作为办报经费。创办人、总经理为前述《关东报》和《盛京报》的创办者，即俄国人亚历山大·瓦西里耶维奇·史弼臣（1876—1941）。史弼臣毕业后来到中国东北，成为中东铁路管理局的顾问。其发表在俄国国内报刊上关于远东问题的言论，曾引起时任俄国首相斯托雷平的赏识。中东铁路督办霍尔瓦特也视其为心腹，曾委任他为铁路交涉代表，是推行沙皇俄国远东扩张政策的重要人物之一。[①]

《远东报》于1906年3月14日创刊，其版面编排仿效上海的《申报》与《时报》，要闻版也首载清廷"上谕"，除报头三字的俄文译名（ЮАНЬ-ДУНЪ-БАО）和俄历年月日外，俨然一家国人报纸。为了更好地对华宣传，该报以重金聘请华人作为报纸主笔。首任主笔顾植及其继任者连梦青，都是当时从上海到哈尔滨的中国同盟会会员。这也一定程度上吸引着东北的国人读者。该报在首期《发刊词》中，曾宣布办报宗旨为"开发北满之文明，沟通中俄之感情"，但实际上，在《远东报》，华人主笔"毫无言论之权"[②]，沙俄办报都是"为了更直接地在中国人民当中，

[①] 张福山：《哈尔滨文史人物录》，《哈尔滨文史资料》（第20辑），中国人民政治协商会议黑龙江哈尔滨市委员会文史资料委员会1997年版，第232页。

[②] 黑龙江日报社新闻志编辑室编著：《东北新闻史》，黑龙江人民出版社2001年版，第22页。

进行欺骗性和麻醉性的宣传,以消灭中国人民的伟大的爱国心和革命性"①。因此该报尽管为近代东北的政治、经济、文化、市民生活等提供了宝贵的原始记录,但其也作为沙俄的代言人经常发号施令,干涉中国内政,肆意指责清廷和哈尔滨地方事务,并在涉及中俄冲突时为沙俄侵华的行径极力进行着辩解。

概言之,沙俄在殖民地哈尔滨创办《远东报》既为了满足移居中国东北的俄侨精神生活需要,更是为了扩大俄国殖民文化渗透,以期从文化心理上征服东北人民,实现永久占领中国东北的侵略目标。这一点在其办报区域收缩至"北满"后却仍将此前出刊的两家中文报留守在"南满"即可得到验证。不但如此,沙俄于1909年间在营口创办并发行了《亚东白话报》,这也表明即使沙俄因日本的强势无奈退守,也未全然放弃有朝一日重夺东北的野心。

1921年3月1日,《远东报》在出版15年后奉中东铁路公司令停刊,这也一定意义上标志着沙俄帝国殖民主义扩张政策的忠实执行者,在中国被正式终结。

第二节 日本"大陆政策"的实施及在东北罗织的新闻网络

日本"大陆政策"是日本近代对外扩张的总路线,是近代日本侵华的基本国策,体现了日本企图将岛国发展为大陆帝国的强蛮意志。1868年"明治维新"后,明治政府积极向西方学习先进的政治、科技和文化,摆脱了沦为西方列强殖民地的困境,同时,也学到了西方列强侵略扩张的手段,此后日本开始迅速走向军国主义的道路。

一般认为,日本的"大陆政策"作为其"国策"正式确立于1890年11月,以山县有朋在日本第一届帝国会议上发表"利益线论"的施政方针为标志,进而在1894年向中国发动的第一次大规模侵华战争——甲午战争中得以实施。日本"大陆政策"的核心主要分5步:第一步侵略中国台

---

① 方汉奇:《中国近代报刊史》(上册),山西人民出版社1981年版,第39页。

湾；第二步征服朝鲜；第三步侵占中国东北和蒙古地区；第四步征服全中国；第五步征服全世界，从而妄想成为"世界帝国"。这几个环节的中心，当然非中国莫属。

"大陆政策"的思想奠基人、日本改革派政治家吉田松阴早在1855年就认为，日本暂时不能与英、法、德、俄等西方列强抗衡，而应该把朝鲜和中国作为征服对象。1887年，日本参谋本部拟定《征讨清国策》，计划攻占中国北京和长江中下游的战略要地，吞并从辽东半岛到台湾的沿海地区和岛屿以及长江下游两岸地带，肢解其余中国国土，使之成为日本的属国；或者直接在"中国大陆建立大日本……"①

由于朝鲜半岛和中国东北的地缘优势，所以日本率先将朝鲜和中国东北作为其重点侵略的目标，这些地区也是日本大陆政策在形成之前与形成之后，与清政府和俄国不断争夺的地区。曾任日本外务卿的副岛种臣在《大陆经略论》中说得比较直白："日本四面环海，若以海军攻，则易攻难守；若甘处岛国之境，则永难免国防之危机，故在大陆获得领土实属必要。如欲在大陆获得领土，由于地理位置的关系，不能不首先染指中国与朝鲜。"②

一 日本制定的"大陆政策"与沙俄"远东政策"的激烈冲突

日本"大陆政策"与俄国"远东政策"作为两个国家的基本国策，分别指导着两国统治者的政策实施。他们争夺的地区均集中于朝鲜和中国，企图以中国或朝鲜为跳板征服东北亚、称霸世界，这便使日俄关系由外交上的较量迅速走向武力冲突。中日甲午战后，因俄国带头实施"三国干涉还辽"及在中国东北与朝鲜半岛的不断扩张，日本更视俄国为其推行大陆政策的羁绊。1901年2月，日本在东京专门成立了"黑龙会"，决意"腾飞"黑龙江流域，与俄国进行关于中国东北利益的争夺。黑龙会在"趣意书"中这样写道："展望东亚大局及帝国天职，为阻止西洋势力东渐，当务之急是对俄一战，将其从东亚击退，然后创建以满洲、蒙古和西伯利亚

---

① 天津编译中心编：《日本军国主义侵华人物》，中国文史出版社1994年版，第28页。
② 参见白皋《日本近代大陆政策评析》，《人民日报》，2005年8月9日第7版。

第一章 日本新闻侵略的萌芽及东北新闻界的反帝意识（1903—1912.1）

为一体的大陆经营的基础。"① 由于日俄两国对外政策的扩张性极其相似，产生的矛盾冲突又无法调和，最终导致两国兵戎相见——日俄战争爆发。

日俄战争的结果是使日本取得了对朝鲜及中国东北的控制权。1904年2月8日，日本海军偷袭旅顺，随后日本在朝鲜仁川登陆，不久即占领了整个朝鲜半岛。同年2月23日，日本强迫韩国签订了《日韩议定书》，实际上取得了对朝鲜的保护国地位，同时也使得日本通过此条约获得了在朝鲜半岛的行动自由。1905年11月9日，日本又同朝鲜签订《日韩协约》，并以此将韩国完全置于日本的保护之下。之后日本又与清政府签订了《中日会议东三省事宜条约》，迫使清政府同意了《朴茨茅斯条约》中规定的将俄国旅大租借权和"南满"路的权益让与日本的条款。通过三个条约的签订，日本不仅独占了朝鲜，而且打破了俄国独霸中国东北的局面。

东三省对于中国而言有着十分重要的战略地位。正如民国学者雷殷在著述中所言："东三省之形势，居陆临海，在吾国以之为对外，则足以屏蔽关内腹部诸地，为关外发展之根据。以之对内，则为居高临下，势若建瓴。盖辽金元清之足以支配中国者，其关系皆由于此。至于交通，则中东路西接西比利亚直贯欧亚，东接海参崴控制太平洋，南下旅大临渤海包举天津上海南洋等地。沿京奉路入关则足以扼北京之喉口，绕内蒙古以利用京张路则足以拊北京之背，西向出朝鲜，临日本，则可以制日人之北进。扼京绥，便直接以牵制中原。故东三省之存亡，非独北方之屏蔽，实足以系国家之死生。所惜者，在昔满清以禁脔视之，不使及早开关。致来外人觊觎，以成为今日国际竞争之局面……"②

可以说，日俄战争是日本施行大陆政策的一个关键转折阶段，从其形成到不断实施"完善"，短短10余年时间，日本便扫除了沙皇俄国这一实施大陆政策的最大障碍，第一次从实质上控制朝鲜和占据了梦寐以求的中国东北的部分地区，从而让日本各阶层萌生了可以与西方列强平起平坐的信心。这也大大促使日本侵略野心迅速膨胀，使其从岛国向大陆扩张，乃至称霸亚洲和雄踞世界的梦想开始真正具备了现实的可能性。

---

① 参见王希亮《近代中国东北日本人早期活动研究》，社会科学文献出版社2017年版，第40页。
② 雷殷编著：《东三省之过去现在与未来》，民国大学出版部1926年版，第2页。

二 日俄战争后日本在中国东北地位的逐渐稳固

1858年，英法联合发动了侵略中国的第二次鸦片战争，强迫清政府签订《天津条约》和《北京条约》，增开中国11个通商口岸，其中便包括东北的营口，从此辽沈大地便逐渐沦为殖民地、半殖民地。营口在辽河入海口左岸，扼辽南之咽喉，因其地理位置之重要，很早即引起了西方列强的觊觎。由于列强的侵入，营口成为外国倾销过剩货物、贩卖鸦片和掠夺东北财富的前沿。

日俄战争以日本人的胜利而宣告结束后，1905年9月5日，俄国被迫同日本签订了《朴茨茅斯条约》。该合约签订后，俄国将由长春（宽城子）至旅顺口之铁路及一切支线，包括附属之一切权利、财产和煤矿，均转让给日本政府。1905年12月22日，日本又强迫清政府订立了《中日会议东三省事宜条约》，并迫使清政府将日俄战争前俄国在东北的特权即旅顺、大连租界地、长春至旅顺的铁路及支线以及有关上述租界地、铁路的所有利益让与日本；允许日本在奉天、营口、安东划定租界和经营安奉铁路；开放东北16个城市为商埠；允许外国人居住；允许日本在鸭绿江右岸砍伐森林。[①]至此"日本获得了超过本国面积76%的广大殖民地，并将超过本国数倍的'南满洲'置于半殖民地的范围"[②]。

从此，日本帝国主义的武装势力顺理成章地侵入中国东北地区，并随即继承了沙俄在大连的权益。日本沿用了"关东州"的名称，同时逐步建立起一整套带有日本印记的殖民统治机构。自1907年大连正式开港后，由于自然条件及日本对大连的倾斜政策，营口港的发展逐渐衰落，反之大连由于日本势力的刻意经营，开始逐渐取代营口成为东北第一大港。可以说，大连既是日本帝国主义掠夺财富的出海口，又是日本侵占东北的一座桥头堡。因此日本大量移民到大连，积极兴办港口码头和现代工业，修建日本人的居住区，扩建各项市政工程，并取代旅顺成为新的工商、贸易中心。

[①] 朱汉国编：《中国近代国耻全录》，山西人民出版社1983年版，第233—234页。
[②] ［日］井上清、铃木正四：《日本近代史》（上册），杨辉译，商务印书馆1972年版，第278页。

第一章　日本新闻侵略的萌芽及东北新闻界的反帝意识（1903—1912.1）

1906年11月26日，日本在东京成立了"南满洲铁道株式会社"。1907年，"满铁"总部从东京迁往大连，同年4月，"南满洲铁道株式"会社开业。此后"满铁"即对东北开始了有组织、有计划的掠夺，在东北经营范围不断扩大，并在"九一八"事变前控制了东北南部的经济命脉，始终活跃于日本侵略中国行动的最前沿。

"满铁"表面上是一个铁路经营公司，却公然涉足于政治、军事、情报等领域，从管理上即体现着国家意志，这一点从"南满"总裁的任命上便可以得到佐证。"满铁"总裁作为日本新国家的代表，必须是实施日本大陆政策的主要人物，并且应如过去英国东印度公司经理一样，是日本帝国扩张战争打头阵的干将。① 同时，"满铁"的性质也如它的第一任总裁后藤新平所言："当初设立'南满洲铁道株式会社'，推荐鄙人为总裁，盖出于不把南满看作一个经营铁路的事业，而欲使之成为帝国国民政策或我帝国发展的先锋队"；"南满洲铁道会社，虽称'满铁'，但它的价值决不仅在于运输的营业；虽称'会社'，但决不能仅以商法上的株式会社视之。无论如何命名，我都将其视为在殖民政策上、帝国权能发动机关上的一部分。"②

正如日本教授江口圭一所承认的，"'南满路'是日本在海外的最大企业和资产，它不仅是一个以垄断满洲特产大豆、粮食、肥料等世界性商品运输为主，兼营港湾（大连）、矿业（抚顺、烟台）和制铁（鞍山）等产业的大康采恩，而且因其资金（开始2亿日元，1920年达4.4亿日元）一半由政府出资，总裁、副总裁由政府任命，又是一个掌管铁路附属地行政权的'在满洲的国家政策代行机构'"③。

从创立起一直到1945年日本投降，"满铁"作为日本在东北设立的一家特殊的公司，作为日本的"国策会社"，无疑充当了日本经营东北的核心和侵略中国东北的重要工具，不仅把持了日本在东北的政治、经济、军

---

① ［日］鹤见祐辅：《后藤新平传·满洲经营篇》（上）东京太平洋协会1943年版，第34页。

② ［日］鹤见祐辅：《后藤新平》（第二卷）劲草书房昭和十二年版，第24页。

③ ［日］江口圭一：《日本十五年侵略战争史（1931—1945）》，杨栋梁译，江苏人民出版社2016年版，第17—18页。

事命脉，而且蓄意插手中国东北地区的新闻事业经营，同时竭力扶植日本人媒介的势力扩张，遏制中国抗日舆论力量的发展，使其成为日本实施"大陆政策"的一枚重要棋子。

三　日本在侵略东北早期罗织的舆论之网

与同时期的其他列强相比，日本人在华办报的时间要迟一步，而且报纸的影响力也远不及其他列强所办的报纸。但自甲午战争后，日本人迅速将矛头对准中国，在华办报快速崛起。据统计，"仅1895年后至1911年间，其出版报刊数量之多，发展之猛，远远超过了同时期在华从事报业活动的其他国家"①。

日俄战争后，中国旅大地区被迫从沙俄租借地变成了日本租借地。伴随着日本帝国主义侵略势力对东北渗透的深入，许多日本劳动者开始陆续涌入中国东北地区。有资料表明，"1905年9月，日本人已由日俄战争前的1902人增加到5215人，到1907年，猛增到37885人。其中绝大部分是日本在中国东北各公司的职员，商人"②。

日俄战争中日本的胜利也标志着日本对东北殖民文化战略的开始。伴随着日本从中国攫取的巨大经济和政治利益，其报刊事业也蒸蒸日上，不但在中国内地增创了许多新报刊，而且将办报高潮集中转向了中国东北的南部地区（时称"南满"），并逐步向"北满"渗透，与沙俄逐鹿。连日本人自己都承认："日本人在满洲发展路线是由于日俄战争的胜利开拓出来的。故而，邦字报纸也是日俄战争之后出现的。"③

日本侵略者是十分清楚新闻媒体的作用的，因此其刚将侵略的步伐踏入东北，便开始利用报纸为自己做舆论的导引。正如前述赵新言的论断："文化进步的国家，都极为保护它自己的新闻业。而帝国主义国家，更莫不以报纸，为它侵略弱小民族的急先锋。日本帝国主义者，近代报纸的产生，约与中国同时，但因它的其他社会条件，较中国为优，所以报纸也比

---

① 方汉奇：《中国新闻事业通史》（第一卷），中国人民大学出版社1992年版，第800—801页。

② 高乐才：《日本"满洲移民"研究》，人民出版社2000年版，第27页。

③ ［日］蛯原八郎：《海外邦字新闻杂志史》，株式会社1980年版，第278页。

第一章　日本新闻侵略的萌芽及东北新闻界的反帝意识（1903—1912.1）

中国前进了一步。日本帝国主义者，是认识报纸作用的，所以在日俄战役后，它马上即以其较前进的优势报纸，负责宣传吞并满蒙的任务，开始向我们的东北进攻。"①

据《日本人经营新闻小史》统计，从1896年到1906年，日本人在中国一共创办了57家报纸，其中中文报纸19家，占全体的1/3。仅在东北地区，就有日系报纸22家，而且几乎都是1905年到1906年创办的。② 某种意义上讲，日本在中国东北经营的"新闻事业"是政府"总体战体制"的重要一环。当其需要形成"命运共同体"的时候，日本官方即会将报纸等媒介作为政治动员和宣传战的有力武器。这一点从日本早期在东北各主要城市精心编织的新闻网络中即会得到很好的验证。

（一）发端于营口的日文报纸

1861年6月30日，营口正式开港，成为西方列强在东北第一座对外通商口岸。当时的营口是辽东半岛的第一个开港城市，各国的领事馆也都集中在营口。1876年，日本政府在营口开始领馆业务。1891年，日本又在营口开设了海关处，甲午战争后日本开始在营口从事各种贸易活动，但由于三国干涉的结果，其在营口并没有真正获得话语权。

日本在东北的办报活动是在日俄战争前后才开始的，据悉可追溯至1903年秋季创办的《营口新闻》，该报"创办半年后因日俄战争勃发而废刊"③，目前这份报纸已失传，具体信息无从查考，但该报充当日本在战前先遣队的角色已得到普遍认同。尽管这已经错过了日本在华办报的第一个高潮（甲午战争到日俄战争之间），但伴随日俄战争的胜利，日本开始将关注的焦点转移到东北，同时也开启了以东北为核心的在华办报的第二个高潮。

日本人在中国东三省发行的出版物，如戈公振在《中国报学史》中所言："外人之在我国办报也，最初目的，仅在研究中国文字与风土人情，

---

①　赵新言：《倭寇对东北的新闻侵略》，东北问题研究社1940年版，第7页。
②　［日］中下正治：《日本人经营新闻小史》，《季刊·现代中国》第11号。
③　据1922年日文《满洲年鉴》，转引自黑龙江日报社新闻志编辑室编著《东北新闻史》，黑龙江人民出版社2003年版，第7页。

为来华传教经商者之响导而已；而其发荣滋长，实亦借教士与商人之力。今时事迁移，均转其目光于外交方面矣。语其时间，以葡文为较早；数量以日文为较多。"①

据日本学者研究所述，明治政府以往并没有为影响外国舆论而进行"新闻操纵"的概念与政策。但随着明治维新后日本扩张与侵略的势头日益明显，与日本有利益争夺的列强往往利用新闻报刊"揭露"日本的行为，令日本政府十分恼火。尤其是1882年朝鲜发生壬午兵变，英国的报纸严厉批评日本在朝鲜的军事行动，日本政府痛感"新闻操纵"的必要性，开始与报社、记者协调关系，对报社进行投资，发放补助金，鼓励日本人到有日本侵略利益的国家去办报，以影响当地的舆论与民意，甚至干脆把报纸纳入军国主义宣传的体系之中。② 从日本在中国东北办报的初衷来看，既非传教又非通商，而是基于同竞争对手的抗衡及配合其殖民服务的需要。日俄战争前，沙俄在旅顺创办了《新边疆报》，日俄战争期间，沙俄又在旅顺出版了中文《关东报》，在东北政治中心奉天出版了中文《盛京报》，而《营口新闻》的创办无疑在服务于日本军政之余，也一定程度上与沙俄在做博弈。只不过这份报纸由于赶上日俄交战比较短命，即使在日本人那里都鲜有人知晓。

营口《满洲日报》是有详细史料可查的日系报刊，它创办于1905年7月26日③，创办人为有着日本军政两界广泛人脉的日本报人中岛真雄。该报于1908年4月19日停刊，持续两年零九个月。该报在出版期间受到日本军方与官方的干预与控制，在物质和人员上享受着日本军方支持，经营上也主要依靠日本军方和政府的势力。

在军方的命令和指示下，日本报界迅速将视线移向了东北。因此从1905年开始，日本人就相继以营口、大连、安东（丹东）、奉天（沈阳）为中心创刊了《满洲日报》《辽东新报》《安东新报》《盛京时报》。据日本人记载："日俄战争后，日本实施经营满洲政策之际，中岛真雄痛感以

---

① 戈公振：《中国报学史》，生活·读书·新知三联书店1955年版，第81页。
② ［日］中下正治：《新闻にみる石日中关系史》，研文出版社1996年版，第12页。
③ 《东北新闻史》中注明《满洲日报》的创办时间为1905年6月17日，笔者经与原缩微报纸核实，确定该报创刊时间应为1905年7月26日。

第一章　日本新闻侵略的萌芽及东北新闻界的反帝意识（1903—1912.1）

启发当地民众为主的宣传工作和建立言论机关的紧要性、必要性，于是将北京的《顺天时报》转交与外务省上野靺鞨氏经营，自己则进入满洲，在当时日本人移居中心地营口创刊了《满洲日报》，又在奉天兴办了中文报纸《盛京时报》。"①这两份报纸分别开满洲日文报纸和中文报纸之先河。

日本军方十分重视营口的战略地位，并且早于1904年7月2日就成立了营口军政署，进行军事管制。因为从战略意义上看，日俄战争前，为抵制俄国南下、保持日本在东北地区的权益及与各国的平衡关系，把营口作为自己的盘踞点是当时日本一个无奈的选择。但日俄战争之后，大连逐渐取代了营口的位置。因为在日本看来，营口的国际关系错综复杂，无论从政治上、经济上、军事上还是从文化的角度讲，大连都比营口重要。

（二）日俄战争后日本在东北中心城市的媒介部署

自日本觊觎东北始，便将大连作为经济掠夺、武力入侵的切入点。特别是"南满洲"铁道股份公司于1906年11月在大连成立，意味着此后东北地区日本经济、政治的中心逐渐从营口转到大连。同时，日本为了加强对东北的舆论控制，竭尽全力兴办报纸。大连作为日本对东北文化渗透的重心，也成为日本侵略者办报的首选地，同时形成了以大连为中心，并以辐射式的方式向四周扩张的侵略报业体系（参见附表1）。

"满铁"自创立伊始，便以经营铁路为掩护，暗自对东北的各项事务进行着全面参与。后藤新平早在1905年9月策划撰写《满洲经营策梗概》时就提出："战后经营满洲之惟一要诀，就是表面上装作经营铁路，暗地里采取多种措施。根据这一要诀，应将租借地之统治机构和铁路经营机构截然分开；且铁路经营机构必须装作经营铁路之外，与政治、军事毫不相干的姿态……从未来战略需要出发，还要肩负起殖民政策的推进，殖民政策'就是举王道之旗，行霸道之实'。"②因此，日本侵略者除利用"满铁"实施对东北的政治干预、经济掠夺外，还广设新闻宣传机构，出版发

---

①　[日] 菊池贞二：《秋风三千里——中国四十年回顾：菊池傲霜庵随笔》，南北社1960年版，第383页。

②　沈予：《日本大陆政策史（1868—1945）》，社会科学文献出版社2005年版，第140—141页。

行报纸，进行殖民宣传。

如果以1904年日俄战争发生到1911年辛亥革命为时间节点，则此期间日本在东北攫取到既定权益的同时，已经有意识地以报刊为宣传手段，在触角所及之处创办了一系列报刊，从而加强信息传递、舆论导引及文化渗透。当然，这一时期其报刊的服务对象主要是居住在东北的日本人，因此报刊的语种也主要是日文。此阶段日本人办报的区域主要集中在殖民区域辽东半岛的商埠重地大连、旅顺、安东、营口、辽阳、铁岭以及省城沈阳等地，其中尤以大连、安东、奉天（沈阳）居多。这一时期的报纸语种主要是日文，面向来到东北的日本侨民，以便使其获得本国信息，与日本本土保持密切的联系和沟通。

但与此同时，日本侵略者已认识到迅速融入当地文化的重要性，认识到要想将俄国的舆论宣传彻底挤出东北，真正拥有东北这块新"根据地"，就必须尝试创办中文报刊，因此便以"开启民智""中日亲善"等为名，千方百计获得地方政府支持，开始尝试创办符合中国人思考习惯、专门给中国人看的中文报刊。这样一来可以拉拢和迷惑中国人，逐步赢得东北民众的信任；二来可以强化舆论力量，建构全面有效的宣传网络。日本侵略者还将办报的触角辐射到了吉林省的长春和延吉，甚至还波及时为沙俄盘踞中心的哈尔滨，这显然暴露出日本的不良居心。以下几份为有代表性的报纸：

1. 《满洲日报》

《满洲日报》是日俄战争后日本根据营口军政署的要求在营口创办的一份"御用报纸"，该报于1905年7月26日创刊，创办人为对中国有着深入了解的，有着日本文化间谍、军事特务及报人多重身份的，对日本的"大陆政策"有着狂热追求的报人中岛真雄（1859—1943）。[①] 中岛真雄在华闯荡了40余年，精通汉语，熟知中国的风土人情并交游广泛。他当时在答复自己密友即时任关东军司令部参谋长儿玉源太郎为何要在奉天办报而

[①] 中岛真雄于1890年跟随日本间谍荒尾精来到中国，并在上海加入日本特务组织"日清贸易研究所"，以"商品陈列馆"为间谍巢穴，从事秘密的"特殊任务"。在中国期间办了3份日文报纸、3份中文报纸及1份蒙文报纸。

第一章　日本新闻侵略的萌芽及东北新闻界的反帝意识（1903—1912.1）

且是中文报纸的提问时，就曾露骨地表示："是为了新闻救国。"① 中岛真雄在来东北前，曾经在中国福州参与宗方小太郎的《闽报》，并曾于1901年在北京受日本外务省的支持创办了《顺天时报》。日本占领营口后新设的军政署为支持中岛真雄在东北办报，无偿为其提供房舍及经费，这令他下定决心离开《顺天时报》而奔赴营口，旨在从舆论上帮助日本军方实现对华的基本国策。

《满洲日报》在营口创刊后即引起轰动，后来被认为"能够称得起有报纸样子的报刊"②，该报同时用日、英、中3种文字出版，可谓开东北报业之先河③，无论对俄国报纸还是对东北国人报纸都有着一定的示范性。但该报在出版两年多后，于1907年10月停止出版中文版，并于1908年初迁入沈阳并进《盛京时报》，结束了它的使命。

2.《辽东新报》

1905年9月，日本获得对大连的租借权。在军事占领与经济掠夺的同时，日本亦不放松对文化的侵略与管制，他们认为应尽快建立强有力的言论机关，协助军方宣传，贯彻日本国策和军事当局的指令，视新闻言论机关为"贯彻国策的先锋"。为了争取在大连地区唯一的舆论主导权，日本报人末永纯一郎（明治时代后半期到大正初期一直活跃在报界）从东京奔赴大连，向军事占领当局辽东守备军司令部提出办报申请并很快得到批准。

1905年10月25日，利用俄国遗留下来的印刷设备，末永纯一郎在"关东州民政署"支持下创办了日文报纸《辽东新报》，这也是日本人在大连创刊的首个日刊报纸。末永纯一郎精通日本国学和汉学，在日本报界小有名气，还曾做过日军随军记者，他将"经营满洲"作为自己的宏愿，在《辽东新报》创刊号上即声称："战争已经结束，和平的舞台已拉开帷幕，以同胞之鲜血换来的辽东半岛大地，再也不能让它回到故主的手里。"可

---

① [日] 中島真雄：《不退庵の一生：中島真雄翁自叙伝》，我観社1945年版，第40页。

② 丁立身主编：《营口地区出版报刊概况》，营口日报社1997年版，第3页。

③ 黑龙江日报社新闻志编辑室编著：《东北新闻史》，黑龙江人民出版社2001年版，第7页。

见其将辽宁半岛据为己有的野心已昭然若揭。

《辽东新报》"行销极广,东三省各地殆无不阅者。近年傅氏辞职,价值顿减,闻仅行销一二千,日出两大张,发行至五千四百五十余号"①。1906年9月,当日本攫取了沙俄在"南满"的一切特权后,便迅速在旅大地区成立了军政机构"关东都督府",下设陆军部和民政部,掌管关东州和"南满"附属地的行政统治权。关东都督府成立后,便迫不及待地将《辽东新报》变成了其"御用报"。而因为有了关东都督府的支持,该报得以具备良好的发展空间,很快成为东北报界的佼佼者。据赵新言在《倭寇对东北的新闻侵略》中的记述,该报在1921年日发行量竟然达到37000份,而1926年经"南满洲"铁道株式会社庶务部调查课调查,其发行量达45108份,居日本人在东北报纸之首。但同时期的国人报纸发行量则多为几百份到上千份。

1927年11月,该报被"满铁"收买,并且与《满洲日日新闻》合并,更名为《满洲日报》。从此,该报成了一份彻头彻尾鼓吹日本帝国主义侵略政策的报纸。

3.《盛京时报》

《盛京时报》于1906年10月18日创刊,至1944年9月14日终刊,历时38年。该报是日本人在东北地区的中心城市奉天(今沈阳)创办的第一份影响最大的中文报纸,也是日本在华出版历史最长的中文报纸。

日本之所以急于在东北创办中文报纸,其实在创刊一周年时已阐述得很清楚:"是以一报有一报之宗旨,即一报有一报之效果,于竞争生存之中,出而为国家社会,荷文明进化之责任,此报之所以贵于天下也。我盛京时报,自开办以来,凡阅一星霜其关于内政外交国风民情之事,能裨益于国家社会者,路人皆知。固不待吾人之自誉矣……"② 这里所谓为国家为社会,并非真正为中国及广大东北民众服务,最重要的则是为宣传日本政策,拉拢中国百姓人心,以言论对抗沙俄的《远东报》,以此来谋求自己的政治目的。这种思想也与日本殖民专家后藤新平倡导的"文装的武备论"主张所契合。所谓"文装的武备论",即"以文事设施,以备外来的

---

① 杜吉仁:《东三省的报纸》,《现代评论》1926年第4卷第84期。
② 《祝我报之一周年》,《盛京时报》,1907年10月7日第2版。

第一章　日本新闻侵略的萌芽及东北新闻界的反帝意识（1903—1912.1）

侵略，以便在突发事变时，兼可有助于武力行动"①。

《盛京时报》的创办人依然是《满洲日报》的创办人中岛真雄。他为了谋求更大的发展，以适应战后日本取代沙俄在"南满"一切特权的新形势，实现其所谓"新闻报国"的理想，便主动请缨转战沈阳（时为奉天），企图在沈阳树立日本的话语权。

该报在创办之初，便受到日本驻奉天总领事荻原守一在财务和行政等方面的大力协助。正如荻原守一所言："《盛京时报》创刊的目的，是对满洲的清国官民进行我国政策的普及，并且企图扩张我国的势力。"②《盛京时报》虽名为个人创办，但自创刊以来便打上了日本官方、军方和特务机关的烙印，一直接受着日本外务省、日本驻奉天领事馆及"南满"机关的资金补助，曾被日本前首相岸信介等称为"在满日本人的先驱者"，因此无疑可将其称为日本在东北的机关报。③ 日本外务省的相关档案记录表明，《盛京时报》创办不久便将自己的收支明细、资产与负债情况等详细报给外务省，诉说经营之困境。因此自 1907 年《盛京时报》以"中岛真雄代理"的名义，向外务省驻奉天领事馆总领事荻原守一发出求助起，日本外务省便每年都给予其数额不菲仅次于《顺天时报》的经费支持，成为日本政府在东北最为重视的宣传力量。④

该报问世以后，因仰仗帝国主义殖民特权，不受军阀控制，"向来受日本驻奉总领事署的指挥，专以外交手腕挑拨中国内乱为目的，对于日本侵略东省政策，维护粉饰，无所不至，但颇能于不关痛痒中责骂奉派武人，以故东省寡识的人们，皆甚爱阅"⑤。著名报人戈公振曾评该报云："《盛京时报》于光绪三十二年十月发刊于奉天。以张作霖取缔中国报纸颇严，而该报独肆言中国内政，无所顾忌，故华人多读之，东三省日人报纸

---

① ［日］后藤新平：《日本殖民政策一斑：日本膨胀论》，日本评论社 1944 年版，第 77 页。

② ［日］中下正治：《新聞に見る日中関係史》，研文出版社 1996 年版，附属第 10 页。

③ 参见黑龙江日报社新闻志编辑室《东北新闻史》，黑龙江出版社 2001 年版，第 27 页。

④ 《新聞雑誌操縦関係雑纂/盛京時報》，1907 年，日本外务省外交史料館藏，资料号：B03040609900。

⑤ 杜吉仁：《东三省的报纸》，《现代评论》1926 年第 4 卷第 84 期。

之领袖也。"①

可以说，《盛京时报》作为日本人的耳目喉舌，始终在东北扮演着记录者、宣传者、煽动者、鼓噪者的角色，是日本侵华的重要舆论工具，极力维护日本在中国东北的所谓"权利"，实施着日本帝国的对华政策。这些将在后文中详细论述。

4.《满洲日日新闻》（日文版）

1907年11月3日，在"南满"迁至大连运营短短半年后，就出版了自己的机关报——日文版《满洲日日新闻》，使其成为日本在东北的又一重要舆论工具。作为"日俄战争"和"满铁"的产物，《满洲日日新闻》将日本对中国东北的殖民文化渗透，以达到精神指向方面的趋同在舆论宣传上推向了极致，与"满铁"一起拉开了日本对东北实施殖民文化统治及经济掠夺的序幕。在文化宣传、舆论导向乃至直接地参与"满铁"对东北实施殖民经营的活动中，该报都起到了"急先锋"的作用。

《满洲日日新闻》的创办人即第一任社长是森山守次，他狂热地支持福泽谕吉的"中国分割论"理论，主张日本对外扩张。他对该报创办宗旨的论述十分露骨：

> 逢天长节佳辰之际，仅此满洲日日新闻创刊，我等自知菲才、力薄才浅，然力图将笔墨触及全满洲之各领域。虽恐招责、实感平息各方议论、发表己见之难，但我等竭力进取，期待充当我满洲经营之急先锋是也。所以然，则因我等皆具忠诚爱国、忧虑众生之资质也。②

很显然，该报的创办正是受日本大陆政策及殖民主义深刻影响的结果。同时该报顺理成章地得到"满铁"的支持。创办伊始，"南满"即不惜重金，聘请日本报业名家执掌报社业务，使该报无论在资金、设备还是在人力资源方面都堪称一流。该报在1921年发行量达到25876份，到

---

① 戈公振：《中国报学史》，中国新闻出版社1985年版，第66页。
② 《满洲日日新闻（创刊号）》，1907年11月3日第1版。

第一章 日本新闻侵略的萌芽及东北新闻界的反帝意识（1903—1912.1）

1926年，发行量已达到41812份①，拥有职工240人，在东北报界有着举足轻重的地位。赵新言曾断言，"日文的报纸，以辽东新报与满洲日日新闻为首魁，是敌人在东北两个最有历史的报纸，也是敌人自己营阵里两支最有力的角号"②。足见这两份报纸在日本强化殖民宣传、推行殖民文化、灌输殖民思想过程中发挥的舆论重镇作用。

1927年11月，《满洲日日新闻》凭借"南满"雄厚的资金力量，将《辽东新报》合并，更名为《满洲日报》，成为宣传"南满"业绩，推行日本"经营满蒙"方略的重要工具。

5.《北满洲》旬刊

这是日本在"北满"创办的第一家报纸，1908年10月创刊于哈尔滨，采用日文四开八版的形式，每月三期。日本对哈尔滨觊觎已久，其在哈情报组织北辰社当时编印的《哈尔滨便览》"序言"中就宣称："把北海道称为北国锁钥，是拥晴蛉洲屿（日本国旧称）锁国自守的旧观念，属于19世纪的古话"，明治维新后，"国威大振，现在应该把万里大陆的白山黑水之野，作为北国的锁钥重地"，因此"主动地去研究'北满'是燃眉之急，而要研究满洲，捷径是首先攻研其中央枢纽哈尔滨"③。基于此，《北满洲》创刊后即在"发刊词"中写道："'北满'土地肥沃，物产丰富，有待我们日本人开发"，同时呼吁更多的日本人来"北满"发展，期待该报"成为在满日本人的指南针"。《北满洲》的社长布施胜治毕业于东京俄文专科学校，该校由鼓吹把俄国赶出黑龙江的黑龙会主办。黑龙会是日本的右翼团体，其成立意图主要是为更好地谋求日本的"国益"，他们把目光主要投向朝鲜、西伯利亚和中国东北，并习惯打着"考察"的名义四处搜集情报，偷偷进行间谍活动。

日俄战争爆发前，黑龙会的一个成员小越平陆即偷偷潜入东北，"历时121天，全程8200余华里，对中国东北的政治、军事、经济状况及地形

---

① 南满洲铁道株式会社庶务部调查课：《满洲に於け言论机关现势》，南满洲铁道株式会社1926年第10期。
② 赵新言：《倭寇对东北的新闻侵略》，东北问题研究社1940年版，第11页。
③ 参见黑龙江日报社新闻志编辑室编著《东北新闻史》，黑龙江人民出版社2001年版，第19页。

地物、交通水路、民情风俗、报刊、俄国人在东北的势力范围有了梗概了解"①，后来，小越平陆将其在"满洲考察"的结果写成《白山黑水录》，在《朝日新闻》上连载，也由此使部分日本人对中国东北有了特殊的情结。布施胜治正是受此影响，怀揣此种使命而创办了《北满洲》。该报创办不久即附办俄文版，为日本提供了许多经过调查搜集的关于"北满"和俄国的信息，发挥了重要的情报作用。

6. 《泰东日报》

这是一份比较特殊的由大连华商公议会倡导创办，却由日本人负责内容及经营的报纸，也是大连地区首份完整独立的中文报刊。该报创办于1908年11月3日，创办倡议人兼社长为大连华商公议会的会长刘肇亿。该报创办的动因主要基于当时大连的两份知名报纸《辽东新报》和《满洲日日新闻》均为日文版，因语言障碍而无法满足大连本地市民的诉求，加之在大连的商人群体也需要有一种能够提供准确商业信息的大众传媒，因此，大连华商公议会筹资20万元收买了《辽东新报》的中文栏目，成立股份公司并创办了《泰东日报》。

在中国东北及关内有丰富办报经历的著名报人赵惜梦曾提及，大连的"中文报纸，是以泰东日报为创始，资本虽然是由中国人所凑集，但中国人不能在大连办报，所以请由日本人出面主持"②。由于该报处于日寇统治下的大连，自然需多方与日本人接触，并受到日方刁难，因此，为保证一切顺利，该报聘请《辽东新报》中文版原主编、精通汉学并担任过随军翻译的日本人金子平吉（又名金子雪斋）担任副社长兼主编，主持报社业务，掌握报社实权（该报自民国元年起完全为金子平吉独有）。除首任社长刘肇亿为中国人以外，其他社长均由日本人担任，其中金子平吉任期最长。

金子平吉尽管是日本"国家主义"和"皇位中心"的鼓吹者③，但同

---

① 王希亮：《近代中国东北日本人早期活动研究》，社会科学文献出版社2017年版，第21页。

② 赵惜梦：《我看东北的新闻事业》，转引自王大任《东北研究论集（一、二）》，中华文化出版社事业委员会1957年版，第243页。

③ ［日］金子雪斋：《雪斋遗稿》，振东学社1937年版，目次页。

第一章　日本新闻侵略的萌芽及东北新闻界的反帝意识（1903—1912.1）

样受日本国内流行的"大亚洲主义"影响，主张"大乘的民族主义"（"大乘"原为佛教用语，与小乘"利己"有别，大乘着重强调"利他"），主张"中日亲善"和"精神塑造满洲"，反对赤裸裸的武力侵略行为和强硬的殖民统治政策。在保证日本国家利益前提下，更加注重民权与民生，尊重国际的人道、平等、正义。

创刊初期，《泰东日报》就定下了"中日亲善，相互提携，公平报道，以开民智"的宗旨。[①] 1913 年，金子平吉结识了有办报经验并经常向《泰东日报》投稿的中国革命党人傅立渔，后来聘请其为编辑长。在金子平吉主持工作的 17 年间（1908—1925），其言论写作与新闻采编活动主要由傅立渔主导，吸引具有爱国意识的中国报人群体完成相关内容。因此该报立论基本公允，对大连的反帝爱国活动做过正面报道，同时对殖民当局予以言辞抨击，这使其与日本人办的另一份中文报纸《盛京时报》有着明显的差异性。也因此，该报遭到日本殖民当局的打压，主编傅立渔在金子平吉去世后被殖民地当局"驱逐"出大连，"九一八"事变后，该报完全被日本侵略者把持，成为统治东北的舆论工具，直到 1945 年日本结束在东北的殖民霸权。

从上述几份日本在东北早期创办的代表性报纸中可以看出，日本报刊自在东北问世起，绝大多数即承载着明确的政治目的和侵略企图，它们或为落实日本军政机构的官方旨意，或是日本海外扩张和殖民地构想的狂热追捧者与军政机关一拍即合的产物，其创办的核心宗旨即充当贯彻日本"大陆政策"的喉舌，为日本在东北的文化殖民和文化侵略开辟道路。即便如另类的《泰东日报》，其所倡导的"中日亲善，互相提携"理念也是为了促使中国人更好地接受日本文化和日本思想，维持日本在中国的长治久安。而且同竞争对手沙俄所办报刊相比，日本在东北的媒介部署无疑是有着周密的计划和安排的，无论从报刊数量、规模、覆盖范围还是持续时间、人员配备抑或是影响力上，都远远优于沙俄帝国。这也为后续的新闻侵略升级埋下了深厚的根基。

[①] 洛鹏：《大连报史资料》，大连日报社 1989 年版，第 46 页。

第三节 东北国人报刊的兴起及开启的反帝传统

如前述所言,由于特殊的地理位置、政治环境及人文条件,东北最早的报刊并非国人创办,而是俄日两大帝国伴随着侵略的步伐强行播种的,这便使东北的新闻事业从起步开始即充满了悲情色彩。

无论是沙俄还是日本,他们办报的最终企图都是为巩固其殖民宣传所需。他们会迎合中国读者的阅读心理,甚至不惜通过雇用"中国通"或中国报人,开辟"本土化"栏目,编辑当地百姓关注的内容。如《新边疆报》除了经常"登载各官署衙门的告示、命令、法规"外,还经常"报导远东的时事";《满洲日报》(日文版)专门设置了中文专版,并开辟了"宫门抄""奏议""营口杂记"以及"小品"等栏目;而《盛京时报》更是一份"学了中国人口气",以中国人民为对象的中文报纸,言必称"吾国",把自己装扮成中国人的"友人"或"救世主",从而掩饰自己的真实面目,实现"以华制华"的目的。

其实关于这一点,东北部分官员及有识之士已有所察觉,并因此创办国人报纸以求应对。据统计,自1905年诞生第一家国人报刊起,到1911年底,东三省先后创办国人报刊50余家,但大多寿命较短。(参见附表2)

在晚清东北的国人报刊中,官报占主导地位,同时也涌现出了部分商业报刊、革命报刊及民办报刊。尤为可贵的是,在许多报刊中,都能让人领略到它们与俄日两大帝国舆论相抗衡或反对帝国主义国家强权侵华的风姿。比较有代表性的主要有:

一 辽宁:首份国人报刊即直指日俄外报

在东三省中,辽宁是唯一的既沿海又沿边的省份。晚清时辽宁被称为"奉天"省,取"奉天承运"之意,省会为奉天府(今沈阳),直至1929年才正式启用"辽宁"这一称谓。因其所处地理位置和历史环境相对优越,因此最早受到俄日等帝国主义国家的觊觎,并成为东北最早的政治、军事、经济、文化重镇。在俄日两大帝国纷纷于此大力办报的刺激之下,国人官报、民报次第诞生,并且在外报的挤压下艰难跋涉。也因有了这种外来侵略的压迫,无论是官方还是民间报刊,都浸润着浓浓的忧患意识。

第一章 日本新闻侵略的萌芽及东北新闻界的反帝意识（1903—1912.1）

辛亥革命前，辽宁省的国人报刊约25家，其中官报8家、革命党报刊8家、民报与商会报刊9家。① 比较有代表性的有：

1. 为"牖启民聪，培养国脉"之《东三省公报》

这是东北第一家官报。光绪三十一年（1905），清政府正式宣布对东北地区实施"预备立宪"，开始废科举，兴学堂，允许国人办报。同年，力主新政的清政府官员赵尔巽出任盛京将军。作为统辖奉天省的最高军政长官，赵尔巽深知办报对辅佐新政、开启民智、开通社会风气的重要性，并且在此前任山西、湖南巡抚时支持创办了《晋报》和《湖南官报》。因此，上任不久，赵尔巽即召回从日本留学回国的谢荫昌，筹办《东三省公报》。谢荫昌曾在当时著名报人汪康年经办的《中外日报》担任过编辑，习译日文，而且有着留学日本的经历，同时还专门研习过东西方各国的报纸。在赵尔巽的召唤下，谢荫昌很快向赵尔巽提交了《东三省公报》的呈文和简章并得到批复，1905年12月21日，东北第一份由国人自办的报纸在沈阳市由此诞生。

《东三省公报》创办的主要初衷固然是为推行新政，掌控舆论，巩固清廷统治，但也是为改变俄日两国舆论霸占东北舆论场的境遇，传递国人的声音。这在《奉天将军赵尔巽为创设〈东三省公报〉抄发简章并批的咨》中阐述得非常清楚。该咨文中这样陈述：

> 自甲午、庚子、甲辰三大役，邻烽屡警，元气大伤，内政外交，日益艰巨。军帅承天子命持节来东，所以答寰海之观瞻，慰深宫之宵旰者，久已智珠在握，靡任钦迟。窃念治国之道，贵探其本源，济变之方端，资乎鼓民气，联一国之耳目，联一国之手足为一手足，使噎者化，塞者通，疲懦者奋兴，顽钝者感觉，人人知优胜劣败为不可幸逃之公例，人人知当兵纳税兴学劝工为不可旁贷之责任。凡政令所颁布者，固可承流而宣化，即政令所形格势禁而祀导厥绪者，民亦能心知其意而畅其流。况奉省当痛深创巨之余，则卧薪尝胆之苦心，正宜及锋而淬，稍纵即逝。痛定即酣，临崖一呼，顽奋懦起，则民智浚而

---

① 黑龙江日报社新闻志编辑室编著：《东北新闻史》，黑龙江人民出版社2001年版，第32页。

国脉强，民气鼓而外萌戢矣！而具此浚之之利器、执此鼓之之利槌者，报纸是也。

东三省为东亚雄陲，丰镐遗壤，外人之权力视线所集，百倍于湘晋，则国民之程度魄力亦必百倍于湘晋始足以竞存而争胜。虽战后结局尚不可知，而茇虑所关无远勿届。窃以报纸为凡百行政之关键，谨拟招集商贾八千两购机器、铅字聘请品学兼优之主笔翻译，于省垣特设一报，名曰《东三省公报》。①

咨文结尾处还强调："盖吉黑与奉既唇齿相依，则今日牖启民聪，培养国脉，亦宜沆瀣一气，协力同心，以济时艰而纾危局。"

该报的创刊，为奉天乃至整个东北地区的国人办报掀开了新的一页。发行伊始，即受到各地读者的欢迎。黑龙江将军程德全便称许该报"专为三省开通风气、发达民智起见。报中所载，尤以三省之事为详"②。《东三省公报》作为由地方政府督办的报纸，从办报宗旨到报纸内容，从前期筹建到出版后的订阅及销售，从印刷的样式到邮递的方式，从派销的范围到质量的保障，从赠阅的方式到补贴的手段等，都打上了官府烙印。该报主要服务于官方，"以承宣诏令、牖拓民聪、鼓舞群情、遵守国宪为宗旨"，内容上重在传播新闻、政令，"凡横决之议，影响之谈，一概屏绝"③。在报纸资费上，实行先民间集资再由政府各级部门订购的方式，售价相对比较公道；在发售上主要利用行政渠道，自上而下按行政区划层层分摊，这样便为该报提供了一定的保障。

《东三省公报》的读者群比较广泛，既包括奉天省各地官署、军界及城乡士绅商民等人，也包括吉林黑龙江两省的各州县官民。读者群众占大多数的是省内各地官署、军界及城乡士绅商民等人，同时立志于整个东北，意在使接受新生事物的受众范围有所扩大。

---

① 黑龙江省档案馆：《奉天将军赵尔巽为创设〈东三省公报〉抄发简章并批的咨》，转引自《黑龙江报刊》，哈尔滨市纸制品厂印刷1985年版，第441页。
② 黑龙江省档案馆：《奉天将军赵尔巽为创设〈东三省公报〉抄发简章并批的咨》，转引自《黑龙江报刊》，哈尔滨市纸制品厂印刷1985年版，第444页。
③ 黑龙江省档案馆：《奉天将军赵尔巽为创设〈东三省公报〉抄发简章并批的咨》，转引自《黑龙江报刊》，哈尔滨市纸制品厂印刷1985年版，第444页。

第一章　日本新闻侵略的萌芽及东北新闻界的反帝意识（1903—1912.1）

光绪三十三年（1907）初，盛京将军赵尔巽被清廷调离东北，《东三省公报》因此而终刊。至此该报共发行了200多期，存续约一年零两个月。该报作为东北地区最早的国人创办的报纸，虽然因其官报的属性而存在一定局限性，但其对东北民众无疑有着十分重要的"启蒙"作用。正如《东方杂志》所陈述："近有赵、谢诸君于奉天创办《东三省公报》以唤起民族之迷梦，振起社会之精神为宗旨"①，将该报在东北的开拓价值进行了揭示。

2．以通俗易懂语言唤醒大众之《海城白话演说报》

这是东北第一家县报，也是东北第一家中文期刊。该报刊创办于1906年10月，为书册式月刊，主办人管凤和为辽宁省海城县知事（县长），与《东三省公报》的主办人谢荫昌为同乡。该报旨在以生动活泼、通俗易懂的东北口语来"唤醒大众，叫大众睁眼向后看看"。这对于闭塞已久的辽宁普通百姓而言，如同一缕清风，启迪民智，发人深省。尽管该报已大部分失传，但在现存的创刊号中，可以明显感受到唤醒东北民众反帝意识的焦虑心态：

咳！你们知道，今日是什么世界？中国是什么时势？满洲东三省是什么地方？你们还是嘻嘻哈哈昏昏沌沌，过了两个半天算一天，真是可怕呵！你们必说："今日的世界，却是新鲜，什么轮船铁路咯，都是活了七八十岁的人，没有听人说过的事。"朝廷样样变法，保甲改了巡警，考试改了学堂，法子是比从前好，这关系国家的事，自有官府作主，我们不必问他。我们东三省，日俄两国的战是停了，和约是定了。前两年他们打仗的时候，我们吃的苦，是已经过去的事，亦不必再说他咯。咳！你们的话，多么糊涂。比喻说人家拿著六轮小手枪，紧对著你的心坎，拿着又光又亮的刀子，切近着你的脖梗儿，你还是呼呼的睡着一些儿不醒，半夜里随便说几句梦话，你说可怕不可怕？②

---

① 《东方杂志》，1907年3月第3卷第3期。

② 管凤和：《发刊词》，《海城白话演说报》，转引自黑龙江日报社新闻志编辑室编著《东北新闻史》，黑龙江人民出版社2001年版，第33页。

由上述文字表述中可以看出,地方政府官员在推行新政之余,还有意识地让百姓千万不要忘却沙俄及日本侵略者的劣根性,即使日俄战争已经结束,但对于东北民众而言,苦难并未终止,每个人的头脑都必须清醒,必须时刻提防俄日两大帝国的一切动向,这一点十分难能可贵。同时需要指出,当时的《海城白话演说报》虽然是以县衙名义出版,但这份报纸不仅仅是政府的报纸,同时也以百姓为主要受众群。这在当时来说,是十分先进的观念,这种做法对推行新政,沟通官民,缓和当时的社会矛盾都起到十分重要的作用。

3. 东北民间新闻事业的代表——《醒时白话报》

该报是一份典型的民办报纸,也是沈阳第一份由私人采用白话文创办的报纸。创办人张兆麟(1865—1938)字子岐,祖籍河北,系晚清宫廷武官之后。张兆麟幼年时就目睹了帝国主义国家对中国的入侵及清政府的腐朽,同时深受资产阶级维新派新思想的影响,这对其后来办报有很大的促进作用。1906年,张兆麟投亲抵达营口,第二年7月在营口创办了《营口醒时汇报》,该报不久被迫停刊,其后张兆麟便辗转到奉天省城继续筹备恢复报业工作。1909年2月,张兆麟和自己的兄弟张兆龄在奉天(今沈阳)共同创办了《醒时白话报》(后更名为《醒时报》)。张兆麟热心公益事业,曾积极抵制日货,参加爱国游行,是当时沈阳的知名人士。

时人曾评价该报采用白话文,"尽为普及读者起见。因当时民众聩聩,教育幼稚,张先生思欲用浅鲜之白话报纸,启发民众之知识也,我沈阳报界之有语体文,当以该报为首"[1]。该报办报之初以"改良社会,开通民智,提倡教育,振兴实业"为宗旨,并宣称要"代表舆论,为民众作喉舌"[2]。1910年,张兆麟在营口目睹英国轮船"子午号"欺辱中国乘客,奋笔揭露其丑行。隔日见报后,英方向奉天省总督府提出交涉。营口警察厅传讯张兆麟时,张以"亲临目睹"且有书证在手,使英人无言以对。[3]

---

[1] 孙智先:《二十年来沈阳之报界·醒时报》,《盛京时报》,1929年11月2日第9版。
[2] 郁其文:《近现代沈阳报纸简介》,《沈阳文史资料》(第四辑),政协沈阳市委员会文史资料研究委员会1983年版,第165页。
[3] 参见黑龙江日报社新闻志编辑室编著《东北新闻史》,黑龙江人民出版社2001年版,第44页。

第一章　日本新闻侵略的萌芽及东北新闻界的反帝意识（1903—1912.1）

1912年，该报更名为《醒时报》。1913年，该报主笔孙笙谱、张兆龄先后故去，于是，张兆麟的大儿媳王维祺担任主笔，她也是沈阳报界最早的女主编；张兆麟全家办报也成为一段佳话，其长子张友兰、次子张友竹、二儿媳杨宪英相继投入《醒时报》，并成为主力。

张兆麟不仅自己办报，还上阵当记者，在1917年直鲁豫大旱中，他亲自去大连募捐，食宿自理，劳苦奔波，筹得善款10万元；1927年6月，杜重远在奉天领导6万余人大游行，掀起反对日本在临江和东北各地建立领事馆运动。张兆麟除了在报纸上大造舆论外，还身先士卒，以记者的身份走在游行队伍的前列；后来日本在关于沈阳的报纸调查中视其为沈阳唯一的白话报，在下层群众中颇有实力，是排日的先锋。

"九一八"事变之后，日军占领沈阳，沈阳的国人报刊被摧残殆尽，可《醒时报》却顽强生存下来了，还常常暗讽日本侵略者的无耻嘴脸，为铁蹄践踏下的东北人民出了气。伪满洲国成立后，日本人出于险恶用心，仍让《醒时报》出版发行，但又严加控制，《醒时报》开始明显转向。在日伪的高压下，张兆麟忧心忡忡。1934年年底，为办报奔波半生的张兆麟已年过七十，他只好把报纸交给了长子张友兰。但该报受时局影响，该报逐渐沦落成世俗小报，直至1944年9月在日本人的严格新闻管制下停刊。①

4. 东北早期革命报刊的代表——《大中公报》

《大中公报》创办于1910年7月10日，是沈阳乃至东北早期著名的革命报刊。该报总编沈肝若是同盟会员，他曾经留学日本，有着比较激进的民主主义思想。该报经常以辛辣的笔调揭露帝国主义的侵略行径，鞭挞军阀和土匪，因此，在《二十年来沈阳之报界》中，曾评论"该报极力主张保持国权，重视政治时事报道，敢直抒己见……东三省自有报纸以来，言论之自由，无有过于该报者"②。

该报还不畏强权，例如1911年，东三省发生鼠疫，奉天染鼠疫而死者日有数百人之多。该报1911年1月刊载记者蒋梦梅的来信，叙述其乘"南满"汽车时看见日本人以检验鼠疫为名，对民众大肆摧残的情况。同时，

---

① 梁利人主编：《沈阳新闻史纲》，沈阳出版社2014年版，第12页。
② 孙智先：《二十年来沈阳之报界·大中公报》，《盛京时报》，1929年11月3日第9版。

该报还揭露了省巡警总局防疫所的真相。也正因如此,该报馆被当地警方捣毁,后在各方舆论支持下复刊。

据记载,该报第四版设有"三千毛瑟"专栏,经常用辛辣讽刺的笔调抨击帝国主义侵略,鞭挞北洋政府和土匪恶霸。如该栏有这样的文字:"中国的军港不多,租界不少;中国的进项不多,外债不少。""人说曹汝霖不好,我说曹汝霖好。他将一国地图卖尽,然后可以平平稳稳当亡国奴。"[①] 因擅长秉笔直书,该报颇受东北民众欢迎,期发数达4000多份。"能得如此之多,即因其三千毛瑟,大受一般人欢迎也。"[②]

1911年10月18日,东三省总督赵尔巽以违反报律等莫须有罪名查禁了印发武昌起义号外的《大中公报》。没多久,这个代表民意的《大中公报》在重重压力下被迫夭折。

二 吉林:官报引领反帝思想

"吉林"省这一建制诞生于1907年(清光绪三十三年),但自1860年中俄签订《北京条约》后,原属吉林省的沿海地区被割让给俄国,吉林便由此成了内陆省,省会设于吉林市。1907年,东三省推行新政,裁将军,设巡抚,建行省,练新军,办学堂,进而开通风气,启发民智,引导舆论。为促进推行新政改革的顺利实施,吉林地方当局把办报作为推行新政实施的重要手段纳入日程,着手创办新闻报刊。而同年7月30日,日俄双方签订了《日俄协议》,将东三省正式划分为"南满"和"北满"两个部分,以松辽分水岭作为地理界线,日本将沿线以南的地域划分为自己的势力范围。基于此种背景,吉林省的国人报刊便在宣传新政、启蒙民众的同时包含了较为鲜明的反帝色彩。在辛亥革命前创办的20余家国人报刊中,典型的有以下几份:

1. 由吉林省官报局首倡的《吉林白话报》和《吉林官报》

在全国内地各省纷纷设立官报局之际,吉林文案处内阁中书徐崇立向吉林将军呈文,禀请参照设立吉林官报局,出版官报。在察文中,徐崇立

[①] 郁其文:《近现代沈阳报纸简介》,《沈阳文史资料》(第四辑)政协沈阳市委员会文史资料研究委员会1983年版,第161页。

[②] 孙智先:《二十年来沈阳之报界·大中公报》,《盛京时报》,1929年11月3日第9版。

第一章 日本新闻侵略的萌芽及东北新闻界的反帝意识（1903—1912.1）

指出：

> 中国报权本未发达，其在商埠开设的报馆多挂洋旗，以抵制官长之干涉。词气抑扬，多以私意为毁誉；是非颠倒，黑白混淆，信口雌黄，其妨害中国主权治理者甚大。如东三省外国报馆其挂日旗者即袒日本，其挂俄旗者即袒俄国，誉谤中国之长官，转为外人之奴隶。将来吉省商埠开办，此类报馆更多，交涉益繁，观听益乱。当先办官报伸我主张，早谋抵制，是吉林之办官报于内政有限之利益，于外交为唯一之权谋。①

吉林将军达桂批准了该呈文，并为其拨官银 1 万两，派人至关内购置印刷机器，筹备出版事宜。1907 年 5 月，吉林省正式成立官报局，由徐崇立负责。该官报局运行至 1908 年年初，后并入吉林官书刷印局。

吉林省官报局成立后，迅速于 1907 年 8 月 4 日在当时的省会吉林市创办了吉林省第一家报纸《吉林白话报》，13 天之后，又在吉林市创办了另外一家报纸——《吉林官报》，从此开吉林国人办报之先河，成为人们街谈巷议热门话题。

《吉林白话报》的读者为一般百姓，是以宣传清政府预备立宪活动和吉林省地方自治、维新等内容为主的通俗性报纸，以书册形式印刷，每期 12 页。正如其所宣扬的"本报论说纪事纯用寻常浅鲜（显）之文，以便识字不多之人易于通晓"②。该报语言平白如话，而且善于调动读者和广大民众提供新闻线索，因此颇受百姓欢迎。

在《吉林白话报》中，有一个"演说"栏目特色十分鲜明，选择的内容均为当时政治、经济、军事方面的敏感话题，语言通俗直白，篇幅为 1500—3000 字左右，分两期刊登。现将"说报"中的一篇择要摘录如下：

> 列位呀，人家合谋商量，打算瓜分我们土地，奴隶我们人民。我们吉省众同胞，尚不知道祸患只在目前，这不是没有报纸的缘故吗？

---

① 参见黑龙江日报社新闻志编辑室编著《东北新闻史》，黑龙江人民出版社 2001 年版，第 50 页。

② 《发刊词》，《吉林白话报》，1907 年 8 月 4 日第 1 期。

看过本报第一号的，大概其已明白报上的事情了吧？但是（和）报纸有什么关系，众位也得知道知道。这机关报怎么讲呢？机关就是机器的轮轴，轮轴一灵活，做什么事都快当；民智一开，就能日广见闻，见闻一广，从此开拓土地，扩张主权，就先发制人之计，全凭着看报的力量了。即如英吉利国，本是三个海岛的小国，如今它的领土合（和）属国大于它的本国数倍。而且全地球各国，几乎没有没英国国旗的地方。这是什么缘故啊？全是报的力量啊。所说的一份机关报，胜过十万雄兵，看报的各位，您说对不对啊？①

由此可见，该报的言论既贴近现实，又通俗易懂，将机关报的作用阐述十分清晰明了，也将吉林省面临的被帝国瓜分欺凌的状况一展无遗。只可惜，由于东三省推行官制改革，吉林设立巡抚后相关部门被裁撤，徐崇立也有了另外安排，使得该报于1907年12月2日停刊，结束了短暂的生命周期。

《吉林官报》主要面向吉林省各级官员及城镇士绅，办报目的是作为行政之要素，"以抵御外侮为目的"，"以通上下之情为宗旨"，"兼有考察政治之益"。② 除刊登时政要闻外，《吉林官报》还经常刊载如《间岛问题之近闻》《不许俄公司收取铁路租税》等报道，揭露俄日两大帝国侵害我国主权的非法行径。

该报创刊后，除在省城吉林市设立代派处以外，还在北京、天津、奉天、哈尔滨、上海设立了代派处。③ 在形式上，该报也采用书册式，每期约20页，创刊初为隔日刊，1908年11月改为旬刊，1911年10月由旬刊又变为隔日刊，1912年3月1日，该报改名为《吉林公报》，内容性质都发生了根本性改变，原报即自然消失。

2. 因中日敏感问题而被迫停刊的《吉林日报》

该报同样是吉林行省机关报，创办于1908年11月17日，隶属于吉林

---

① 《说报》，《吉林白话报》，1907年8月6日第2、3合期。
② 田阳：《简述吉林近代报业的创办》，《东北史地》2004年第7期。
③ 田秀忠编著：《吉林省报业大事记》，吉林人民出版社2015年版，第6页。

第一章　日本新闻侵略的萌芽及东北新闻界的反帝意识（1903—1912.1）

省咨议局筹办处。该报的创办宗旨是"通达下情，旁求民隐，启迪社会"①，该报为对开16版日刊，前身是吉林省自治会创办的《公民日报》，负责人为同盟会员周维桢与顾植。周维桢是湖北人，曾于1902年由张之洞派往日本宏文书院速成师范科学习；顾植为江苏人，曾于1905年与同乡、同盟会会员黄炎培东渡日本，之后又去海参崴，1907年辗转至哈尔滨在《远东报》任主笔，但因华人主笔毫无言论之权，故而接受吉林《公民日报》聘请担任主笔，《公民日报》改为《吉林日报》后继续留任，成为吉林省城最有声望的著名报人。

《吉林日报》内容十分丰富，涉及世界、中央、内省、东三省的新闻占据了大量版面，从而令消息闭塞的吉林人民通过该报更好地了解世界、了解中国、了解东三省和吉林本省的大事。该报还大量报道沙俄、日本和其他帝国主义国家侵略东北各地的罪恶活动。例如，该报曾发表长春调查局养成所学员王成儒的调查报告，列举大量事实，深刻揭露了沙俄、日本等侵略者在长春非法开设鸦片馆，强占土地，倒卖官盐，与胡匪勾结和欺压老百姓的罪恶活动，指出日本租借地长春"赌局林立，吸食鸦片者不犯吸烟罪，是纳垢藏污之薮"②。

1909年8月，《吉林日报》连续刊登日本在延吉设警和中国方面对日本领事裁判权做出妥协的报道。1909年9月6日，该报刊载了清政府与东三省总督、吉林巡抚关于"间岛问题"的密电，严厉指责清政府在对日交涉中的软弱。电文经过北京部分报纸的转载后，在京沪等报界一时引起十分强烈的反响，从而遭到吉林民政司的指责并且禁止当日报纸发行。9月8日，该报又被清政府禁止出版。这也令《吉林日报》成为东北第一家被查禁的官报。但是由于该报的举动反映了国人心愿，因此顾植未被追究惩罚。

3. 短暂的同盟会革命报纸——《长春日报》

这是一份由同盟会员蒋大同、徐竹平和董耕耘等人在长春创办的民主主义革命色彩浓郁的报纸。主要牵头人蒋大同（1882—1911）原名蒋卫

---

① 吉林省地方志编纂委员会编：《吉林省志·新闻事业志·报纸》，吉林人民出版社2006年版，第23页。

② 王成儒：《长春府实地调查报告》，《吉林日报》，1909年4月18日第11版。

平，又名蒋健，河北滦县人。出生于一个没落的封建地主家庭，少年时代即因看到帝国主义列强不断侵略中国，便立志救国救民，中学时与李大钊结为好友。日俄战争后，蒋卫平流落到东北，并改名蒋大同，其后加入同盟会辽东支部。1908年年初他到东北边境考察时曾被俄军逮捕，获释后来到长春，并分别于1908年11月和1909年1月两次上书当时的吉林西路兵备道道台陈希贤，申明自己急于创办《长春日报》的理由。

在第一次呈文中，他明确提出，"窃维国势之扩张，全在民智之发达，尤凭报纸之鼓吹"，"长春处东三省之中枢，为欧亚之两省人之荟萃处，而南北满之铁路，又以此为会归，市场日辟，商贾云集……我国苟不亟开民智，共求抵御之方，将恐忧绌悬异，权利尽付他人……"① 因道台陈希贤对招股办报方式持有异议，该呈文未被批准。在第二次上书中，蒋大同急切阐明"急宜出刊之理由"，明确提出，在日俄两国已控制铁路运输的情况下，"我再无机关报纸以对待之，则长春将为谁之长春乎？且我不设新闻机关，则他人必先我而为之"；东三省对外交涉"最繁难之地，厥为长春"，"我苟无报章以为之后盾，一有损失，吾国民之前途将何赖乎？"蒋大同还针对长春地理位置的重要性强调："因为内地灾民要经长春寻找谋生之地，长春为商务之总汇"，"日俄战后，东三省自行开放之商埠，凡十八处，长春实为十八埠之中心"，"吾《长春日报》不得不于此'商战'剧烈之场脱颖而出……"② 这些恳切的言辞深深打动了陈希贤，不但顺利批准该报出版，还带头认股，这在东北各地官场中绝为仅有，从而传为佳话。

1909年4月3日，《长春日报》顺利创刊，每日四开四版，办报宗旨虽为"鼓吹文明，发皇商务"，但更多的是为了发挥"警示晨钟、唤醒痴迷，震起聋聩"的作用，因此该报不但报道了许多同盟会的反清排满活动，而且对日俄两国加紧占据东北的商业市场，掠夺东北丰富的资源多有报道，同时还对帝国主义的侵略行径进行了无情抨击。

---

① 长春市地方史志编纂委员会：《蒋健等申请办报立案呈》，转引自《长春报业史料》（第七辑），长春史志编辑部出版1989年版，第1页。

② 长春市地方史志编纂委员会：《蒋大同再次致道员陈希贤呈》，转引自《长春报业史料》（第七辑），长春史志编辑部出版1989年版，第6页。

第一章　日本新闻侵略的萌芽及东北新闻界的反帝意识（1903—1912.1）

例如在1909年4月17日的"商业大观"栏，该报刊登了《日烟销路之萧条》一文，从侧面对日本利用纸烟对东北实行经济侵略做了报道："日本东亚烟草株式会社专向南、北满洲之间销售纸烟，今于黑龙江省城亦立分会一处。据该会社总长云：'日本纸烟长春一带之销路稍有畅旺。'"此外，在《俄人之经营哈尔滨》的这篇言论中，该报毫不掩饰地用通俗犀利之笔痛斥了沙俄侵略东北的恶行：

怎么叫干涉主义呢？就是无论人家怎么样，自己硬往里插脚，插进脚去就做主人。也没有他不管的时候，也没有他不管的事情。在他这欺侮人的自然是自鸣得意了。在人家那被欺侮的那苦处可就一言难尽了。我们这同胞的弟兄们自己寻思寻思，我们是哪一国的人，为什么叫俄国人欺侮的我们这么苦呢?！从这里若是不变主义，不但是一个哈尔滨的地方受俄国的气，就是整个东三省的地方，也是依着人家爱怎么样就怎么样啊！

这篇文章刊发后，引起了俄国官方的强烈不满。见报第三天，俄国驻长春副领事馆即照会西路兵备道衙，指责并严词要求该报绝对不可以再刊载此种言论，后经陈希贤出面方平息风波。但出版仅一个多月，该报便因经费困难及内部人员的分歧，于5月19日宣布自行停刊，从而在吉林近代新闻史上留下了遗憾。

4. 反帝反侵略意识最为浓烈的《吉长日报》

《吉长日报》创办于1909年11月17日，由吉林西路道主办，编辑部是《吉林日报》的人员班底，负责人为原《吉林日报》主编顾植。该报为日刊，对开6页12版。因前述的报道失密事件，《吉林日报》已无法在省城吉林继续办下去，而该报的编辑记者中，有一些爱国进步人士不愿放弃这一舆论阵地，他们拟继续通过办报来启发教育民众，同帝国主义侵略者斗争，因此，经吉林西路道员颜世清同意，决定在长春这一日俄两大帝国相争之地创办一份国人报纸，以同俄日两国舆论机关抗衡。

1909年9月，颜世清在《关于请求处理吉林日报垫款问题的呈》中写道："俄人于哈尔滨设有《远东报》，日人于大连设有《泰东报》，各为其国机关，每遇东三省交涉事件，各该报无不强词夺理，翼为彼邦后援，我国外交深受其害。亟应于三省交涉管辖之区，自办一报，借收抵制之新效。当经面禀帅座，准将该报移设长春，改名吉长日报，由职道酌筹闲款津贴，使资办理，此职道请《吉林日报》移设之详情也。"① 该报一直到1931年11月底停刊，存续22年，是吉林省出版时间最长的一份报纸。

可以说，《吉长日报》自创刊伊始，便将反侵略的宣传报道放在首位，坚定不移地维护中国的外交主权。在创刊号的发刊词中，负责人兼主笔顾植指出：

> 光绪甲午年以前，八道风云酝酿未发，夜郎自大，黑未开，视息偷安，鲁人之皋犹非意外。甲午之交，东道已通失。而一纵一横之东清线乃直贯东三省腹部，奇局从此辟矣。甲辰一役，两雄斗于间内，而主人凭栏而观，犹二十世纪劈头之一大奇谈也。浸假而新奉条约牵入吉长矣，浸假而安奉自由行动矣。浸假而这条约牵入吉会役。吾生数十年所闻者不过如此如此……吾闻东西各强国虽妇人孺子犹能轩眉谈满洲大势，而吾当道者或茫焉漠焉不知痛痒。人之视我如数家珍，我之自视如坠云雾……专门报道国际问题，侦探事实，贡献社会，对于外交，此本报发起之第一理由也。②

在此编辑方针指引下，该报经常刊登揭露帝国主义侵略的消息报道。如《满洲商战国》中这样写道："近来外人大注资本于满洲者以日人为第一，于南满线募集社债四千万元议案，特许通过，此最近事也。英人第二，美人第三，德人第四。此四国者大有占握我满洲商权独揽天产运售之意……说者谓东省自俄日战后将一变而为商业争逐群雄决斗之场，不四五年，所谓满洲之天产实业将搜索不留余韵，无国人插手之地，可预决云。"③ 其后，该报在"论说"栏连续刊载了《变相侵略论》，进一步揭穿了帝国主义国家以经济开道，利用商务活动侵略他国领土的野心。文中指出，这些帝国主义国家"其政策所经营，外交所注重者，均以商务财政为

---

① 参见张贵《吉林近现代新闻媒介简史》，吉林文史出版社2015年版，第3页。
② 顾植：《发刊词》，《吉长日报》，1909年11月17日第2版。
③ 《满洲商战国》，《吉长日报》，1910年2月2日第5版。

第一章 日本新闻侵略的萌芽及东北新闻界的反帝意识（1903—1912.1）

主要关键，此亦工商时代民权发达之自然因果也"。这种"从事手工艺商务而为我所利用，无侵略之危险，得侵略之实效，此即变相政策之宗旨也"①。面对日、英、美、德等列强利用经济手段及商务经营在东北实施的扩张与角逐，该报有着足够的警醒，同时将这种担忧毫无保留地显露出来，重在给广大东北民众敲响警钟。

1911年2月，英法强迫云南都督李经羲将个旧等七府矿山出售给法国兴隆公司，法国借口保护铁路，开始陈兵云南边境，而清政府却处处退让。面对此种现实，该报随即在3月24日发表了言论《中国危亡警告书》，文章开头便直奔主题：近来"俄迫伊犁，英据片马，法亦挟其偏师丑旅逼处蒙自，举国上下，四顾战栗，惶惶然若大命将至"，然后以中国对待沙俄的态度反而让对方变本加厉作比较："俄自与吾缔尼布楚约以来，每逢条约改订一次，俄之权利及遽扩一次……今彼所要挟者，吾政府甘自降辱，唯唯复命……英既得长江之势力范围，欲自缅印越滇藏出四川与长江合，以成长山之势……今英又效俄德虎狼之所为，假平乱为名入据片马。"而法国"以保护铁道为名进兵蒙自"，从中毫不客气地指出帝国主义国家对中国领土垂涎已久，并且得寸进尺，因此，如若像古人所云"以地事秦，犹抱薪救火，薪不尽火不灭"，则"吾国之亡不远也"。文章一方面一针见血地揭示了帝国主义国家对中国的贪婪；另一方面也直指清政府的昏庸无能。

作为深处东北这一战略要地的媒体，《吉长日报》在对中国东北虎视眈眈的几大帝国中，尤为关注日俄两国，希望东北民众能早日认清它们的侵略面目。

例如，该报曾刊登言论《日人必吞满洲之放言》，文章指出："按日本人对于满洲可分为两派：一派军人则主张以武力从事者；一派实业家则主张以商业为前驱者。自去秋新约得手后，一年以来，日俄协约，日韩合并，其于满洲前途则有扬帆直下之势。此后办法可毋庸以武力从事，不过有时为其辅助机关，盖必以商业为前驱而断然者……诸君诸君，是当急起直追。日本人民能在满洲扩充一分之商务，即得满洲一分之实权。吾国之

---

① 《变相侵略论》，《吉长日报》，1910年2月22日第3版。

商务能在满洲盛行一地，即获得满洲实在土地……"① 这便使国人在认识到日本在东北的侵略企图后，能够明确自身肩负的责任。

在《俄远东之侵略政策》中，该报根据路透社发布的俄国将在春天置水巡于黑龙江，连中国在内都要听他们调遣的消息指出，俄国此种做法"实挟其警备队之势力为吞并龙江航权为彼专有，而此江之险，概不我共矣"②。

难能可贵的是，对于《吉长日报》的一系列做法，当地政府给予了充分肯定及大力支持。1911年9月9日，吉林度支司和民政司因该报在4月份遭遇一场大火导致经费紧张而向东三省总督和吉林巡抚呈文，申请按月对《吉长日报》进行补助并申请追加经费。该文在详述了《吉长日报》的困境之后指出，在"朝廷预备立宪、推行新政"之时，报纸起着重要作用。对内而言，朝廷新政要达到家喻户晓，"厥惟日报"，地方的不便之处，报纸则可"据实登载"，特别是当"新政繁兴时代"，而吉林"风气未开"，报纸的作用更大；对外而言，"吉省当日俄两大（国）之争点，外交极为重要。各国外交大多收功于舆论。"

呈文还指出一个事实：哈尔滨、"南满"、延吉一带的俄、日文报纸"大半由彼政府资助成立，故一事之始末，内国报界方凿空踏虚，而外人已如数家珍，论知已知彼之常例，安得不遇事失败哉？"更何况这些外国报章"簧鼓其词，混淆视听"，近来中国在外交上的失败，"大半坐此"。呈文对《吉长日报》创办以来的表现有着较高的评价，指出该报"发行以来，于外交尚知注意记载，已颇翔实"，"近来京沪各报转载甚多，不至为外论所混淆，无形之功正未可没此，对外之亟宜维持者也"。呈文还强调："省垣重地，使无一报章按日发行，社会几成聋聩，大非所宜……"③ 这便高度评价了《吉长日报》在吉林省所发挥的作用。

三 黑龙江：由"拒俄"开始的国人报刊

相比辽宁和吉林两省而言，黑龙江的国人报刊要迟一点。当时黑龙江

---

① 《日人必吞满洲之放言》，《吉长日报》，1911年1月19日第3版。
② 《俄远东之侵略政策》，《吉长日报》，1911年3月15日第5版。
③ 吉林省新闻（报业）志编撰办公室：《度支司民政司详请按月补助吉长日报社经费并咨部追加预作正开销由》，《吉林报业史料》1993年第4期。

第一章　日本新闻侵略的萌芽及东北新闻界的反帝意识（1903—1912.1）

的省城为齐齐哈尔，哈尔滨仍属吉林管辖（为便于研究，本课题遵照现有区域划分论述），两市的国人报刊在辛亥革命前尚不足 10 家，且生命周期多数较短。继中东铁路修建后，哈尔滨成为重要的中枢，大批俄人开始涌入，从而导致其由分散的村落迅速成为颇具规模的国际商埠。沙俄以哈尔滨为重镇相继创办了《哈尔滨每日电讯广告报》《哈尔滨日报》《远东报》《军事生活报》《亚细亚时报》等一系列以俄文为主的报刊，其中比较有名的是前述中文报纸《远东报》。正基于此，黑龙江的国人报刊从创刊伊始，即有着"拒俄"传统。尽管力量微薄，但是色彩十分鲜明。

1. 为回击《远东报》而创办的《东方晓报》及《滨江日报》

《东方晓报》是黑龙江地区第一家国人报刊，创办于 1907 年 7 月 19 日，创办者是曾在哈尔滨吉林铁路交涉局工作过的安徽籍人士奚廷黻。他曾留学日本，1900 年来到哈尔滨，目击了哈尔滨自中东铁路修建以来的变化及日益涌现的俄国报刊，特别是对其精心创办的中文《远东报》经常侵犯我国主权与内政而忧心忡忡，急切希望通过办报来加以抗衡。

1906 年 8 月，奚廷黻上书哈尔滨关道时指出："哈尔滨为吉江两省之中心点，近来俄文报馆已有三处，而铁路公司又特设远东华文报馆。独我中国报馆阙如，亦无筹及于此者。彼之报纸每于我政治权限隐相干涉手段，颠倒是非，混淆黑白，则我自不可以人之耳目，为我之耳目，自当速设报馆以期抵制。"[①] 奚廷黻的禀请得到了官方批准，并准予实行官督商办，黑龙江省署及吉林省署均认购一定股份。因筹备期间遭遇大火焚毁，所以经过艰难恢复筹措，在官府的支持下，该报终于在 1907 年 7 月顺利出刊。

该报以"研究政治实际，供当道采择；改良东省习惯，导社会先河"为办报宗旨，坚持与《远东报》建对峙之旗，因此招致《远东报》的不满。奚廷黻自任总经理和总主笔，根据自己的经历和见闻，特别是结合《远东报》的编采人员"所请者心术不纯者居多数，而学术芜浅，下笔不衷，论理学以为断，亦一大弊也"的现状，故要求报社采写者"不能大言欺人""危词耸听""混淆黑白""讪谤怨望"；要求编者不能"不知取裁"

[①] 黑龙江省档案馆编：《东三省总督徐世昌、暂署黑龙江巡抚程德全关于派销〈东方晓报〉的札》，《黑龙江报刊》哈尔滨市纸制品厂 1985 年版，第 149 页。

"有意诬陷""贡媚取悦""营私舞弊"……①这两个"四不能"成为后来哈尔滨部分国人报刊遵循的标准，有着广泛的影响力。

《东方晓报》创办后，经常与《远东报》发生笔战。尤其是当看到《远东报》对于地方新闻的报道"稍存偏袒"，随即"得而纠之，其于吉江（吉林及黑龙江）外交，不无小补"，因此被《远东报》视为"眼中钉"②，屡受排挤。

由于办报经费不足，加之杜学瀛的不合理干涉，《东方晓报》最终于1908年1月停刊。其后奚廷黻受到滨江厅的资助，于同年12月23日依靠《东方晓报》的原基础，重新出版了《滨江日报》。

《滨江日报》出版后，继续与《远东报》对峙，仍然及时揭露沙俄侵略中国的行动。同时该报抵制《远东报》的一贯方针也得到了以上海为主的关内报界的支持。1910年9月，上海《申报》和《神州日报》在南京召开中国报界俱进会成立大会时，还邀请《滨江日报》的代表出席了大会。遗憾的是，在《远东报》的恶意操纵下，加之经费的不足及报社内部的矛盾，《滨江日报》于1910年10月3日被迫停刊，奚廷黻创办的这两份特色鲜明的报纸也因短命而令人扼腕叹息。

2. 被沙俄政权和地方当局扼杀的《东陲公报》

该报于1910年10月3日在哈尔滨创办，经理游少博和姚岫云分别为哈尔滨道外及道里商务分会的代表，主笔周浩，馆内员工是《滨江日报》的原班人马。该报在创办之初即指出："满洲自日俄战后，风云万变，近者韩国见并，唇亡齿寒，益有朝不保暮之忧。本报同人因在哈尔滨组织《东陲公报》，宗旨注重外交及边务，有闻必录，以供国民研究，俾得速图补救之方。"③ 1910年8月，日本开始了对朝鲜半岛的殖民统治。而此时，沙俄势力仍聚焦于哈尔滨，因此《东陲公报》的办报宗旨十分直白，意在

---

① 黑龙江省档案馆编：《东三省总督徐世昌、暂署黑龙江巡抚程德全关于派销〈东方晓报〉的札》，《黑龙江报刊》，哈尔滨市纸制品厂1985年版，第151—152页。

② 黑龙江日报社新闻志编辑室编著：《东北新闻史》，黑龙江人民出版社2001年版，第68页。

③ 黑龙江省档案馆编：《东陲公报社为送阅东陲公报函》，《黑龙江报刊》，哈尔滨市纸制品厂1985年版，第168页。

第一章　日本新闻侵略的萌芽及东北新闻界的反帝意识（1903—1912.1）

唤醒民众，避免重蹈韩国覆辙。

该报创办不久，得知俄国的边务军乔装进入蒙古地区招兵，便立刻派出记者跟踪采访，对沙俄侵犯中国主权的行径及时披露，从而使俄军被迫撤离。1910年底，哈尔滨流行鼠疫，沙俄在哈尔滨的殖民机构企图趁机争夺部分疫病防检权，又遭到该报的曝光及抗议。因此俄方对该报畏之如虎，时任沙俄首相斯托雷平多次向中东铁路总办发消息过问《东陲公报》的情况，并唆使《远东报》在言语上攻击《东陲公报》。《远东报》以疫情为由头，斥责《东陲公报》揭载沙俄侵华罪行的表现是"效其愚忠"，辱骂"其平日所谓爱国爱种以及开通社会者，较之瘟疫犹甚"①。

《东陲公报》则毫不畏惧，并发表"讨《远东报》檄文"，点名批判《远东报》中文主笔连梦青卖身投靠沙俄，狐假虎威，为虎作伥的行为，致使沙俄驻哈尔滨总领事馆和中东铁路公司先后7次照会中国当局，要求下令干涉《东陲公报》。在强大的压力下，清政府外务部最终屈服，并撤掉了支持《东陲公报》的吉林省西北道台于驷兴。但《东陲公报》全体编采人员以"全体告退"为由表示抗议，经商务会董事成员群起挽留后，所有人员仍旧不改"拒俄"初衷。为此，新任道台郭宗熙下令派兵包围报馆，对该报实行严密封锁。主笔周浩派人千方百计向东三省报界公会求助，从而令该事件引起中国报界俱进会的关注，上海的《神州日报》和《申报》为此分别于1911年3月17日和4月3—4日做了相关报道。尽管如此，当地政府官员慑于沙俄政权，仍取缔了该报，并谎称该报是自行停刊。主笔周浩无奈愤然南下上海，并于民国初年创办了后来颇负盛名的《民权报》。

3.《黑龙江官报》

该报于1910年3月在黑龙江当时的省会齐齐哈尔创办，是黑龙江官报局继《黑龙江公报》后，在清政府要求东三省实行"新政"的大背景下创办的第二家官报，该报为书册式旬刊。与《黑龙江公报》相比，该报克服了前者重在刊登官府文牍而缺少新闻及评论的症结，并十分重视报纸的社会功能。其在阐述办报宗旨时先肯定了报纸的作用："考国闻察时事者莫如报"，同时指出，创办报刊"边荒比内地为尤要"，继而陈述自咸丰以

---

① 《华俄人员会议防疫问题》，《远东报》，1911年1月12日第2版。

来，黑龙江迭遭沙俄侵扰的历史，最后强调"是则举江省之边防民治，与夫农垦林矿产诸端，提契纲领，分析条目，为政府考镜之资，备国民研究之用"①，从而表达出振兴龙江，抵制侵略的愿望。

在现存的第 1 期和第 19 期版面中，该报通过"译丛"栏主要译发外国报刊的评论，如日本《太阳报》的《论欧美各国经营满洲之现状》，俄国《新世界报》的《远东满蒙殖民政策》，同时加注按语，期望当局者"勿为外人之言不足听"，阅后"猛发警醒，亟图改良"；该报还刊译了日本《满洲日日新闻》的评论《日韩合邦与满洲之关系》，通过向读者展示日本鼓吹侵略他国"有理"，"日本对于满洲有特殊之利益"等谬论，促使国人警醒。

本章小结

中国东北地区自近代以来，因其土地肥沃，资源丰富，成为日俄两大帝国争夺的焦点。伴随着两国在东北殖民势力的不断涌入，作为宣传工具的报刊便在这里滋生，而且随着俄日两国在东北军事、政治势力的强弱此消彼长。至辛亥革命前，俄日两国先后在东北出版了各类报刊近 50 家，它们分别在其势力范围内充当着殖民统治的舆论工具，这使得东北新闻事业的开端便染上了浓浓的火药味。

正如赵惜梦所言："就东北整个的情形来说，从清末到民初这一个阶段，东北新闻事业的势力，完全掌握在外人的手里。可以说是外人新闻事业势力最为膨胀的时期。"② 尽管沙俄在东北的侵略步伐上占了先机，也于 1899 年 8 月在旅顺创办了第一份俄文报纸《新边疆报》，其后又于 1906 年 3 月在哈尔滨创办了第一份中文报纸《远东报》，为实施在东北的"远东政策"张簧鼓舌，然而日本毫不示弱，不仅于 1903 年尚未在营口站稳脚跟之际创办了日文报纸《营口新闻》，而且在日俄战争结束后加快了在东

---

① 黑龙江省地方志编纂委员会：《黑龙江省志·报业志》，黑龙江人民出版社 1993 年版，第 36 页。

② 王大任编：《东北研究论集》（一、二），中华文化出版社事业委员会 1957 年版，第 245 页。

第一章　日本新闻侵略的萌芽及东北新闻界的反帝意识（1903—1912.1）

北各地尤其是旅大地区办报的步伐，还在《远东报》问世半年多以后便在沈阳创办了其后在东北持续38年之久的中文版《盛京时报》，目标明确地以其宣传的"大陆政策"与沙俄相抗衡。

与沙俄相比，日本在中国东北早期的办报策略主要呈现出以下几个特点：

1. 办报数量更多，覆盖范围更广。日俄战争以后至辛亥革命期间，日本在华报业是"具有帝国主义性质并且重视东北地区的'地域占有期'，日文报刊占绝大部分"[①]。在此阶段萌生的50余家俄、日两国外报中，日本报刊就达到40余家，仅在大连一地就有10余家。"这一时期是日本报业的崛起期，其出版报刊的数量之多，发展之猛，远远超过了同时期在华从事报业活动的其他国家。"[②]

同时可以看出，随着日俄战后两大帝国划定了日本在中国东北的所辖区域主要在东北南部，因此日本在办报时也不遗余力地将所辖范围内的重要城市都一一占据，覆盖范围极为广泛。不仅如此，日本在办报中对于东北的北部也时思染指，在长春、吉林、延吉及哈尔滨几个北部中心城市也都迫不及待地办了报纸，其目的就是跟随日本的国策，蓄意在东北地区扩展势力。

2. 办报动机更为隐蔽，计划性更强。日本早期的报刊主要面向旅大地区的日本移民，因此以日文为主，主要为满足日本侨民的文化生活需求，向日侨宣传日本经营东北的方针政策，刊载有关东北的经济消息，介绍东北的风土民情等。其实日本人的根本目的还在于有计划地将报纸分布于东北主要城市，以形成完整的宣传网络。他们主要着眼于对中国民众长期施加舆论影响和经济渗透，并借助报刊实现对东北实行经济侵略和政治侵占，这也是此时期日本报纸的野心所在。

此外，日本的报刊还意在打击自己的竞争对手沙俄，并假借"中日亲善"对东北民众加以联络拉拢。尤其是通过创办中文版《盛京时报》，采用中国人可阅读和理解的新闻书写方式为其殖民活动张目，同时善于借助

---

① [日] 中下正治:《日本人经营新闻小史》,《季刊·现代中国》1974年第11号，第22页。
② 方汉奇主编:《中国新闻事业通史》（第1卷），中国人民大学出版社1992年版，第800—801页。

虚假的文辞美化其侵略行径，既在言论上与沙俄《远东报》予以对抗，又通过投中国民众所好在东北没有硝烟的舆论战中起到麻痹百姓、混淆视听的功效。

3. 办报实力更为雄厚，办报人员更为专业。日本在东北最早创办的报刊，大多有强大的军政背景，有雄厚的财力和物力支持。例如在营口军政署旨意下创办的《满洲日报》，在关东州民政署支持下创办的《辽东新报》，在"南满"直接控制下的《满洲日日新闻》以及长着一份"中国面孔"、看似非官方创办但实际上一直受日本驻奉总领事署指挥的《盛京时报》等，都长期接受着日本官方的政治庇护和经济资助，因此往往没有后顾之忧。

从日本报刊的创办人及业务骨干来看，其主办者往往有着狂热的对日本"大陆政策"的追捧及强烈的"新闻报国"观念，而且大多有着较为丰富的办报经验。如中岛真雄、末永纯一郎、森山守次、布施胜治等，不仅如此，日本人在办报时还特别舍得花钱网罗人才，精心打造业务团队，这使得其报纸内容比较丰富充实，从而快速拥有自己的市场。

在俄日两大帝国的强势影响下，东北的国人报刊自1905年开始相继诞生。此阶段国人报刊的数量与俄日两大帝国报刊大致持平，而且种类较为丰富，其中包括官办报刊、商业报刊、民办报刊及革命报刊等。此阶段的东北国人报刊有如下特点。

第一，以官报为发轫，以推行"新政"为宗旨。东三省的国人报刊是以官报为开端的。清王朝自从17世纪中期对东北实行封禁政策以来，严重地限制了该地区新闻传播活动的发展。直至清朝末期，为安抚民心，取悦列强，保住自身的统治地位，清政府才不得不顺应历史潮流，实行"预备立宪"改革。加之东北各地上层军政官员和商人，因其政治生活与经济活动的需要，非常关注政局变化，不稳定的局势让他们更加注重对信息的搜寻。因此，为响应"新政"号召，在部分地方开明官员的极力推动下，《东三省公报》《海城白话演说报》《吉林白话报》《吉林官报》《东方晓报》《黑龙江官报》等一批以地方官府为主导的国人报刊终于破土而出，从而打破了外人报纸垄断东北舆论界的面貌，改变了东北的媒介生态环境。

第二，重视开启民智，抗击外国侵略。可以说，东北的新闻事业尽管

第一章　日本新闻侵略的萌芽及东北新闻界的反帝意识（1903—1912.1）

晚于内地不少省份，但是由于长期生活在清政府的严密封禁和日俄侵略者的压迫之下，加之日俄报纸逐鹿东北，致使东北国人的言论一度受到压制，因此国人报刊起点比较高，重在启迪民智，共御外侮，这在许多国人报刊的办报宗旨及办报实践中都得到了很好的印证。尤其是经历了1900年沙俄悍然出动10余万大军侵入东北，制造了惨绝人寰的海兰泡大屠杀和江东六十四屯大惨案，以及1904—1905年日俄两大帝国为侵略朝鲜和东北、争夺远东霸权在中国领土上爆发战争之后，东北的智识人士开始有意识地利用报刊对广大百姓进行思想启蒙，呼吁国人迅速觉醒，奋发图强，共同抗击帝国主义国家的侵略。这也是东北国人报刊发轫以来自然承载的厚重使命。但毋庸置疑，早期东北报刊的这种反侵略意识的引领并未得到广泛的响应，并且此时以官报为主导的东北各省仍将主要精力集中在维护其封建统治之上，只有个别革命报刊和民办报刊才表现出了持续的反帝反侵略思想，但也往往因生命短暂而难以造成广泛的影响。

　　第三，办报主力多为关内进步人士，与关内媒体有一定交流。在东北早期创办的报刊中，主办人大多来自关内，有丰富的阅历和较为开阔的视野，而且很多有留日经历，有着通过办报改良社会，实现美好理想的满腔热忱。如《东三省公报》的负责人谢荫昌和《海城白话演说报》的主办者管凤和均为江苏武进人，谢荫昌还有着留日经历；《醒时白话报》的主办人张兆麟祖籍河北；《大中公报》的总编辑沈肝若为留日同盟会员；《长春日报》主办人蒋大同为河北人，同盟会员；《吉林日报》及《吉长日报》负责人为顾植为上海南汇人，同盟会员，且有日本留学经历；《东方晓报》及《滨江日报》的创办人奚廷黻为安徽黟县人，也曾留学日本；《东陲公报》的主笔周浩为贵州贵阳人……因此，在他们办报过程中，不仅奉献了经验和智慧，还融入了自己的理想和抱负。其中不乏如顾植这样的业务精英，由于之前在《远东报》供职时时常受到外强的掣肘，因此一有时机便毅然离开，宁愿克服重重困难也要创办属于中国人的报刊来对抗强敌。

　　此外，东北早期的报刊在内容和版式上，都很大程度上受到关内报刊尤其是京津沪等舆论重镇的报刊影响，很好地满足了国人的阅读需求。特别是部分报刊面向东北读者设置的白话专栏以及使用的东北民间口语，更是覆盖到更广大的东北民众，为报刊的普及作出了重大贡献。同时，此时的东北报刊还曾得到关内新闻界的关心与支持，比如在沈阳《大中公报》

被捣毁，哈尔滨《东陲公报》被查封以及《吉林日报》被封禁时，都曾得到以上海的中国报界俱进会的声援，从而使彼此之间有着不可分割的联系。

第四，报纸生命周期大多短暂，办报力量相对薄弱。令人感到遗憾的是，晚清时的东北报刊大多生命周期比较短暂，大多数的生存时间不超过3年，有的甚至只有一个多月。只有《奉天教育官报》及《吉长日报》坚持到了辛亥革命以后，前者生存了11年，后者生存了22年，这已是凤毛麟角。究其原因：一是因为地方财源不足。尽管清政府给了东三省推行"新政"的政策，但却未在办报上给予财政支持，因此导致办报条件简陋，办报经费无法得到保障；二是因为地方官员的认识分歧。部分思想开明的官员积极鼓励通过办报开通风气，交流信息，可一旦其工作出现调动，往往难以为继；三是受到日俄的排挤。比如长春的《国民新报》因揭露日本的侵略行径而被日本领事联合地方政府而扼杀，哈尔滨的《东陲公报》因坚持"拒俄"而被沙俄驻哈尔滨总领事馆联合地方政府官员封停。

总而言之，东北国人的新闻事业完全是在俄日两大帝国的带动下诞生的。尽管国人报刊起步较晚，发展也比较缓慢，但已能在晚清政府推行"新政"的刺激下逐渐打开局面，并试图与外报相抗衡。尽管由于种种原因反抗的力度还比较薄弱，但毕竟已勇敢迈出了步伐，从而为其后东北新闻界新局面的开拓奠定了良好的基础，这便具有了宝贵的示范意义。

第二章

新闻侵略的升级及迎战热情的高涨
（1912.1—1931.9）

从辛亥革命到"九一八"事变这20年间，是东北历史上比较动荡的时期。伴随着辛亥革命的失败，东北既没有摆脱封建官僚军阀的严酷统治，又未能挣脱日俄等帝国的疯狂经济掠夺。正如日本学者江口圭一所言："日本在此期间以'南满'和关东州为中心，对满洲的投资额在1930年达到16.17亿日元，占列强对满投资的70%。这是因为，日本的对外投资，58%集中在满洲。再从日本人在满洲的滞留情况看，到1930年年底，在满日本人达到22.87万人。这不仅是国外日本人的最大团体，也是居住在中国的最大外国人团体，日本希望把满洲变成其过剩人口的疏散地。"[1]

特别是在1918年9月到1928年6月这10年间，奉系军阀首领张作霖在日本势力的支持下获得了对东三省的实际统治权，同时也令日本对东北的经济侵略和政治控制日益加紧。直到1928年12月张学良宣布东北易帜服从国民政府，维护了中国的国家统一和民族尊严，才使日本的企图落空。此后，日本迅速密谋军事行动以解决东北问题，最终炮制了"九一八"事变，使东三省在不及5个月时间内相继沦陷。1932年3月1日，日本扶植末代皇帝溥仪建立傀儡伪政权，开始了对东北长达10余年的殖民统

---

[1] ［日］江口圭一：《日本十五年侵略战争史（1931—1945）》，杨栋梁译，江苏人民出版社2016年版，第18页。

治，从而给东北人民带来了空前灾难。

从新闻事业的发展来看，这20年又恰恰是东北新闻事业逐渐扩大并走向成熟的发展时期。中华民国成立后，随着清政府颁布的《大清印刷物件专律》《报章应守规则》《大清报律》《钦定报律》等一系列办报条例的废除以及国人第二次办报高潮的出现，东北的新闻事业出现了前所未有的繁荣局面。除增加了200余种国人报刊以外，还出现了国人自办的通讯社和广播电台。

当然，在此阶段，东北的媒介生态环境仍受到俄日两大帝国的影响和破坏，尤其是日本的新闻侵略。在宁树藩主编的《中国地区比较新闻史》中记录了这样一个数据：1912年至1931年间，东北三省至少有336种报纸问世，其中有18种是清末创刊、民国以后仍在继续出版发行的。值得注意的是，在336种报纸中，中国人自办的报刊有189种，而且持续出版2年以上的只有26家。相比而言，外国人所办的竟达147种之多，其中俄国人办得最多，占109种（俄文报108种，中文报1种）。

但是，随着《远东报》在1921年春停刊，俄国人在东北便不再办有华文报纸，其所办的报纸几乎都集中于哈尔滨一地，仅在满洲里、绥芬河出过个别俄文报。108种俄文报纸大都只有几个月的寿命，持续出版超过两年的只有14家。所以对东北的实际社会影响远不如日本人办的报刊。日本人办报的情况与俄国人完全不同。从报纸的种数来看，虽然只有三十几家，但分布于辽宁、吉林、黑龙江三省的10多个主要都市和县城。[①]

此外，在大连、沈阳、抚顺、长春、吉林、哈尔滨等地日本官方和私人还设立了许多通讯社和大通讯社的分社，他们在奉系军阀的庇护下在东三省各地大肆新办各种报刊和通讯社，不断积蓄自身的力量。日本人媒介采取的策略仍然是一方面继续排斥俄报，一方面大力拉拢国人媒体，直至日本政府1927年召开"东方会议"主张以"铁血主义"强占东北的方针后，才露出本真面目，利用殖民统治机构"满铁"肆无忌惮地为武力侵占东北而聒噪鼓吹。日本"南满"庶务部在对此阶段的东北媒介进行调查时

---

① 宁树藩主编：《中国地区比较新闻史》（上），复旦大学出版社2018年版，第263—264页。（注：据笔者统计，此阶段日本人在东北创办的报刊远不止这个数目，本书附表1及附表3中相关统计。）

第二章 新闻侵略的升级及迎战热情的高涨（1912.1—1931.9）

曾提及："从满洲的言论机关的现状来看，大部分报纸只不过是有着作为报道机关或宣传机关的使命，还没有看到被商品化的报纸的存在。从新闻发展史上来看，现在属于勃兴时代。不管怎么说，在满洲的报纸背景下的国家关系、党派关系及其主义、主张、系统、色彩等，都是极为错综的现代满洲之日、支、露（日本对俄国的称谓）三国现状的一组鸟瞰图。"①由此可见，当时东北的媒介所处的环境十分复杂。

可贵的是，部分充满民族气节的东北国人媒体，由于受到辛亥革命、五四运动、五卅运动及东北易帜等的强烈影响，并在这一系列革命运动和进步思潮的推动下，能够敏锐地捕捉到这些日本人媒介的动向及企图，并在一次次交锋中表现出了前所未有的勇气和斗志，从而构成了民国时期东北新闻事业的中流砥柱，也因此成为日本人的眼中钉以及武力侵占东北后重点打击的对象。

第一节 从怀柔到威压：日本在东北新闻侵略政策的演变

纵观伪满洲国成立前这20年间日本在东北新闻侵略政策的演变轨迹，可以用"从怀柔到威压"来概括。这其实也与其"大陆政策"的有序实施相辅相成，并且从某种意义上看，这种演变也成为日本武力侵华政策的舆论导引。

1911年10月10日，一场具有近代意义的资产阶级民主革命——辛亥革命在中国爆发。日本内阁随后在讨论对华政策时，制定了"等待最有利时机"，分裂中国东北，并且"在中国内地扶植势力"的方针。②

1914年，第一次世界大战爆发，英、法、俄、德等国因战争无暇东顾，暂时放松了侵略中国的活动，致使列强之间相互牵制，这为日本独占中国提供了大好机会。同年11月，日本以对德宣战为名，侵占了德国在中国的势力范围——山东，成为趁大战之机企图独占中国的前奏。

---

① 辽宁省档案馆编：《满洲言论机关的现势·满铁调查报告》（第四辑）（22），广西师范大学出版社2005年版，第91页。

② 中国社会科学院近代研究所中华民国史研究室：《日本外交文书选译：关于辛亥革命》，中国社会科学出版社1980年版，第109页。

1915年1月18日，日本向袁世凯政府递交了妄图灭亡中国的"二十一条"。这一秘密条款的详细内容在报端披露后，在国内引起极大反响，各地以各种方式表示坚决反对。在此影响下，日本人在东北各地的报刊一时陷入低潮，日本人媒介不得不暂时夹起尾巴，收敛锋芒，在中国大兴怀柔政策。

华盛顿会议以后，日本独占中国的野心被帝国主义列强限制，于是转而加大了新闻战略的部署，并在奉张政权的默许下迅速丰富着羽翼，进而横行东北。特别是日本的"东方会议"之后，配合"田中奏折"的要求，日本人在东北的主要媒体已完全沦为军事侵略的工具，对东北舆论阵地的争夺也已上升到重要地位。

一　民国初年日本人媒介对国人的蓄意拉拢及对俄方媒体的排挤

辛亥革命爆发以后，在日本引起了强烈的反响。日本西园寺首相和外务省由于对中国形势的走向不甚明朗，因此表面上暂持"静观的不干涉主义"①。1911年10月24日，日本内阁作出对中国政策的决议，提出关于"满洲问题的根本解决，唯有待于对我国最有利时机之到来，今后应特别致力于内地扶植势力，并设法使他国承认我国在该地区之优势地位"②。为配合此目的，日本在东北的新闻机构也在潜滋暗长，等待时机。不仅清末在东北创办的日本报刊大多继续出版发行，而且又出现了一批新办报刊。此时继续在东北出版的代表性日本人报刊有：中文的《盛京时报》和《泰东日报》，日文的《辽东新报》《满洲日日新闻》《安东新报》《满洲新报》《内外通讯》《奉天日日新闻》《辽阳新报》《铁岭时报》《长春日报》《吉林时报》《间岛日报》《北满洲》等。新增的报刊主要有：吉林的《边声报》《长春商业时报》，大连的《大陆》月刊、《法律时报》，安东的《鸭江新报》《辽阳新报》等，此时日本人报刊数量约为同期东北国人报刊的一半，而且大多受日本官方的支持，其宗旨主要是为扩大日本在东北的影响力及优势地位，因此必然以维护本国的利益为前提，以本国的对华政策为归依。这主要表现在：

---

①　王魁喜：《日本人对辛亥革命的声援》，《东北师大学报》1982年第1期。
②　王魁喜等编：《近代东北史》，黑龙江人民出版社1984年版，第408页。

第二章　新闻侵略的升级及迎战热情的高涨（1912.1—1931.9）

（一）借助东三省中日新闻记者大会笼络国人媒体

在此阶段，日本报人利用民初东北一度流行的"联日抗俄"的思潮，积极拉拢国人报刊，排斥俄报。特别是 1913—1914 年由日本人报纸发起的三次东三省中日新闻记者大会①，更是将这种意图展露无遗。

第一次东三省中日新闻记者大会由日本人报纸代表《吉林时报》发起，于 1913 年 1 月 19 日在吉林召开。会议邀请了《长春日报》《盛京时报》等 28 家报社 51 位记者参加（中国方面有 17 家报社共 23 名记者，日本方面有 11 家报社共 29 名记者）。在会议召开前的邀请函《东三省中日记者大会趣旨书》中，较为"诚恳"地指出新闻记者必须扩大交流范围，互相学习：

> 窃以社会进化人群结合，必有利导之机关。机关者何？报纸是也。夫然故报纸之责任，初不第监督政府，亦当辅助政府，不第代表舆论，亦当铸造舆论。政治有国界，报纸无用乎？拘拘领土之有形范围就无形之精神界，以活动联络沟通相互助勉是报纸之天职，新闻记者不可无会合，会合之不可不扩大范围。各国之所谓新闻团者皆由此道也……今兹东三省中日记者大会之发起，盖所以扩大范围，求于远东舆论界有相得益彰之势也。②

尽管这份"趣旨书"表达了加强东三省中日记者间相互交流的愿望，但在实际的会议中关注的重心在于中日邦交。如会议发起人顾冰一在开会致辞中所言："夫中日为号称同种同文而交通已逾数千年，近数十年交通益便，两国人民往来益形接近。有此种种历史感情浃洽无间矣……本会之不能不联络感情非得已也，非曰新闻记者动云调停但不走极端，一据真事真理为衡，其有疑误各相劝告，总以亲洽为主依……"③

此外，会议中演说主题也集中在"中日提携之必要"，企图通过新闻

---

① 《东北新闻史》中记载的三次东三省中日新闻记者大会时间分别为 1912 年 1 月 18 日、1913 年 10 月 25 日、1914 年 5 月，经笔者核实有误，特予以更正。
② 《东三省中日记者大会趣旨书》，《盛京时报》，1912 年 12 月 25 日第 2 版。
③ 《东三省中日记者大会开会词》，《盛京时报》，1913 年 1 月 24 日第 2 版。

界的交流和合作拉拢中国新闻界与日本合作，同时继续传播"大东亚共荣"思想，凸显日本对东北的重要性。比如日方代表在会议发言中大篇幅论述日本的"大东亚"政策，指出日本在东三省的目的是保护中国："以中国在亚细亚日本亦在亚细亚洲，自应归亚洲人保护。第二次开会能改为亚细亚记者大会而去中日两字，不更进一步乎？亚洲大半被欧人占去，所幸东半由中日保之，故残剩一片水陆耳。中日前此究理，想现诚变为事实。以东三省论，俄侵害之而日本拒之，是殆亚人保亚之意欤？日本对中谅无如欧对亚之恶心……"① 由此可见日方记者代表对日本侵略政策的袒护和美化。

第二次中日新闻记者大会于 1913 年 9 月 22—25 日在大连召开，连续四天，承办方是《泰东日报》，此次大会不仅汇集东北地区大部分媒体参加，而且还邀请了上海、北京等地区的记者赴会。"汉文新闻二十七社记者五十四名，日文新闻七社记者七名通讯员二十六名，东省以外之汉字新闻六社记者六名，大连记者团员四十五名共计百四十名。"② 相比于第一次大会，此次参与人数更多，范围更广。此次大会的议案报告中，对两国记者提出了 5 个方面的要求：一是力行大亚细亚主义；二是反对分争领土之暴论；三是促进实业之进行；四是融合两国之误解；五是主张两国经济之同盟。③ 显然，大会的宗旨是促进两国政治经济和平发展，赋予了中日新闻界，特别是日本在华传媒和报人的重大政治责任，即消除误解，推进中日和平共处，同时为经济发展提供帮助，全面发挥大众传媒的社会政治功能。

第三次中日记者大会于 1914 年 10 月 17 日在沈阳召开，承办方是《盛京时报》。此次大会出席人数共计 103 名（日本报社共 29 家计 54 名，中国报社共 23 家计 49 名），规模基本延续了第二次记者大会。

因此次大会的召开正是继第一次世界大战爆发，且日本与德国在山东胶州半岛发生争执之后，故主办方《盛京时报》社长中岛真雄在致辞中强调："吾人集合之目的，而不意世界之变局，更有出诸君吾人以外者。欧

---

① 《吉林中日记者大会正式会纪事》，《盛京时报》，1913 年 1 月 25 日第 2 版。
② 《记者大会之日程及顺序》，《盛京时报》，1913 年 9 月 24 日第 6 版。
③ 《中日记者会议案之报告》，《盛京时报》，1913 年 9 月 26 日第 6 版。

第二章　新闻侵略的升级及迎战热情的高涨（1912.1—1931.9）

洲之战乱波及于东洋日本，对于独逸而有宣战之举，以山东之一角为两雄之战场。诚为吾人理想所不及料。当此时局之日，迫吾中日两国之亲善，而会员诸君对于两国指导劝告之责愈形迫。幸今日适逢开会之盛，诸君正堪利用此机会交换意见，疏通感情，以尽唇齿辅车之实，此则鄙人所馨香切祷者也。"①

其后《满洲日日新闻》的主笔田原大南也在演说《胶州湾问题殊有意味》中，一再解释日本侵占胶州湾的行动是替中国"出师"，指出"德邦为吾中日共同之敌，而破坏东洋之和平者也。吾国此次之征讨亦不外欲颠覆独逸军事的策源地而铲除东洋之祸。原吾国对于山东别无何等野心，征之我帝国最后之通牒及宣战之诏敕，固已无疑义……"② 显然，这些美化侵略的言论就是妄图将日本与德国在山东的争端正义化，这也说明作为日本的报纸，始终是日本在东三省设置的宣传机构，固有的政治立场决定了他们是不可能带着"纯粹的动机"来参加者记者大会的。

以上这三次中日新闻记者大会在一定程度上促进了中日两方新闻媒体间的交流，缓和了中日在东三省的新闻对峙局面，但很明显并不是真正意义上的对等交流，而是包含着日本拉拢中国新闻界并进一步推行侵略政策的阴谋和企图，因此无法在舆论界做到真正的"亚细亚主义"。也由于中日两国记者不同的政治立场，东三省中日记者大会只举办了三届。此后由于日本加快了侵略步伐，中日之间民族矛盾的加剧，中日两国新闻界的交流也就戛然而止。

（二）千方百计与俄人媒体争夺东北的舆论阵地

民国初年，日本和沙俄仍在坚持不懈地利用自己创办的以中国读者为主要对象的中文报纸进行着力量的角逐，他们除乐于指责地方事务、对中国政局指手画脚攫取国人眼球外，还经常为满足各自的利益需求而在东北地区隔空论战，互相诋毁，从而为自身争取舆论支持。其中最为典型的当属日本人中文报纸代表《盛京时报》与国人中文报纸代表《远东报》之间的博弈。

---

① 《中日记者大会本会议纪事》，《盛京时报》，1914年10月20日第6版。
② 《中日记者大会本会议纪事》（续），《盛京时报》，1914年10月21日第6版。

日俄这两份中文报纸在"北满"及"南满"均已站稳脚跟,并于1916年分别举办了纪念创刊10周年的盛大活动,竞相炫耀其在东北报界的地位,以宣示自己的威力。《远东报》在自己的纪念文章中吹嘘,直言如果没有自己10年来"借文字鼓吹",则哈尔滨"商业能否有今之盛,未可知也!人民能否为今日之开通,未可知也!"同时该报还畅想未来不仅要纪念20周年、30周年,而且"来日无穷,即纪念亦与之无尽"①。《盛京时报》也不甘示弱,在半年后举办了盛大的纪念创刊10周年活动,并且不惜花费巨资,规模大大超过《远东报》。以至于社长中岛真雄为此自鸣得意,谈举办盛大庆祝活动的初衷是"借此机会,以震慑满洲人"②。

1917年俄国社会主义革命胜利之后,大量反对苏维埃政权的俄国公民从俄国境内迁移到中国东北的中心城市哈尔滨,同时也令哈尔滨的局势变得更为复杂。此时,追随中东铁路管理局局长霍尔瓦特的《远东报》已开始陷入困境,这恰恰让日本当作在东北取代俄国的有利时机。"这一年,每月进入东北的日本人增加1000多,东北的日本人总计达111095人。"③长期梦想在中国东北北部地区取代沙俄势力的日本,趁机纠集各列强出兵西伯利亚,从1918年起,日本干涉军陆续进入或途经哈尔滨,这一年《北满洲》改为日刊,日本人又创办了《极东新闻》等10余家报纸,以强化日本在哈尔滨的舆论工具。

面对日本咄咄逼人的气势,《远东报》发表文章称:"本报希望各联盟国拒绝日本之要求,并削弱日本在南满之势力,否则长春、哈尔滨至老少沟之铁路如转让日人,则南北满不啻日人之殖民地,而中外人之商务亦无发展之余地矣。"④ 该报不免感叹:"俄人称哈尔滨为中国城,而华人则反视为俄城,其实已成一日本城矣!"⑤《盛京时报》则强调:"夫俄国之溃

---

① 《纪念十周年答谢词》,《远东报》,1916年3月14日第1版。
② [日]中岛真雄:《不退庵的一生》,转引自黑龙江日报社新闻志编辑室编著《东北新闻史》,黑龙江人民出版社2001年版,第25页。
③ 黑龙江日报社新闻志编辑室编著:《东北新闻史》,黑龙江人民出版社2001年版,第115页。
④ 《日人对于中东铁路之论调》,《远东报》,1918年3月9日第2版。
⑤ 《日人在西伯利亚之行动》,《远东报》,1919年1月1日第2版。

裂，推原其故，为人民久困于专制淫威之结果。"① 同时，《远东报》抨击日本吞并朝鲜，侵占台湾与旅大。但是《盛京时报》则诡辩："日本刻苦图强，五十年于兹矣，所获不过蕞尔（形容小）台湾之一岛，与在满洲继承俄国之权利而已。比诸列强之所易易获得者，可思过半耳。然后来日本以此种蜚语误解，甚不介意，多置不顾……"②

显然，日俄这两大披着中国人外衣的外报在东北地区展开隔空论战，其最终目的均是在为母国利益代言和辩解，肯定两国在华侵略扩张的行径，维护在华权益，并试图抹黑对方，力争成为母国颇具成效的舆论宣传利器。

二 华盛顿会议后日本在"不干涉"面纱下媒介布控步伐的加快

1919年5月4日，中国因在"巴黎和会"上外交政策的失败，爆发了"五四"爱国运动。在"收回山东权利""废除二十一条""抵制日货"等一系列口号的鼓舞下，中国人民的反日情绪日渐增长。1921年11月—1922年2月，美、英、日、中、法等9国在华盛顿召开会议，会议中签订了《中日解决山东悬案条约》和《附约》，日本被迫交还德国胶州租借地，但仍保留许多特权。

华盛顿会议使中国回归到几个帝国主义国家共同支配的局面。正如民国学者樊仲云所言：

> 民国肇建于今二十年。二十年来，中国在国际上的形势凡数变，而华盛顿会议（民国十年）实为其枢机。当此以前，中国是帝国主义各国竞争的对象。自此以后，帝国主义列强在中国之争夺虽依旧，但同时却成为赤白两大势力之角力场。在华府会议以前，中经历时近五年的欧战，故中国的国际形势，亦有不同；民国初年承清之末期，是列强各国的协调外交时代；欧战即起，各国无暇东顾，遂成为日本雄飞远东大陆的时代。华府会议以后，至中俄协定成立（民国十三年），为在华帝国主义势力的混战时代，而自国民党出师岭南，底定江浙，

---

① 傲霜庵：《过激派与中国》，《盛京时报》，1919年1月17日第1版。
② 傲霜庵：《极东之和平与门户开放》，《盛京时报》，1919年1月8日第1版。

于是一变而为赤白两大势力的决胜地。中国的处境，这样是到了愈加困难的地位了。①

自华盛顿会议之后，在列强的联合进攻面前，日本明显处于相对劣势地位。加之日本国内出现严重经济危机，特别是在1923年由于关东大地震导致严重经济损失后，日本开始了以币原为代表的日本政府依靠所谓对华"不干涉"政策，开始支持中国国内的亲日势力，企图达成与中国的所谓"亲善"。奉系军阀首领张作霖在此阶段为了巩固自己在奉天省的统治地位，实现"统一东北"的野心，积极投靠日本，而日本政府也决定支持他充当侵略我国东北的主要工具。1918年9月，北京政府任张作霖为东三省巡阅使。第二年7月，日本制造了"宽城子事件"，该事件的结果是迫使吉林督军孟恩远向张作霖交出了军政大权。至此，张作霖实现了"统一东北"的野心。张所采取的每项重大措施和主要步骤，都依靠日本的支持；日本对东北的政治、经济、文化等方面侵略的扩大，也都依靠张作霖的效劳。② 可以说，奉系军阀对日本的"友好态度"以及日本方面对奉系的拉拢，使中日在东三省形成了短暂性的"和平"和"友好"的局面。

另外，日本对东北的新闻侵略力度却在逐步加大。学者赵新言即用无可辩驳的事实指出：

1922年代替英日续盟的九国公约的缔结和蓝辛石井密约的废弃，这对敌人是很大的打击。在这个时代的背景下，即1922年的前后，敌人对东北的新闻进攻，于是再度掀起高的浪潮，步入新的阶段。因敌人受到九国公约的创痛后，对东北的侵略，忽生动摇和幻灭的感觉，于是更加紧了它疯狂的进取和把握，还发动了大的新闻进攻，以为其他侵略行动的声援和前驱。③

因此，当国际列强的干涉军1920年从西伯利亚大撤退时，日本却公然

---

① 樊仲云：《二十年来中国的国际关系》，《东方杂志》，1931年第二十八卷第十九号。
② 东北地区中日关系史研究会编：《中日关系史论丛》，辽宁人民出版社1982年版，第260页。
③ 赵新言：《倭寇对东北的新闻侵略》，东北问题研究社1940年版，第13页。

第二章 新闻侵略的升级及迎战热情的高涨（1912.1—1931.9）

宣告待俄国东部恢复原状，对朝鲜与满洲无危险时才撤军。在日本干涉军赖着不撤出西伯利亚时，日本人在我国东北各地大肆新办各种报刊与通讯社，以作为不撤退的"别动队"，企图日后卷土重来。①

（一）大量增加的日本人媒介

1920年，随着我国开始陆续回收哈尔滨中东铁路沿线路界的主权及霍尔瓦特的垮台，沙俄也结束了在"北满"官办新闻机构的历史。1921年2月，沙俄在中国东北的舆论喉舌《远东报》奉命停刊，大批反对俄国十月革命的沙俄贵族、官僚、地主、资本家等纷纷涌入东北，他们在哈尔滨出版了各种俄文报刊，这些报刊由于政治背景及倾向不同，存在着激烈的"红白之争"。而日本则趁此良机，继续打着所谓"中日亲善"的幌子，开始有倾向性有选择性地在东北各地增设报刊，他们与俄人报刊不同，没有任何政治上的纷争，相反只有一个共同的目标，即取代俄国、独霸东北。

在此期间，日本人新办了一系列日文及中文报刊。（具体见附表3）其中日文报刊有：《大连新闻》《奉天每日新闻》《公主岭商报》《长春实业新闻》《间岛新闻》《哈尔滨日日新闻》《满蒙文化》月刊、《新天地》月刊、《满洲公论》月刊及《俄亚时报》等；中文报刊有：《满洲日日新闻》（汉文版）《关东报》《满洲报》《大同文化》《东北文化月报》《东省日报》《大北新报》等，比较有代表性的如下：

1.《大连新闻》

《大连新闻》是1920年5月5日，由日本律师立川云平和小泽大兵卫自筹资金，在大连创办的一份日文报纸。其创办之初即标榜自己为大连的日本市民服务，办报宗旨是代表民间，不偏不倚，力主公平。② 但在其后的发展中，该报却明显背离了初衷。

该报创刊后在《辽东新报》和《满洲日日新闻》这两大强势且具官方背景的日本人媒体夹击下，有些不合时宜，但自1921年该报聘任在日本报界崭露头角的宝性确成做编辑长后，该报迅速崛起及发展壮大，成为大连

---
① 黑龙江日报社新闻志编辑室编著：《东北新闻史》，黑龙江人民出版社2001年版，第146页。
② 大连市史志办公室：《大连市志·报业志》，大连出版社1998年版，第25页。

地区日文报纸的后起之秀。尤其是 4 年后宝性确成成为社长之后，由于该报"密切配合殖民当局的政策要求，领会军方意图，并主动与右翼势力相勾结，大造武装侵略东北的舆论"①，因此深受日本官方青睐，逐渐成为与《满洲日报》并列的东北两大日文报纸。

2. 《满洲日日新闻》（汉文版）

《满洲日日新闻》（汉文版）1922 年 1 月 28 日创刊，并随原有日文报纸一同发行。其表面上打着"为疏通意志互敦睦谊"，"谋东三省居民之共同幸福"的旗号，实则为日本殖民者借"属地主义"达到侵华目的而作舆论宣传。在汉文版创刊号的发刊词中，该报这样阐述：

> 东三省者，中华民国之领土，而日本之紧邻也。故中华民国人居之，日本人亦居之。东三省者又远东之通商地区也，即欧美人亦多贸迁于是矣。自吾人公平、博爱之眼光观之，此等华人、日本人、欧美人皆当泯其国别、种别之形迹，打成一片，勠力同心。
>
> 本报本此主义，发刊既历十五星霜，立论始终不变。惟向者徒有日文，中华民国之人阅者终究未能普及，殊为遗憾。盖幸福基于和平，若中日两国之间常有隔膜误会，则影响于东三省人民之幸福者甚大。今回为疏通意志、互敦睦谊起见，特增刊汉文版，随原有之日文报一同发行，亦可零售。其使命之所在，不外乎谋东三省居民之共同幸福，而以中日共存共荣为职志者也。至于输智识于居民，进社会之道德，则尤非报章。

《满洲日日新闻》的创办是为了对抗中国方面日渐高涨的国民情绪，企图借此中文媒体左右舆论。因为自中华民国成立以后，收复国土，抵制外辱的民族革命运动气势澎湃，特别是五四运动以后的中国东北地区更加激越高昂。因此该报的创刊，很有可能是迫于当时的局势和日益高涨的反日舆论压力。该报的所有人（社主）是东京印刷公司的董事长星野锡，社长是评论家出身的森山守次，核心成员中多数是黑龙会和东亚同文书院的相关人员。

---

① 郭铁桩、关捷：《日本殖民统治大连四十年史》（下），社会科学文献出版社 2008 年版，第 658 页。

第二章 新闻侵略的升级及迎战热情的高涨（1912.1—1931.9）

作为"满铁"机关报的汉文版，该报与《盛京时报》一样，刊载的新闻多是针对当时中国局势的分析报道，重在宣传中国国内军阀混战及其给广大民众带来的灾难。这一方面的确是当时社会的真实状态；但另一方面也可看出，作为日本人办的报纸，该报有意通过对国内军阀混战的报道，企图在舆论上影响民众，从而为日后的殖民统治做必要的准备。随着为其后盾的"南满"及日本军政势力的扩张，《满洲日日新闻》逐渐将自身版图扩大至满洲全域，成为当时最具代表性的日文报纸。

1922年7月，《满洲日日新闻》（中文版）改名为《满洲报》，其社长由原《满洲日日新闻》副社长西片朝三担任。

3.《满洲报》

该报于1922年7月3日由《满洲日日新闻》（中文版）更名而成，为西片朝三个人经营。《满洲日日新闻》创办之初，为加强这一御用工具的权威性，即遵"南满"总裁后藤新平的旨意，在日文版面之外另设英文、中文栏目，借以扩大读者覆盖面，在日本势力所及的地区占据垄断地位。但是自中文报纸《泰东日报》在大连地区创办之后，《满洲日日新闻》中文栏目的竞争力日见式微。虽有"南满"和殖民当局为后盾，仍难与《泰东日报》争夺中文读者。尤其是傅立鱼出任《泰东日报》主编之后，该报文字通俗、立论公允，深受中国人推崇。1919年前后《泰东日报》更倾向于介绍革命理论、抨击时弊，这使殖民当局深感不安。

为了加强对言论机关的控制，同时增强《满洲日日新闻》中文版的"战斗力"，1920年《满洲日日新闻》将有办报经历的西片朝三聘为副社长，主办中文版面。1922年7月3日，为了进一步占据中文报纸市场，西片决定将《满洲日日新闻》中文版改刊为《满洲报》；7月24日，《满洲日日新闻》又将《满洲报》发刊权，转让与西片朝三个人。从此，西片退出《满洲日日新闻》，自任《满洲报》社长。[①]

西片朝三为了更好地笼络中国读者，假意提出，"满洲报是中国文字报纸，须要迎合中国人的心理，不得骂中国人"[②]。但其实他忠实地执行日

---

① 王胜利主编：《大连近百年史人物》，辽宁人民出版社1999年版，第442页。
② 转引黑龙江日报社新闻志编辑室编著：《东北新闻史》，黑龙江人民出版社2001年版，第149页。

本当局的殖民政策，利用报纸推行殖民文化，宣传日本商品，鼓吹"开发满洲"。同时，该报为了博得中国人的好感，还在东北发生水灾时发动捐款赈灾，并且举办所谓"东北假选"游戏，通过恶搞来招徕读者。该报在西片朝三的经营下，不仅销路大增，而且达到与"南满"在奉天所办中文报纸《盛京时报》相抗衡的局面，足见其发展之迅猛。1939年，创办历时17年之久的《满洲报》停刊，原因不详。

4.《大北新报》

该报是《盛京时报》的"北满"版，于1922年10月1日在哈尔滨创刊，它也是中岛真雄这个"中国通"在中国出版的最后一家报纸。此前，日本的报刊主要集中在"南满"，而且已经打开了一定的局面。有数据统计，截至1921年，日本的《辽东新报》日销量为37325份，《盛京时报》为25000份，《满洲日日新闻》为25876份，就连《泰东日报》都达到了8700余份。① 为了进一步加强日本对中国东北特别是"北满"地区新闻舆论界的影响力度，于是中岛真雄奔赴哈尔滨，并且在日本政界和商界的支持下，从外务省得到1万日元，还从"南满"得到5000日元的创办费，创办了《大北新报》。

据中岛真雄自述，《大北新报》创办之前，他"早就瞩望于哈尔滨"，并坚信"此地将来无论被任何国家统治"，"终究是东北的重镇"，在日军出兵西伯利亚之后，他"日益觉得该地的重要"。同时，中岛真雄也意识到哈尔滨地处"北满"，长期以来受到沙俄和苏联报刊影响深远。为了加强日本报刊在"北满"地区的影响，于是决定在哈尔滨筹设一中文报刊，并取名《大北新报》。中岛真雄自称，该报的题名本身即表现了对中国东北地区北部的"远大抱负"。《大北新报》创办之后，中岛真雄便"功成身退"，正如他在回忆录中所讲的那样，"把它（大北新报）作为留下的赠品，以怀志而脱身"②。

《大北新报》秉承其侵略宗旨，为维护本国利益而极力鼓舌，迅速成为日本在"北满"地区宣传殖民思想、殖民文化的桥头堡。例如，该报1923年1月12日头版头条刊登的社论《中东路之危机至矣》称，日俄战

---

① 赵新言：《倭寇对东北的新闻侵略》，东北问题研究社1940年版，第12页。
② 邵加陵：《中岛真雄在中国是怎样办报的》，《新闻研究资料》1986年第3期。

争爆发的原因对俄国而言是日本"嫉其霸占满洲，妨害主权"。似乎日本人因沙俄妨碍中国主权而对俄开战，而日俄战争结果也只以俄人失利退出"南满"一笔带过，只字未提日本通过日俄战争在东北获得的大量侵略权益以及这场帝国主义战争带给东北人民的巨大伤害。

哈尔滨沦陷后，《大北新报》以战胜者的姿态凌驾哈埠国人各报之上。该报于1933年6月脱离《盛京时报》而正式独立，成为日本占领者在哈尔滨推行侵略政策的舆论工具。

5.《哈尔滨日日新闻》（日文）

日文《哈尔滨日日新闻》创刊于1922年11月1日，由《北满洲》《西伯利亚新闻》和《哈尔滨新闻》三家日文报纸合并后出版，它是日本人在哈尔滨出版时间最长的一家大型日文报纸。

该报以"株式会社"（公司）的形式组办，最初投入资金为20万元，其首任社长儿玉右二是个右翼人物。"创刊之初，该报顽固地将其报名中的'哈尔滨'写成'賓'字，而不是通用'滨'字，目的就是混淆哈尔滨地名的语意，以图为占据'北满'而制造口实，同时表示其对中国主权的蔑视。日本'南满'事务所、领事馆及其他特务机关，经常利用《哈尔宾日日新闻》的特殊身份，搜集'北满'政治、经济情报，为其侵华活动服务。日文《露满蒙时报》曾对《哈尔滨日日新闻》评论该报坚持站在北满第一线，在错综复杂的国际舆论中，一贯以文章报国而努力。"[①]

（二）左右"政治潮汐"消长的日本通讯社在东北的登陆

通讯社主要从事采集、加工和提供新闻信息，为各类用户提供新闻信息、新闻报道和新闻资料，是近代报业发展到较大规模的产物，自19世纪初期诞生以来，便成为许多国家着力创建并经营的机构，力图借助于该机构左右新闻信息的传播及舆论导向，为本国的政治经济利益服务。一些殖民帝国往往凭借自己各方面的优势，限制和排斥其势力所在国的新闻采集、发布活动，迫使众多的新闻机构只能通过它们这唯一的渠道获取新闻，从而达到更好地为本国殖民政策服务的目的。

---

① 哈尔滨市政协文史和学习委员编：《外国人在哈尔滨·哈尔滨文史资料》（第24辑），2002年版，第224页。

日本在民国时期除不断增加在东北的报刊之外，还拼命资助新闻通讯社，以与报刊形成合力，控制在东北的舆论。此时日本的国内通讯社纷纷来东北建立分社，大型的如东方通讯社、帝国通讯社等，同时一些日本人也创办了规模较小的通讯社。它们主要集中在东北的中心城市大连、沈阳及哈尔滨。"这些通信分社，创立的目的，很显然地，一方为供给新闻原料，而操纵东北当地的报纸；一方为沟通声息，而加紧敌人国内与东北的联系。"[①] 这些通讯社主要有：

大连：日本电报通讯社（1920.9）、日满通讯社（1921.5）、帝国通讯社（1924.5）、商业通信社（1924.12）、日本新闻联合通讯社（1925.5）。

沈阳：东方通讯社（1921.2）、商业通信社（1921.12）、奉天电报通讯社（1922.6）、满洲通讯社（1924.8）、帝国通讯社（1925.5）、日本电报通讯社（1925.3）、日本新闻联合通讯社（1926.6）。

哈尔滨：哈尔滨通讯社（1920.4）、东方通讯社（1921.6）、北满通讯社（1922.1）、帝国通讯社（1925.9）、露西亚通讯社（1925）。

安东：商业通信社（1923.12）。

长春：商业通信社（1923.11）。

开原：商业通信社（1924.10）。

以上这些通讯社每日发行"眷写印刷稿"，一般只有三五十份。其中发稿较多的东方社，在哈尔滨每日发行也仅200份。但是因为它们收费低廉，所以各种文字的报纸多为该社的订户。大连日满通讯社，曾先后在沈阳、抚顺、长春、吉林等地开设分社，自成系统，每日发眷写印刷稿300份，时有"一方之雄"之称。继它之后开设的日本新闻联合社大连分社，日发行新闻400份，发稿份数当时比不少报纸的期发数还多。[②] 难怪早期共产党人李震瀛不由得感慨，这些日本通讯社在东北"实可左右一切政治潮汐的消长"[③]。

总之，当日本在国际上处于劣势之时，并未失掉殖民扩张的野心。反

[①] 赵新言：《倭寇对东北的新闻侵略》，东北问题研究社1940年版，第13页。此为原文表述，即存在"通讯社"与"通信社"混用的状况。

[②] 黑龙江日报社新闻志编辑室编著：《东北新闻史》，黑龙江人民出版社2001年版，第151页。

[③] 李震瀛：《东三省实情分析》，《响导》1924年第2期。

第二章　新闻侵略的升级及迎战热情的高涨（1912.1—1931.9）

而在奉行"不干涉主义"及"中日亲善"的虚伪面纱下表现出了对新闻宣传工作的重视。目的就是借助媒体来沟通信息，搜集情报，巩固及扩大舆论影响力。正如赵新言所指出的："以上新刊的报纸和新创设的通信社，都是敌人在一九二二年前后，发动大规模的新闻进攻的遗物。在这个猛攻后，可以说敌人新闻的营阵布置得相当的妥帖了。"① 这也为其后的侵略步伐的加快奠定了比较坚实的基础。

（三）日本在东北第一座广播电台的问世

广播是现代社会十分重要的舆论宣传手段。日本侵略者非常重视广播的宣传作用，因此，为了有效地实施文化殖民统治，除报刊及通讯社以外，还努力运用当时最为先进的无线广播技术进行舆论宣传。

1925年7月，日本殖民当局在其殖民统治区大连建立了第一家广播电台——"大连放送局"（日语"放送"即广播之意），同年8月9日开始播音。节目每天早、午、晚三次播音，主要为新闻、音乐、讲演、娱乐、物价行情等。其新闻节目主要反映日本的军事、政治情况，传达日本侵略意识观念和政策。当时，大连普通中国人很少拥有收音机，因此听众主要是日本人。大连放送局被日本人称作"殖民地广播电台的雏形"，其建成时间仅比日本最先建立的东京、名古屋两家广播电台晚四个月，足见日本侵略者在血腥统治大连地区时是何等重视广播这一宣传工具。

大连放送局拉开了日本统治伪满广播的序幕，正如有学者评价所说："满洲广播事业的使命，不用说是担负着大陆政策的一部分任务，通过广播部门去完成他的成果，此外没有别的。"② 可以说，广播因报章、杂志无可比拟的所谓"简便敏捷""效力卓著""直接民众"等媒体优势，为日本其后对东北的新闻侵略和新闻统制发挥了重要作用。"其日本舆论机关配合着侵略者的军事行动，对全世界进行欺骗、蛊惑的新闻宣传，意在动摇、扰乱其敌国包括中国之军心、民心。这样的新闻宣传更无真实性可

---

① 赵新言：《倭寇对东北的新闻侵略》，东北问题研究社1940年版，第17页。
② 庄洪昌：《日伪大连放送局史略——简评日本侵略者利用在华广播为其殖民政策服务的行径》，《第六次中国广播电视史志研讨会专辑》，广播电视史志研究委员会出版社2003年版，第163页。

· 87 ·

言，它已成为侵略战争的一个重要工具。"①

三 "东方会议"后日本对媒体管控力度的加强

1927年年初，日本国内爆发了全国性的金融危机，这使日本经济受到猛烈的冲击。随着工潮、农潮、学潮延绵不断，日本国内政局动荡不安。因此在同年4月下旬，日本枢密院趁机发动政变，推翻了若槻内阁，改由政友会总裁、陆军大将田中义一出任首相兼外相，执掌日本政权。

田中内阁上任后，就旨在改变前任外相币原喜重郎的所谓"软弱外交"，对华实行强硬外交。"从华盛顿会议前后发展起来的友好政策，一直持续到1927年4月被积极政策所取代。积极政策执行到1929年7月，接着再一次采纳友好政策，并将其作为外务省官方政策一直持续到1931年9月。驱动两种政策的精神有一个显著不同：根据币原男爵所说，友好政策建立在'善意和睦邻的基础上'，而积极政策则建立在武力的基础上。但是，关于在满洲所采纳的具体措施，这两种政策的区别主要在于诸如日本在满洲维持和平与治安并且保护日本人利益的程度。"②

此外，田中义一曾对奉系军阀领袖张作霖的日本首席顾问町野武马表示，这次他出来组阁，"主要是想解决中国问题，亦即处理满洲的问题。满洲是日本的生命线，如果保持满洲的现状，国内会有许多的意见，我无法应付下去。也许将爆发战争，但我不希望有战争。不过不得已时，恐怕只能打了"③。这番话明确地表达了对华政策的基调，即积极干涉中国内政，以武力侵占中国东北。因此，在这种基调之下，日本对东北媒体的管控力度开始迅速加大。

（一）《对华政策纲领》及《田中奏折》的出台

1927年6月27日，日本在东京召开了东方会议，重点讨论中国局势，

---

① 王士林、王刚等：《沦陷区的唐山日伪广播史研究》，《第六次中国广播电视史志研讨会专辑》，广播电视史志研究委员会出版社2003年版，第187页。
② 程兆奇主编：《全面侵华检方举证·远东国际军事法庭庭审记录（中国部分）》，杨夏鸣译，上海交通大学出版社2015年版，第28页。
③ 唐晓辉：《历史不能忘记系列（2）"九一八"事变》，中国民主法制出版社2015年版，第11页。

第二章　新闻侵略的升级及迎战热情的高涨（1912.1—1931.9）

以进一步制定侵华政策。会议由内阁首相兼外相田中义一主持，历时10天。此次会议核心强调内容即认为"满蒙"的主权不仅属于中国，日本也有权参与，"满洲"的治安应由日本维持。策划召开东方会议，主要是为了把"满洲"从中国本土分割出去，搞一个特殊地区，让日本政治势力进入。该会议把分离"满蒙"作为日本的公开国策，因此从本质上讲，此次会议就是日本帝国主义企图侵吞中国东北、向中国进攻的一次准备和落实的会议。

东方会议之后，首相田中义一根据会议内容起草了一份奏折，并于7月25日呈送天皇，这即是臭名昭著的《田中奏折》。奏折中特别强调了"对满蒙之积极政策"：

> 所谓满蒙者，乃奉天，吉林，黑龙江及内外蒙古是也，广袤七万四千方里，人口二千八百万人，较我日本帝国国土（朝鲜及台湾除外）大逾三倍。其人口只有我国三分之一。不惟地广人稀令人美慕，农矿森林等物之丰富，世之无其匹敌。……故历代内阁之施政于满蒙者，无不依明治大帝之遗训，扩展其规模，完成新大陆政策……惟欲征服支那，必先征服满蒙；如欲征服世界，必先征服支那；倘支那完全可被我国征服，其他如小中亚细亚及印度南洋等，异服之民族必畏我敬我而降于我，使世界知东亚为我国之东亚，永不敢向我侵犯。——此乃明治大帝之遗策，是亦我日本帝国之存立上必要之事也……①

东方会议是日本将对外侵略的大陆政策进一步发展和具体化的重要会议，它将日本的对外侵略路线推进到了一个新的阶段。1927年8月15日，田中义一又指示外务省政务次官森恪在大连旅顺召开了第二次"东方会议"，会议制定了对满蒙的"积极政策"。如果说东京会议上日本独占满蒙的方针已经作为最高国策公开化，那么，大连会议就是在最高国策指导下，进一步确定侵略满蒙细则和加快侵华步骤的策划行动会议。

1928年10月，担任日本关东军主任作战参谋的石原莞尔中佐主张为了准备未来的战争，"对外第一目标"就是"解决满蒙问题"，而"满蒙

---

① 参见《时事月报》，1929年第1卷第2期。

问题唯当使其成为我国领土之后方可解决"①。关于具体的实行办法，石原认为，"国家状况虽难望之，然若军部团结一致，制定战争计划大纲，依靠谋略创造机会，在军部主导下牵动国家亦未必困难"②。因此，东方会议后，日本开始按照田中内阁的既定方针，在战争狂热吹捧者的鼓动下，从军事上、政治上、经济上以及新闻舆论上不断加快侵略中国东北的节奏。在对新闻媒体的管控上，日本官方开始有意识地利用"满铁"这一"推行日本国策的机构"，收紧对日本报刊的统一管理。

（二）"满铁"对东北日本报刊的集中收编

为了配合日本加快侵略东北的脚步，"满铁"作为日本"经营满洲"的先锋和主体，开始利用自己拥有的各种特权和手段，迫不及待地充当着开路"先遣军"，采取收购及强化管理的形式，将日本人在东北创办的主要新闻媒体统一笼络在一起，以更好地完成对它们的调度。

早在1923年，"南满"就设立了弘报系，这是"南满"也是日本在中国本土正式建立宣传机构的开端。"弘报即宣传的意思，用弘报而不用宣传，据说是因为宣传一词有欺骗之嫌。"③ 弘报系负责出版杂志、书刊、照片等，广泛向中国人民进行文化宣传和思想渗透。

1927年4月，"南满"将调查课情报系扩大升格为情报课，下设情报系和弘报系。弘报系是"南满"也是日本在中国大陆上正式建立宣传机构的开端，它在"九一八"事变前后十分活跃，在煽动侵华战争方面起了很大作用。

1927年11月，"满铁"将在东北影响较大的日文《辽东新报》与自己的机关报《满洲日日新闻》合并成《满洲日报》。在此之前，"满铁"已将对东北国人影响深远的《盛京时报》收入囊中。《盛京时报》始终标榜"独立"，曾因敢于批评中国政局、对以张作霖为代表的军阀分子经常

---

① 石原莞尔：《欧洲战史讲话之结论》，转引自稻叶正夫等编《走向太平洋战争的道路（别卷）资料编》，朝日新闻社1963年版，第96页。

② 石原莞尔：《满蒙问题之我见》，转引自稻叶正夫等编《走向太平洋战争的道路（别卷）资料编》，朝日新闻社1963年版，第101页。

③ 朱诚如主编：《辽宁通史》（第5卷），辽宁民族出版社2009年版，第256页。

评头品足而在中国知识分子中颇受欢迎,以至于在20年代中期,该报发行量一度跃升到1.7万余份。但随着中岛真雄年事已高,加之五卅运动中其偏袒日方的言论,从而遭到了中国社会各界普遍抵制,经营逐渐陷入困境。后来中岛真雄拟将该报出售,"满铁"遂积极出面意图收购,二者一拍即合,终将其收归麾下。

其后,"满铁"又收购了哈尔滨的《大北新报》及《哈尔滨日日新闻》,沈阳的《奉天日日新闻》等,而且由"满铁"人员自身创办多年的日文《新天地》月刊、《法律时报》半月刊及《协和》月刊等愈加活跃。可以说,至此,日本在东北的主要日文报纸和中文报纸,几乎都在"满铁"的控制之下出版发行,以维持日本人媒体在东北舆论中的主导权。他们共同为武力侵占东北而鼓吹站台,发挥着"胜似十万毛瑟枪"的作用。尤其在"九一八"事变前后,"南满"用新闻媒介进行了大量的自欺欺人的宣传,其目的就在于"借宣传力量,使一般民众彻底了解配给精神之所在,觉悟容忍战时不可避免之困难,自动协力政策之推进,同时并对消费生活者有所规正,以完成战时经济体制之确立"[①]。

四 "九一八"事变前日本人媒介的虚假报道及战争蛊惑

因张作霖在执政后期对日本侵略者的配合程度不够,故而引发了日本官方的不满,1928年6月4日,日本关东军高级参谋河本大佐等在京奉、"南满"两路交叉点用预先埋设炸药炸死了张作霖,制造了"皇姑屯事件"。

日本原本打算借此事件引起东北混乱,再以"维持满洲的治安"为名,全面出动关东军,占领满洲。然而此时的张学良接任东北保安总司令,稳定了东北的政局,挫败日本侵略者的阴谋,并抵住日本对其威逼利诱,于1928年12月29日通电全国,改旗易帜,最终使日本的企图暂时落空。

1929年的世界经济危机,使日本遭受沉重的打击。日本政府为了转嫁国内矛盾,于是加快了侵略中国东北的步伐。1931年夏季,日本开始借助"万宝山事件"和"中村事件",蓄意挑起事端,为制造武装侵略东北再次

---

① 南开大学历史系、唐山市档案馆:《冀东日伪政权》,档案出版社1992年版,第242页。

寻找借口。几个月后，日本关东军突袭沈阳城，发动了震惊世界的"九一八"事变，从而使东三省相继沦陷。在此期间，日本利用东北的媒体不断进行战争蛊惑。

1931年7月2日，因日本鼓励朝鲜移民擅自到远离限制垦居区的中国东北腹地长春县（今吉林省德惠县）附近的万宝山，勾结中国奸商，非法租种中国土地而引起中朝两国人民纠纷，并由日本警察、宪兵保护强行开垦农田，从而造成了"万宝山事件"。此后，日本利用万宝山事件，颠倒黑白，故意捏造事实，在朝鲜等地掀起了反华排华狂潮，使大批在鲜侨胞惨遭杀害。

在"万宝山"事件发生前后，日本派遣间谍进行军事侦察活动，从而酿成了"中村大尉事件"。1931年六七月间，日本参谋本部的军事间谍中村震太郎，奉命率领退伍骑兵曹长井杉延太郎和一名担任向导的蒙古人、一名白俄人，化装成中国人，到中国东北的兴安岭地区进行军事侦察时，被驻防当地的东北屯垦军第三团逮捕。当第三团官兵经过检查确认携带武器的中村等人是军事间谍后，秘密处死了他们。日本方面得知中村等被杀消息后，一方面向中国提出强烈抗议和种种强硬要求；另一方面则动员国内及驻中国的各种宣传机构，故意扩大事态，煽动战争狂热。正如高伯时所言："日文报纸唯一的长技，则为造谣，每逢我国事变发生，则利用机会为混淆视听之记载，以挑拨各方之恶感，引起骚乱为得计，如最近以记载万宝山案之失实，引起日鲜人屠杀华侨之惨剧，即其明证也。"①

以下拟以日本媒体代表日文版《满洲日报》及《大连新闻》，中文版《盛京时报》这几大在东北的主力报纸为重心，揭露日本侵略者在发动武装侵略前所发动的舆论战争。

（一）《满洲日报》及《大连新闻》对两大事件的扭曲报道

民国年间在延边的朝鲜侨民问题一直是中国政府内政外交上的一大困惑，因为很多朝鲜侨民都是在日本的策划及支持下移入东北，充当开发东北的先导力量的，这些朝鲜侨民同时又被日本利用成为侵略中国的工具，成为排华运动的来源及挑起中日冲突的炸弹。

---

① 高伯时：《日本侵略东三省之实况》，上海文艺书局印行1932年版，第81页。

第二章　新闻侵略的升级及迎战热情的高涨（1912.1—1931.9）

在对"万宝山事件"的报道中，《满洲日报》将该事件与朝鲜排华风潮引起之责任，归咎于中国地方官吏平日对朝鲜侨民之压迫，直接在新闻标题中亮明观点："长春有识之士的意见：当务之急应坚决杜绝中国政府机关对朝鲜人的压迫"[1]，并因此扮演所谓"救世主"的角色，"平壤、镇南浦的救济保护状况：避难华侨感谢我国官兵的保护。"[2] 与此同时，还诬称"支方的险恶计划，煽动利用不明真相的朝鲜人"[3]，"夸大朝鲜事件，致力排日宣传现象今后是否仍会继续"[4]，"以万宝山事件朝鲜事件为契机策动诱发日支冲突，北满各思想团体不轨倾向逐渐显露"[5]，甚至在报道中连学生也不放过，极力加以中伤诋毁："12日午后零时二十分，我宪兵队例行视察支那学生演讲会，遭学生围攻，并被绑架。另有日朝共8人遇袭，3名朝鲜人遍体鳞伤"[6]，"新义州的调查截止12日，支那人暴行事件共计37件，造成69名鲜人被害者"[7]……在日本媒体的极力宣传之下，中朝之间的关系越发紧张，这使朝鲜民众的反华思想愈演愈烈，开始在不知情的情况下支持日本的侵略行为。

在"万宝山"事件发生前后，日本派遣间谍进行军事侦察活动，从而酿成了"中村大尉事件"。1931年六七月间，日本参谋本部的军事间谍中村震太郎，奉命率领退伍骑兵曹长井杉延太郎和一名担任向导的蒙古人、一名白俄人，化装成中国人，到中国东北的兴安岭地区进行军事侦察时，被驻防当地的东北屯垦军第三团逮捕。当第三团官兵经过检查确认携带武器的中村等人是军事间谍后，秘密处死了他们。日本方面得知中村等被杀消息后，一方面向中国提出强烈抗议和种种强硬要求；另一方面则动员国内及驻中国的各种宣传机构，故意扩大事态，煽动战争狂热。

1931年8月中下旬一直到"九一八"事变前后，《满洲日报》及《大连新闻》不断加大对该事件的报道力度，形成舆论声势，大肆煽动旅大租

---

[1]《满洲日报》1931年7月11日1版日刊。
[2]《满洲日报》1931年7月16日1版日刊。
[3]《满洲日报》1931年7月13日1版日刊。
[4]《满洲日报》1931年7月13日2版夕刊。
[5]《满洲日报》1931年7月14日4版日刊。
[6]《满洲日报》1931年7月13日2版夕刊。
[7]《满洲日报》1931年7月16日4版日刊。

借地日本人的仇华情绪，为下一步的军事侵略做好铺垫。在报道中，两报采取的伎俩如出一辙，均言辞激烈，刻意制造中国军队无故枪杀中村的假象，另外却对中村窃取东北情报一事避而不谈。主要表现在：

第一，大量采用"虐杀""惨杀"等字眼，渲染中国政府及军人的"残忍"及"狡诈"。例如下列标题——

  枪杀中村大尉后，在支那将校的教唆下，士兵割下其耳鼻，毫无人性。(《满洲日报》1931年8月18日1版，夕刊头条)

  洮索线兴安屯垦军团残杀中村大尉，我当局着手交涉此事，真相即将大白。(《满洲日报》1931年8月18日1版，日刊头条)

  支那政府再不拿出诚意，我方将采取强硬措施昨日参谋本部特派员森少佐与臧主席会见，就惨杀事件发表强烈抗议。(《大连新闻》1931年8月19日2版头条)

  中村大尉事件责任人突然行踪不明。支那方面对虐杀极力狡辩，逃避责任，卑劣至极。(《满洲日报》1931年8月23日1版，夕刊头条)

  针对中村大尉遇刺事件，支那方狡猾诡诈，推脱责任，强调是匪徒个人行为。(《大连新闻》1931年8月24日1版，夕刊头条)

第二，极力为"中村大尉"歌功颂德，树立其"英雄"形象。两报借为"中村大尉"召开追悼会之机，烘托"神圣"的气氛，加大宣传力度。例如：

  昨夜在大连幼儿园，举办了超度中村大尉英灵的追悼会和演讲会，僧侣神官庄严肃穆列席参加。(《大连新闻》1931年8月23日7版，日刊)

  悼念已故中村大尉的演讲会，听众场外聚集，万人空巷。(《大连新闻》1931年8月28日2版，日刊头条)

  各地盛大举行中村大尉追悼会。(《满洲日报》1931年8月29日4版，日刊)

  中村事件将被拍成电影上映——以满蒙问题为主线，制作电影，

第二章 新闻侵略的升级及迎战热情的高涨（1912.1—1931.9）

将英烈事迹搬上荧幕。（《满洲日报》1931年9月10日2版，夕刊）

第三，批判本国政府的"软弱无能"，激发身居东北的日侨排华斗志和"爱国"热情。这也是两报在报道此事件的引导目标及重心。

笠井重治建议：在满日侨不能再忍气吞声，应唤起舆论良知。（《满洲日报》1931年8月25日1版，夕刊）

昨晚追悼中村大尉演讲内容：外交软弱，愧对亡魂，当局应拿出态度，绝对重视。（《大连新闻》1931年8月29日2版）

旅顺召开中村大尉追悼会演说内容：唤起国民的觉悟。（《大连新闻》1931年8月29日2版）

中村大尉刺杀事件后，国人燃起爱国热情，对支那外交改变战略。（《大连新闻》1931年9月7日1版头条，夕刊）

军部和外部商议达成一致，立即着手实施具体方案。武力解决中村大尉刺杀事件。（《大连新闻》1931年9月11日2版头条，夕刊）

来自伦敦《泰晤士报》的评论：从"中村事件"可以看出，支那当局无保护外国人的能力。（《满洲日报》1931年9月13日1版，夕刊）

铃木庄六大将访谈录：通过本次"中村事件"，我全体国民态度强硬。（《满洲日报》1931年9月14日1版，夕刊）

以"中村事件"为契机，解决满蒙问题。（《大连新闻》1931年9月14日2版头条，夕刊）

综上，如果说在"万宝山事件"的报道中，两报已有意识地将舆论倾向转移到中国地方政府之上，蓄意破坏中国百姓及政府在东北的朝鲜人和日本人心目中的形象，转移焦点、制造矛盾，居心叵测、千方百计地离间中朝两国人民，为自身赢得舆论支持的话，那么在对"中村大尉事件"连篇累牍、铺天盖地的宣传中，两报已通过夸大和歪曲事实，成功地丑化了中国部分将领和地方政府的形象，误导东北租借地的日本人意识到自己的弱势地位，极力主张、倡导日本在东北应该享有的权益，从而点燃了他们心中压抑已久的复仇火焰，为下一步的侵略战争制造所谓合理的借口。

（二）《盛京时报》对两起事件的袒护性报道

在两次事件中，《盛京时报》的报道竭力为日本辩护，对事件性质颠倒黑白。针对发生在1931年7月2日发生在朝鲜的"万宝山事件"，一向喜欢对中国国事指指点点的《盛京时报》则显得比较迟钝，直至7月16日才就此事发表言论，并开宗明义地指出："朝鲜排华之大风潮，其原因，在中国方面。则众口一词，以为日本从中唆使及背后煽惑之所至。而在日本方面，则付诸一笑。谓此次暴动风潮，不过为满洲官民多年压迫鲜农所必至之结果耳。"① 针对东北压迫鲜人之根源为日本的"大陆政策"之声音，《盛京时报》不忘为其竭力辩护，称"所谓日本之大陆政策的侵略大潮流，并不沿着日本、朝鲜、满蒙之大水道汹涌急进，在事实上日人之移住朝鲜，其户数十年如一日"，该报还以"朝鲜移居日本的人口，要比日本在朝鲜的人口多"为主子辩护："可见日本没有侵略朝鲜的野心"，希望"中国官民诸公，对于日本之大陆政策，务有进一步凝睇熟视之必要"②。与此同时，该报还要求国民政府对"在满洲之朝鲜人给予特别之合理合法待遇"，居心叵测地煽动中朝两国的矛盾。

"万宝山事件"发生的同时，《盛京时报》对"中村事件"也给予持续关注。1931年8月20日，该报援引日本通讯社消息连续发表"中村大尉虐杀事件，日侧急速解决方针""日上院与虐杀事件，各派均重视该事件""朝日报主断然处置"三则消息，阐述日本对"中村事件"的态度。在事件真相尚未明了时，《盛京时报》就叫嚣"此次虐杀事件，为中国对日本傲慢昂胜之结果，即于交战国间言之，亦断非人道上所能容许者……切望当局（指日本当局）采取断然之处置"。值得注意的是，在报道"中村事件"同时，该报大量刊登"华人袭日侨"的所谓"暴行"消息，通过稿件组合和版面编排渲染中国国内"反日运动"高涨，为日本出兵中国"护侨"张目。③

从1931年8月下旬起，《盛京时报》利用消息、社评，加大了对"中

---
① 傲霜庵：《鲜人排华之动机》，《盛京时报》，1931年7月16日第1版。
② 傲霜庵：《鲜人排华之动机》，《盛京时报》，1931年7月16日第1版。
③ 《朝日报主断然处置》，《盛京时报》，1931年8月20日第2版。

第二章 新闻侵略的升级及迎战热情的高涨（1912.1—1931.9）

村事件"的报道力度，遂形成舆论声势。在报道中，该报经常用加粗大字号，大量采用"虐杀""惨杀"等字眼，而对中村窃取东北情报一事却三缄其口，刻意制造中国军队无故枪杀中村的假象。如9月1日，转载"东京三十日联合电"，并在拟写的大字标题"中村大尉惨杀事件　日侧决定最后对策"上加了着重点；9月5日，在二版头条刊出大字标题："中村大尉事件硬化，日方即发最后警告"；9月9日，该报仍刊登"日侧对中村案方针，最后交涉提示证据""日本政府保持强硬论"等消息，报道日本对此事件的态度方针，暗示日本将对中国采取进一步强硬的措施；9月12日，该报在同一版面刊出三条消息，分别题为"日陆军侧异常硬化，中村事件交涉问题""南京讨论中村事件""中村大尉决陆军葬在九月末盛大举行"，将中村当作英雄来祭奠。很显然，这与《满洲日报》和《大连新闻》的论调是一致的，是日方统一操纵的结果。

可以说，1928年东北易帜后，东北在政治上密切了与国民党中央政府的联系，东北民众的民族意识日益高涨。因此，在中日两方新闻阵营的对峙上，一方面是日本新闻事业的逐步成熟；另一方面则是东北国人报纸与内地的不断接轨以及与日本新闻机构的日益抗衡。由于前期的积累，至"九一八"事变前夕，日本在东北的新闻机构已呈明显强势地位。据日伪当局统计，1931年日本在东北各地出版的各类报刊已达到260家，报刊期发总数为77446份，远远多于东北的国人报刊。无怪乎《一九三〇年东三省民国报纸调查》中这样表述："东三省的新闻事业完全处于日本言论势力笼罩之下，所有中国报纸的发行份数加在一起，恐怕也不能与《盛京时报》《满洲报》《泰东日报》三社相抗衡。"[1]

著名报人戈公振曾经指出，日本人报纸的"言论与记载，均与其国之外交方策息息相关，亦步亦趋，丝毫不乱……近二十年来日人所载之华字纸如《盛京时报》……借外交之后盾，为离间我国人之手段"[2]。这一论断十分透辟地揭示了日本在东北操纵新闻机构的险恶用心。

---

[1] 无妄生：《一九三〇年东三省民国报纸调查》，《吉林时报》，1930年12月3日第6版。
[2] 戈公振：《中国报学史》，生活·读书·新知三联书店1955年版，第110页。

第二节　从孱弱到强健：东北新闻界的大胆迎战

从辛亥革命到"九一八"事变20年间，也是国人新闻事业发展比较迅猛的时期。以辛亥革命、五四运动、五卅运动及东北易帜，俄国十月革命为催化剂，广大东北民众在进步新闻媒体的带领下不断觉醒，焕发出了极大的爱国热情，有效增强了民族认同，增进了民族团结。

尽管民国初期由于晚清王朝势力的干扰及舆论环境的限制，使得东北的国人报刊处于勃而不兴的局面，但随着俄国十月革命及五四运动后新文化、新思想的不断传入，东北国人报刊开始进入繁荣发展阶段，特别是出现了大批适应民族经济发展需要的民办报刊，逐渐改变了东北新闻界的面貌。东北易帜后，结束了奉系军阀的割据局面，东三省的媒体终于和全国连成了一片，使得东北地区的新闻事业出现了一个快速发展的黄金时期。（参见附表4）

可贵的是，这段时期，东北的国人新闻机构也异常活跃，从而涌现了许多内容丰富、形式新颖的官办和民办报刊，东三省各地也都有一些为时较长、影响较大的进步国人报刊，还较早创办了通讯社，并增设了许多国内知名通讯社的分社，出现了我国历史上第一座自办的广播电台，这些媒体的出现打破了日本新闻的垄断局面。同时，许多新闻机构开始有组织、成规模地对日本的新闻侵略"举起新闻迎战的烽火，向多年进攻的、敌人的新闻阵营里冲去"，"虽然没有完全摧毁顽敌，但敌势却因之大减"[①]。

在此阶段，中国共产党也开始在东北创办一些以工人、学生为主要对象的报刊，并于1927年开始创办了一系列满洲省委机关报，还指示各地党团组织以公开或隐秘的方式创办一系列文艺刊物，从而传播革命思想，将反帝反封建军阀的思想传播到东北各地，从而很好地起到了思想启蒙及引领作用。

还应特别指出，尽管一度受到奉系军阀及日本官方的联合钳制，但东北新闻界的一些先锋知识分子却凭借自己敏锐的目光，较早地窥见日本怀柔政策下隐藏的祸心，并及时地借助于媒体加以披露，甚至不惜顶着巨

[①] 赵新言：《倭寇对东北的新闻侵略》，东北问题研究社1940年版，第23—24页。

第二章　新闻侵略的升级及迎战热情的高涨（1912.1—1931.9）

的压力与日本人媒体的"笔部队"不卑不亢地展开论战，直到日本人媒体不加掩饰地露出本真面目后，反击日本侵略的热情也越加高涨，力度也越加强大，东北新闻史上也因这段艰难的抗争历程而变得格外出彩！

一　民国初期"勃而不兴"的东北新闻界

辛亥革命爆发后，国内出现了第二次办报热潮。但因东北始终处于军阀割据的状态中，故民国成立最初几年东北的新闻事业并没有多大起色。在1916年袁世凯暴卒之后不久，张作霖借助日本帝国主义的势力统一了整个东北。在袁世凯去世到五四运动爆发前这3年间，由于张作霖在东北立足未稳，俄日两国报刊在东北的发展一时处于低潮期，因此东北的新闻事业有了一定的发展。

1913年7月，东北的中心城市哈尔滨出现了最早的国人通讯社——东亚通讯社（该通讯社比日本人在东北设立的第一个通讯社"哈尔滨通讯社"早近7年），该社还在齐齐哈尔等地设立了分社，向各报提供新闻稿件，从而打破了东北仅有报刊这种传播媒介的历史，具有十分重要的意义。同时，又相继增加了一大批国人报刊。加上晚清时存续的几家，1916年之前东北的国人报刊主要有：

辽宁：《东三省公报》《奉天教育官报》《醒时白话报》《亚洲日报》《共和报》《通俗教育报》《醒狮报》《大中华报》《营商日报》《民国新闻报》《民生报》《警察公报》《奉天市报》等；

吉林：《吉长日报》《吉林教育官报》《风俗改良报》《谭风报》《新吉林报》《少年吉林报》《国民报》《国民新闻报》《华东报》《中华自治报》《共和报》《一声雷晨报》《新吉林报》《吉锋日报》《天命报》《吉锋报》《春雷日报》《群力报》《天命日报》等；

黑龙江：《黑龙江时报》《新东陲报》《爱国白话报》《龙江民报》《龙沙新报》《黑河白话醒时报》《瑷黑公报》《边声报》《民生报》《砭俗报》《黑龙江实业报》（月刊）等。①

---

① 黑龙江日报社新闻志编辑室编著：《东北新闻史》，黑龙江人民出版社2001年版，第84页。

遗憾的是，上述报刊中除晚清时就有的《东三省公报》《吉长日报》等少数几家外，一般都持续时间不长，基本不足一年，有的甚至只维持了一两个月。究其原因，一是缺乏官署的帮助与扶植；二是受到反动军阀的限制及镇压。比如民国元年（1912）东三省总督便唆使张作霖在血洗奉天城的大惨案中枪杀了《国民报》社长张榕和主编田亚宾（二者为革命党人），震惊了东北新闻界；《边声报》《新吉林报》《少年吉林报》《吉锋报》《共和报》《醒狮报》等由同盟会革命党人办的报刊都因拥护民国、宣扬共和而被迅速扼杀。

1914年4月2日，窃国大盗袁世凯以民国大总统令颁布了严密控制新闻舆论的《报纸条例》，此后东北各官署对报纸内容的检查更为严格。1914年8月23日，齐齐哈尔的《龙沙新报》报道了日本拟出兵攻占德国侵占我国领土青岛的消息，结果次日便被地方长官派警察取缔；辽吉两省也对报刊的出版进行严格限制，"沈阳城屡经戒严，检查报纸很严"，以至于"有的报纸被迫停刊，有的时办时停"。甚至连哈尔滨某小学教师邹氏叔侄在街头散发《救亡警告》《泣告全国同胞抵制日货》传单都被逮捕……①

1916年6月6日，袁世凯在举国反对与唾骂中病死。截至1919年五四运动前夕，东北新出现了40多家国人报刊（其中吉林省18家，黑龙江省15家，辽宁省近10家），至此，东北有国人报刊约50家，此外还有国人通讯社3家。当然，在此期间，占据东北舆论界中心地位的，仍然是实力雄厚的俄国人中文报纸《远东报》、日本人中文报纸《盛京时报》《辽东新报》《泰东日报》等，国人报刊只有半官方报纸《东三省公报》《吉长日报》拥有一席之地。

但值得关注的是，在此时期东北出现了首批实行企业化运营的国人报刊，它们多经济独立，极少依赖官府资助，而是以优质的内容面向市场，从而使东北新闻界面貌一新，并且延续出版至东北沦陷前，在东北国人心目中具有较大的影响力。典型的如沈阳的《醒时报》、吉林的《新共和报》、长春的《大东日报》、哈尔滨的《东陲商报》、齐齐哈尔的《黑龙江报》、创办于长春不久即迁入哈尔滨的《国际协报》等，他们大多由开明

---

① 黑龙江日报社新闻志编辑室编著：《东北新闻史》，黑龙江人民出版社2001年版，第92页。

进步人士创办,并且经受了五四运动及五卅运动的洗礼,因此其后在东北新闻界发挥了不容忽视的作用。

二 五四运动后东北新闻界日渐深入的反日情绪

1917—1919 年,张作霖相继夺取了黑龙江与吉林两省的统治权。特别是在他夺取吉林省统治权的过程中,由于日军在长春制造了"宽城子事件",挑起日军与吉林军的冲突,使张作霖不战而胜,进而成为名副其实的"东北王"。五四运动前,东北人民深受日本帝国主义及其支持下的奉系军阀的双重压迫,政治上毫无民主自由可言,经济上承受着沉重的剥削,生活十分困苦。另外,以工人、青年知识分子为代表的新生社会力量开始在东北壮大,各民族各阶层人民的反帝爱国斗争也开始兴起。

(一) 五四爱国运动在东北的响应概况

1919 年 5 月 4 日,北京十几所大专学校 3000 多名学生,为反对北洋军阀政府在巴黎和约上签字,举行了声势浩大的反帝反封建的爱国群体运动。由于军阀政府镇压和逮捕爱国学生,激起了全国人民的愤慨。消息传来,东北的青年学生和各界群众,立即起而响应。吉林、长春、哈尔滨、齐齐哈尔等各大中城市及其他一些中小城市的青年学生和广大群众,纷纷投入了这场爱国运动的洪流之中。其中,青年学生起到了先锋作用。

受俄国十月革命的影响,在声援北京五四运动中,哈尔滨的风潮极为激烈,迅速成为传播社会主义思想的中心。1919 年 5 月 17 日,哈尔滨各校学生走上街头,向市民宣传北京五四运动情况,散发北京爱国学生寄来的《护鲁义勇队简章》《宣言书》等宣传品。5 月 24 日,哈尔滨东华中学等校学生举行示威游行,高呼"取消二十一条""打倒卖国贼""反对镇压学生""还我青岛"等口号。宾县第一中学一学生在集会上发表演说,声援北京五四运动的爱国学生,当讲到"亡国之惨,即在目前"时,声泪俱下,竟当场斩断中指,血书"竭力救国",使周围群众无不深受感动。滨江道立中学还组织了"学生爱国会",加强对爱国救亡学生运动的领导。[1]

---

[1] 张福山、张洪涛:《"五四运动"在哈尔滨》,《学理论》2001 年第 5 期。

此时，在各商店的柜台上皆贴有"尔非中国人吗？何以犹用日货呢"的标语。商店不销日货，市民不买日货，在当时视为爱国之表现。当时，就连日本人出版的中文报纸《盛京时报》《泰东日报》也无人订阅，宴会不再用日本酒令。6月15日，哈尔滨爱国学生再次走上街头，宣传抵制日货，发表宣言："同胞们快觉醒，莫忘我们祖国的羞耻和屈辱！……日寇以暴风洪水的速度侵袭我们……我们不应当坐以待毙。"① 随后，爱国学生出于义愤，捣毁了一些仍在出售日货的店铺。

（二）五四思潮对东北新闻界的影响

相比于青年学生群体，由于东北处在亲日派军阀张作霖的控制之下，张作霖下令严防沈阳学生罢课游行，同时下令封锁外交消息，扣留爱国邮电，禁止外地报纸流入，进行着严密的舆论管控。因此东北新闻界比较沉寂，仅有的几份代表性报纸，如《东三省公报》《醒时报》《大东日报》《吉长日报》《新东陲报》和《黑龙江报》等，也如同一潭死水，鲜有对这场运动的细致报道，只是转载外国通讯社和关内报纸的消息，不敢发表过激言论。国人反而会在日本人创办的《盛京时报》及俄国人办的《远东报》上看到各自立场。其中《盛京时报》于5月6日最先刊出专电，但却对学生呼喊的一系列口号极为反感，并发表社论《愿当局勿因循姑息》，指责学生，歪曲事实，颠倒黑白，极力为本国辩解。

东北新闻界此时的反帝言论不仅在五四运动期间难以公开见诸报端，即使3个月以后，一家媒体也因刊登对日本"不利"的消息，遭到了日方和当地官方的联合镇压。1919年8月9日，《吉林民实报》因刊登日本侵略东北的《中日合办秘史》一书出版"预告"内幕，引起日本领事馆的不满，向吉林省政府发出照会，吉林省政府随即下令查封该报，使该报只存活了不到4个月便被迫终刊。

尽管如此，在五四运动后思想解放潮流的影响下，东北的国人报刊还是有了更大的发展，特别是民办报纸的创办开始掀起高潮。一时期出版了许多以"民"字打头的报刊，还包括比如"微言""疾呼"这样的革命术

---

① 中共哈尔滨市委党史研究室编著：《中国共产党哈尔滨历史》（第1卷），黑龙江人民出版社2001年版，第58—59页。

第二章 新闻侵略的升级及迎战热情的高涨（1912.1—1931.9）

语，具有强烈的民主意识。推翻帝制，建立民国，主权在民的意识倾向十分明显。

1. 滨江各界联合会对《大北新报》的公开抵制

进入19世纪20年代，时任奉天督军兼省长的张作霖由于与孙中山联手取得了第二次直奉战争的胜利，所以开始放松了对国人所办进步报纸的控制。对国人进步报纸歌颂列宁、拥护"联俄"的文章与报道，一般也不追究。加之民族工商业的快速发展和五四精神的广泛传播，东北陆续出版了一批"外争国权，内倡国货"的进步报刊，甚至对日本媒体的进驻开始公开抵制，这是一个较大的变化。比较典型的是滨江各界对《大北新报》的联合抵制。

如前所述，《大北新报》作为《盛京时报》的"北满"版，于1922年10月1日在哈尔滨创刊。但在该报创刊前，获悉此动向的哈尔滨各界便十分警醒，同时也十分反感。他们联合起来，于1922年9月22日共同发布了一个"滨江各界联合会反对《大北新报》公告"。公告指出：

> 查《盛京时报》乃日本机关报，人人皆知。开设十七八年、敲诈诬造，无所不为。因系日本保护之力，不受我官署取缔，是以官署无论如何被敲被骂，均隐忍吞声，敢怒而不敢言。甚至破坏政治，保护革命党、宗社党、社会党、无恶不作。总之，我官署禁止何事，伊即提倡何事也。哈埠派报之人栾茂，甚至包庇胡匪（前数日伊之使役某竟将李药丸之孙诱去，闻要十万元勒赎）。
>
> 现因哈埠各项交涉，如取引所电车，净粮机等事，又拟设一《大北新报》，以便发挥恶辣手段，为《盛京时报》第二。各界联合会议决反对事项如下：
>
> 一、私租房屋者，速急设法收回，滨江并非准外国人融住区域，该房主已违犯刑律一百零九条之外患罪，照章应处死刑。官署如不查办，我等定将该房拆毁，并将房主暗中刺死。
>
> 一、已送祝词者，请在其他报纸声明误投之故，或要回。
>
> 一、未送祝词者，不准再送。
>
> 一、报纸出版后，中华民国人民不准阅看，即《盛京时报》亦不应购看。

一、中华民国人民不准与该报充当一切员役。

以上各条乃滨江各界联合会议决之件，有违犯者，均系以卖国奴自居，本团定有相当方法对待。①

尽管国人的这次抵制以失败而告终，《大北新报》于几日后在哈尔滨得以顺利发行，但是这种对日本媒体的清醒认知、集体的反日意识以及一致行动却在东北新闻史上留下了闪光的一页。

2. 哈尔滨"救国唤醒团"的成立及《哈尔滨晨光报》的创办

1922年2月2日，为反对帝国主义国家瓜分中国的"华盛顿会议"，哈尔滨各界爱国群众自发成立了救国唤醒团等进步组织，并掀起了轰轰烈烈的反帝爱国运动。在救国唤醒团成立的当天下午，就举行了1000余人的游行示威，抗议《九国公约》的发表。之后，哈尔滨救国唤醒团还针对美国在华盛顿会议上提出的国际共管中东铁路和日本军队驻扎在中东铁路沿线不撤兵之事，召开了群众大会，提出"日军立即撤出中东铁路""反对白党把持中东铡各""反对国际共管中东铁路"等口号。

在中国政府的严正交涉和爱国群众的反对下，同年11月，国际监管中东铁路技术部宣布撤销。哈尔滨救国唤醒团在组织市民开展反帝运动中，还对日本帝国主义的侵略和经济掠夺展开了斗争，积极进行抵制日货活动，宣传和揭露日本帝国主义的侵略野心。特别是在抵制日商在哈尔滨开办粮食交易所的斗争中，发挥了关键作用，受到了民族工商业者的赞扬。随着反帝爱国运动的发展，哈尔滨救国唤醒团，由最初的30个，到1922年2月25日发展到64个，并成立了哈尔滨救国唤醒团联合会，救国唤醒团经常组织市民举行集会和示威游行，声势十分浩大。1923年2月，在滨江商会和粮食交易所的资助下，救国唤醒团还创办了《哈尔滨晨光报》，使救国团有了自己的宣传阵地。②

《哈尔滨晨光报》（以下简称《晨光报》）是进步青年韩迭声（又名韩铁声）、张树屏、于芳洲等人，于1923年2月21日创办的一家综合性报

---

① 黑龙江省档案馆编：《黑龙江报刊》，黑龙江省档案馆1985年版，第247页。
② 中共哈尔滨市委党史研究室编著：《中国共产党哈尔滨历史》（第1卷），黑龙江人民出版社2001年版，第65—67页。

第二章　新闻侵略的升级及迎战热情的高涨（1912.1—1931.9）

纸，总编辑兼社长由韩铁声担任，编辑有于芳洲、张树屏等，8 个骨干成员均为哈尔滨救国唤醒团核心人物。1923 年 3 月，中共早期党员李震瀛与陈为人受中共北平区委委派，赴哈尔滨等地开展革命工作。① 他们以《哈尔滨晨光》报（以下简称《晨光报》）记者身份从事革命活动，筹建党团组织。②

《晨光报》对日本帝国主义的侵略野心和哈尔滨的日本人的非法活动，都及时予以抨击，并以显著位置刊登，如《日本将干涉我国爱国运动》《日领事不顾信义》等。不仅发表消息，还发表评论。如在《日领事不顾信义》一文中谴责日本驻哈尔滨总领事"左手亲善，右手拿着杀人刀"。该报副刊《艺林》率先刊载白话文和新文艺作品，在《寸铁》专栏中刊载新诗《马克思的呼声》，并特设《公开讨论》专栏，公开宣传反帝反封建的革命思想。这时的副刊、专刊内容多是传播新文化、新思想和新知识，很受青年读者欢迎。1926 年年初，该报期发 5000 余份，销量居当时全市各报首位。由于该报公开同情和支持国共两党合作进行的国民革命，被日本在东北的特务机关视为"排日、左倾"的报纸。

在陈为人、李震瀛的影响下，《晨光报》能看到东北面临的最大敌人不是苏俄而是日本。1923 年 7 月 8 日，哈尔滨道外滨江商会召集各团体开会，成立对俄外交后援会，通过了与苏俄"经济绝交"的议案，《晨光报》对此只发了三四行字的简讯，并配发了署名枫冷的短评：《忠告国人对俄外交后援会同人》，文章指出："中俄两国民族至终必须提携合作"，"中俄的关系和中日关系不同，危害我们的在此（日）不在彼（俄），中国绝不可同时对两敌于境外，企图采取经济绝交的办法是最不聪明的办法，诸同人如果如此，简直是置于炉火之上了"。这篇短评与其他反对苏俄的报道形成鲜明对照，反映了《晨光报》报人对苏俄态度上的不同立场。③

1923 年 9 月 1 日，日本发生了大地震，灾情十分严重。陈为人当时撰写了一篇揭露日本帝国主义对内不顾人民死活，对外实行侵略掠夺的罪行

---

① 参见中共中央党史研究室第一研究部编著《中国共产党第一至第六次全国代表大会代表名录》（增订本），中共党史出版社 2014 年版，第 45 页及 112 页相关表述。
② 参见肖甡《中共早期历史探究》，上海人民出版社 2013 年版，第 405 页。
③ 张福山、周淑珍：《哈尔滨革命旧址史话》，黑龙江人民出版社 1995 年版，第 11 页。

的短评，登载在《晨光报》的副刊"寸铁"栏目里，文章发出后，引起了日本驻哈尔滨机关的不满，日本总领事山内四郎立即向东省特别区行政长官朱庆澜提出抗议。日本人在哈尔滨的喉舌《哈尔滨日日新闻》和《大北新报》开始攻击《晨光报》编辑人员是"暴烈分子"，"有碍日中邦交"。当地政府官员也对《晨光报》提出严重警告。陈为人、李震瀛为了保住这个阵地，与韩迭声一起退出《晨光报》，另组织新的宣传机构。① 《晨光报》也于1926年12月在奉系军阀疯狂"反赤"的形势下被迫停刊，直到1928年12月12日才复刊。但复刊后，该报宗旨改为："提倡实业，振兴教育，注重伦理道德，发扬国粹，援助外交。"② 完全以地方当局的态度为转移。"九一八"事变后该报未被许可出刊。

3. 哈尔滨通讯社的成立及在共产党领导下的反帝实践

1923年9月16日，李震瀛与陈为人在中共中央北方局领导人李大钊的安排下，联合韩铁声，以及哈尔滨无线电台副台长刘瀚等人，成立了哈尔滨通讯社（以下简称哈通社）。这个通讯社也成为中国共产党人最早利用无线电的新闻通讯社。在《哈尔滨通讯社成立公告》中指出："满洲即东三省，位当日、俄之冲，为远东问题的焦点的地方。声等对于此地国际上的纠葛的解决，工业商业农业的调查，民治的提倡，各地文化的输入，日俄消息及风化的介绍，社会问题的讨论，欲尽我们一份子的任务。所以我们在哈尔滨组成一哈尔滨通讯社。"③

为吸引广大青年知识分子，简章还规定"凡表同情于本社宗旨而愿尽力协助本社者，均可为本社社员（不分国界性别）"。为扩大通讯联络，广泛搜集新闻，通讯社还特约国内外各地通讯员，使其信息来源更为广泛、全面。

哈通社是共产党人在哈尔滨开设的第一家新闻通讯社，它利用当时最先进的通信手段无线电台收发稿件，打破了外国通讯社的新闻垄断，团结

---

① 张福山、周淑珍：《哈尔滨革命旧址史话》，黑龙江人民出版社1995年版，第12页。
② 黑龙江省地方志编纂委员会：《黑龙江省志·报业志》，黑龙江人民出版社1993年版，第60页。
③ 黑龙江省档案馆编：《哈尔滨通讯社成立公告（1923年9月）》，《黑龙江报刊》，哈尔滨市纸制品厂印刷1985年版，第271页。

了哈尔滨报、学、商界批爱国青年，并先后建立了社会主义青年团哈尔滨支部和中共哈尔滨组织。同年底，李陈二人因地下党身份泄露被迫西下大连，但哈尔滨党团组织坚持斗争，哈通社仍继续发稿，所发稿件多为宣传革命的内容，后因形势紧张，于1925年五卅运动前后停办。①

三 20年代中期东北新闻界的反帝宣传
（一）配合奉天收回教育权运动的舆论声援

受五四运动以来国人民族意识日渐觉悟的影响，中国教育界涌现出了反对帝国主义文化侵略的思潮，并于1924年发起了以反对教会教育和收回教会学校管理权为主旨的收回教育权运动。但是在东北的沈阳，却先行一步，教育界已开始针对长期以来日本人对"南满"附属地教育权问题，进行了探讨及收回教育权的倡导，由此也引发了当地部分媒体的关注。

日俄战争结束不久，日本人开始在"南满"路沿线设立若干公学堂，吸收中国学生入学。民国初年，由于东北社会动荡，教育经费削减，学校归并萎缩。外国人，特别是日本人所办的学校乘机扩展，大批吸纳中国学生。1920年，日本在"南满"铁路沿线各地创办或控制的各类学校已达260所，学生人数为3483名。② 为了贯彻同化中国人的教育方针，日本在旅顺大连所设之公学堂提倡中国女学生缠足，不准中国教员讲授中国，禁止学生阅读中国历史与地理，而授以日本历史和地理。"故学生至毕业只知有清国，有大日本帝国，而不知有中华民国……"③

1922年3月20日《民国日报》上刊载《南满"日本化"的教育》一文，该文对日本在东北各处所实行之教育，分成侵略者的教育与被侵略者的教育加以严厉批评。侵略者的教育，其目的即在造就侵略与征服的人才；被侵略者的教育，即奴化教育。换言之，即甘于被征服者的教育，以教育的方式，造成被教育者奴隶化，使其安于被统治的地位，而丧失反抗的能力与思想。同年11月《晨报》上探讨《奉天教育状况》，该文批评日

---

① 哈尔滨市地方志编纂委员会编：《哈尔滨市志·报业广播电视》（第25卷），黑龙江人民出版社1994年版，第196页。
② 《南满日本学校之新调查》，《教育杂志》1920年第7期。
③ 蒋坚忍：《日本帝国主义侵略中国史》，上海联合书店1930年版，第374页。

本对东北的教育，以学校种类、教育目的、教育精神、教授上的要点、教材等论点来指责"日本化的教育"。因此，中国当局逐渐了解到"日本化教育"的严重性。

在五四运动的推动下，东北当局辽宁教育厅厅长谢荫昌首先提出收回"南满"附属地教育权的要求，并于1922年着手准备收回教育权。他还提议："欲使东北富强，不受外人侵略，必须兴办教育，培养各方面人才"，并建议创立东北大学。张作霖采纳了谢荫昌的建议，于1923年4月26日设立东北大学，第二年4月要求收回附属地的教育权。

1924年3月，日本驻奉天总领事赤冢正助与谢荫昌会谈，谢荫昌明确指出："一国之国民教育，根本一国历史之精神。无论何项国家，决无他国越俎以救其国民之理……中国人民而施以贵国之国民教育，在贵领事于心安乎？"①中国报纸纷纷表示支持收回教育权的爱国主张，而日本报纸大多数则认为这是"排日运动的导火线"②。

1924年4月20日，奉天省教育讨论会提议"抵制日本在东北施行同化式教育"的意见，得出以下结论：日本在东北所施行的教育，纯为一种文化的侵略。其用意在于：1. 灭绝东北一般青年的民族观念；2. 培养亲日的奴隶；3. 缓和东北人对日反抗心。③因而，为抵制日本的教育扩张，谢荫昌支持并帮助教育界人士成立了"奉天收回教育权运动委员会"。该组织曾计划发起一场广泛的运动，成立调查日本文化侵略的委员会，向日本国民和政府官员申述收回教育权的理由，以唤起世界舆论，唤醒中国教育团体。

在这场收回教育权的运动中，沈阳的《东报》十分积极投入。《东报》是1922年由张煊在奉天创办的一份民办报纸，虽然在新闻史上少有记载，存在时间也不长，但影响较大，曾经受到陈独秀、张闻天等人的关注。《东报》自创刊之日起，就经常以犀利的笔触对日本等帝国主义列强的侵略行径进行批判，并积极参与了宣传回收教育的活动。1924年4月14日，《东报》刊载了揶揄日本皇太子和天皇制的文章，日本政府将其作为"不

---

① 杨光主编：《皇姑文史资料》（第19辑），政协沈阳市皇姑区文史委员会出版2007年版，第504页。

② 梁利人主编：《沈阳新闻史纲》，沈阳出版社2014年版，第47页。

③ 朴宣泠：《东北抗日义勇军》，中国友谊出版公司1998年版，第99页。

第二章 新闻侵略的升级及迎战热情的高涨（1912.1—1931.9）

敬事件"，对东北当局提出抗议，认为《东报》是"冥顽的排日报纸"。《东报》与日本人所办的《盛京时报》作针锋相对的辩论，言论上不无涉及日本要人之处。日本领事因此要求取缔该报，日本宪兵也到报社骚扰，致使《东报》不得不暂行停刊。

陈独秀在1924年5月出版的《向导》第64期上，为此事专门撰写了《欢迎奉天〈东报〉复刊》的文章。文章说："爱国奋斗的奉天《东报》，受帝国主义的日本之压迫而停刊一个星期，我们心中是何等难受！现在又于4月30日复刊，我们心中是何等快乐！不但复刊，而且增加张数，郑重宣言决不畏难；同时对于收回教育权充分发挥，更作《明耻》一篇，以针日人所《盛京时报》之中国记者。此外复于日本运动办理奉天市电车表示反对，至日本军阀再向奉天当局要求永禁《东报》。我们一方面敬佩《东报》记者们勇于爱国奋斗不屈的精神，一方面觉处勇于收蒙的上海各报记者们，对于英、美、法、日接二连三的最近压迫，大都'媚容可掬'！"陈独秀对《东报》的赞赏，表明《东报》的停刊事件在全国的影响还是很大的。①

此外，由东三省民治俱进会主办的《东三省民报》更是不断刊文支持奉天教育会收回我国在"满铁"附属地教育权的倡议，而且公开向《盛京时报》叫板，与《盛京时报》展开了一场旷日持久的反对文化侵略的论战，吸引了大量读者投入反对日本文化侵略的斗争中，从而带来了极为深远的影响。具体内容将在后文专题论述。

但是，奉天的收回教育权运动还是迫于日本的压力而终止了。尽管奉方屡次交涉，然而日方并没有正当的答复。日本关东厅教育当局否认问题的存在，"南满"铁路公司态度更加强硬，其教育当事人在非正式的谈话中说道："一国之文明，亦必因他国之文化侵略，而后能达成其目的。理应感谢，何得反对？故南满铁路方面，不论中国方面如何主张，决不许其收回。纵令中国正式前来交涉，亦必断然拒绝之。"② 虽然奉天的这场收回教育权运动没有取得最后的胜利，但多少还是取得了一些成果。比如，有

---

① 辽宁报业通史编委会：《辽宁报业通史（1899—1978）》（上），辽宁人民出版社2016年版，第70—71页。

② 《举国瞩目之收回教育育权问题：奉省之办法，日人之态度》，《教育与人生》1924年第32期。

2/5 的外国学校中国儿童回到本国学校就读，一些外国人办的学校（不包括日本）被关闭，保留下来的学校则被要求必须执行中国的教育制度和法规，客观上也推动了全国收回教育权运动的发展。

（二）五卅惨案后东北新闻界的反日热潮

1925年5月30日，上海发生了震惊中外的"五卅惨案"。五卅惨案的消息迅速传遍东北后，东三省各大、中城市纷纷举行罢工罢课，声援上海人民的反帝斗争，同时强烈提出收回日本在东北的利权，废除一切不平等条约，再次出现了反帝斗争高潮。

东北各界群众对英、日帝国主义的暴行十分愤慨，他们成立了"沪案后援会"、学生联合会等组织，召开追悼会，举行罢工、罢课、罢市和游行示威、宣传讲演、募集捐款，全力支援上海人民的反帝爱国斗争。据不完全统计，东北有50多个城镇的学生和市民以各种形式声讨英日暴行，援助上海学生和工人。这一遍及东北的反帝爱国群众运动，声势之大，参加人数之多，阶层之广泛，在东北历史上都是前所未有的。面对英、日帝国主义者的暴行和勃然兴起的中国人民反帝爱国运动，奉系军阀采取了劝导民众静候政府严重交涉和严厉制止民众"轨外行动"的两手政策。[1] 奉系军阀一面督促北京政府据理强硬交涉，一面劝导各行各业照旧安业，对于罢课、罢工、游行示威等"越轨"行动，则竭力加以制止和限制。但由于五卅运动主要矛头指向英、日等帝国主义，并非以推翻军阀统治为主旨，因此，奉系军阀除了捕杀个别工人或学生领袖、殴打示威群众等情事外，并没有实行大规模武力镇压措施。

6月上旬，张作霖致电段祺瑞，要求中央政府与英、日两国交涉，尽快解决沪案，奉天省议会及各界团体也要求北京政府解决沪案。这是自民国以来，奉天省政府第一次要求中央政府严重与外国交涉的行动。[2] 可以说，五卅运动中，在广大学生的反帝爱国精神的影响下，东三省当局的态度比以往也有所不同。张作霖、王永江（时为奉天省省长）等人虽然极力

---

[1] 刘信君、霍燎原：《中国东北史》（第6卷），吉林文史出版社2006年版，第96页。
[2] 辽宁省教育史志编纂委员会编：《辽宁教育史志》（第3辑），辽宁大学出版社1991年版，第184页。

第二章 新闻侵略的升级及迎战热情的高涨（1912.1—1931.9）

阻止学生上街游行示威，但是他们却肯定了学生的爱国热忱，并对学生的爱国行列表示同情。

1. 以民办报刊为主导的集中报道

1925年五卅惨案刚刚发生，沈阳的《东三省民报》就报道了英、日帝国主义在上海杀害中国人的滔天罪行，一连数日几乎以整版的篇幅，详细报道五卅惨案的具体经过和全国各地声援上海工人罢工斗争的情景。奉天学联等在大力开展宣传工作的同时，积极进行募捐活动，《东三省民报》每天都把捐助者的姓名、单位和所捐款额向全市人民公布，并义务代办各种募捐事宜，批批捐款源源不断汇往上海，有力地支援了上海工人阶级的斗争。

为了声援五卅运动，6月24日，长春的《大东日报》在二、三版以两版的篇幅报道了五卅惨案的消息，并发表评论《今天的感想》，表达了新闻界对五卅运动的支持。文章写道："明天是五月五端午节，是后人追悼屈原的日子，是学生游行的日子。屈原为国而死，武汉诸义士为国而死，申汉同胞为罢工而死，屈原能千古不朽，诸义士与同胞也能千古不朽了！"文章希望热血同胞努力奋斗，把打倒日本帝国主义、与英国绝交、收回领事裁判权、打破不平等待遇、抵制洋货、还我租借地等口号变为实际行动。

1924年12月25日创刊于长春的《东三省时报》以"鼓吹正义，期国家于富强；宣扬文化，促社会之改革"为办报宗旨，在五卅惨案发生后，长春学生集会支援北京学生，与军警发生流血冲突，该报对此及时进行报道，从舆论上支援了学生的正义斗争。该报不仅在2版"国内要闻"专栏及3版"东三省新闻"专栏对该事件进行了如实且具体的报道，而且在"评论"栏刊登署名文章，甚至还在"照世明镜"小说栏发表讽刺小说，对在帝国主义枪口下丧子丧夫和失去亲人的普通百姓的悲愤之情做了入木三分的深刻描写。

五卅惨案发生后，远在哈尔滨的《国际协报》迅速组织了报道，每日配发专电和消息，所有重要版面几乎都是关于沪上人民的反帝斗争及全国各地声援的消息。该报随时关注事态的进展，自6月2日开始用了整整一个月左右的时间进行集中报道，之后关于沪案交涉情况的报道也未曾间断，直至1925年10月末关税会议召开后方告一段落。跟踪时间之长，可谓创下了该报创刊以来的纪录。这种连续的新闻报道方式和大面积、集约式新闻轰炸，使"五卅惨案"立即成为当时哈尔滨民众社会生活中最为关注的热点问题，正因为对此事件的独特报道，该报在哈埠的认可度获得了迅速提升，报纸发行也上了一个新的台阶。该报也因对日本帝国主义的猛烈抨击而被日本"南满"情报机关作为"排日倾向强烈的报纸"①。

在五卅运动期间，就连"以佐商扶导为不二法门"，声言"每著社论，首倡实业"的哈尔滨另一民办报纸《滨江时报》都在"傅家甸春秋"这一评论专栏发表了一系列与事件有关的简短白话评论。仅以5月29日与6月10日这两则为例：

> 吾们自知道认承国家的荣辱与吾们本身的荣辱一样，或是逢有应分代国出力的事挺身出去不加思索（因义不容辞无思索余地），遇了替国家担负义务就是税捐或国债亦要慷慨出资量力而为，总不要遇事缩头摆脑，以谓国家的事干我甚事，可知道国家事比本身事还有重要十分的时候，因成年成辈子的坐在家里，不觉得若是走出国境一步，可就知道国家强弱与本身的关系大了。国强时一入外国境内，就生受人家极端的崇敬，国弱了亦受人家最酷的苛待，亦就如一个人家的孩子到隔壁邻佑那种炎凉情形一样。
>
> 爱国这件事并不是口头上说几句热闹话就算爱了国，亦不是临时几分钟的时候夺足揸胸，吹胡子瞪眼睛，口中喃喃的讲一百个岂有此理，说一千句公理何在？比及场合一散就抛在脑后，或有人再问他的时候早就忘却前言，抑或揭开本来面目说两句谁爱吾吾爱谁，吾就是爱大洋爱美色其余非所爱也。似此等人亦算爱国岂不犯了大事？所以说爱国在那寸心，不在形势上和是由血性中来，而非天良已灭，浮滑人所能和群，在头脑清楚，能以知道爱家与爱国一样，国不存家亦亡，国辱即是身辱，更要知道国之组合是单位之无数家庭所集合而成一国者是也。人能以此感想爱国两字，安可泛泛出诸口也？故记者恒以吾国之根本弱点全在民众之不能真实的结合，团体且有一部分爱国心凉，居中诸多破坏俗所谓一家十五口七嘴八舌头，一言兴邦关系至重。如今南省团体结合，总算民众心齐，如今就单看我北方民众的结

---

① 《左翼文人与〈国际协报〉》，《哈尔滨革命旧地史话》，黑龙江人民出版社2001年版，第210页。

第二章　新闻侵略的升级及迎战热情的高涨（1912.1—1931.9）

合如何。时局危迫尽与乎速起！①

该报在五卅惨案发生后，一共刊发了 40 余篇评论，以十分浅显易懂的语言让普通百姓认清我国所处的国际地位，认清帝国主义的侵略本质，同时呼吁国民要爱国自强，齐心协力，共御外侮。

2. 共产党领导下的热血报刊

在声援五卅惨案的媒体中，有一个系列比较特殊，即由中国共产党领导的部分报刊表现出了极大的热忱。1923 年 10 月，中共中央派陈为人、李震瀛到哈尔滨建立了东北最早的地下党组织，后来由于引起当局注意便转移到奉天（沈阳）、大连等地活动，并相继建立地方党组织，发动进步群众进行反帝、反封建军阀的活动。

五卅惨案发生后，在共产党员的带领下，吉林省掀起了有史以来规模最大的反帝爱国运动。吉林、长春两市学生首先奋起，工、商各界和广大市民纷纷起而响应，连日举行游行示威，进行街头讲演及募捐。吉林《毓文》周刊连续发表"沪案专刊"，长春《大东日报》副刊"曙光"专栏连续出"沪案专号"达半月之久。他们还以评论、论述、讽刺、诗歌、短文等形式，揭露帝国主义在上海的暴行，激励人民奋起抗争。这些战斗檄文的发表，对吉林省人民声援"五卅"反帝爱国斗争，起到了极大的鼓舞和宣传作用。② 学生联合会发表了《援沪运动宣言》，并印发了《东省同胞对于日本最妙的手段》等传单，号召同胞们"不看捏造阴险空气与舆论的《盛京时报》""不卖日本货物""不买日本货物""不用日本的钱""要行动起来，作讨伐英日的先锋"③。

1925 年 8 月 15 日，中共地下组织在黑龙江地区内第一家公开报纸《东北早报》于哈尔滨创刊。五卅惨案后，中共北京区执行委员会派任国桢等回东北。9 月，任国桢从沈阳抵哈，即以《东北早报》编辑的身份，

---

① 注：原文没有标点，现有标点为笔者所加。
② 中国工会运动史料全书总编辑委员会：《中国工会运动史料全书》（吉林卷），吉林人民出版社 2000 年版，第 74 页。
③ 中共吉林历史概要编写组：《中共吉林历史概要》，吉林教育出版社 1991 年版，第 17 页。

进行反日反奉系军阀的宣传等活动。1925年12月底，中共哈尔滨地下组织被破坏。哈尔滨特警处又频频严禁报纸刊载"过激言论"，经常"核阅报稿"。在此情况之下，《东北早报》被迫停刊。

此外，1926年6月8日在哈尔滨创刊，由国共两党合作，用国民党哈尔滨市党部名义出版的大型日报《哈尔滨日报》在反帝宣传上以反日为重点，揭露日本帝国主义的侵华罪行，鞭挞封建军阀的虐政，传播无产阶级革命理论，指出帝国主义和封建军阀是中国人民一切苦难的根源，号召全国人民团结起来，实行国民革命，"打倒帝国主义，打倒军阀！"揭露帝国主义对中国政治、经济、军事、文化的侵略罪行。

该报在副刊上刊登了许多立场鲜明的文章，如《帝国主义之侵略中国》《帝国主义屠刀下之中国民众》《英帝国主义的狰狞面目》《反抗文化侵略与打倒帝国主义》《日本在南满的文化侵略》等。这些文章对帝国主义不断扩大侵略势力，妄图染指"北满"和整个东北的阴谋活动，特别是对文化侵略作了重点、深刻的揭露。同时对封建军阀投靠帝国主义、出卖民族利益，发动内战、争夺势力范围和残酷压榨、剥削人民的罪行予以有力的鞭挞；分析了中国当时的政治、经济状况、社会问题，指出帝国主义和封建军阀是造成中国人民一切苦难的根源，中国人民唯一的出路是，联合起来，推翻帝国主义和军阀反动统治。[①] 10月24日，该报因有"宣传赤化性质"被滨江警察厅查封。

3. 首家国人自办广播电台的成立

在此期间，中国人自办的第一家国人广播电台——哈尔滨广播无线电台于1926年10月1日正式播音。尽管当时拥有收听工具的听众不多，而且由于物质技术所限，广播覆盖面只限于哈尔滨市区，但它是中国人自办无线电台的最早尝试，占据了中国广播事业的第一页。它的诞生在一定程度上打破了20世纪初外国资本家商办电台对中国广播事业的垄断，促进了中国早期官办电台的发展。1929年，哈尔滨广播无线电台揭发了日本商界搜集经济情报，企图控制哈尔滨经济的活动，在钱粮行情节目中撤销了日语广播。接着，全部撤销日语节目，改播英语节目。后来，在嫩江江桥驻

---

① 中共黑龙江省委党史研究室：《中共黑龙江历史（1921—1949）》第1卷，中共党史出版社2013年版，第74—75页。

第二章 新闻侵略的升级及迎战热情的高涨（1912.1—1931.9）

军英勇抗击日本侵略军取得重大胜利后，该电台部分人员参加了哈尔滨市各界青年赴嫩江前线慰问团，慰问抗日将士，义演募捐，支援前线，从而发挥了积极的作用。①

四 "易帜"后东北新闻界的加速发展

1928年12月29日，张学良率领东北地方当局公开宣布"易帜"，服从以蒋介石为首的南京国民政府。东北易帜结束了奉系军阀割据东北的历史，因而也加快了东北新闻事业的发展步伐。由于同内地新闻界的联系得以恢复和加强，东三省的新闻机构得到不断扩充和逐渐完善，从而形成了一批实力比较雄厚的报刊与通讯社。许多颇有影响力的报纸也不断革新版面内容和形式，宣传新文艺、新思想，从而牢牢吸引了广大读者。此外，由于在政治上摆脱了对日本官方的依赖，所以在攻击日本的言论上也更为大胆。无怪乎赵新言以极其夸赞的口吻对这一阶段的东北新闻界给予了充分肯定：

> 一九二八年易帜，使整个东北，换上一个新的面貌，在政治上，紧密了与中央政府的联系，并摆脱了过去对日本帝国主义者暗地的依附。在经济上，以觉醒的民族资本主义形式，开始与日本帝国主义者抗争，如开港修路，大有打倒"满铁"王国与摧毁敌人侵略的心脏——大连港的气势。在社会上，一般人多年被欺凌的夙怨，也开始有了发抒的机会。这个新形态，反映在新闻上的，是旧报的革新，新报纸的创立，与对敌人报纸开始的打击。这才举起新闻迎战的烽火，向多年进攻的，敌人的新闻营阵里冲去。②

在东北易帜以后到"九一八"事变发生这近3年的短暂时间内，东北的新闻事业却焕发出了无限生机和活力，迅速腾飞到一个新的高度，以无比崭新的面貌呈现在国人面前。这一阶段的主要变化主要体现在以下几个方面。

---

① 哈尔滨市地方志编纂委员会编：《哈尔滨市志·报业 广播电视》（第25卷），黑龙江人民出版社1994年版，第254页。

② 赵新言：《倭寇对东北的新闻侵略》，东北问题研究社1940年版，第23页。

（一）加强了与国内新闻界的交流合作

东北易帜后，呈现了少有的政通人和的景象，舆论环境也大为改观，一向闭塞的东北新闻界开始加强与国内新闻界同行之间的交流。在张学良的邀请下，上海新闻界开始组团访问东北。1929年5月，由著名记者、新闻学家戈公振、上海《申报》的编辑张竹平以及严独鹤、赵君豪等率领的上海报界记者团，一行20人走访易帜后的东北新貌，受到了沈阳、长春、哈尔滨等地当局，特别是新闻界的热烈欢迎与接待。《东三省民报》为此专门发表社评，阐述了此次上海记者团来游东北的三个目的："一是采历史之珍闻，吊边陲之古迹；二是视察日俄侵略情形，图谋恢复计划；三是参观东北新建设，以为他山之助……"该报对后两个目的予以格外强调，指出上海记者团来游后，"从此东北偶被侵略，则可得中原舆论，一致后援"，此外，东北因"地处边陲，而东北人士不肯宣传，以故成绩灿然，而中原知者甚少，今上海记者团来此观光，使东北人士经年之努力一一宣传于国人……"①总之，通过此次联谊，就是为了使东北与关内新闻界同仁"打破隔阂，联络感情"，携手开创良好的合作局面。

在访期间，记者团的陪同人员除了有东北军将领朱光沐、杨正治外，还有东北新闻界代表、著名报人、《新民晚报》社社长赵雨时等。戈公振及其他知名报人多次应邀举行新闻学术讲演，上海《申报》《新闻报》两报还聘请当地报人为其驻东北特派员（特约记者），这种互动式的交流活动大大畅通了双方新闻界的联系渠道。比如，《国际协报》的记者王研石即在此列，其后在中东路事件、万宝山事件及"九一八"事变等报道中都及时为上海的报纸提供了"独家新闻"，在全国激起了强烈反响。

这次上海新闻界的来访，不仅在东北的各大报纸得到重要关注，而且在上海的《新闻报》上也予以报道，从而进一步提升了东北报界在全国的影响力，从而让全国报人们更加了解东北政局。也正因有了此次深入交流，才使著名新闻学家戈公振对东北表现出了格外的关切。

1932年，戈公振以记者身份随国际联盟李顿代表团再次来到东北，冒死深入沈阳北大营，了解日军侵华情况。在积累了大量证据后，他深刻地

---

① 《欢迎上海记者团》，《东三省民报》，1929年5月15日第2版。

第二章　新闻侵略的升级及迎战热情的高涨（1912.1—1931.9）

指出："抛开国际关系，只就东北自身说，日本人气量太窄，侵占东北以后的最短时期，始则以甘言欺骗当地的中国人，继则以武力压迫和残杀当地的中国人，终则实行独存独荣的政策，视东北如朝鲜第二，狰狞的面目已完全由假面下露出来。"进而向国人发出警醒，"到东北调查后，据我个人粗浅的观察，除非举国一致，背城借一，不但东北无收回的希望，而且华北也要陷于极危险的地位。事实如此，并非我危词耸听"①。这种观察在当时是十分振聋发聩的。

此次交流具有非同寻常的意义。它改变了多年来东北与内地新闻界几乎隔绝的状态，并且重新恢复了同京津沪等地新闻界的密切联系，从而促进了东北新闻事业的加快发展。

（二）成立了排除日本人媒体参与的新闻团体

1910年9月，在中国报界促进会成立以后，辽宁的《东三省日报》《大中公报》《微言报》《奉天醒时白话报》《营商日报》五家报纸为主体，发起成立了东三省报界促进会。东三省报界促进会虽然涵盖"东三省"，但因当时外报仍然占据报业市场的多半份额并没有形成预期的合力。此后连续召开的三次东三省中日新闻记者大会因由日本媒体为主导，国人媒体均受到很大掣肘。此外，如1922年6月成立的大连记者协会及1923年成立的营口报界联合会也均有日本媒体参与。

在上海报界记者团的影响下，辽宁省及吉林省于1930年9月分别成立了将日本媒体排除在外，专门由国人媒体参加并主导的新闻团体。

1930年9月1日，由辽宁省各中国人办的报社联合组成"辽宁省报界联合会"。在其成立宣言中指出："报纸之效能，以普遍于民众为第一义，然今之读报者，每感一共同之缺憾，则记载上之歧异是也。同一消息，此报与彼报每显有出入，同一记载，此报与彼报或截然不同。一般信赖之力量自然为之低减，而普遍之效能因而无形消息，有时至以外人之报纸用为折衷之具，国人之新闻事业，逐渐不为世重……"因此，该联合会提出了宗旨是"以协力促进文化、谋新闻事业之发展报界共同利益"，使命是"增加报纸的效能，抵御外部侵略，使国人晓然于报纸之价值地位，增加

---

① 戈公振：《从东北到庶联》，湖南人民出版社1984年版，第30页。

其信赖与认识"①。

张学良主政东北后期,还支持成立了铁岭报界联合会,旨在联络国人报刊抵御"外力",其属性与辽宁报联如出一辙,指出:"夫新闻为文化之工具,又为社会事业之利器,人民之文野智愚,国家之贫富强弱系焉,责任之大、关系之重,至矣尽矣。"② 会议确定了联合会五项责任,主要是显著报纸之效力,提高价值,维系民众之信仰;力促科学化;力谋事业经济之发展;抵御外力攻乎异端;维系道德风化。另外,张学良批准成立"沈阳市新闻记者协会",开启了沈阳报界团体之先河,发起宗旨亦是:"以共同研究新闻事业之发展互相辅助发扬舆论精神,完成指导民众使命为目的。"③

这些国人新闻团体成立以后,使得众多的国人报刊有了共同的组织,从而更好地与日人媒体相抗争,维护了自身的权属。尽管因"九一八"事变的爆发及伪满洲国的成立而被悉数破坏,但在东北新闻史上留下了一行不可磨灭的足迹。

(三) 构建了有体系有组织的新闻阵容

自易帜时起,至事变时止,东北新闻界的实力日渐增强,不但增加了许多新办报纸和杂志,而且出现了许多国内著名通讯社的分社。根据《倭寇对东北的新闻侵略》中的相关记述,可知此时的代表性报纸主要有:

沈阳:1.《东三省民报》;2.《新民晚报》;3.《东北商工日报》;4.《东北民众报》;5.《东北日报》;6.《东三省公报》;7.《醒时报》;8.《新亚日报》;9.《大亚日报》;10.《晓光日报》;11.《东北十字报》;12.《沈阳市报》;13.《救国公报》

吉林:《东省日报》

龙江:1.《黑龙江民报》;2.《黑龙江报》

---

① 苏长春主编:《辽宁新闻志资料选编》(第1册),辽宁新闻志(报纸部分)编写组1990年版,第42页。

② 辽宁省地方志编纂委员会办公室:《辽宁省志·报业志》,辽宁人民出版社2005年版,第268页。

③ 据辽宁省档案馆藏《关于为沈阳新闻记者王光烈等拟组织新闻协会与人民团体组织方案》的部分资料。

第二章 新闻侵略的升级及迎战热情的高涨（1912.1—1931.9）

长春：1.《吉长日报》；2.《大东日报》；3.《益民时报》

黑河：《黑河日报》

安东：1.《东边商工日报》；2.《安东市报》

营口：《营商日报》

哈尔滨：1.《国际协报》；2.《市报》；3.《滨江时报》；4.《东三省商报》；5.《晨光报》；6.《午报》；7.《哈尔滨公报》

杂志方面：

此期的东北杂志，较重要的，如东铁路局出版的东省经济月刊，东三省官银号出版的《经济月刊》，均以经济调查为主，为东北经济界稀有的刊物；东北航空司令部出版的《东北航空月刊》，《东北军事月刊》社出版的《军事月刊》，东北海军编制局出版的《海事月刊》，均以军事为主，为东北海陆空军的代表刊物；东北矿学会出版的《矿学杂志》，《东北矿学会报》，又是矿业学术的指南针，其余各官厅路局等刊物主要有——

沈阳：1.《东北政委会月刊》（东北政务委员会）；2.《东北丛录》（辽宁教育厅）；3.《国庆周报》（文化处）；4.《辽宁教育公报》（教育厅）；5.《学新报》（法学会）；6.《辽宁民政月刊》（民政厅）；7.《辽宁财政月刊》（财政厅）；8.《实业月刊》（农矿厅）；9.《四海》（东北海军编译局）；10.《军事月刊》（东北军事月刊社）；11.《海事》（东北海军编译局）；12.《经济月刊》（东三省官银号）；13.《东北航空月刊》（东北航空司令部）；14.《司法杂志》（最高法院东北分院）；15.《蒙旗旬刊》（政委会蒙旗处）

吉林：1.《吉林民政月刊》（民政厅）；2.《吉林农矿月刊》（农矿厅）

哈尔滨：1.《东特区市政月刊》（市政月刊编辑部）；2.《东特区教育报》（东特区教育厅）；3.《东省经济月刊》（东铁路局）

龙江：1.《黑龙江财政月刊》（财政厅）；2.《黑龙江民政月刊》（民政厅）；3.《农矿月刊》（农矿厅）

承德：热河民政觉刊（民政厅）

各路局：1.《沈海铁路月刊》（沈海路局）；2.《四洮铁路公报》（四洮路局）；3.《呼海铁路月刊》（呼海路局）

以上杂志，官营者居多，看来好似无关宏旨，实则从无到有，已觉是一个不同的境界；何况此期的官营杂志，尚有相当的生气，可为东北政治，经济，教育各部门，一个相当的写照。

通讯社主要有：

沈阳：1. 世界通信社；2. 沈阳通信分社；3. 复旦通信辽宁分社；4. 报联通信社

吉林：吉林通信社

哈尔滨：1. 华东通信社；2. 哈尔滨通信社；3. 光华通信社；4. 国闻通信社；5. 亚细亚通信社

龙江：国民通信社

可以说，中国通信事业，在中央通信社没有出现以前，多为民营，因此力量比较薄弱。而其中的翘楚者，比如与《大公报》有关联的国闻通信社，在国内各大都市都设有分社。因东北易帜后已出现飞跃的气象，于是国闻及其他通信社，"皆来东北创设分社，参加东北新闻战场的战斗，虽无赫赫的功绩，然亦不可予以磨减"①。

值得欣慰的是，在此期的东北新闻战场上，除上述的新闻兵力外，还有一个类似统帅部的组织，即东北政务委员会直辖的东北文化社。

这个组织，是东北当局，意识地认清了新闻战的重要，而来组织的。内设顾问部，总务部，事业部，情报部，看看他的事业部和情报部的执掌任务，即可明了它的性质的一斑。

事务部执掌事业主要有：

一、确定本社举办各项事业之方案并管理之。

二、确定培养新闻人才方案并管理之。

情报部执掌事务如左：

一、确定宣传方针，并联合东北各杂志社及新闻机构其同遵守之。

二、协助主管官厅，确定精密检查中外新闻电报方案，并助理实行。

三、协助主管官厅，确定管理东北杂志社及新闻机构方案，并助理施行。

---

① 赵新言：《倭寇对东北的新闻侵略》，东北问题研究社1940年版，第24—29页。

第二章　新闻侵略的升级及迎战热情的高涨（1912.1—1931.9）

四、确定编制及供给新闻方案，并施行之。

五、确定组织国内外通信社方案，并管理之。

六、确定组织新闻影片社及日报杂志图书刊物方案并管理之。

七、协助主管官厅，依照现行法令，确定审查出版物及电影片施行细则，并施行之。

八、确定调查东北有关宣传各业之方案，并执行之。

东北文化社附属事业机构：1. 东北年鉴编印处；2. 东北新闻影片社；3. 东北印编局及东北制版部；4. 东北照像材料公司

东北文化社的出版物：1. 东北年鉴；2. 苏联国情周报；3. 日本国情周报

这个组织，它究竟完成了它的任务和实现了它的使命没有？现在也不必去管它。可注意的，是东北当局，在这样的一个清醒的意识形态下，配合上东北政治、经济、产业各方面发展的情形，而发动了前述的这样的一个新闻迎战，虽然没有完全摧毁顽敌，但敌势却因之大减，这在东北新闻战场上，该是值得大书特书的一笔。①

赵新言将这一时期的新闻布阵称为"我方幡然惊觉的迎战"，高度肯定了东北文化社成立的意义所在，同时指出东北新闻界在易帜后得到了当局的大力支持和统一领导，从无序到有序，从单薄到强劲，这是前所未有的新起色。也正因如此，才引起了日本侵略者的极大不安，并开始蠢蠢欲动。

（四）涌现出一批勇敢反击日本侵略的"新闻斗士"

东北易帜以后，"在新闻战上，不但收复了许多失土，并且直接毁灭敌人的新闻兵力，如公开揭破盛京时报，造谣生事，麻醉人民等技俩，使再无所施展。此时社会人士，亦高唱不读盛京时报的口号，蔚为潮流，尾从影随，不可遏止。更加彼时当局，亦以英勇态度，禁该报在各地流行，盛京时报的声势，至此遂一落千丈……"② 在这些"生力军"中，除了最具代表性的《东三省民报》《国际协报》《大东日报》（这三份报纸将在下

---

① 赵新言：《倭寇对东北的新闻侵略》，东北问题研究社1940年版，第30—31页。
② 赵新言：《倭寇对东北的新闻侵略》，东北问题研究社1940年版，第24页。

一节专题论述）之外，还有如下几份报纸脱颖而出，成为反击日本人侵略的"新闻斗士"：

1. 《东北商工日报》

原名《奉天商报》，由奉天商会于 1920 年创办，同盟会会员兼总务会会长高崇民曾任该报社长。该报原为民族资产阶级的报纸，1928 年，张学良改组商会，成立商工联合会，于是便于 9 月 20 日更名为《东北商工日报》，每日对开一大张半，期发两万余份。[①] 社长是卞宗孟，编辑人员有苏子元、李笛晨、朱焕阶、周晶心、胡石如等人。该报积极参与反日活动，经常在报纸上揭露日本帝国主义侵略东北的罪行，排斥《盛京时报》，在东北国人心目中有着重要地位。

著名爱国民主人士杜重远时任商工总会副会长，曾与高崇民一起发起组织全省商工拒日设领外交举行声势浩大的游行示威，开展"不买日货，不卖日货，反对日本经济侵略"的群众斗争，这一运动迅速遍及东三省，迫使日本取消在临江设领的计划并撤走临江附近的日军。因此，该报"除刊登工商经济信息外，还不断揭露日本侵略东北的罪行，号召商工界发扬爱国主义精神"[②]。该报副刊编辑共产党员苏子元曾到苏联学习，1929 年 2 月，他公开将共产国际第六次代表大会决议文件全文刊登在报纸上，从而引起了日本驻沈阳领事的注意，要求地方当局追查稿件来源，并对苏子元下了逮捕令。后来在《新亚日本》总编辑陈言的掩护下，苏子元安全转移到吉林，《东北商工日报》也于"九一八"事变后被迫停刊。[③]

2. 《新民晚报》

该报于 1928 年 9 月 20 日在沈阳正式创刊。这是由张学良为"刷新东北"而一手主导创办的，也是沈阳新闻史上第一家晚报。东北易帜后，张学良出任东三省保安总司令。他对日本人在沈阳大办报纸并大肆进行欺骗宣传的状况早就不满，因此才痛下决心办一张自己的报纸。张学良任命身

[①] 黑龙江日报社新闻志编辑室编著：《东北新闻史》，黑龙江人民出版社 2001 年版，第 184 页。

[②] 辽宁新闻志（报纸部分）编写组编：《辽宁新闻志资料选编》（第一册），辽宁省人民政府印刷厂印刷 1990 年版，第 30 页。

[③] 梁利人主编：《沈阳新闻史纲》，沈阳出版社 2014 年版，第 14 页。

第二章 新闻侵略的升级及迎战热情的高涨（1912.1—1931.9）

为幕僚且有过京沪几大报刊记者经历的赵雨时为社长，秘书王乙之任主编，共产党员李郁阶也曾在该报任副刊编辑，经常发表进步作品。

《新民晚报》大量刊登张学良的谈话通电，传达张学良的爱国主张，如东北易帜通电，就是该报最早刊出并配上青天白日旗，令举世震惊，引起强烈反响。当时沈阳出版的报纸，日销量总数都不及5万份，但《新民晚报》经过种种努力赢得了读者的欢迎，创刊不久，就每日"发行两万份，为东北第一"①，甚至销售量最高时达到了每期50万份。

《新民晚报》社长赵雨时是典型的爱国报人。他担任辽宁省报界联合会主席时，决定报联只吸收国人所办报纸，矛头直指《盛京时报》，经常在报纸上揭露日本帝国主义的侵略野心，与《盛京时报》展开笔战。1931年8月，《盛京时报》捏造谣言报道张学良病故，企图动摇东北军军心。王乙之亲自到北平采访，将张学良的近照刊载在报纸上，并批判了《盛京时报》的别有用心。

然而"九一八"事变前夕，由于张学良率军入关，《新民晚报》很快失去凭借，于9月16日自动停刊。即便如此，《盛京时报》主笔菊池贞二仍对《新民晚报》恨之入骨，因此在"九一八"事变的第二天，他便引领日本宪兵查封了《新民晚报》。②

3.《东北民众报》

该报于1929年10月10日在沈阳创刊，由爱国知识分子陈言集资筹办，并兼任社长与总编辑，辽宁知名爱国民主人士闫宝航任名誉社长。该报是一家政治倾向十分鲜明的民办报纸，创办初期即以"爱国爱乡"为宗旨，反对日本帝国主义侵略，不断揭露日本侵华暴行。以至于日本驻沈阳领事馆一再抗议说，"《东北民众报》宣传排日，有碍邦交，请即予取缔"，同时日方还借口"南满"沈阳站拒绝邮递该报，使报纸大量积压。当该报抗议"南满"与日邮违约，限制新闻自由，并提出赔偿报社损失时，日方改为在车站强行检查报纸，发现刊有日本侵略东北的消息和反日文章，剪

---

① 无妄生：《一九三〇年东三省民国报纸调查》，《吉林时报》，1930年12月3日第6版。

② 辽宁报业通史编委会：《辽宁报业通史（1899—1978）》第1卷，辽宁人民出版社2016年版，第5页。

掉后才邮递。如此愚蠢的行径，不仅未能阻止该报发行，相反却使该报更加受到读者欢迎，销路更广①，该报期发量为 15000 份，堪称辽宁民办报纸的翘楚。

1930 年 6 月，《东北民众报》曾发表一篇题为《论保境安民》的社论，社论说，"东北地处边陲，为中国北方之屏藩，现强邻虎视眈眈觊觎已久，大有防不胜防之势。一旦东北健儿挥戈入关，逐鹿中原，实给强邻可乘之机，后患不堪设想，如失之东北，必波及整个中国……东北军不可入关，保境安民实为上策"。社论在论述利害关系之后，接着指出："今日东北当务之急，一为抚绥灾民，从事国民经济建设；一为整顿军备，充实力量，加强边防建设，力求共同对外，万勿参加内战。若是，则于东北有利，于我国尤有利也，天下事往往误之于轻举妄动，东北军不可入关，保境安民实为上策。"② 但张学良最终还是兴兵入关，由于东北军主力进关，地方武装薄弱，日本侵略者有恃无恐地向中国大举进攻了。翌年便发生了震惊中外的"九一八"事变。该报也于事变后的第二天上午，被日军查抄，社长陈言及编辑人员均到外地避难。

4.《吉长日报》

创办于 1909 年的《吉长日报》仍然秉承着较浓的反帝传统，在此期间，屡次将焦点对准日本侵略者。该报在 1929 年 12 月 21 日第 6 版 "东三省新闻" 专栏曾刊登文章《长春日警扣留华报原因》，报道说："长春头道沟日本警察署近来派人四处调查，见有《辽宁新报》《大东日报》《新民晚报》一律扣留不准派送，已非一日。探其原因，系该国田中内阁对于施行满蒙政策积极筹划，手段毒辣，其喧宾夺主之旨非令东三省入其版图不止。"然后提及我国新闻界将田中奏章公之于报端，"以冀我国人猛醒，以破其奸谋。""乃日警竟掩耳盗铃，以为扣留新闻纸即可保守其害邻政策之秘密。"同日，该版还报道了沈阳日站禁止华车入内的消息，将日本人在东北的骄横跋扈真实地展现出来。

---

① 黑龙江日报社新闻志编辑室编著：《东北新闻史》，黑龙江人民出版社 2001 年版，第 187 页。

② 辽宁新闻志编写小组：《辽宁的爱国报纸〈东北民众报〉》，《新闻大学》1995 年第 1 期。

第二章 新闻侵略的升级及迎战热情的高涨（1912.1—1931.9）

此外，该报还时常对日本人到处捕杀共产党员的暴行进行报道。比如，1930年5月20日，该报在"东三省要闻"专栏刊发了《日警又捕共党嫌疑犯》，文中说："长春头道沟日本警察署日前逮捕上海影院经理杨朝华及精华眼镜公司经理徐某等八九人，严押审讯，甚为秘密……15日将该电影院重抄一次，其讲解员林某以下诸人均被捕去，又在其他处侦获共党嫌疑犯，连同林某等共有20余名，分别看押以便研讯……"1931年5月16日，该报同样在"东三省新闻"专栏报道："和龙县公安局警员及部队兵士5月1日在和龙县八道沟发现共党在一朝鲜族人家里开会，兵士将房屋包围，入室后遭到反抗，共党人员边开枪边逃走，后被捕11人，其余人员逃走……"这样的报道在揭示日本侵略者的残暴之余还客观反映了共产党员抗日活动的频繁。

"九一八"事变以后，日军在接管吉林电报局、邮政局的同时，也接管了《吉长日报》，后来该报社长顾冰一于11月10日宣布停刊。这份在东北有着20余年历史且记载了吉林省人民同帝国主义侵略者英勇斗争历程的报纸，最终在无奈中结束了自己的生命。

5.《黑龙江民报》

该报创刊于1929年元旦，是黑龙江省省长公署在齐齐哈尔的机关报，由时任黑龙江省省长万福麟之子万国宾主办。该报以"启发民智，宣达政情"为宗旨，曾于1929年11月26日开始连载长文《军人应以保国雪耻为己任》，文中揭露日本侵略朝鲜的罪行，这引起日本驻齐齐哈尔领事的不满，照会称其为诽谤捏造，但该报仍然坚持反对日本侵华的严正立场，继续刊文揭露如"太阳旗下血鲜鲜"等诗文。因此，当日本关东军在"九一八"事变后侵占齐齐哈尔时，即派人武力强行接收了该报。[1]

从辛亥革命到"九一八"事变，这20多年是东北新闻事业逐渐扩大走向成熟的发展时期。这一时期，东北的新闻事业尽管遭受封建军阀政客的粉碎，列强的破坏，但由于一些重大事件的影响与激励，因此发展步伐更加迅速。民国年间的东北新闻事业，以民国初年、五四运动时期、东北易帜后为代表经历了3个发展阶段。尤其是东北易帜，结束了奉系军阀割

---

[1] 黑龙江日报社新闻志编辑室编著：《东北新闻史》，黑龙江人民出版社2001年版，第194页。

据东北的历史,张学良在三年"东北新建设"阶段加快了东北新闻事业发展的步伐,开始恢复加强同内地新闻界的联系,不断扩充完善三省各种新闻机构,这是东北新闻史上具有开创意义的时期。

(五)诞生了由中共满洲省委领导的一系列秘密报刊

中共满洲省委自1927年10月在沈阳成立以来,始终领导东北人民反对军阀压迫与日本帝国主义的侵略,其间相继创办了许多报刊,这些报刊基本是不定期秘密发行,不断向民众宣传革命思想,唤醒民众的革命意识,揭露封建军阀的黑暗统治和日本帝国主义的侵略罪行,从而扩大了党在群众中的政治影响,沉重地打击了帝国主义的嚣张气焰。

除1927年12月1日在沈阳创刊的《满洲通讯》以外,东北易帜前后还诞生了以下几份代表性报刊:

1. 陈潭秋创办的《满洲红旗》

《满洲红旗》是中共满洲省委于1930年9月5日在沈阳创办的宣传革命的秘密报纸,由满洲省委书记陈潭秋和宣传部部长赵毅敏领导并主编。

《满洲红旗》的《发刊词》就是一篇极具力量的战斗檄文:"当中国革命逼近高潮,国民党军阀、豪绅资产阶级的统治在急剧崩溃,工农斗争在突飞发展,苏维埃与红军在猛烈扩大,一省与几省的首先胜利快要实现的时候,《满洲红旗》诞生了。"

在《发刊词》中,《满洲红旗》十分肯定地提出党的报刊是"群众的喉舌与灯塔","阶级斗争的武器"。"它要给满洲的革命群众指出明确的出路和正当的策略,它要指示给满洲的劳苦群众,怎样夺取土地、自由、面包和政权。它是阶级斗争的武器,它要在敌人的压迫、恐怖、仇视与破坏中,揭露敌人的一切欺骗,打倒帝国主义、豪绅、资产阶级的一切代言人(公开的与隐藏的),无论这些代言人如何聪明,如何粉饰自己的面孔,无论他们在什么新奇的招牌之下暗藏着。"[1]

《满洲红旗》积极宣传中国共产党的政治立场以及对时局的看法,这个提法与1930年8月中共中央在上海创办的机关报《红旗日报》发刊词是一致的:"报纸是一种阶级斗争的工具,党报是工农群众的喉舌。"《满

---

[1] 《发刊词》,《满洲红旗》,1930年9月5日第1版。

第二章　新闻侵略的升级及迎战热情的高涨（1912.1—1931.9）

洲红旗》迅速地重申这一办报主张，使此后东北地区各地出版的党报党刊有所遵循，都将其作为办报的方针与指导思想。这在当时的东北产生了巨大影响。针对1931年1—2月日军在沈阳演习，《满洲红旗》极富预见性地指出："无疑地，这些枪声，是帝国主义武装占领东三省的信号。"

1930年12月7日，陈潭秋在哈尔滨参加"北满"特委会议被捕。1931年2月，中共满洲省委改组，赵毅敏继续担任省委宣传部部长。《满洲红旗》由旬刊改为单张三日刊。

"九一八"事变后，日本关东军侵占沈阳。当年11月，中共满洲省委宣传部秘书杨某不慎在街头被日本军警搜身，发现身有反日小报被拘，累及赵毅敏及其他省委领导相继被捕。《满洲红旗》等报刊被迫停刊。1931年，中共派政治局候补委员罗登贤为驻东北代表，领导重建新的满洲省委，并于年底将省委所在地迁至哈尔滨。1932年1月30日，《满洲红旗》在哈尔滨复刊出版了第1期，猛烈抨击日本侵华罪行，同年9月易名为《东北红旗》，仍坚持进行反日宣传。1933年6月易名《东北众报》，1935年4月终刊。[①]

2. 代表"穷光蛋"发声的《满洲工人》

《满洲工人》原名为《满洲工农兵》，1928年3月在沈阳创刊。原为中共满洲省委主办，1928年11月改为由新成立的省委职工运动委员会主办，同时更名为《满洲工人》。报纸期发200份，油印，是"对外发行"的旬刊。

《满洲工人》的《发刊头一声》写得通俗风趣，说这份小报是"几个穷光蛋"凑钱办的，目的有三：一是"把我们满洲工人阶级的知识，把我们的痛苦说出来，并且想办法来解除我们的痛苦；二是把我们的敌人（帝国主义、军阀、官僚）的罪恶、压迫工人、贪赃卖国宣传出来，誓死反对他们；三是把各地穷苦工人一切情形全登出来，交换意见，使天下的工人阶级团结起来谋取我们将来的幸福"。小报不大品种却很齐全，设有"论文""短评""诗歌""漫画"等栏目，以及报道工人生活的通讯与介绍苏联情况的文章，文字通俗，内容丰富。

[①]　辽宁报业通史编委会：《辽宁报业通史（1899—1978）》第1卷，辽宁人民出版社2016年版，第92—93页。

3. 与朝鲜族人民共御外辱的《民声报》

日本吞并韩国后，许多韩国侨民移居到中国东北地区从事反日复国斗争。中共对韩国人在东北的处境逐渐有了清晰的认识。李震瀛于 1924 年 1 月 20 日发表在《响导》上的《东三省实情的分析》中说："总起来看东省民众的现象，奉天人和日本人是东三省的统治者，吉黑人、朝鲜人、俄人、工人、农人、商人、妇女、兵匪都是被压迫者，其中朝鲜人受日军迫害尤为严重。"① 日本侵略军进入延边等地围攻村落后，"不论男女老少，一律锁闭屋内，纵火焚烧，凡从火中逃出者以枪刀刺杀或掘坑活埋"，甚至有人还"逼令其举手合掌，再以铁丝穿过鼻孔，将两手系于铁丝上，索行十余里即行枪决，惨状令人难以忍睹，收获之粮均被付之一炬"②。因此，中共满洲省委强调，"必定领导中国农民和朝鲜农民，反抗军阀与日本资产阶级的斗争"③。

1928 年 1 月，吉林延边地区龙井村诞生了一份《民声报》。该报有汉、朝鲜文两种版本，从而打破了日本人用朝鲜文出版的《间岛日报》对新闻的垄断。该报是在中国共产党的直接影响下，由延边各县教育界、工商界人士共同募捐筹办的进步报纸。旨在"借言论以唤醒同胞"，宣传反帝反封建，传播新思想、新文化，对日本帝国主义的侵略行径大张挞伐，号召汉族和朝鲜族人民同舟共济，共御外辱。

该报曾刊载了《列宁主义关于民族问题纲要》《可怕之新闻政策》《请看鼓分所长之劣迹》《内债问题》等一系列文章，宣传民族解放运动和无产阶级革命，批判日本报纸捏造的谎言，揭露当地警察勒索、殴打百姓的暴行，抨击北洋政府的腐败无能，后来遭到日本侵略者的严重破坏，被迫于 1931 年 9 月停刊。④

4. 在"北满"坚持反帝的《白话报》与《北满红旗》

1929 年 10 月，中共哈尔滨市委，按照中共满洲省委书记刘少奇的指

---

① 李震瀛：《东三省实情的分析》，《响导》1924 年第 1 期。
② 据《吉长日报》1920 年 11 月 15—19 日相关报道。
③ 中央、辽宁、吉林、黑龙江档案馆：《东北地区革命历史文件汇集（1923—1928 年 3 月）》，黑龙江等档案馆出版社 1989 年版，第 219 页。
④ 李德洙、王宏刚主编：《中国民族百科全书》（12），世界图书出版公司 2015 年版，第 407 页。

第二章 新闻侵略的升级及迎战热情的高涨（1912.1—1931.9）

示，在哈尔滨秘密出版了，《白话报》。该报为蜡纸油印，期发500份。

《白话报》现在仅存第6期，1929年11月10日出刊，共两版。这期报纸是纪念俄国十月革命12周年的专号。共刊载4篇纪念文章：《纪念十月革命胜利》《工农兵一齐起来纪念十月革命/工人农民士兵们大家起来革命》《十月革命与中东路工人》《学习十月革命的经验》。主要讲十月革命的伟大意义，揭露"万恶的国民党军阀"的罪行，"中东路事件"是国民党政府"在帝国主义指导之下向苏联进攻"，提出要"以群众的革命武装暴动，推翻国民党反动统治，建立中国工农民主共和国"。文章的内容和提法，都是据中共满洲省委8月23日给哈尔滨市委的指示编写的，联系哈尔滨铁路工人的生活实际，针对性和鼓动性较强。

中共中央重视和赞勉《白话报》，12月18日给满洲省委复信《对满洲杂志的意见》中称，审查了接到的《白话报》6期及传单等，认为这些"宣传品比较过去实有长足的进步"，"最主要的表现是它已经由单纯的反日进而走到反对一切帝国主义与国民党"[①]。由此可见，该报坚持反对以日本为代表的帝国主义及当时反动的国民党的立场。但在地方当局严密的控制下，该报被迫于1930年终刊。

《北满红旗》是在时任中共满洲省委书记刘少奇的指示下在哈尔滨创办的，1930年7月底，中共"北满"特别委员会决定将《无产者》改名为《北满红旗》，并于1930年9月21日出版了第1期。在仅存的第一期中设置了"纪念十月革命"栏、"拥护全国苏维埃大会"栏、"工人斗争"栏等，刊发了一系列倡导无产阶级革命，反对帝国主义侵略的文章。尽管第1期出版后即遭当局查禁，但该报仍继续出版直至1931年4月停刊。

此外，在满洲省委的领导下，部分共产党员还积极利用有影响力的报纸副刊，比如，哈尔滨《国际协报》的"灿星"周刊，长春《大东日报》的"秋声"周刊等动员青年爱国学生发表进步作品，开展新文化运动，进行反帝反军阀的宣传报道，对许多读者尤其是青年读者的思想产生了极大的影响。

---

① 黑龙江省地方志编纂委员会编：《黑龙江省志·报业志》，黑龙江人民出版社1993年版，第70页。

第三节　民国时期东三省"排日"倾向强烈的代表性报刊

面对日本人媒体在东北的大肆横行及舆论干扰，东北新闻界的部分有识之士也开始借助舆论工具进行艰苦的反击，不断揭露日本帝国主义的侵略野心，揭露日本操纵的媒体对东北民众带来的无穷毒害，呼吁人们奋力抵制和抗争。其中，最为突出的是三份民办报纸，即辽宁的《东三省民报》、黑龙江的《国际协报》、吉林的《大东日报》。

一 "为抗日救国而奋斗"的《东三省民报》

《东三省民报》于1922年10月23日在沈阳创刊，由东三省民治俱进会主办。东三省民治俱进会是1922年7月，由身为孙中山同盟会会员的高崇民倡导成立的。该团体成立的宗旨是"促进民主，唤醒民众，团结东三省的爱国志士，共同为反日救国而奋斗"①。

为有效地进行革命宣传，东三省民治俱进会创办了《东三省民报》，由总干事高崇民协调，社长为赵锄非，副社长兼总编辑为宋大章，国民党人安怀音、共产党人苏子元等为该报编辑。② 赵锄非于1925年去世后，该报由罗廷栋担任社长兼总编辑。1929年又换了陈溥贤，1931年"九一八"事变前，在张学良的推荐下，赵雨时担任了该报社长。③ 该报在阐述宗旨时提出要"大力阐发三民主义精神；发展经济，挽回失去的主权；注重社会问题，努力解决国民生计；提倡国有文化，灌输科学知识，扶助教育"④。该报的创办也曾得到张作霖的支持，在当时的印刷设备比较先进、齐全，内部有无线电收音机和京津长途电话专线，重要的消息可以在当天下午两点之前刊发并与读者见面。在张作霖与日本关系日益紧张的形势

---

① 丘琴、白竟凡、高凌：《高崇民传》，人民日报出版社1991年版，第23页。
② 《东三省民报》创刊时期的报纸现无留存，此据《奉天全省警务处为报民人赵锄非等创设东三省民报社应予照准履行各情并送履历事给奉天省长公署的呈》所载；《沈阳市志·新闻出版》及《东北新闻史》中则提及该报创刊时社长为宋大章。
③ 梁利人主编：《沈阳新闻史纲》，沈阳出版社2014年版，第15页。
④ 辽宁新闻志（报纸部分）编写组：《辽宁新闻志资料选编》（第一册），辽宁省人民政府印刷厂印刷1990年版，第6页。

第二章 新闻侵略的升级及迎战热情的高涨（1912.1—1931.9）

下，该报很快成为东北民族主义和反帝运动的先锋。

值得一提的是，该报的主要成员均正值而立之年，且大多有接受日本军校教育及从军背景。在《东三省民报》申办创刊向奉天警察部门提交的请示函中，曾介绍了报社主要工作人员的履历："社长赵锄非时年三十五岁，毕业于日本东斌学校陆军科暨东京启监学校，曾充山东第一师参谋长；经理陈丕显，三十四岁，日本东斌陆军科暨奉天讲武堂毕业，曾充山东第一师团长；副社长暨总编辑宋大章，三十五岁，日本警校毕业，曾充北伐军第二军参谋长……"① 这便意味着该报的主创者均对日本的历史及文化背景有着较为深厚的了解，同时使该报相比同业有着更为浓烈的忧患意识。可以说，在该报存续的时间内，表现出了鲜明的反日宗旨。

（一）"中日亲善"背景下《东三省民报》的清醒防范

面对全国各界抵制日本的"二十一条"行动和轰轰烈烈开展的五四运动，日本开始改变对华政策，不再明目张胆地彰显侵华野心，而将"中日亲善"作为对华话语的基调。但是《东三省民报》却未被日本的表象所迷惑，自创刊伊始，该报即配合民治俱进会开展收回旅顺大连的群众运动，刊文揭露日本与袁世凯秘密换文的消息，对旨在灭亡中国的"二十一条"中将旅大租期延至99年的要求提出严重抗议。

1924年2月，张作霖明确向日本驻奉总领事馆表示，居住在日本控制下的"关东"地区和"南满"铁路附属地的中国人如果违法，应由中国方面审理。为配合张作霖收回主权的努力，《东三省民报》随即发表社论："怎样才能制止日警的胡闯乱杀？日警像对待牛马一样，对待东北人民，想要鞭打就鞭打，想要拘禁就拘禁……曾在台湾和朝鲜发生过的暴行现在又在东北发生了，因为他们也同样把东北看作台湾和朝鲜。毫无疑问，日人是世界上最残酷无情的人。"

1924年4月14日，《盛京时报》"抗议"《东三省民报》刊载所谓"对日皇不敬"的消息，随后日本领事馆谒见张作霖，要求《东三省民报》停刊。张作霖于23日勒令该报停刊一周。但复刊后，该报继续载文支持收

---

① 《奉天全省警务处为报民人赵锄非等创设东三省民报社应予照准各情并送履历事给奉天省长公署的呈》，1922年，辽宁省档案馆藏，资料号：JC010-003017-000005。

回"满铁"附属地教育权,支持奉天教育会收回我国在"南满"附属地教育权的倡议。该报不断披露日本的动向,并希求广大读者能有切肤感受。1924年8月18日,《东三省民报》开始组织发起反对日本侵略的悬赏征文,明确设置议题:"日本朝鲜银行所出之纸币向不兑现,日本内地且禁止使用,乃无限制地流行于东三省,究竟日本当局是何居心?同时东省人民受之不疑各怀无上之信仰,闻该行并无若何基本金,究竟以何魔力而令吾人颠倒至此?试详言之","列强在华经济侵略由何处足以证明试详言之"。其后将入选文章分别在1925年1月1日的新年增刊中隆重刊出,从而有效引领了东三省民众的思考。①

自1924年7月22日起至9月15日,该报连载了爱国人士周佛光(即周公任)的著作《日本侵略满洲史》。文章以十分客观翔实的记述向民众呈现了日本多年来对东北的掠夺事实。在刊载之日,该报特别撰写了《今日应有之声明》,向读者强调周先生此作的两个特点:第一,绝不是感情用事,不是无意识的排外活动,而纯粹是一种爱国的表现;第二,绝不是一种空洞的泛论,而是根据事实,本于学理,为有条理、有系统的记录。同时强调:"吾人对于日本,除在国际厉害上极端冲突,不得不有相当自卫方法外,并无特别恶感。使日本诚能觉悟,抛弃历来对我侵略之政策,则吾人立时可以与之携手,而永远无所猜疑也。"由此可见,其对日本的充分防范之心以及忧民之意。

1925年2月6日,《东三省民报》重新刊载此文,但却遭到日本的强烈反对。日本驻奉天总领事船津长一郎向奉天省长王永江致信,先对王省长曾于1924年9月禁止《东三省民报》"用排日的文辞,阻碍贵我双方亲善的报道"的行为表示感谢,同时强烈抗议该报"最近再次在同一题目下发表文章,每句话都用排日的文辞来写,尤其是以本国成为仇人为目标,对亲密的两国人使用恶毒之语"②,并要求予以严格取缔。迫于政府当局的压力,《东三省民报》无奈被迫停止刊发该著作,但发表声明指出:"日人

---

① 参见王翠荣《20世纪20年代东北新闻界对日本新闻侵略的抵制——以〈东三省民报〉与〈盛京时报〉笔战为中心》,《江西社会科学》,2019年第11期。

② 《東三省民報及公報記事取締》,1926年,日本外务省外交史料馆藏,资料号:B03040866000。

第二章 新闻侵略的升级及迎战热情的高涨（1912.1—1931.9）

如此行为，原可置之不理，转念我省当局，向抱亲仁善邻之旨，所处地位，诚属困难，本报自应鉴此苦衷，暂将逐日披露日人所继续进行而恐被人窥破之满洲侵略事实之记载，从明日起停止发表。但本报所以出此，仍系希望日人最后觉悟……"① 尽管该报顾及政府的外交方针停止了文章的刊载，但此声明无疑向广大读者清晰地阐明了不卑不亢的态度，一方面希望日本及时收敛；另一方面再次警醒国人。

（二）《东三省民报》与《盛京时报》在新闻战场的激烈角逐

为顺应国际退还庚款之趋势，也为营造"日中亲善"之表象，日本政府曾于1923年3月通过了《对华文化事业特别会计法案》，还组建了东方文化事业总委员会，以资助中日文化交流，开展补助中国留日学生学费等"东方文化事业"。中国文化教育界最初对此均抱有期待，但随着"东方文化事业"的开启，许多有识之士逐渐发现所谓的"东方文化事业"不过是日本侵华扩张的一种方式而已，于是开始从抱有期待、尝试合作逐渐转向怀疑、失望、抵制和反对，将其视为"文化侵略"。

1. "文化侵略"真伪之论辩

1925年4月21—24日，日本人办的《盛京时报》连续4天发表傲霜庵的《驳文化侵略》，针对中国人民反对帝国主义文化侵略的斗争高潮而进行恶意攻击。文章极力为日本在思想文化领域对中国人民的侵略进行辩护。文章发表后，立即遭到《东三省民报》主编安怀音等人的回击，他们发表文章，对傲霜庵的文章逐条进行了驳斥。由此，两报开始了一场长期而空前的关于"文化侵略"的激烈论战，舆论争锋的中心议题即"文化侵略"之真伪。在这场论战中，《东三省民报》有理、有力、有节地对《盛京时报》予以强烈反击，并将日本人媒体善于运用"新闻政策"宣传己国声威、凭空造谣、混淆是非、肆意挑拨干涉中国内政的一贯伎俩进行了入木三分的揭露，从而有效打击了日本人媒体的嚣张气焰。②

《盛京时报》在关于"文化侵略"是非之论争中并未占据优势，于是

---

① 《本报停登日本侵略满洲史之声明》，《东三省民报》，1925年2月22日第6版。
② 此部分内容参见王翠荣《20世纪20年代东北新闻界对日本新闻侵略的抵制——以〈东三省民报〉与〈盛京时报〉笔战为中心》，《江西社会科学》2019年第11期。

转而又于4月29日—6月4日，连续刊载了《恐日与排日》《中华与支那》《谈何容易》等10余篇社说，社说高谈阔论，批判中国数年来"内治腐败，外交日绌，兵连祸接，摧残同胞，国不为国，民不聊生"的现状，要求"被压迫阶级之百姓们工人们商贾们"不要盲目"排日恐日"，而应找到内乱之根源，将"军阀与官僚"等"寄生虫阶级"归为"亡国之祸"，貌似深刻地分析中国人的心理，欲将"中华"的旧思想彻底打破。同时一再为自身的侵略行为辩解，竟大言不惭地提出"试就日本方面观之，甲午役以前，暨自甲午役起，至日俄战之间为日本困于列强（中国在内）'帝国主义''侵略主义'之时代。自日俄战，至日德战（提出二十一条时）之间，系日本窘于列强资本主义之时期……而日本欲免此压迫者，已非一日。偶值欧战勃发，压迫已除，而日本此种宿望，发为二十一条之要求，盖势所必至……"① 此种为主子站台鼓噪之丑态已显露无遗。

遗憾的是，《东三省民报》5月末至6月中旬的报纸多有缺失，但从现存的版面中，同样可让后人领略到该报抗击之风采。尤其是当"五卅惨案"的消息传到东北之后，《盛京时报》仍为日本百般倾身张目，其侵略御用机关的面孔更加昭然若揭。由此，便使《东三省民报》与该报的舆论争锋达到高潮。

2. 由五卅惨案引发的论争高潮

1925年5月30日，因日本纱厂资本家镇压工人大罢工、打死工人顾正红，上海学生两千余人在英租界内抗议竟被英国巡捕开枪打死打伤学生多人，造成了震惊中外的五卅惨案。消息传至东北，群情激昂。《东三省民报》不但及时向读者发布电报信息，而且一连数日连续推出多个"惨案特刊"，刊载惨案后各方反应、政府态度及民众呼声，同时在特刊标题栏下方注明"打倒暴徒，主持正义"，表达了对英日帝国主义言行的愤慨及学生的深切同情。

可此时的《盛京时报》却轻描淡写、蜻蜓点水，顾左右而言他。面对国内汹涌的五卅运动高潮及反对英日两大帝国主义国家的呼声，该报一再呼吁国民需沉毅慎重，切勿冲动。劝诫学生不要罢课，工人不要罢工，商人不要实施"无抵抗不合作"策略，广大民众不要抵制外货，与英日经济

---

① 傲霜庵：《谈何容易》，《盛京时报》，1925年5月31日第1版。

第二章 新闻侵略的升级及迎战热情的高涨（1912.1—1931.9）

绝交。同时把惨案的发生归咎于英国巡捕的残暴，归咎于国内军阀淫威、党派倾轧。在此期间，《盛京时报》在头版"论说"栏刊发了以傲霜庵为主撰写的文章，不断阐明该报立场。但《东三省民报》迅速识破其险恶用心，以主笔安怀音为代表，同时组织许多爱国读者，撰写大量文章进行强力反击。两报唇枪舌剑，展开了一场长达两个多月的更加深入的舆论争锋。在这场争锋中，相比之前的笔战，《东三省民报》的迎击呈现出以下几方面特点。

第一，观点更加突出，态度更加明朗。

《盛京时报》自1925年6月5日起，连续刊载了《学潮慨言》《工业之危机》《实力救国论》《评经济绝交》《论上海事件》《沪案善后策》《论英人外交》等言论，向东三省民众倡导实力救国，根据东三省物资进出口状况不要实施经济绝交策略，同时拟将民众的怒火导向英国。《学潮慨言》中劝导学生群体不要参与其中："是以就学潮言，为学生一己计，固已不值。即为国家前途计，恐亦未免自丧其元气矣，救国云乎哉……吾故窃愿莘莘学子，躁释矜平，先谋对内，然后对外，天下无尚可为也。"[①] 更有甚者，针对国内及东三省汹涌澎湃的关于实行抵制外货及不合作之善后办法，《盛京时报》称其为"奇怪声音""白昼鬼语""极不祥之事""固其为害，千百倍于所谓'文化侵略'矣"[②]。

现存的1925年6月13日《东三省民报》上，集中发表了4篇观点鲜明的文章：主笔安怀音的社论一《再论不合作为亡上策》、兼慈的社论二《是谁煽惑?》，还有来自读者的呼吁《呜呼当醒不醒之同胞》《请国人勿再阅读盛京时报，并勿再登广告于该时报》。主笔安怀音严厉抨击了《盛京时报》对国人"不合作"之策的反对态度，指出"不合作云者非亡国之悲鸣，正图存之上策。非示人之以弱，正克敌雄图。凡我同胞，幸各认清此点，勿为敌人奸细之谰言所误"，呼吁国人不供给敌人之原料，不受雇于敌人之工作，不受教于敌人所设之学校，拒绝在敌人报纸上刊登广告等，并言"此种克敌之办法，其用力虽猛，其态度则绝对从容，其行为则

[①] 怜：《学潮慨言》，《盛京时报》，1925年6月5日第1版。
[②] 傲霜庵：《亡国之悲鸣》，《盛京时报》，1925年6月10日第1版。

绝对和平，使敌人虽遭困窘，而莫我如何……"①

在《是谁煽惑？》《呜呼当醒不醒之同胞》两篇评论中，该报明确表示《盛京时报》记者指责《东三省民报》记者所谓"煽惑"的构陷，实是为英日暴徒所辩白的实质，并连续用痛彻心扉的反问句式正告东北民众："呜呼吾最亲爱之东省同胞乎，胡为冷静若斯乎？将认上海去彼数万里，彼地之事无关于我东省乎？将谓热烈狂呼无补事实乎？将谓国事交涉自有其人非吾侪之责乎？抑将谓帝国主义之压迫不敢有所表示乎？呜呼误矣，呜呼误矣！"而在《请国人勿再阅读盛京时报，并勿再登广告于该时报》中，则直接揭露《盛京时报》将"侵占文化，挑唆军阀为其天职"，呼吁国人今后须勠力同心，不要再阅读该报，也不要再在该报投放广告，从而直指《盛京时报》为维护本国利益而作舆论误导的险恶用心，将对《盛京时报》的讨伐逐步推向高潮。

第二，反击更加迅速，编辑思想更为明显。

1925年6月15日，《盛京时报》在恼羞成怒之下，以"本报编辑部"的名义刊载文章《为民报记者惜》，开始将此上升为人身攻击，直接叫板："开言因事，攻东三省民报记者安怀音君也。"驳斥安怀音为"人中之败类！报界之蠢贼！！若辈果有论国家社会之资格乎？须驱逐之于四海之外！！！"不但用加粗大字，而且连用三个叹号表达强烈愤怒，自身开始陷入极度不冷静之态。相比而言，《东三省民报》则平和得多。在《某报记者由欧帝来要改做辩护士么》中直言："新闻记者是富有如何的涵养，负怎样大的责任，当有如何的智识？某报记者，清夜扪心，有否羞愧？借题骂人，原是愚蠢妇女之常事……某氏须知，因代己国辩护，乃破口骂人，难将人骂死，也算不了好的新闻记者；因欲奉行帝国侵略主义，难将中国吞并，也算不了尽新闻记者之天职；因欲逞私击人，难将不是翻说为是，也算不了尽显新闻记者之深知卓见……"

6月16日，《盛京时报》在第4版正中间用围框强调《请看此丑污卑劣之传单——借词爱国图泄私愤，先须读"亡国之悲鸣"》一文，斥责流传于社会的传单——"凡有良心的不要看《盛京时报》"不敢署名，"胡

---

① 安怀音：《再论不合作为亡上策》，《东三省民报》，1925年6月13日第2版。

第二章 新闻侵略的升级及迎战热情的高涨（1912.1—1931.9）

为如怕人视己面，惴惴焉乃尔也，苟真有一点良心，决不出于此鼠窃狗偷行为矣，可知丑恶卑劣之惯用手段，目下已入穷境也"。

《东三省民报》迅速于6月17日以《请看此丑污卑劣之盛京时报——▲骂中国人爱国为泄私愤▲不自忏悔血口喷人》为题，指出："上海英日暴徒惨杀同胞案，普天同愤，凡有人心，莫不悼惜。乃日人机关报盛京时报，非但毫不同情，反而百般鼓吹、百般辱骂，非曰暴动赤化，即曰亡国悲鸣，忍心害理，莫此为甚，中国人鉴此'劣报'，痛恨刺骨，故群起反对，不购阅、不登广告，事实昭昭，传单遍地，凡有眼者，莫不共见"，同时将前日《盛京时报》的原文附后，慷慨迎战，毫不畏惧。

该报同时期在"东三省新闻"栏及各类评论中的文章也均十分注重标题及文章重点文字的提示，将其用加粗大字号形式呈现，并善于利用副题来概括引领，明晰地表达编辑思想。如6月13日第6版"东三省新闻"栏头条为头号标题："安东日警强占虐杀"，副题为："上海惨案未已……安东噩耗又来……日警枪伤缉侦员……占据缉私局……呜呼所谓独立国家……缉私员为查拿私监而招祸……日警察存心庇护韩监犯……其示威无异暴行……自知理屈始引去……我方誓必严重抗议……"正题及副题即占据大半空间，醒目而又态度鲜明。

第三，意见领袖作用发挥更加充分，与民众的互动更加频繁。

《东三省民报》于6月17日登出安怀音的《英日惨杀同胞案答客问》，该对话的开篇，读者代表的"客"问："上海惨杀同胞案，首恶是英乎？抑是日乎？"安怀音代表"主"则毫不犹豫地回答："首恶是日本人，不是英国人。"客以枪杀学生系英国人来质疑时，安答："不有日人虐待华工，则无罢工之事。不有日人杀害华工，则无学生讲演之事。不有学生讲演，又何致有印捕行凶之事？追原祸首，非日本人何耶。"在一问一答中，让民众对日本人在此次惨案中的应承担的责任给予了明确指向。

《盛京时报》也不甘示弱，为调动读者参与情绪，竟然打着"为奋兴爱国精神计"的名号，于6月22日起开始刊登"悬赏征求标语"，并将其自选之标语"小不忍则乱大谋"连续刊登数日，以让读者参考。其后，该报将"小不忍则乱大谋"制作为斜体空心大字影印到整个版面，以提醒民众。至7月22日，该报竟然评出了一等奖到八等奖，并将所谓的"当选标语"逐日刊出。"一等当选标语"居然是"五分钟后再见"和"救国勿恃血气之勇"……由此可见，国人的五卅运动及反帝热潮引发了日本的恐慌，作为日本机关在中国东北的代言人，《盛京时报》只得以貌似冷静的方式安抚中国民众，力图从精神上打压民众由此爆发的热情。[①]

对于《盛京时报》的弹压手段，《东三省民报》不仅将东三省民众抵制日本暴行的相关新闻集纳在大标题"诸君须记得十秒钟开枪不要五分钟热度"之下，而且用头号"国人！尔忘日本人骂尔只有五分钟热血？"等对"五分钟后再见"作了有力回击。此外，该报还刊载多篇来自普通读者的参与性文章，将各阶层的声音汇集到一起，从而形成一股巨大的舆论漩涡。

6月19—21日，《东三省民报》的主笔安怀音连续3天发表社论《最后胜利必归人而不归兽》，言辞尽管激烈，但仍显理智，既高度肯定了这场运动对中国人政治觉悟的提升，又希望广大民众不应笼统地攻击英国和日本的全体，不必盲目排外，而应分清敌我，团结一切可以团结之人，应该把英日两国的"人类"与"兽类"分析清楚，不必仇视其人类，应聚精会神对付英日之兽类。继而指出："只要同是人类，无论黄种也好，白种也好，黑人也好，红人也好，西洋人也好，东洋人也好，我们都可以联络起来，为人道而奋斗，为正义而奋斗。"这同时意味着东北新闻界的有识之士在反帝侵略斗争中，已经有了可贵的国际视野，摒除了狭隘的国家和种族观念，开始思索全世界的公平、人道和正义之命题。

3. 两报笔战之结果：各地群起打倒"亡国劣报"

《盛京时报》在五卅惨案后及五卅运动中对民众热情的肆意指摘及评判，无疑是一种思想意识形态阵地的掠夺。该报在此期间，本欲设置一个舆论场，构建一个令东北民众接受的"拟态环境"，干扰国人的判断，并诱导国人不自觉地倾向于其型塑的观念。但《东三省民报》的强力反击及多方拆解，无疑使该报在这场博弈中的力量构型受到严重冲击。

在以《东三省民报》为核心的国人报纸的强力呼吁下，东三省民众开始自发地对《盛京时报》等日本人报纸加以抵制，导致《盛京时报》的销量锐减。《东三省民报》在7月17日及18日的"东三省新闻"栏中，连续刊出

[①] 王翠荣：《20世纪20年代东北新闻界对日本新闻侵略的抵制——以〈东三省民报〉与〈盛京时报〉笔战为中心》，《江西社会科学》2019年第11期。

第二章 新闻侵略的升级及迎战热情的高涨（1912.1—1931.9）

醒目的大字标题"各地群起打倒亡国劣报"，副标题分别为提要题："存心亡我中国之盛京时报，东三省民众人人切齿，非我族类其心叵测，严防化妆劣贼，惩戒汉奸记者，七十老翁向众宣传，口口声声勿阅劣报……""一致罢斥此冒牌劣报……恶毒横流将近二十年……于今幸而皆已觉悟……血汗金钱不再买骂……长春学生热烈扫灭……亡国劣报在哈尔滨不吃香……海城只有嫖客照顾了……凤凰城人谓抵斥劣报……为救亡之第一步……奉天国报后援会大活动……"然后在正文中以较大篇幅集纳了东北各地民众的抵制概况，欢欣之情难以抑制。

同时，《东三省民报》还把投枪对准为《盛京时报》效力的中国人穆儒丐、王冷佛等，对他们卖力为敌报鼓舌的行为而不耻，连续刊出《打倒亡国劣报——严防化妆劣贼 惩办汉奸记者》，文中插题为"为什么认贼为子""人格是有代价的吗""读儒丐致邵丹甫君""痛斥《盛京时报》的一封信""答穆儒丐" "难除的汉奸穆儒丐和王冷佛"等，批判了他们"甘愿以汉奸自居，为求些金钱，即忘却祖国，一味媚外，助长帝国主义施其愚民政策，以惑国人""助外凌内，摇尾乞怜"的行为，并指出"这次《盛京时报》用金钱的魔力悬赏微求标语，无非是制造空气，煽惑人心，并借以探察我们的民众，不啻以数元的代价收买人格"，从而加剧了舆论圈的扩散和融汇，使人们的情绪由积郁走向激荡，迅速形成巨大的意志合力。

《盛京时报》情急之下，于7月24日附上一个超常规版面，该版只用大字刊登两篇文章："打倒伪善民贼"及"质问《东三省民报》"，污蔑《东三省民报》"用爱国假面号召天下"，是"极丑劣奇怪之言论机关"，同时斥其虽言"经济绝交"但报纸与油墨均用日本货，虽倡导"不合作主义"但报纸每日均贴日本邮票并由"南满"路线邮寄等。因《东三省民报》7月23—31日之后的报纸缺失，故仍无法获悉具体回应状况。但其实在《东三省民报》7月18日刊载的《平言》中，可看到哈尔滨读者"福生"在力挺该报时，已经明确针对这两个令《盛京时报》一直耿耿于怀的问题做了解答，指出在国人实力不强之时这样做只是"暂时含垢忍辱，以他们国的物品，作一个攻击他们的利器"，进而呼吁东三省商会，共同出钱办一个造纸厂，不至受人闷气；此外，凡在东三省发行的报纸，之所以都由"南满"路走，主要是为沟通中国各地，否则将助长外报文化侵略的成功。该文还得出结论："民报是中国侧急先锋,《盛京时报》是日本侧的急先锋,这两个遇到一块,当然是仇人见面,分外眼红,当然骂无好口,打无好手了。"由此可见,《盛京时报》在此期间并未有更新颖的攻击理由,只好拿出跳墙之势来挽回自身颜面。

在1925年8月所存的不足8天的报纸版面中,可知该报仍刊载了《再答穆儒丐》(8月11日3版、《再训盛京时报记者》(8月12日3版)《不可看盛京时报暨其他日本报纸》(8月21日3版)等几篇评论,再次向读者重申反对新闻侵略,反对汉字外报的重要性,呼吁"望我同胞,从此要知道日本新闻政策之险恶,以文化来侵略我们,违法造谣挑拨我国内乱"……对于外报的文化侵略,应"使国人觉醒速奋起而驱逐之"。同时在"东三省新闻"专栏不断汇集"五分钟以后的救国消息",将东北民众的爱国行动流播到全国各地。在此期间,该报的销量也迅速增长,"行销至两万份左右,日发最高达3万多份"[①],至此,东北的国人报纸,终于可以凭借自身的影响力而与久占优势的日本人报纸相抗衡。

(三) 东北易帜后《东三省民报》的表现

东北易帜以后,《东三省民报》得到张学良的扶持,开始以"宣传军事政治、启发民智、提倡道德"为办报宗旨,与《新民晚报》一起成为反对日本侵华的一个重要舆论阵地。

1929年4月1日,《东三省民报》在"每周特刊"头条刊登了刘省一的《日本侵略吉会长大铁路之经过》。文中详细回顾了自1907年中日签订新奉、吉长铁路协约以来日本对中国一系列利权攫取的经过,并揭示了其直插中国东北腹地,成为侵华的最捷线路的恶劣后果。不仅如此,该报自1929年5月29日起,还开始连续刊登政论文章《日本侵略吉长铁路之目的》,尖锐地指出其在军事、经济、领土及政治上的阴险用意:军事上目的是欲使东三省与朝鲜打成一片;经济上之目的即欲吸收长大(即长春—大连)铁路沿线之农产;领土上之目的即意在侵略间岛一带之领土;而从政治上看,在中国方面,主要是为"划沿线市街为租借地及领事馆管理区

[①] 辽宁新闻志(报纸部分)编写组编:《辽宁新闻志资料选编》(第一册),辽宁省人民政府印刷厂印刷1990年版,第6页。

第二章 新闻侵略的升级及迎战热情的高涨（1912.1—1931.9）

域以施行日本政治"①，在日本方面，主要实行"商工立国策"，"欲于东北筑路以备夺取原料也"②。这便使广大读者更加清晰地认清了日本的侵略面目。

1929 年 11 月，《东三省民报》就日本人在柳条村惨杀华人案和日本人办的梛原农场阻挠东北大学修桥的事件，进行了针锋相对的报道。在当年 11 月 25 日发表的社评中严正指出："我国为数千年之文明古邦。鸦片一役，海禁大开，国际资本主义如泛涛之袭至……莽莽神州，竟成了国际竞争之地。中国今日虽为名义之独立国家，然数十年沉吟于列强均势之下，因早已陷于殖民的悲境矣。东北民众几沦于外之劳动者，日人虽号召'共存共荣'，然其特殊权力之坚持，辽宁一隅一日之间发生两国不幸事件若干次。东邻谋我已如是。"这篇社评反映了当时办报人的思想，也表达了当时奉天执政者张学良的立场。③

1931 年 7 月，日本在吉林省万宝山村策划了一起引发中国与朝鲜间冲突的"万宝山事件"，为发动侵占东三省的战争开始制造舆论。《东三省民报》敏锐地捕捉到这一点，并进行了一系列报道。这一时段的报纸国内并没有保存下来，但在日本外务省的档案中却看到了当年密报给日本当局的相关报纸版面。如 7 月 7 日刊出了社评《万宝山事件果能扩大欤》及消息《日警在万宝山马哨口竟供成作战阵地 筑建壕埋地雷禁华人来往》；7 月 8 日在 2 版醒目位置刊发了《万宝山事件引起全国公愤 平报界冀党部均发出通电 全国一致奋起做外交后盾》，同时配置了万宝山附近的形势图；7 月 9 日和 10 日刊发的几则消息《鲜人排华系受利用，外部对日严重抗议》《万宝山事件 肇事于日警嗾使鲜民掘沟 日报造谣生事鼓励鲜民排华》《受命日人之鲜民暴行仍烈》就明确指出了该事件背后的操纵者。这几个版面是 1931 年 7 月 18 日由驻哈总领事大桥忠一专门报给外务大臣币原喜

---

① 《日本侵略吉长铁路之目的》（二十），《东三省民报》，1929 年 6 月 18 日第 2 版。
② 《日本侵略吉长铁路之目的》（二十一），《东三省民报》，1929 年 6 月 19 日第 2 版。
③ 辽宁报业通史编委会：《辽宁报业通史（1899—1978）》第 1 卷，辽宁人民出版社 2016 年版，第 80 页。

从郎，并将其视为排日重点监控对象的。①（同时报送的还有《国民公报》《晨光报》《益世报》等报纸，《国民公报》和《晨光报》分别于7月14日及7月16日刊载了讽刺漫画，《益世报》于7月6日刊载了《万宝山案之重要文件　完全暴露日方之丑态》这篇长文）。

中村大尉事件发生后，《东三省民报》也给予了强烈关注。尽管因国内原报相关版面缺失，但从已解密的日本档案中仍能捕捉到该报相关报道对日本当局造成的影响。该密信将中村大尉的死定性为"惨杀"，并指责沈阳的国人报纸最初对此事保持沉默，但从8月23日起开始进行"卑鄙的反宣传"，尤其是重点批判了《东三省民报》对中村大尉事件的报道，表明要以强硬态度进行交涉，并且由政府出面严密调查事实真相，并呼吁日方须"努力宣传，以驱逐某种不正当目的，刊登更为明朗的报道"②。

即使在"九一八"事变日军占领沈阳后，《东三省民报》也公开提出"沉着、冷静、不屈服"的口号。但后来大汉奸赵欣伯以私人名义占据了《东三省民报》，改名《民报》为关东军服务。从此，该报改变了宣传基调，沦为美化日本侵华的"传声筒"，并最终于1933年停刊。

二 "以有力言论拱卫国家"的《国际协报》

《国际协报》是由张复生私人投资创办的一份报纸，1918年7月1日在长春创刊，1919年11月10日迁至哈尔滨出版，1937年10月31日在日伪的第二次新闻整顿中被迫终刊，共出版5821期。该报作为黑龙江新闻史上少有的有着20年历史的民办报纸，"篇幅之多为东三省第一……执哈市新闻界牛耳"③。凭借多年的经营及鲜明的特色，该报的发行量在"九一八"事变前后达到1万余份，发行量位居哈埠第一位。④

《国际协报》创办时，正值俄国十月革命爆发后协约国联合扑灭苏俄

---

① 《万宝山農場事件/排日関係/関東庁報告》，1931年，日本外务省外交史料馆藏，资料号：B02030175300。
② 《中村大尉惨殺事件》（第二卷），1931年，日本外务省外交史料馆藏，资料号：B02030185900。
③ 无妄生：《一九三〇年东三省民国报纸调查》，《吉林时报》，1930年12月3日第6版。
④ 当时北方的报纸发行如能超过1万份，就应跻身于相当有影响的大报之列了。

第二章　新闻侵略的升级及迎战热情的高涨（1912.1—1931.9）

革命的军事行动之际，国际形势十分严峻。作为世界上的弱国，中国在国际上的地位始终得不到保障。东北作为以俄、日为代表的几大帝国主义国家垂涎的宝地，也在这种国际形势的变化下蕴藏着新的危机。尤其是哈尔滨和长春这两个城市，作为中东铁路的两大重要中枢，更是负载了许多忧患。

在《国际协报》发起宣言中，创办人张复生清晰地阐述了创办报纸的愿望所在："吾人希望东北半壁之武装国防，当具有特别防止动乱之实力。易言之，今后远东防务精神，一在消灭敌人东窥野心，一在监视俄国乱党构煽。中东干路不啻我国家第一中心防线，而长春密迩，滨江绾毂，奉吉锁钥，龙沙[①]为南北满出入之门户及东北边檄之重镇，盖位临两大，地衔三路之中枢，在地理上询有左右轻重之价值。万一俄乱波及远东，则长春一隅或为国际间会师之机要中权，正未可知……同人鉴于国际未来之繁难，益以促进国人应付世界大势为首务……但愿抒为平易公正之论，唤起国人之大觉悟暨灌输平民之外交常识而已……"[②]

《国际协报》的报名本身即渗透了办报的指导思想。正如该报在创刊时的《组织大纲》中所言："同人凛凛于国际地位之动扰，颇思造成一健全有力舆论，借资拱卫国家，故定名曰'国际协报'。"同时该报又以精练之笔进一步明确了办报宗旨："本报志在扶持正义，促进和平。务期抒发平易谨厚之言论，贯彻中央远交近亲之政策，并始终以辑睦邦交为前提。"[③]

（一）创办人张复生一贯的反日立场

该报创办人张复生（1887—1953），原名张涛，1887年2月15日生于山东省掖县吕村，少怀宏愿，志在报国。中学毕业后，于1906年开始赴北京研究新闻学两年，1908年在北京《大同日报》任编辑。[④] 大约在此期间

[①] 即今齐齐哈尔市。
[②] 《〈国际协报〉发起宣言》，转引自黑龙江省档案馆《黑龙江报刊》，哈尔滨市纸制品厂印刷1985年版，第168页。
[③] 《〈国际协报〉发起宣言》，黑龙江省档案馆：《黑龙江报刊》，哈尔滨市纸制品厂印刷1985年版，第169页。
[④] 据张复生1942年自撰《复生简历》。

· 143 ·

加入了中国同盟会。后因参加革命，与革命党共谋推翻清廷，事发后被捕入狱，被判十年监禁。辛亥革命成功后被释放出狱（实际在狱中大约两年），之后更名为"复生"①。民国元年（1912），张复生来到东北，曾经在奉天（今沈阳）受聘《亚洲报》主笔。1915年，张复生自办《健报》。该报宗旨是"觉世牖民"。由于资金微薄，"张复生自任主笔兼编辑，其他职员聘用极少②，日出数百份，均需在外印刷，终因经费困难未及一年而停刊"③。接着，张复生又先后到日本人主办的《盛京时报》和大连《泰东日报》任"论文撰述"，但时间都十分短暂。"民五（1916），因愤日本之压迫我国，乃离《泰东日报》，而北赴长春。转应《大东日报》之聘，充该报总编辑者约一年。后鉴于日俄在东北势力日张，《大东日报》不足有为，乃自办《国际协报》。"④

张复生对待一切外来的侵略都有着天然的、强烈的抵触。这突出地表现在他对俄（苏）日两国的态度上。清末同盟会会员、时任哈尔滨政法大学校长的雷殷（字渭南）就曾引用日本人对张复生的评价云："张君复生为北满报界论坛之雄，既挥其右拳以打击苏俄，又奋其左臂以抗衡日本……"⑤ 这在当时是对张复生的一个比较高的评价。

张复生早年曾先后到由日本人主办的《盛京时报》和大连《泰东日报》短暂地担任"论文撰述"，因此对日本利用各种途径侵略中国的事实有着极为深刻的体悟，很快便"因愤日本之压迫我国"而毅然离开。《国际协报》迁哈不久，福州即发生了日本人打伤中国学生和巡警的惨案。获悉这一消息后，张复生立刻密切追踪该案的进展情况，组织了一系列的报道和评论，呼吁民众关注这一流血事件，并亲自撰写言辞较为激烈的社

---

① 哈尔滨市人民政府地方志办公室编：《哈尔滨人物》（第三辑），哈尔滨市人民政府地方志办公室1992年版，第22页。

② 著名编辑孙伏园早年（1915年）曾到奉天，在《健报》任校对和编辑，1916年到上海《民国日报》任要闻及副刊编辑。陈捷：《孙伏园编辑思想探源》，《求索》2006年第3期。

③ 王国义：《一九三一年前沈阳主要报刊简述》，《东北地方史研究》1989年第1期。

④ 星岷：《本报之略史——自出版至现在》，《哈尔滨〈国际协报〉中华民国二十年新年特刊》，1931年1月1日。

⑤ 张复生：《国难中之满蒙问题》，辽宁东北文化社1929年版，第5页。

第二章 新闻侵略的升级及迎战热情的高涨（1912.1—1931.9）

评，对日本人惨绝人寰的行为进行了控诉。1922 年，哈尔滨各界群众组织救国唤醒团，抵制华盛顿会议（太平洋会议），抗议国际共管中东铁路，要求取消"二十一条""还我青岛"等。张复生被推为滨江救国唤醒团团长，开始以实际行动号召国人揭露日本的阴险，以至于日本人在《露亚时报》中，专门报道了滨江救国唤醒团团长张复生等组织滨江商会所进行的排日活动①，日本"南满"情报机关也将该报视为"排日倾向强烈"的报纸。② 五卅惨案发生后，张复生迅速组织《国际协报》进行反帝斗争报道，而且发表了许多重磅级言论，有力地批驳了英、日两帝国主义国家的残暴行为，从而掀起了哈尔滨反帝运动的浪潮，同时也切实粉碎了日本媒体混淆视听的阴谋。

"九一八"事变前夕，张复生对日本侵略中国的动向给予了更为密切的关注。1929 年 11 月，张复生在深入研究日本对中国的长期侵略意图之后，出版了言论专著《国难中之满蒙问题》，书中透彻地分析了日本奉行的所谓满蒙政策的企图以及该政策对中国的危害，并重在提醒国人加强防范。这引起了日本人的不安，《一九三〇年东三省民国报纸调查》中便指出，《国际协报》社长张复生所撰"国际评论，甚受中外当局所注目"③。

在民国二十年（1931）该报的新年特刊中，张复生又发表了评论《"新满蒙政策"与东北外交》，再次对日本叫嚣的"新满蒙政策"实施有力驳斥。与此同时，张复生和他的《国际协报》还清醒地认识到日本在东北所进行的新闻文化侵略的可怕，并在该特刊中发表了该报副刊主编赵惜梦的杂文《由日本在东省的新闻说起》，对东北民众给予紧急提醒。之后在"万宝山事件"和"中村事件"中，针对日本媒体的信口雌黄，颠倒黑白，张复生在《国际协报》上反唇相讥，给予了严厉抨击。"九一八"事变后，张复生拍案而起，连续撰写了 50 篇社评，痛斥日寇的侵略罪行。他精心组织新闻报道，指挥记者深入战场采写独家新闻，向国人迅速全面地

---

① 日文《露亚时报》，大正十一年（1922）八月十五日，第 35 期。

② 《左翼文人与〈国际协报〉》，《哈尔滨革命旧地史话》，黑龙江人民出版社 2001 年版，第 210 页。

③ 无妄生：《一九三〇年东三省民国报纸调查》，《吉林时报》，1930 年 12 月 3 日第 6 版。

传递作战消息，热情地宣扬马占山等爱国将领与士兵的英勇壮举。

（二）东北沦陷前《国际协报》在不同阶段的反日报道

《国际协报》创办之初，正是列强从物质和精神两方面对我国进行全方位侵袭的时期，因此创办人张复生和许多有识之士一样，渴望统治者能意识到中国的国际地位和危险处境，渴望国内军阀消除各种危害国家和百姓的纷争，渴望利用报纸提振民气，唤起国人觉悟。

社长张复生后来也曾提到，他创办《国际协报》的目的，"不是为己发财，也非为人歌功颂德，而是因为看到了国家衰弱，民族危亡，人民痛苦。要想国家富强，民族独立，人民幸福，必须全国各地人都明了：国家兴亡，匹夫有责……"① 张复生的这一思想在其后组织的一系列新闻及评论中都得到了很好的体现。尤其是当看到日本在东北的根基日渐深厚之时，他都凭借着强烈的社会责任感，赋予自己的报纸以"国民喉舌"和社会"预警器"的角色，构建民众获知国内国际重要信息的空间。

1. 对日本在中国势力剧增的早期预警

第一次世界大战前后，日本在援助奉系的同时，加紧对"满蒙"的侵略扩张活动。对于这一点，《国际协报》十分忧虑，并多次在报道上予以关注。

在俄国羌帖大量贬值之时，市间的交易筹码异常短缺。此时，日本乘虚而入，以朝鲜银行所发行之金票（俗称老头票）大量投入市场，大有取而代之之势。《国际协报》在《一亿二千万之金票额》中陈述了日本朝鲜银行在市面流通数量巨大的事实，同时也渗透出对国币的担心："近来东三省官商各银行发行之纸币民间不甚信仰，予外人以推广外币之机会，喧宾夺主之势已成……"② 显然，在日本金票的袭击中，一些敏感人士已有所警觉。其后该报还时常报道日本在我国的活动，如《日人在吉林组设医院》（1919.11.23）《日人欲将我国划分南北》（1919.11.25）《日本提议我国关税分存日银行》（1923.4.15）《日本最近对华贸易》（1923.11.28）

---

① 方未艾：《〈国际协报〉漫记》，《哈尔滨文史资料》（第六辑），黑龙江人民出版社1985年版，第136页。

② 《一亿二千万之金票额》，《国际协报》，1919年11月21日第6版。

第二章　新闻侵略的升级及迎战热情的高涨（1912.1—1931.9）

等，及时将日本对我国的政治经济企图公之于众。

不仅如此，当日本的侵略行径昭然若揭时，该报便明确地在新闻报道中予以还击。比如1919年11月16日"福州惨案"发生后，该报对日本人伤害我国学生军警这一恶劣事件的起因、经过和中日双方的交涉情况进行了连续的追踪报道，表达了广大民众的愤激之情；再如在《劳工口中之力争外交谈（主题）可见吾国民气之澎湃（副题）》（1923.3.30）中，通过两个普通职工交流对日本强占我国辽东半岛、旅顺、大连港和"南满"安东两路后每年所获惊人利益的认识的记述，表达了对"日本之残暴凶狂"和继续把持本应交还给我国的旅大及各路，"有意破坏国际公法，妨害华府会议条约"的强烈不满；另外，针对张作霖奉天当局要求取缔部分日本报纸的举措，日本驻奉天总领事提出抗议一事，该报特意制作了通两栏的标题：《日领抗议奉天取缔报纸（主题）△谓其侵害日本行政权△请于法令行使范围内加以考虑△呜呼自己土地内之日本行政权（副）》（1923.11.27），几个副题的运用，既陈述了事实，又包含着对日本的无限嘲讽和质疑。

2. 五卅惨案后的连续报道

五卅惨案发生后，远在东北边陲的《国际协报》迅速组织了报道，每日配发专电和消息，所有重要版面几乎都是关于沪上人民的反帝斗争及全国各地声援的消息。该报随时关注事态的进展，自1925年6月2日开始用了整整一个月左右的时间进行集中报道，之后关于沪案交涉情况的报道也未曾间断，直至1925年10月末关税会议召开后方告一段落。跟踪时间之长，可谓创下了该报创刊以来的纪录。这种连续的新闻报道方式和大面积、集约式新闻轰炸，使五卅惨案立即成为当时哈尔滨民众社会生活中最为关注的热点问题，正因对此事件的独特报道，该报在哈埠的认可度获得了迅速提升，报纸发行上也上了一个新的台阶。该报也因对日本帝国主义的猛烈抨击被日本"南满"情报机关视为"排日倾向强烈的报纸"[1]。

此外，为了让哈尔滨民众及时了解惨案和群众运动的状况，加深对这一事件的认识，该报除每日在醒目位置登载惨案后的最新消息外，还组织

---

[1]《左翼文人与〈国际协报〉》，《哈尔滨革命旧地史话》，黑龙江人民出版社2001年版，第210页。

了大量重磅级言论，精选了许多国内著名报人、言论主笔如邵飘萍、陈布雷、颜旨微、梁启超、徐佛苏等人的时评，这些评论文笔犀利，议论透辟，从而大大调动了民众的爱国情怀，掀起了反帝运动的浪潮。《国际协报》正因在此期间每日发表揭露英日暴行的评论，高扬爱国旗帜，使哈埠民众群情激昂，同仇敌忾，极大地凝聚了哈尔滨市民的爱国心和正义感，体现了地方报纸能够在报纸传播实践中有意识地设定传播议题，成功地引导民众并形成强大社会舆论的特色。

例如，6月3日，《国际协报》刊发了士元的时评《令人发指之上海惨杀学生》，在陈述完上海英界警察杀害学生及市民的暴行引起公愤之后，对于帝国主义者竟于光天化日之下，"逞其淫威，残害学生"的行径，十分气愤地指出，"上海为吾国文物荟萃之区，学生为国民优秀分子，蹂躏上海，即蹂躏中国，杀害学生，即杀害中国全国人民之渐，是而可忍，孰不可忍也"。接着大声疾呼："无抵抗之国民，亡国之国民也。吾四万万华胄，其肯蒙此秽名乎？然欲不蒙此秽名，则死者死矣，生者若不急起自决，恐不出数年，亦将无唯类矣。中国人乎，其速起，其速起……"6月6日，该报登载了素昧（邵飘萍）的时论《英日尚不速悟乎》，呼吁政府查明真相，从速挽救，以免阻断民气，同时希望英日政府从速严惩滋祸之官吏，对我国政府和国民有一个"自承理屈之处置，否则酿成全国全世界之大风潮，固非我国之幸，亦断非英日之福"……在此期间刊载的40余篇针对惨案及运动的评论中，该报不断控诉英日暴行，坚持反帝立场，鼓舞民众士气，强化国家观念，同时以实际行动声援群众运动，提出一系列救国策略，从而令该报在哈尔滨的舆论界造成极大的影响，也使该报步入创刊以来的第一个发展高峰。

3."东方会议"后《国际协报》对日本"满蒙政策"的透辟认识

作为对国际政治了解颇深的《国际协报》创办者张复生早就捕捉到了日本帝国主义侵略阴谋的蛛丝马迹，并多次提醒国人认清日本的真实面目，提请政府及早做出防范。济南惨案发生后，《国际协报》与《哈尔滨公报》刊发了一系列报道及评论，将日本侵略者虐杀中国军民的行为予以披露，从而掀起了广大市民及学生抵制日货的思潮。尽管由于报纸版面的缺失，无法完整地看到报道全貌，但是在日本外务省的相关档案中，却曾清晰地提及《国际协报》的领军作用，言其"大肆宣扬排日情绪，刊登大

第二章 新闻侵略的升级及迎战热情的高涨（1912.1—1931.9）

量夸张的排日报道，不断激发地方人民对日本的反感……"①

在日本两次召开"东方会议"，提出所谓的"对满蒙之积极政策"后，社长张复生更是敏锐地洞悉了日本的一系列企图，并屡次撰文提醒国人关注。1929年，张复生出版了专著《国难中之满蒙问题》。书中就透彻地分析了日本奉行的所谓满蒙政策的企图以及该政策对中国的危害，并重在提醒国人加强防范。在卷首"述意"中，张复生清楚地阐明主旨："本刊标题敢揭'国难'二字缀诸满蒙问题之上，正欲使国人于直觉观感中而得一深刻之警惕……"② 之后，张复生在报上发表了一系列社评，具体揭穿日本人的阴谋。

1931年1月，《国际协报》曾在新年特刊中特别刊载了社长张复生撰写的社评《"新满蒙政策"与东北外交》，文中回顾了日本对华的外交政策，接下来进一步揭露了田中内阁奉行的所谓"新满蒙政策"，其目的在于"打破国家权力与被征地人民间一切障阻、消灭东北本部之生存能力，而使中国成为一偏瘫不治之症"③；自1931年6月24日起，《国际协报》又连续发表了张复生的《日本人所认国策上之满蒙特殊权利》，对日本帝国主义崇尚的所谓在满蒙的"特殊权益"进行了详细解读，直截了当地提醒读者关注日本当局政策的变化，《国际协报》不无忧虑地指出："吾人基于此类非常动作之见地，益觉外侮从正面袭来，殆始终不能释然者耳。"④

针对日本人提出的所谓"松花江时代来矣"这样的狂言，《国际协报》写道："松花江流域在中国全部经济地位上，占三分之一以上之力量。诚如石本氏所云将来完全开发足能给养二亿以上之人口。新中国民族之生存前途，正赖此为工商业生产之源泉。"⑤ 该报用大量的数据和事实说明，日

---

① 《济南事件/排日及排货関係》，1928年，日本外务省外交史料馆藏，资料号：B02030068800。
② 《哈尔滨市志·报业 广播电视》，黑龙江人民出版社1994年版，第22页。
③ 复生：《"新满蒙政策"与东北外交》，《〈国际协报〉中华民国二十年新年特刊》，1931年1月1日。
④ 复生：《日本人所认国策上之满蒙特殊权利》（十一），《国际协报》1931年7月4日第2版。
⑤ 复生：《异哉日本人所谓"松花江时代来矣"之狂论》（一），《国际协报》，1931年9月8日第2版。

本攫取满蒙是它侵华的开始，是它所谓大陆政策的一个组成部分。

文章进而指出，"日本阴谋攫取松花江流域之统治权，其义断在缩短距离，占有特产界吞吐之优势……居路线竞争之优势者以俄为第一……此为日本大陆政策北进的多年痛心之唯一障碍。联络海洋，开发松花江丰富物产，南满铁道不如中东之便利。其侵略东北吉黑腹部之争夺战，日本自较苏俄为落后，于是日本乃预拟一线以为抵抗准备，即由朝鲜雄基起，经吉林珲春汪清宁安接中东路之海林……此则日本最得意的预定线之设计，且公然明目张胆以倡导之"①，可见，日本帝国主义要实现它的野心，单靠经济手段已经嫌慢，它们要加速了，要动武了。这种分析可谓鞭辟入里，直中侵略者的要害。

4. "万宝山事件"及"中村大尉事件"发生后《国际协报》的有力反击

日本在东北的一系列举动，很快印证了《国际协报》对中日关系走向的预测。日本不断制造事端，做种种武装入侵的准备。他们蓄意煽动朝鲜的排华风潮，造成了"万宝山事件"；他们派遣间谍进行军事侦察活动，从而酿成了"中村大尉事件"。对于这两个轰动性的事件，《国际协报》不但给予了充分关注，而且迅速在新闻报道中将其阴谋予以披露。

"万宝山事件"发生后，《国际协报》十分愤慨，该报在7月9日3版头条制作大字标题《日本当局有意逃责 外部对日提出要求》，表达了立即制止韩民暴行，同时保留赔偿损失权等要求，并且质疑日本政府对此事的态度。同一日还登载了反映事态进展的消息《平壤暴行更烈》和《政友会派员来万宝山调查》，对连日来朝鲜平壤暴徒的恶劣行为以及日本当局对此事的反应做了详细揭示。同时在该版左下角还配发记者申仲铭的短评《请看日本强国维持治安之能力?!》，将矛头直接指向日本，从而强化了中国民众对日本卑鄙行为的认识。面对《盛京时报》的迟钝反应及竭力辩白，《国际协报》一针见血地指出"事件"发生的原因："设日警不横加干涉，断不至此。若宁汉事件，皆起因于外兵强横之反动。"……

在此期间，该报还派出外勤记者王研石带领摄影记者去万宝山实地采

---

① 复生：《异哉日本人所谓"松花江时代来矣"之狂论》（一），《国际协报》，1931年9月8日第2版。

第二章 新闻侵略的升级及迎战热情的高涨（1912.1—1931.9）

访，还原事情的真相，并通过对韩侨的采访调查揭穿日本在幕后操纵的本真面目。以《韩侨团体再揭日本阴谋——告中韩民众书（主）应以如何方法共同对日（副）》为例，就以铁的事实，让广大民众再次认清了日本的强盗面目，揭露了日本对中韩两国自由主权的剥夺和生命财产的蹂躏，从而在读者心目中激起了强烈的反响。之后该报还刊登了一些调查类报道如《延边主权名存实亡（主）经济与政治侵略双管齐下"满铁"教育宗旨在麻醉华人（副）》（9月1日）、《日人在东北实业之调查（主）经济侵略不遗余力（副）》（9月10日）、《大可惊人之日人在华纱厂（主）总计一百六十五万余锭 比去年增加六万二千锭（副）》（9月10日）等消息，使国人对日本有一个更为全面的认识。

在日本外务省外交史料馆保存的相关档案中，有一份1931年8月7日时任哈尔滨总领事大桥忠向外务省大臣币原喜从郎密报的书信——《关于万宝山事件的出版物寄送事宜》，说明将《国际协报》记者申仲铭于同年7月28日所著《由万宝山事件说到东北存亡》一书寄送，并查实"作者曾在东京私立法政大学就读，目前在该公司负责日文相关事务"[①]。在该书自序中，申仲铭直言："在万宝山事件扩大之前，拘留东北之日本人，即大事鼓簧，齐称其所谓'既得权益'动摇，如'满洲青年联盟'、'在满日本人同盟'等，为其主要机关，由此可以推知东北之危机，已在不远之将来……"显然，《国际协报》对该万宝山事件的报道及关注已经为日本官方所忌惮。

"中村大尉事件"发生后，《国际协报》不仅连续发表社评《中村大尉事件究如何?》，而且将日本政府在此事件与"万宝山事件"中不同的态度相对比，在报道驻日公使蒋作宾对中村案所作的交涉时，以《日本应设身处地一想!（主）一中村与二百华侨孰重?（副）》（9月16日3版）为标题，对日本的过激行为做了无情嘲弄和抨击。伴随着调查的深入，该报又对中村本人的身份以及神秘行为做了进一步的揭示，在9月18日3版的正中位置以围框形式刊出经过诸多媒体调查核实的有关中村背景的消息，题为《日本企图之索隐（引）中村者何如人也?（主）》，通过对中村身

[①]《万宝山農場事件/輿論並新聞論調》，1931年，日本外务省外交史料馆藏，资料号：B02030181800。

份的考证，阐明了日本寻找借口的险恶用心。

与此同时，《国际协报》连续发表社评《中村大尉事件真相究如何?》，批驳日本媒体的夸大宣传："为问朝鲜华侨惨死伤亡者达二百人，较诸中村大尉当如何？旅朝侨胞皆多年取得安分营业之资格，比诸中村之无身份相当护照，乔装微行，深入禁止游历之地'十八年有案禁人游历与安屯垦区'者又如何？此则希望日本有识阶级深切自省，勿徒陷于夸大狂的病态也。"① 掷地有声的话语，有理有据的驳斥，把侵略者的欺骗伎俩和侵略野心暴露无遗。

三 以"巩固国权"为宗旨的《大东日报》

《大东日报》是近代长春一家具有宣传进步思想优良传统的报纸。创办于 1915 年 7 月②，首任社长为刘笠泉，继任社长为霍战一，1921 年著名进步人士、吉林毓文中学教务主任张云责接任社长职务。该报曾于 1928 年 8 月改为晚报，报名改为《大东报》，刊发期号接续《大东日报》，报道思想仍坚持爱国反帝方针。

1915 年 7 月，由长春富商史敬齐、满族律师刘笠泉策划，向当地官府呈文，他们认为："近年长春各种报纸相继停刊后，消息久不灵通，有志人士甚为惋惜。世界风云瞬息万变，我国百政纷乱，如不驾之舟。吾人均为国民一分子，抚心未死，何敢坐视？特组织一言论机关，定名为《大东日报》，坚持稳健宗旨，发挥正确舆论……"并指办报宗旨为"巩固国权，注意边事，提倡实业，开发促进社会文明"。经官方批准，该报正式创刊，报纸为日刊，对开六版，一大张半。内容上分 12 个专栏，即"论说、命令、要电、新闻、专件、要件时评、白话演说、谐谈、小说、文林摘艳、

---

① 复生：《中村大尉事件真相究如何?》（三），《国际协报》，1931 年 9 月 17 日第 2 版。
② 关于《大东日报》的创刊时间，目前笔者查到有 4 种说法：《长春报业史料》中称该报于 1914 年 8 月 1 日创刊（40—41 页）；《吉林省志·新闻业志·报纸》中提及 1915 年 7 月创刊（33 页）；《东北新闻史》说是 1915 年 7 月 30 日创刊（102 页）；《吉林近现代新闻媒介简史》中说是 1915 年 7 月 15 日创刊；《支那（附香港）二於ケル新聞及通信二関スル調查》，日本外务省外交史料馆藏，资料号：B02130801400 中记载，该报为 1915 年 5 月创刊。

第二章　新闻侵略的升级及迎战热情的高涨（1912.1—1931.9）

梨园月旦、花国春秋"①。

《大东日报》创办之际，正值东北民族危机不断加深的时期。该报的创办地长春位于东北三省的核心地带，而且是中东铁路的重要枢纽。随着东北民族危机日益加深，中东铁路被帝国主义列强肆无忌惮地侵占和中国主权不断丧失的事实，迫使一些有识之士认真思考中国的国际地位，思考饱受各国列强的欺辱、国力不强的原因所在，并积极寻求应对的策略。与前述《国际协报》一样，《大东日报》的办报宗旨十分高远，目的是作为舆论的向导，扶持正义，保卫国家，使国家走向强大。

1. 秉承办报宗旨，积极进行反日宣传

在"九一八"事变前的办报实践中，《大东日报》很好地遵循了自身的办报宗旨，大量揭露社会的黑暗与腐败，进行反帝宣传，尤其是不遗余力地对日本侵略中国的行为加以报道，因此使日本非常不满。据日本"南满"调查资料载，《大东日报》主义色彩为"排日"，"读者多数是学生，是长春排日的动力，学生联合会办公室设在报社内"②。

《大东日报》经常刊登反对帝国主义侵略与欺压，捍卫国权的报道。比如1923年12月23日，《大东日报》刊登了题为《无线电事业将收归我国自办》的新闻，报道说"美（国）方坚持许德里公司在派购地兴工，怂恿我国备款收回双桥电台，以消灭日本权利"。1924年5月23日，《大东日报》在东省新闻栏报道《驻奉日领之无理要求》，称日本驻奉天领事向中方提出保护日侨，在中国设立电台、架设长途电话线，驻延吉、珲春、"南满"的日军不撤退，日本在中国境内开办学校，招收中国学生中国不得干涉等无理要求，这些干涉中国主权的事接连不断，《大东日报》都无情地予以揭露。

1924年7月15日，《大东日报》"国外要闻"栏刊登《日本将扩张军备部》的消息，谓"日本陆军省长已有具体的计划"，提醒人们要警惕日本向外侵略扩张的动向。同年8月，该报在第三版连载《日本侵略满洲

---

① 张贵：《吉林近现代新闻媒介简史（1907.8—1949.10）》，吉林文史出版社2015年版，第62页。
② 辽宁省档案馆编：《满洲言论机构的目前形势》，《满铁调查报告》（第四辑第22册），大连市大山通六十三番地印刷1926年版，第130—131页。

史》，进一步揭露日本侵略中国的狼子野心。1925年12月22日，《大东日报》在第2版登载了《北京知识界反对日本向东三省出兵》，报道了连日来北京知识界纷纷集会，筹备对付日本之策的消息。1926年7月8日，《大东日报》报道了日本拟在"满洲"增兵的消息……可见，该报如同敏锐的吹哨者，只要日本稍微蠢蠢欲动，便立刻吹响口哨，向政府及民众提前预警。

1928年10月26日，《大东报》（原《大东日报》）在头版发表《论田中内阁变相的满蒙积极政策》，指出日本的政策为：遣送军队，"借保护领事馆为名驻扎在殖民紧要处等地市村"，"伸张陆军势力"；利用金钱相助，"与中国官员缔结私约"；"多设日本慈善机关及医院"，"于无形中使其渐归于日本文化"；"供应军械"，"以厚实日本之政治势力"；"施行殖民政策"，"采用殖民引诱法"等，该文尖锐地揭露了日本帝国主义侵略满蒙的狼子野心和阴谋诡计。

1927年10月15日，张作霖与山本几经密谈草签了《满蒙新五路协约》。消息传来，延吉、和龙、汪清、珲春等县各界组成"反日护路联合会"，通电东北当局，坚决主张由人民筹款，中国人自行修筑，坚决拒绝日本修筑东北的铁路。

《大东报》对东北民众的护路运动十分支持，不但于10月26日第2版刊发了《因反抗延长吉会（敦化至会宁线），吉林各法团特开联席会议》的新闻，向读者通报了会议主张通电全国，誓死维护国权，取消外国人在中国修筑铁路权的消息，而且在第3版发表《可危可畏之日本满蒙新经济政策》，报道说日本人以求实现"两港两路主义，修筑长大路，由长春到大连，延长吉敦路至会宁，再通清津，此一政策将至东三省于死命矣！"

1928年11月20日，《大东报》在3版推出特讯，报道东省留平学生大游行，反对日本人建筑吉会、长大两条铁路。报道称，东三省留平学生路权保持后援会，于14日下午举行示威活动，有二十四五个学校的七八百人参加了游行。学生们高呼"打倒日本帝国主义""对日经济绝交，抵制日货""打倒卖国贼"等口号，报道对此次游行的意义给予了充分肯定。此外，该报还在2版刊载《吉林留日学生同乡会护路宣言》。

宣言指出，日本人"建筑吉会、长大两路，是实现其两港两路（两港：清津、大连；两路：吉林到清津，长春到大连）主义，陷我于万劫不

第二章　新闻侵略的升级及迎战热情的高涨（1912.1—1931.9）

复状态，而敲骨吸髓。"①宣言谴责卖国者道："夫东省土地，人民之土地也；吉林路权，我侪之主权也。国贼何人，擅敢盗卖！日人何亲，允彼代谋！""慨自日人满蒙政策实施以来，我东三省利权依次而去，矿产听彼采掘，山林任其砍伐，租界至期不还，铁路尽量投资，直视我大好河山，无穷宝藏，不啻其盘中肴，鼎中肉也。"之后呼吁政府应恤民意，铲除国贼，防御强敌。提出："彼以威迫挟定，我以民意阻挠；彼以武力建筑，我以赤手拆毁。万众一心，众志成城，勿谓弱小无力，只须坚持到底，凶焰不过一时，公理久而自见。"此宣言有力地支持了东省人民的护路运动。

在学生和社会各界爱国正义行动的感召下，继承父业的张学良明确表态要"以人民意旨为旨归"。他利用东北地区浓厚的反日气氛，断然拒绝日本关于"满蒙新五路"的无理要求。1928年年末，日本被迫停止了修筑吉会路的活动。

不仅如此，该报还于1930年4月1日，刊登了日本帝国主义侵略满蒙计划《田中奏折》的出版预告，将日本侵略东北的面目公之于众。但没料到刊发第二日，中国外交部驻吉林特派员办事处便先后接到驻吉林日本领事馆和驻长春日本领事馆的来函，声称：长春《大东报》刊行《田中奏折》3000部之预告事实虚构，发行的反响恐引起反日恶患，有碍邦交，应查禁刊售。而当时的中国外交部驻吉林特派员办事处竟于4月18日函复驻长春日本领事馆说："前接第三一号、三五号声明《田中奏折》系虚构，请为禁止发行一节，已呈由吉林省政府核复此案。"4月23日，长春市政筹备处致函北京政府驻哈尔滨、吉林特派员办事处称：经转呈吉林省政府批准，拟将大东报社查封。②

2. 深切缅怀华工领袖王希天，声援爱国学生及工人的五卅运动

1923年9月日本关东地区发生大地震后，日本青年团员、在乡军人等借口朝鲜人趁灾起事，在野蛮屠杀朝鲜人的同时，疯狂残杀我国旅日侨

---

① 上述引文摘自《吉林留日学生同乡会护路宣言》，《大东报》1928年11月20日第2版。

② 从1931年9月19日《大东报》刊出号外，揭露日本帝国主义发动"九一八"事变、侵略中国的事实真相和日本占领长春后立即接管《大东报》这两件事判断，该报并未被查封。

胞,"数千华工被日人无辜残杀"①。9月9日,日本华工领袖、长春籍青年王希天不顾个人安危,到处奔走,救助华工,结果竟然惨遭日本警方暗杀。此事激起中国人民的极大愤慨,中国各地方政府、各社会团体以及知名人士等纷纷致电致函,呼吁外交部速向日本政府提出严重交涉,促其尽快查清事实真相,惩凶道歉,赔礼抚恤,以慰冤魂,而保国权。

对此事件,《民国日报》特刊发时评《日人暴行》予以谴责,痛斥其凶残与无道。该评论云:"我国人于日灾发生后,抛弃积仇,慷慨救灾,日人反以惨杀华侨数百人以报,此种无意识之暴行,不知是何用心?我国以前抵制日货运动,曾经表示,是仅抵制日本的野心家,现在日本当局已因震灾,改变宗旨,光天化日之下,岂容演此惨剧,恐怕不仅失中国人之同情心,也要失世界人类的同情心吧。"②

对于这一重大事件,《大东日报》也于10月17日起开始组织报道,推出10余篇消息、通讯及社论,在国内外造成较大的社会影响。该报以显著位置报道了王希天的爱国事迹和在东京被害经过,并对王希天给予高度赞扬:"王希天系吉林长春县人,性沉毅,有大志,长于才,富于同情心",报道说,1921年年末到1922年年初,赴日华工越来越多,已达500人,作为日本华工共济会会长的王希天,"于肉体上精神上之牺牲者甚大但体爱劳胞之心益形深挚也"③。《大东日报》在社论《请看日政府眼中之惨杀华侨案》中指出:"现在日政府以吾国人民之激愤及政府之抗议不但不认罪,并且以无理之词答复,其目中尚有中国吗?他答复之间是地震时闻韩人有横暴行为,华情愤激,有贵国学生三名,因语言不通,误认为韩人,遂被殴伤。……怪不得于大震灾外,只闻有朝鲜人与中国人之被杀,而未闻西洋人有一个被害者,因此吾不知所谓为中日亲善当作何解说。"其后指出,日本人乘灾惨杀华人"真可谓震古绝今世界稀有惨无人道之骇闻,惟有吾国昔年发生拳匪之乱差足比拟其一二,不讲日本以文明自命的国家竟有这等举动,不知他是怀着什么心思……这个案子之发生我想就是他们想要试试不承认我们是人类一分子的一个方法,我们要放松不向他们

---

① 《对日外交会紧急会议纪》,《申报》,1923年10月24日第14版。
② 《日人暴行》,《民国日报》,1923年10月15日第7版。
③ 吉林省档案馆编:《王希天档案史料选编》,长春出版社1996年版,第145页。

第二章 新闻侵略的升级及迎战热情的高涨（1912.1—1931.9）

问罪，就是我们默认我们不是人了，同胞们快起来醒醒吧！"①

1925年5月30日，因上海日本纱厂的日籍职员枪杀工人顾正红事件，英国巡捕向示威群众开枪射击，制造了震惊中外的"五卅"惨案。英、日侵略者的野蛮暴行，激起全国人民的愤怒，各大城市纷纷举行示威游行，召开群众大会，追悼死难同胞，抗议帝国主义大屠杀的罪恶行径。吉林人民和全国人民一样，也掀起了吉林省有史以来规模最大的反帝爱国运动。本着一片爱国热忱，《大东日报》在副刊"曙光"专栏连续半个月推出"沪案专号"，以评论、诗歌、短文等形式，揭露帝国主义在上海的暴行，激励人民奋起抗争。这对吉林省人民声援"五卅"反帝爱国斗争，起到了极大的鼓舞和宣传作用。

不仅如此，《大东日报》还在报社为长春学生联合会和长春沪案后援会提供了会址，以便统一领导全市学生声援五卅运动。该报在副刊以学联名义发表了《长春学生宣言》，宣言指出："英日帝国主义何以来我中国寡人之妻，孤人之子，枪杀我同胞，侮辱我民族，吞灭我们的国家？是由于我们的国力衰弱，民心尚未彻底觉悟，不认清敌人之故。"宣言向全国人民庄严宣誓："愿凭这一颗心，一腔热血，作讨伐英日的先锋，海可枯，石可烂，不达目的，誓不终止。"②

6月22日，当局竟然派出一个营的全副武装军警，包围了《大东日报》社，赶走了学生联合会干部，逮捕了学生领袖，强行解散了学联。6月24日，《大东日报》3版"本城新闻"栏报道长春各中学解散学生会取消之余音，报道揭露了长春的反动当局派军警包围报社，监视进步学生，强行解散学生会组织，关闭设在报社内的学生会办公地点，收缴捐款及捐册等暴行。报道说，由于学生们声援申案被害同胞，"即惹起地方人士之注意，由于学生会临时办公处设在本报，故学生被监视，本报亦同时被军警包围一日，现在学生会既完全瓦解，本报亦安然无恙矣。申汉被外人惨杀同胞，今后长春无人声援矣"③。

---

① 《请看日政府眼中之惨杀华侨案》，《大东日报》，1923年11月1日第2版。
② 《长春学生宣言》，《大东日报》，1925年6月13日第5版。
③ 田秀忠编著：《吉林省报业大事记（1906—1965年）》，吉林人民出版社2015年版，第83页。

《大东日报》之所以全力支持学生运动，在其自身的表白中得到了很好的体现："本社以此次申汉案发生，英日摧残吾华同胞达于极点，只好尽宣传之天职，援助申汉同胞，以期获得外交最后之胜利。自问一片爱国心不敢后人，故与一般青年学生精神上不谋而合，以其都有爱国热忱也。又系正大光明之爱国运动，当然是非利害在所不计，即牺牲躯干，亦又何惜！学生会代表以本报一部作临时办事处为闻，本以人民有集会结社之自由，况莘莘学子，系出于爱国而成立学生会，既以爱国为唯一之宗旨，自与同人心理相合，即慨然许之。"①

在五卅运动期间，《大东日报》不仅全力支持学生的运动，而且还热情宣扬普通工人的觉醒意识。例如在6月24日第3版的"来件"栏，该报刊登了铁老庙派报同人李书信、孙子全、李华亭、李向宝等300余名派报人决定停止派送英国和日本报纸的消息，题为《派报人停送英日机关报纸宣言，请东省派报社与之合作才好》，消息陈述了"英日军警把我们的人打死"的事实，进而指出"英日的通讯社和机关报也都没良心的，硬说我们手无寸铁的同胞是暴徒、是匪人"，宣言说"我们是派送主张人道公理的报纸的！英日机关报尽能丧良心赖人……何况被赖的还是我们亲爱的兄弟呢！所以从今日起英日机关报一份也不送，我们宁可饿死也不送他们的丧天良害天理诬赖好人不顾正义的报"。

可以说，在《大东日报》的舆论宣传之下，不仅对上海的五卅运动进行了有力声援，而且唤醒了长期受帝国主义统治和压迫的工人、学生、农民和知识分子的民族意识，形成了长春各界爱国人士的统一战线，从而在广大群众中产生了深远的影响。

3. 倡导马列主义思想，策略性地宣传共产党的主张

1921年，《大东日报》由进步知识分子霍战一接办后，吸纳了许多爱国进步的青年。霍战一为人慷慨，爱惜人才，因此使得该报充满生机和活力。安怀音在《霍战一与大东日报》一文中说："《大东日报》是吉林省唯一民营的报纸，日出一大张半。除社长外，其他社员不仅无固定的名额，而且也无固定的薪给。职员全是活泼泼的知识青年，大部分是本地

---

① 田秀忠编著：《吉林省报业大事记（1906—1965年）》，吉林人民出版社2015年版，第84页。

第二章 新闻侵略的升级及迎战热情的高涨（1912.1—1931.9）

人。但占一用人毫无地域观念，因此《大东日报》的职员，除吉林外，也有关内人，还有朝鲜人。这些青年到《大东日报》工作，时间皆不甚太长，有如行云流水，来来去去，没有一定。而战一则是抱着来者不拒，去者不追的政策。凡来报馆工作的，由报馆供给食宿，若职员有特别的用度时，战一亦必竭力筹措，决不坐视不顾。"①

1921年，张云责被聘为《大东日报》主笔来到长春。张云责，原名张清贷，吉林省榆树县人。出身于书香门第。张云责与李大钊是同学，关系密切，经常联系。1917年，张云责与同学李光汉等进步人士以"达德成材"为宗旨创办了吉林私立毓文中学，张云责任教务主任兼国文教员。1923年，张云责代理《大东日报》社长兼总编辑。这个时期，已经具备了一定马克思主义思想和革命理论，于是便以这张报纸为阵地，宣传马克思主义思想和发表政治评论文章。

1924年8月14日，该报刊登了《告帝国主义者》一文，深刻揭露了资本主义的剥削实质和帝国主义的本质。文章说："帝国主义一方果然侵略国外，一方未尝不虐待本国的工人们。从许多劳动者血汗中所赚得的，供给资本家挥霍，所以直接向殖民地输出商品，间接就是掠夺本国劳动者的剩余商品。由此可知帝国主义的罪恶是资本家酿成的，帝国主义下的劳动者受的痛苦，依旧同我们被压迫的民族一样，资本阶级不破产，帝国主义决不能消灭，亦就是资本主义不破产，被压迫的民族一刻都不能安逸，全世界劳动者也都不能安闲的。"此外，《大东日报》还介绍了第一个社会主义国家苏联的情况，以及苏联人民声援中国"五卅"运动的情况。②

1924年11月21日，列宁逝世后，《大东日报》出版专刊进行纪念。该报向读者申明："宣传列宁，本报绝不旁贷，惟此时无需预告，愿个人努为之。"③ 张云责亲自撰文歌颂列宁的丰功伟绩，宣传马列主义。发表了《列宁之死》《论出列宁专刊》等系列文章，张云责亲自撰文歌颂列宁的丰

---

① 张贵：《吉林近现代新闻媒介简史（1907—1949）》，吉林文史出版社2015年版，第63页。

② 中共长春市委党史研究室编：《中国共产党长春历史》（第1卷），中共党史出版社2004年版，第36页。

③ 田秀忠编著：《吉林省报业大事记（1906—1965）》，吉林人民出版社2015年版，第75页。

功伟绩，宣传马列主义。公开对无产阶级革命领袖给予高度的赞扬。他在文章中大胆而明确地写道："列宁之为人，其思想，其丰功，及一生之历史，无微末不与世界人类有较大关系，绝非一乡之善士、一国之伟人所可等量齐观。"然后，他以满腔热忱在文章中高呼："盖其生为真生，故其死为真死。"[①] 1928年，张云责投笔从戎，为张学良办《益世报》，并担任张学良的秘书。后经张学良介绍，又担任了军阀石友三第十三路军秘书长。张云责其后发现石友三卖国求荣，想借阅兵之机杀害张学良，立即报告并使张学良幸免于遇难。可他本人则被石友三活埋，年仅41岁。

1926年1月6日，《大东日报》3版刊登《弱小民族应如何解放》，宣传了列宁关于被压迫民族解放运动是世界无产阶级革命的一部分；应该把民族分为压迫民族和被压迫民族，全世界无产者和被压迫民族联合起来的思想。

1927年8月，吉林省立第一师范学校毕业生、共产党员肖丹峰到《大东日报》社任总编辑，在这里积极开展革命活动，利用《大东日报》这块舆论阵地，借肖丹峰的合法身份，发表抨击时局的杂文，以揭露日本帝国主义侵略中国和军阀横征暴敛进行黑暗统治的罪行，喊出了人民群众反帝反封建的爱国主义的心声。1927年至1928年间，该报一度是中共地下活动的联络站。该报既是新闻报馆，又是党的地下工作站，成为党在长春的革命摇篮。[②]

1927年11月，中共满洲省临委派陈宜仁来长春，建立了中共吉长区委员会，陈宜仁为书记，肖丹峰任宣传委员，并负责吉林省立第二师范学校（以下简称二师）党的工作。陈宜仁以记者身份，利用报社的有利条件，积极开展党的地下工作。肖丹峰经常把一些宣传国际国内时事，揭露日本帝国主义侵略东北的罪行材料秘密散发给二师的学生看，启发他们的觉悟；他还在《大东日报》上刊载学生写的反帝反封建的文章，以宣传群众；他还亲自撰写一些宣传革命思想的文章，引导有志青年走上革命的道路。1927年12月11日，我党领导了广州起义，肖丹峰为了扩大我党的影

[①] 杨子忱：《关东奇人》长春出版社1990年版，第431页。

[②] 吉林卷编委会编：《中国工会运动史料全书》（吉林卷），吉林人民出版社2000年版，第72页。

第二章 新闻侵略的升级及迎战热情的高涨（1912.1—1931.9）

响，鼓舞革命群众的斗志，把这条新闻刊登在《大东日报》上。这一消息引起极大震动。由于敌人的警觉和叛徒的出卖，肖丹峰遭到通缉追捕。1928年2月1日晨，肖丹峰告别了《大东日报》社，辗转离开长春。①

由于《大东日报》这一系列的举动，使日本侵略者对其恨之入骨。尤其是"九一八"事变发生后，1931年9月19日《大东报》（原《大东日报》）不顾安危，勇敢地刊出号外，揭露日本侵略悍然侵略东北的事实真相。因此日军侵占长春后，立即接管了《大东报》，派毕业于上海同文书院的日本人染谷保藏任该社社长，《大东日报》在东北新闻史上以它的不屈姿态留下了光辉的轨迹。

本章小结

从辛亥革命到"九一八"事变这20年间，是日本在东北的媒介力量不断聚拢、不断深植的一段关键期。在这一时期，日本始终以"文装武备"论为经营理念，重在从政治、经济、文化上对东北进行全方位渗透，从而企图完成日本殖民统治东北的大业。正如"南满"首任总裁后藤新平所称，"满洲"是日、中、俄三国武力相争激化集中之地，相搏交锋的活舞台。"我虽在日俄战争中战胜，获得关东州的租借权和'南满洲'铁道的所有经营权，但北方仍是俄国的势力……如果大陆经营走错一步，我们将无法忽视俄、中两国再次席卷全满。"② 日本殖民当局认为，日俄战争胜利后的防守需要有坚强的后盾，应是"和平之战"。

华盛顿会议以后，由于《九国公约》的签订，日本的扩张野心虽遭到美英的遏制和中国人民的坚决抵制，但其独霸东亚的既定国策并未改变，因此不断寻找和制造机会，准备最终冲破华盛顿体系的束缚。1927年4月20日，田中义一组阁以后，开始积极推行攻势外交，实施以"满蒙分离政策"为核心的对华"积极政策"。正因如此，作为"急先锋"的日本人媒

---

① 唐继革、王野光、王健、姜杰主编：《长春二百年（1800—2000）》，长春市政协文史和学习委员会2000年版，第60页。

② ［日］鹤见佑辅：《后藤新平》（第二卷），《满铁调查月报》，劲草书房1937年版，第815页。

介便伴随着本国的施政方针，忠实地履行着自身的职责，在对中国东北实施新闻侵略时也从怀柔到威压，有计划地调整着新闻的攻势。其新闻侵略政策，具有自身的独特性：

1. 侵略目标的一致性。可以说，日本人在东北所创办的报刊，均是在维护本国利益的基础之上运营的。相对于民国期间俄国在东北创办报刊普遍存在的"红白之争"，日本人在东北的媒体普遍表现出了高度的一致性，大多数创办者及业务骨干均有着清醒的殖民文化意识，主动配合政府的扩张策略及宣传重心，力争有所作为。同时，在日本的武力侵华政策尚未落地之前，他们常常将侵略的意图及真实面目加以粉饰和隐藏，将自身装扮成中国人的"友人"或"救世主"，以迷惑国人，搬弄是非，搅乱中国政局。

正如赵新言所剖析的："他们发行日文报纸杂志，为的是调查东北及蒙古的一切情形，向本国宣传，一方为敌政府谋开展侵略的斗争，一方鼓动本国国民，向东北来经营，并且过甚地宣传东北的富有，使其人民欣然乐往。他们发行中文报纸和杂志，是专门为中国人而设，一方挑拨中国的内乱，麻痹中国人民的思想，以掩饰他们侵略的野心，造成为他们做奴隶的根性，这真是最毒辣不过……"①

2. 发展的渐进性。在此阶段，日本的新闻侵略政策都是作为日本既定的军事侵略政策的辅助政策出现的，并随着战时国策的变化而变化。民国时期日本对东北的军事策略遵循着"和平之战"——"积极政策"——"武装干涉"的轨迹，于是新闻侵略政策实施的具体方式和侵略程度也呈现出渐进性特点，稳步推进。

从牵头组织三次东三省中日新闻记者大会，对国人媒体极尽谄媚和拉拢之能事到将御用报刊进行"本土化"改良，打着"吾国吾民"的旗号占据东北的舆论空间；从围绕"文化侵略"的真伪巧言令色极力辩解到五四运动和五卅惨案中坚持不懈地为其母国洗白；从不吝巨资收购并集纳在东北有影响力的日本人媒介到不惜操纵媒体在"万宝山事件"和"中村大尉事件"中颠倒黑白、造谣惑众，可知日本的新闻侵略具有明显的渐进阶段性特征，且程度日益加深，行为日渐张狂。

---

① 赵新言：《倭寇对东北的新闻侵略》，东北问题研究社1940年版，第8页。

第二章　新闻侵略的升级及迎战热情的高涨（1912.1—1931.9）

3."宣传基调"的统一性。法兰克福学派曾指出："完全被国家或政权控制的媒介组织，必然要传播统治者要求传播的规定的东西，而禁止那些对统治阶级不利的东西。"① 善于借助媒介进行战争鼓吹和欺骗宣传的希特勒也曾告诫报界："报纸媒体的任务就是将统治者的意志传播给被统治者，使他们视天堂为地狱。"② 1915 年 12 月，日本陆军省开始着手进行"总体战"研究，并且逐步将"思想战""宣传战"纳入总体战系统。他们把新闻政策当作武器，提出"必须卓有成效地利用报刊新闻的宣传鼓动机能"，"创办有力报纸，作为统一舆论的斗争机关，作为军部的思想宣传机关"③。

可以说，日本在中国东北部署的媒介，无论是报刊还是通讯社，抑或是广播电台，均以统一舆论、指导舆论为大前提，不折不扣地贯彻着本国的政治意图，为后续的武装侵略做好舆论的导引及铺垫。特别是"满铁"不惜投入大量人力、物力，将在中国东北有较大影响力的媒体统统收归麾下，以便更好地统一宣传基调，加强舆论管控，实施国家意志，这也为未来巩固伪满政权提供了必要的思想基础。

4. 传播手段的多样性。20 世纪 20—40 年代，在传播学发展初期流行着一种"枪弹论"（亦称"靶子论""皮下注射论""魔弹论"），他们认为大众传播工具有神奇的力量，凡通过传播媒介传播的信息都可以为受众在不知不觉中所接受，从而达到传播效果。媒介传播信息如同枪弹射靶，受众接到信息便会中弹倒地，成为传播媒介的"俘虏"。尽管这种理论过分夸大了传播效果，但在那种信息严重不对称的情况下，人们对大众媒介威力的评价的确达到高峰。

毋庸讳言，民国时期日本人在中国东北构筑的媒介力量是十分雄厚的。他们深谙舆论战的精髓，也深知传播手段越多影响力才会越大。因此除晚清沿袭下来并且日渐丰富、多点布阵的报刊以外，还善于借助最为先

---

① 邵培仁、李梁：《媒介即意识形态——论法兰克福学派的媒介控制思想》，《浙江大学学报》（人文社会科学版）2001 年第 1 期。

② ［德］希特勒：《我的奋斗》，转引自郝明工《无冕国度的对舞：中外新闻比较研究》，云南人民出版社 2002 年版，第 203 页。

③ 经盛鸿：《恶魔的吹鼓手与辩护士——战时日本新闻与南京大屠杀》，南京出版社 2008 年版，第 1 页。

进的工具技术，迅速引入传播范围更广、效率更高、效果更为直接的通讯社和广播电台，对东北民众进行单向度的舆论灌输，按照自身的宣传意图营造舆论假象，利用这种无形的"枪弹"进行大规模"扫射"，使人们纷纷"中弹"。可以断言，日本的新闻侵略是一个庞大复杂且有机的整体系统，在日本侵华进程中发挥了枪炮所不及的精神支柱作用，从而为日本进一步扩大侵略开辟了精神和文化阵地。

与晚清时期不同，面对日本对东北的政治干预、经济渗透和新闻侵略，东北新闻界在民国这20年的发展中，逐渐从稚嫩到成熟，从自发到自觉，从孱弱到强健，大胆地将迎战的矛头指向日本侵略者。这一时期，东北新闻界的变化主要体现在：

1. 民族觉醒意识日渐浓烈。辛亥革命爆发以后，随着中国时局发生变动，日俄两国乘机加紧侵略东北，分别策划分裂中国领土的所谓"独立"运动。在袁世凯担任大总统和张作霖为首的奉系军阀统治东北期间，由于他们奉行的"亲日"政策，致使东北的许多主权都被迫丧失，民族危机不断加深。特别是企图统一整个中国的张作霖为了寻求日本的支持，不断为日本提供在华，尤其是在东北的各项权益。正如日本"南满"理事木村所说："我国在满蒙之特殊地位，虽得自日俄战争，而许多既得权益，乃得自张作霖时代。"① 因此，与关内相比，东北地区的中国民众除了面临着军阀的专制统治外，与帝国主义的矛盾也更直接、更尖锐。

在内忧外患之中，东北人民的民族觉醒意识日渐浓烈，反对日本帝国主义的民族解放运动日益高涨。从五四运动和五卅惨案后东北各主要媒体的大规模报道及声援中，让人欣喜地看到了在意见领袖的带领下，广大东北民众开始对民族心理、民族精神之缺失有了明显的觉悟和自我体认。特别是东北易帜后，随着地方政权摆脱对日本帝国主义的依附，东北的国人媒体也开始同仇敌忾，体现出一种维护国家主权的强烈责任意识和爱国精神，这也使得东北的新闻界面貌焕然一新，表现出了前所未有的精神气度。

2. 组织引领作用逐步增强。组织是在特定的环境中，为实现某个共同目标而协同行动的集合体。它是以目的为导向，以协作为基础的社会实

---

① 国难资料编辑社：《日本大陆政策的真面目》，生活书店1937年版，第62页。

第二章　新闻侵略的升级及迎战热情的高涨（1912.1—1931.9）

体，具有共同的规范及特定的结构，可以有效地达成团体的最终目标。在民国成立以前，东北新闻界尽管成立了东三省报界促进会，但由于力量单薄，无法形成预期的合力，更无法与日本人媒介相提并论。民国成立以后，中国东北不但涌现了一些抗日民间团体以及以这些团体为主导的媒体，而且媒体间也有意识地团结在一起，形成各种协会和联合会，从而使行动有了明确而统一的指导。

1922年9月，为抵制《盛京时报》在哈尔滨创办"北满"版《大北新报》，滨江各界联合会发布反对公告，尽管没有获得成功，但却体现了国人开始自觉地组织起来团结御敌的可贵精神；1922年10月，由东三省民治俱进会主办的《东三省民报》及1923年2月由哈尔滨"救国唤醒团"骨干创办的《哈尔滨晨光报》，在其后的办报实践中坚持了一贯的反日宗旨，在思想上有效地引领了广大读者；1926年创办的哈尔滨报界公会，1930年9月组成的"辽宁省报界联合会"、铁岭报界联合会、"沈阳市新闻记者协会"等新闻团体，均将日本人媒介排斥在外，专门由国人媒体参加并主导，以谋求东北新闻事业的发展与报界的共同利益。此外，由中共满洲省委领导的部分机关报刊及内部党刊，不断揭露日本帝国主义的侵略罪行，从而在东北人民的反帝斗争中起到不容忽视的积极作用。

3. 民营报刊表现出了极大的抗日热忱。民国以后，随着民族资本主义的发展，由民间人士创办和经营的以广告为主要利润来源的民营报刊在中国东北地区如雨后春笋般出现。他们多由有文化、有眼界、有头脑的知识分子或开明人士创办，因此与官报相比有着蓬勃的生命力。他们一般不依靠官署补贴，而是以读者为中心，凭借鲜明的宗旨、优质的内容和优秀的团队来努力经营，并且获得越来越大的社会影响力。尤其是那些注重社会民生、有着强烈的忧国忧民意识、强大社会责任感和使命感的报刊，更是逐渐赢得民众的青睐和普遍赞誉。

在这些民营报刊中，沈阳的《东三省民报》、哈尔滨的《国际协报》、长春的《大东日报》表现尤为突出。它们的创办者自创设之日起便抱着极强的爱国护国初衷，尤其对日本帝国主义的侵略有着极为清醒的认识，并且将抵制列强侵略的思想贯彻到新闻实践当中，精心培养骨干力量，以宽广的国际视野和深厚的爱国情怀，坚持不懈地与之进行博弈。尽管时常会遭到地方政府及日本强权的压制，但仍初心不改，一次又一次在关键时刻与日本人媒介展开舆论争锋，从而揭穿了他们的伪善面目，沉重打击了他们的嚣张气焰，为东北新闻史增添了别样的光彩。

4. 积极拓展传播渠道与日本人媒介相抗衡。日本人十分善于借助先进的工具技术来开展新闻活动，利用报纸、期刊、电台、广播等多种媒介传播工具，对东北人民进行全方位的新闻侵略。日本政府和政党在中国东北分别设有通讯社，主要"供给日本消息，而于我国北方事为特详，其取费甚廉"①。中国的报纸大多操纵在外国通讯社之手，极尽把持垄断挑拨之能事，通过"制造谣言""颠倒是非""暗中挑拨"②的方式影响中国的新闻事业，经常发布对中国含有蛊惑煽动、颠倒是非、混淆视听的报道，这也极大地引起了业界人士的担忧。

因此，密切追随日本侵略者的脚步，1923年9月，东北地区最早采用无线电收发稿件的哈尔滨通讯社宣告成立；1926年10月，中国人自办的第一座广播电台——哈尔滨广播无线电台正式播音，尽管从其影响力及发射功率上均不及日本通讯社和广播电台，但毕竟迈出了可喜的一步。尤其是东北易帜以后，在张学良等官员的大力支持下，涌现出了一大批国人通讯社，使东北新闻界在自办报馆的基础上，采用本国通讯社的消息，获得新闻线索变得更加可靠，从而打破了日、俄通讯社垄断的局面。此外，1928年张学良支持新建的沈阳广播无线电台功率首次超过了日本在大连办的广播电台，在很大程度上削弱了日本人媒介的锐气。

---

① 戈公振：《中国报学史》，生活·读书·新知三联书店1955年版，第154页。
② 黄粱梦：《外人在中国经营之通讯业》，光新书局1930年版，第114—117页。

第三章

日伪新闻统制的开始与国人的新闻抵抗
（1931.9—1937.7）

"九一八"事变爆发后，东北新闻传播业的繁荣景象戛然而止。而伪满洲国成立以后，日本为了建立和维持反动的殖民统治秩序，实现奴役东北民众的目的，颁布了一系列法西斯主义的法令法规，以法西斯专制手段在新闻、出版、广播等领域全面实施殖民主义专制统治，妄图以殖民地文化泯灭东北民众的民族意识，扼杀反满抗日精神，使其顺从日本的殖民统治，进而将东北永远纳入日本的版图。

尽管此阶段的舆论环境十分严峻，但东北新闻界部分新闻、广播、出版战线上的各阶层、各团体在共产党的领导下，做着不屈不挠的反满抗日斗争，从而为后世书写了可歌可泣的篇章。与此同时，以《国际协报》为代表的民办报纸也在危机到来之际表现出了大无畏的精神气度，并在日伪的黑暗统治下尽最大努力进行着抵抗，成为国人媒介的一道尽管微弱但又不可或缺的光芒。

第一节 "九一八"事变后日本人媒介的蛊惑与侵略

1931年9月18日夜，酝酿已久的日本帝国主义发动了对中国东北的侵略战争。他们首先在沈阳北郊的柳条湖挑起事端，随后炮轰东北军驻地北大营，迅速占领各要害部门，至19日上午，沈阳城便被日军完全控制。随后，在不到一周时间里，便侵占了除锦州以外的整个辽宁省和吉林省的大部分地区。

日本军国主义者十分清楚媒体的作用，清楚权利与视听、权利与文化再造、权利与文化宣传的关系，因此他们一方面极力扼杀中国人的媒体；一方面强化自己能操控媒体的地位，从而力求垄断东北的舆论；另一方面随即利用自己的媒体先发制人，精心组织报道，上演了一部精心策划的侵略剧目，在舆论上抢占了先机。

一 "九一八"事变后日本人媒介的舆论蛊惑

"九一八"事变发生后，日本人在东北办的报纸立即配合，先发制人，精心组织报道，发表颠倒黑白的新闻，进行欺骗宣传，上演了一部精心策划的侵略剧目，企图在舆论上抢占先机。

日本关东军侵占沈阳城后，日本在东北办的各种文字报纸，对此事大肆宣传。例如，《盛京时报》于1931年9月20日第2版发表头条新闻，颠倒了本来是日本侵略军自己炸毁柳条湖铁路的事实。该报不但用超大字号主标题"北大营兵炸毁南满路 寻致南满各地成战场 彻夜而闻炮枪轰轰隆隆"污蔑中国军队，渲染战场的惨烈气氛，而且在提要题中造谣说："十八日晚间，北大营一部分官兵炸毁柳条沟附近之铁路，因而引起中日两国军之大冲突，卒之省会四郊遂成战场，炮声枪音隆隆，直至十九日，午后三时犹在严重交战状态中。"该报9月21日头版又发表新闻，通过报道"日本民政党发表声明"，把日军占领沈阳的侵略行为，胡说为"奉天事件为正当防卫"[①]。

大连市日本人中文报纸《泰东日报》同《盛京时报》口径一致。1931年9月20日，该报以"中日不幸事件勃发 沈阳全入日军掌握"为标题发表新闻："沈阳十八日联合电 北大营北侧和柳条沟附近之南满路，于日本午后十时半忽为中国军队破坏，遂即发生冲突，故日本守备队即将北

[①]《北大营兵炸毁南满路 寻致南满各地成战场》，《盛京时报》，1931年9月20—21日第2版。

第二章　日伪新闻统制的开始与国人的新闻抵抗（1931.9—1937.7）

大营一部占领，继更为扫荡队附属地附近之中国军队，即将开始军事行动云"①，从而完全颠倒了事件的真相。

此外，日文版《满洲日报》及《大连新闻》纷纷发表号外，第一时间组织报道，设计版面，突出日本侵略者的"丰功伟绩"，不遗余力地为其摇旗呐喊，竭力掩饰其侵略行径的卑鄙性和可耻性，成功将"九一八"事变真相雪藏起来。

"九一八"事变发生后第二天，《满洲日报》及《大连新闻》便迫不及待地出版了号外，以混淆视听。尤其是《大连新闻》，自9月19日起，连续出版号外，最多时每天出版四份号外，并且标题醒目，图文并茂，排版夸张。

此次事变报道伊始，两报即信口雌黄，栽赃嫁祸，将日本的侵略行为包装为被迫反抗，并炫耀日本军方的英武。

十九日奉天支社来电，穷凶极恶的支那官兵炸毁南满路线，关东军立即应战。（《满洲日报》，1931年9月19日刊）

今早六点二十五分，我军保障占领奉天城，城门高挂日本国旗。（《满洲日报》，1931年9月19日第二号外）

昨夜支那军炸毁北大营南满线偷袭我军，我方守卫分遣队遇袭，守卫队即刻予以反击。（《大连新闻》，1931年9月19日第一号外）

今日凌晨零时30分，我守备兵本队奇袭北大营。（《大连新闻》，1931年9月19日第一号外）

我军出于自卫进攻，城内展开激烈交火，枪炮齐鸣，战事紧张。（《大连新闻》，1931年9月19日第二号外）……

同时两报均配有多幅图片报道，渲染了紧张的战事氛围，记录了侵略军调兵遣将、紧急集合整装待发、调动各种武器装备奔赴"前线"以及占领各战略要地的轨迹，并且动员旅大军民积极响应，这无疑为日本战车的急速滚动涂上了必要的润滑剂。

在接下来的报道中，两报均陷入极度亢奋之中，将日本侵略者每日的

---

① 《中日不幸事件勃发　沈阳全入日军掌握》，《泰东日报》，1931年9月20日第1版。

战况雨点般地向外倾泻，文字中尽是对"皇军"的美誉之词，同时对中国军队充满蔑视。例如：

"我军占领东大营，敌军毫无反抗能力，缴械投降。""长春附近激战告捷，俘虏敌军一千余名，我军伤员五十余名，目前在南满医院就治。此一战，尽显皇军神威。"（《满洲日报》，1931年9月20日，日刊）

奉天城里到处悬挂日本国旗，张贴"日军占领"大字报。居民于南满公所内避难，安然无恙。（《满洲日报》，1931年9月20日，夕刊）

历经七小时交战，我军占领北大营，势如破竹连战连胜。（《大连新闻》，1931年9月20日，第三号外）

装甲车作先头部队，皇军浩浩荡荡开进吉林。支那军退出城外20里，我军不费一枪一炮占领城池。（《大连新闻》，1931年9月22日，第二号外）

本社记者太原要发来的报道：奉军诸机关皆是我军浴血奋战的战场。（《满洲日报》，1931年9月22日，日刊）……

为更加直观地凸显"帝国皇威"，两报在文字报道之余，还分别派出自己的"特派员"，拍摄了大量照片，将侵略者占领的步伐以赤裸裸的写实形式加以刊载。"九一八"事变发生后，两报除根据战事进展情况刊载许多配文照片外，还时常在号外版推出摄影专版，如《大连新闻》9月20日的第一号外即以"奉天日支冲突事件画面"为题刊载了九幅画面，同时提供写实说明："①占领东北航空场；②进击的装甲车；③附近警备；④占领北大营缴获的武器装备；⑤占领北大营后的火灾；⑥占领城池的一瞬间；⑦通过宫城正门的我军；⑧逼近城内的装甲车；⑨日本军占领辽宁财政厅"；《满洲日报》在9月21日的第二号外以"支那军冲突事件图片新闻"为题，集纳了以下4幅大型摄影照片，图片说明依次为："①我军猛烈扫射下的支那兵军营；②日俄战争战地附近，我军30连队炮兵严阵以待；③守备军司令官森中将和他指挥的精锐部队；④长春第四军团牺牲者安葬仪式……"这些图片报道无疑起到了渲染气氛、催化人心的作用。

第三章 日伪新闻统制的开始与国人的新闻抵抗（1931.9—1937.7）

不仅如此，为了让日本国民感同身受，增加对战死沙场将士的崇敬之情，两报还特别善于运用具有感染力的长标题来做文章。例如：

本社记者南里顺生考察修罗场后发来的报道：我军英烈遗体陈列于宽城子中央广场，生灵皆感悲恸，天地亦为之动容。(《满洲日报》，1931年9月20日，日刊)

曾参加日俄战争战功赫赫的津久居翁经过一夜奋战后接受采访道：两军交锋论生死，枪炮齐鸣分输赢。真刀真枪不长眼，古来征战几人还。(《满洲日报》，1931年9月20日，夕刊)

旅顺驿站惜别光景：大将生来胆气豪，腰横秋水雁翎刀，风吹鼙鼓山河动，电闪旌旗日月高，将军今日一别，不知何时再聚。(《满洲日报》，1931年9月21日，夕刊)

万里悲秋常做客，铁骨英灵得招魂。大连中央公园忠灵塔前召开追悼会。(《大连新闻》，1931年9月28日)……

在舆论的强大动员下，在东北各地的日本居民受到极大蛊惑，两报也不失时机地营造出"军民一心"以及对战争疯狂追捧的场景：

本社记者兼本正一乘坐汽车冒着枪林弹雨与警官队共赴前线，抵达文官屯和虎石台后，看到我居民安然无恙，欢欣鼓舞。(《满洲日报》，1931年9月20日，夕刊)

皇军抵达吉林，我邦民团结一心，翘首以盼。(《大连新闻》，1931年9月21日，夕刊)

全满日本人大会，举国上下，一致拥护皇军活动。(《满洲日报》，1931年9月22日，日刊)

今早十点五十分，我装甲兵高呼万岁，出发奔赴吉林。(《满洲日报》，1931年9月22日，夕刊)

我军抵达吉林，国人夹道欢迎，热泪盈眶。(《满洲日报》，1931年9月23日，日刊)

日本兵何时抵达 我在留邦人翘首企盼。(《大连新闻》，1931年9月25日，夕刊)

· 171 ·

在两报的极力宣传下，日本民众的反华思想愈演愈烈，他们开始在不知情的情况下支持日本的侵略行为，这种狂热宣传也在日本国内为武装侵略营造了良好的舆论基础，为日后发动大规模的侵华战争赢得了充分的民众条件。

二 "九一八"事变后日本关东军对国人媒体的扼杀

事变爆发后，日本关东军首先把原东北的中国人办的报纸严格控制起来，然后再把它们逐步扼杀。"事变"第二天，日本军队就占据了《东三省民报》《新民晚报》等报馆，《东北民众报》也因揭露日本帝国主义的侵华行径而被查抄。他们通过"绑票"、恫吓等手段，严禁国人媒体今后不许发表反日言论和东北实况，否则将予以取缔。

这时的《盛京时报》不仅保留而且越发活跃。著名汉奸赵欣伯，通过日本允许，私人占据了沈阳的《东三省民报》，改出《民报》，并继续出版原有的周刊《沈水画报》，委派他的亲信魏城斋任社长，日人工藤旨浩任编辑部长。《东三省公报》社长王希哲（王光烈）从不登载反帝反侵略的消息，便被日军允许继续出版。王希哲后来当上了伪满洲国机关报《大同报》的首任社长。① 出于笼络少数民族的需要，回民的《醒时报》被保留下来。另外，经日本人批准，又新办了几家报纸如《大亚公报》《奉天公报》《奉天日报》《晶画报》等。自然，此后各报的政治言论，都按照日本的定调鹦鹉学舌。不久，日本人统治下沈阳国人报刊多数都被迫停刊。

在长春，当时唯一一家国人报纸《大东报》于9月19日出版了《号外》，报道了日军侵略真相。基于此，日军侵占沈阳的第二天进犯吉林省北部咽喉重镇长春后，立即接管了《大东报》，由毕业于上海同文书院的日本人染谷保藏任社长。9月21日，日军侵占吉林市，在接管吉林电报局、邮政局的同时又接管了吉林的《吉长日报》，以及另外一家由中共党员参与创办的、坚持反对日本侵略并且支持人民反日斗争的《东北实业日报》。

轻易占领沈阳、长春和吉林的日军气焰十分嚣张，并很快将铁蹄踏入

---

① 孙邦主编：《伪满洲国史料丛书·伪满文化》，吉林人民出版社1993年版，第315—316页。

第三章 日伪新闻统制的开始与国人的新闻抵抗（1931.9—1937.7）

黑龙江省。在时任齐齐哈尔代理黑龙江省主席马占山的带领下，发动了江桥保卫战，对日本侵略军展开了第一次有组织有规模的反击，极大地鼓舞了黑龙江乃至全国军民的抗战士气。以《国际协报》为代表的国人媒体在此期间积极响应，并派出前线记者，进行了详细而充满激情的报道。但由于寡不敌众，11月19日，省城齐齐哈尔被迫沦陷。11月20日，日军开始接管由黑龙江省政府主席万福麟之子万国宾主办的《黑龙江民报》，派日本人桂五郎任社长。经过一段时间的筹备，12月17日，《黑龙江民报》以原名复刊。[1] 此后哈尔滨的许多国人报纸也无奈相继宣布临时停刊。

1932年1月，日本侵略者指令大汉奸、伪吉林省"剿匪"军司令于琛澂率伪军向哈尔滨进攻。但遭到了以李杜将军、冯占海将军等率领的部队的浴血抵抗。李杜、冯占海率领抗日部队经过2月3日和4日同日伪军进行了英勇壮烈的"哈尔滨保卫战"后，终因实力过弱退守宾州等地。中共满洲省委秘密出版的《满洲红旗》附刊，曾对此作了报道。

2月5日，日军占领哈尔滨后，对在"九一八"事变后揭露日军侵占沈阳真相的《哈尔滨新报》《华北新报》《晨光报》《国民公报》等已暂时停刊的国人报纸，严令不准再行复刊。特别是对《国际协报》，日方命令除不准复刊外，还逮捕了该报记者王研石。对于《滨江时报》《哈尔滨公报》《东三省商报》《午报》等国人报纸，虽准予复刊，但都被迫由宣传"抗日"转为"拥日"。《国际协报》经过社长张复生的多方奔走，于3月7日被最后一个准予复刊，并释放了记者王研石。[2] 而日本人办的中文《大北新报》及日文《哈尔滨日日新闻》则为日本侵略者进行大肆宣传，并在日本广东军保护、扶植下继续出版。

在日伪的法西斯新闻统制下，东北各地国人报纸数量明显下降。沈阳在沦陷前，有国人报纸9家，到1936年初只剩下3家；"九一八"事变前，黑龙江地区拥有13家中文报刊，然而，在日伪的严密统制和监管之下，黑龙江地区的报业逐年萎缩，到1933年年末，中文报刊减少到7家，

---

[1] ［日］林义秀：《黑龙江沦陷始末——一个日本特务机关长的回忆》，黑龙江人民出版社1987年版，第110—149页。

[2] 黑龙江日报社新闻志编辑室编著：《东北新闻史》，黑龙江人民出版社2001年版，第235页。

到 1936 年末仅剩下 5 家；长春、吉林、齐齐哈尔、安东等地的国人报纸，有的被日本人接管，有的被迫停刊，已全部消逝。俄国人办的俄文报纸，到 1936 年末也由沦陷前的 13 家减少为 6 家。仅有的 1 家英文报纸《哈尔滨日报》被查封。甚至连日本财阀西片朝三创办的《民声晚报》，因为发出与《盛京时报》不同调的声音也被取缔。①

第二节　日伪政府的新闻统制及东北媒介格局的变化

1932 年 2 月，东北全境沦陷。为了逃避来自国际社会的谴责，日本迫切需要在中国找到一个政治幌子以显示关东军并不是占领满洲，而是当地人民请他们来帮助建立所谓的"新国家"。1932 年 3 月 1 日，日本帝国主义扶持清朝末代皇帝爱新觉罗·溥仪，成立傀儡政权——"满洲国"，建"年号"为"大同"。他们借帮助东北"独立"为名，竭力宣传"满洲国"概念。

为使东北境内人民接受伪满政权，潜移默化地灌输殖民思想，日本不断地向东北人民渗透国家观念，极力宣传"满洲国"将成为一个"独立"的世外桃源"国家"，从而激发东北人民对和平、安稳的向往，骗取其信任后，更好地进行文化渗透。

日伪政府先后颁布了伪《出版法》等新闻统制法规。又先后设立了资政局弘法处、情报处、总务厅弘报处，统管新闻出版等宣传舆论阵地。又成立了伪满洲电信电话株式会社、伪满弘报协会、伪满洲国通讯社等特殊会社组织，管理、运营、监督一切新闻机关。在各地方的伪政府，则遍布警察、宪兵、特务等机关，他们运用法西斯手段，对国人报纸进行日常监督和控制。

一　日伪政府的新闻统制

(一) 精心炮制伪《出版法》

伪满成立初期，日本侵略者意识到单纯的取缔和摧毁虽然容易，要想

---

① 黑龙江日报社新闻志编辑室编著：《东北新闻史》，黑龙江人民出版社 2001 年版，第 238 页。

第三章 日伪新闻统制的开始与国人的新闻抵抗（1931.9—1937.7）

真正全面控制东北报业、统一舆论，配合其侵略行为，必须建立起一套新闻统制体系。

1932年10月24日，伪满政府颁布了所谓的《出版法》，规定东北地区的报纸、杂志的出版，凡想获得批准，凡涉及外交、军事、财务、治安等方面，就必须禁止和限制发布相关内容。

伪《出版法》共52条，报纸、期刊出版各项事宜均有详细规定。其中所谓第四条"出版物不得揭载"的事项，就规定8项。该法第五条规定："出版物对于官公署或依法令组织之议会所未公示之文书及不公开会议之议事，非受各该官公署之准许，不得揭载。"第六条规定："国务总理大臣关于外交军事或财政上认为有障碍或于治安维持上认为有必要之事项，得该事项特别指明禁止或限制揭载于新闻纸及杂志。"[①] 伪《出版法》还规定，伪国务总理大臣随时得以"有障碍"于外交、军事或财政，抑或"维持治安"之需要，禁止或限制报、期刊的新闻报道。[②]

伪《出版法》将所有新闻报道都紧紧地束缚在以"国家"为意志的框架中，对报纸出版采取事先许可主义，不经许可不准出版，规定新闻报道只能传播迎合日伪当局意旨的思想。1934年6月29日，伪民政部发布第五号命令，依据《出版法》第二十七条的规定，即伪民政部总长认为在"外国"（伪满管辖范围外）发行的出版物有刊登《出版法》所规定的禁载事项，并在伪满当局禁止出售或散布后继续登载此类内容，因此一次就通令禁止36种报刊输入东北，包括上海出版的《申报》《时报》《新闻报》《社会日报》《上海民报》《良友》《循环》，天津出版的《益世报》《大公报》《庸报》，北京出版的《北平晨报》《华北日报》《京报》《世界日报》《平报》《北京日报》，广州出版的《广东市民日报》，新乡出版的《豫北日报》，徽州出版的《徽州日报》，以及莫斯科出版的《真理报》《新闻报》等。[③]

[①] 刘春英、吴佩军等编著：《伪满洲国文学史料整理与研究 史料卷 伪满洲国文学大事记》，北方文艺出版社2017版，第421页。

[②] 刘春英、吴佩军等编著：《伪满洲国文学史料整理与研究 史料卷 伪满洲国文学大事记》，第421页。

[③] 伪满洲国国务院总务厅：《满洲国政府公报》，长春市图书馆馆藏，1932年6月。

此外，日伪当局对带有民族意识的书刊，一律禁绝。马克思、列宁、斯大林、毛泽东以及与中国共产党有关的书籍，更是日伪严禁的对象。强行输入日本法西斯书刊。根据伪文教部记载，1932年3—7月，就在东北焚书650余万册。据《满洲年鉴》记载，1935年到1938年的4年间，伪满禁止发行的报纸为7445份，扣押5.6091万份；禁止发行的杂志为2315份，扣押1.3664万份；禁止普通出版物3508册，扣押92.4852万册。相反，日本国内宣扬军事法西斯思想的出版物却源源不断地输入东北，仅1936年日本向伪满出口书籍就达到58.7万余册，其后更是逐年迅速递增。①

（二）成立相关统制机构及组织

在发动全面侵华战争之前，随着殖民统治的建立及强化，日伪相继成立了资政局弘法处、情报处、弘报处等几个文化宣传活动的统制机构以及伪满洲国通讯社、伪满洲电信电话株式会社、伪满弘报协会等几个特殊的会社组织。

1. 文化统制机构

1932年3月6日，伪资政局弘法处成立。资政局长（代理）为笠木良明，弘法处长为八木沼丈夫，弘法处设庶务、对外、对内、调查4科。之所以不称弘报处而定名为弘法处，是出于所谓"作为传播法律之处，是从宗教家传经颂法的思想这种意义上，力图为格调高尚"②。

弘法处成立后，便致力于应付李顿调查团，为了把伪满洲国打扮成应满洲人民要求而成立的"国家"，弘法处编纂了伪满洲国"建国"小史、举行"建国"纪念运动会、还组织了所谓满洲少年使节（日、朝、满各两名，共计六名）派往日本，到日本各地参观访问，使"日本朝野受到很大感动"③。

---

① 孙邦主编：《伪满洲国史料丛书·伪满文化》，吉林人民出版社1993年版，第10—11页。

② 东北沦陷十四年史吉林编写组：《满洲国史（分论）》（上），东北师范大学出版社1990年版，第99页。

③ 东北沦陷十四年史吉林编写组：《满洲国史（分论）》（上），东北师范大学出版社1990年版，第100页。

第三章　日伪新闻统制的开始与国人的新闻抵抗（1931.9—1937.7）

为了进一步理顺日伪政府中宣传与其他行政部分之间的关系，加强文化宣传的统制，1932年7月5日，日伪政府解散了弘法处。在"外交部"新设宣化司，作为对外宣传机关，并掌管宣传、情报、文化联络等事项。并于1933年4月1日，在总务厅新设情报处，处长由"外交部"宣化司长川崎寅雄兼任。情报处的重点工作是负责对内文化宣传的统制。它是伪满言论文化的中心统治机关，是伪满洲国的中央统治机构，统一管理新闻、出版、广播等业务。

作为情报处的具体执行机构，日伪还设立了宣抚小委员会。是在具有伪满"全国性"组织的治安维持会（日满军警、行政机关等的联络协议机关）内设置的机构，担任伴随讨伐进行宣抚工作。情报处曾出版了《宣抚月报》《满洲国概览》《省政汇览》等期刊，还编写了各种资料、传单等。1935年，伪满洲国皇帝溥仪访日，5月2日，颁发回銮训民诏书。情报处随即大肆宣传，出版了为溥仪担任翻译的林出贤次郎的《扈从访日恭记》和《回銮训民诏书衍义》。[①]

随着日本全面侵华战争态势的步步加紧，1937年5月8日，伪满国务院决定，同年7月1日，进行中央行政机构的改革，其中之一在于贯彻所谓"总务厅中心主义"[②]，在总务厅设置官房、企划、主计、人事等处，同时将以前的情报处改成弘报处。崛内一雄就任第一任处长，另外在情报处原有的总务、情报两科的基础上，增设监理科以强化其监理职能。

"弘报处"担任"建国和治国精神"的宣传工作，同时掌管主要政策的发表，领导与监督新闻机构，管理和控制广播及通讯机构，管理出版物、电影和其他宣传品等。此外，"弘报处"还收集各种情报，负责对外宣传，是实际上全面控制伪满文化宣传的中枢机构。

关于伪满的一切奴化教育和法西斯宣传，都由"弘报处"一手包办。凡属宣传机构，如广播电台、报纸、文艺团体、杂志社、电影制片厂等等，均由"弘报处"直接监督指挥，根据"弘报处"所制定的方针政策贯

[①] 东北沦陷十四年史吉林编写组：《满洲国史（分论）》（上），东北师范大学出版社1990年版，第103页。

[②] 这是伪满洲国傀儡政权的重要构成方式，表面上由中国人担任"国务总理"及各部"部长"，但是实权掌握在总务厅手中。

彻执行。全国广播电台所宣传的各种侵略政策，无论是政治的、经济的、军事的，全都听从"弘报处"的指示。具体来说，作为伪满最高的宣传和情报机关，其任务是：监督和管理报业机关；制订宣传计划；配置宣传联络机构；实施重大的对外宣传；收集各种情报。[1]

2. 特殊的会社组织

在"九一八"事变前后，东北地区一直是世界舆论的关注的热点地区。各报社争相报道"九一八"事变的真相以及事变后在东北发生的实际情况。这种情况不利于日本军队掩盖其血腥的侵略罪行。日伪政府实行了"一国一通讯社"方针，于1932年12月1日在日本新闻联合社、电报通讯社东北分支机构的基础上，作为伪满唯一的统制通讯社，成立了伪满洲国通讯社（以下简称"国通社"）。[2] "国通社"设在伪新京长春，于伪满主要城市设立支局。

"国通社"负责采集、编辑和发布新闻稿，为韩国、日本、英国、俄罗斯和朝鲜等各种语言的报纸和广播电台提供新闻。创立之初，以伪新京为中心，有大连、奉天、哈尔滨、齐齐哈尔4个支局，至1935年9月，增设13个支局，通过这些分支组织，收集来自伪满洲国的新闻。在中国本土有北平、天津、上海、广东4地各有一个支局，在日本内地有两个支社。"国通社"向全伪满60多个报社发稿，伪满的新闻也同样对外传播。日伪当局还强迫由中国人经营但尚未停刊的报纸，必须完全采用"国通社"的电讯稿，并且强迫其发布某些新闻，甚至对于特定新闻应该使用什么标题，应该刊登在什么位置，都有着十分严格的规定。

1933年9月1日，日伪政府创立"满洲电信电话株式会社"（以下简称为"电电公司"），名义上是日"满"合办，但实际上全都由日本人包办。通过所谓"两国"政府协定，把原东北电气通信事业以及"关东州"内日军所霸占的传播通信机构合并，统归"电电公司"经营管理。日本帝国主义对该公司极为重视，因为它在政治、经济、军事信息传播上负有重大使命，所以称"电电公司"为"国策公司"[3]。从此，东北所有的有线、

---

[1] 赵新言：《伪满洲报业的剖视》，《东北》1940年第1卷第1期。
[2] 孙邦主编：《伪满洲国史料丛书·伪满文化》，吉林人民出版社1993年版，第306页。
[3] 孙邦主编：《伪满洲国史料丛书·伪满文化》，吉林人民出版社1993年版，第358页。

第三章 日伪新闻统制的开始与国人的新闻抵抗（1931.9—1937.7）

无线电气通信设施，全部被日本侵略势力控制。

"电电公司"的成立迅速整合了伪满洲国的广播设施。先后对伪新京广播局进行了扩建，同时以新京中央局为中心，向大连、奉天、哈尔滨各广播局进行中继转播，并且向日本内地完成无线电中继转播。

1936年9月28日，日伪政府成立了伪满弘报协会，任命伪满洲国通信社社长森田久为理事长。伪满弘报协会是官办的垄断组织，它不仅拥有强大的政治靠山，而且经济实力雄厚。该协会由伪满洲国、"满铁"和伪满电讯电话株式会社三方出资组建，故一开始就"是一个拥有数千万元资金的财团法人组织"，其宗旨是："统治指导言论，助长日满两国国策，宣传满洲国国威和加强各报刊的联合"，并"提倡成员间在物资和人员方面的互助以及在业务上的斡旋通融"。①

伪满弘报协会成立后，当时作为统制通讯社的伪满洲通讯社停办，其业务划归伪满弘报协会管理。由它对内对外播发新闻电讯和摄影图片，将通讯和报道融为一体。随后，通过新闻统制、业务统制、经营统制，不仅使日伪报纸在宣传调子上一致，而且在组织机构和经营管理上更加集中统一。

日伪政府为执行统制通讯、报刊、广播、电影等任务，还创设了所谓伪满映画协会、伪满放送协会等组织，而伪满洲国通讯社、伪满洲"电电公司"、伪满弘报协会，都属于这类组织。它虽以会社、协会的形式出现，但其实质仍是一个"官"营的组织，代表伪满政府经营、统制、垄断各种媒介。

（三）日伪的新闻统治措施

在日伪新闻统制法规的指导下，日伪政府新闻统制机构、组织开始大肆推行其所谓"官制文化"，对东北进步文化、国人媒体残酷镇压，实行法西斯文化专制。

1. 实施对报纸新闻的严格检查，惩办"反满抗日"记者

各地方伪政府，由警察、宪兵、特务等机关，通过法西斯手段，对国人报纸进行日常的监督和控制。其常用的新闻控制手段是：严格检查新

---

① [日] 中村明星：《满洲言论界活动全貌》，转引自朱诚如主编《辽宁通史》（第5卷），辽宁民族出版社2009年版，第256页。

闻，用以防范国人报纸运用新闻传播不利于日伪的消息；限制报纸出版，使不再有反对日伪的国人报纸产生；垄断新闻来源，使一切国人报纸成为日伪的麻醉工具。在具体实施上，日伪对报纸新闻的检查，由日本特务机关第二班负责。

日伪对于新闻报刊业的审查、监督制度十分严格，从新闻报道的来源、内容，甚至是重要新闻的标题的大小、位置等均在审查之列。伪满政权建立初期，除了日本侵略者创办的报纸外，其他所有报纸都要向日伪检察机关递交报纸小样，检查通过后，方可出版、印刷、销售。

国人报纸每天必须把报纸大样送去审阅，没有"检阅济"（审阅完毕）图章，不准付印。除日伪办的报纸外，一切国人报纸皆在日伪检察机关的统制下接受新闻检查。伪警察机关也设有检查股负检查新闻之责。而日本宪兵队的司法系则与日本特务机关第二班相互配合，专门惩办"反满抗日"的报纸和记者。

自1932年以后，日本特务机关在检查新闻的同时，还令报纸登载新闻，须分清"本国"与"外国"。其所指的"本国"，就是东北4省以内的消息；关于关内方面的消息，必须冠以"中国"字样，且须少载中国消息，以突出所谓"满洲国"。"但关于中国'内战'和'民生涂炭'等新闻，必尽量渲染，扩大登载，使三千万的东北同胞，对于祖国失望，以期造成倾向日伪的情绪。对于敌军称为'友军'或'皇军'，对于义勇军或自卫军，则称为'匪贼'。日伪双方所发表的消息，各报馆接到后，有绝对登载的义务。其文义不通，佶屈聱牙的地方，也不敢修改，否则就处以'巧妙编辑，曲笔弄文，流言蜚语，扰乱治安'的罪名。"①

自1933年起，日本特务机关要求各报每日须派记者一人，到特务机关抄录消息，"它所发表的新闻，除夸耀其'皇军'的武功外，便是中国某地发生政变，某地有了新瘟疫，各报抄得此项新闻后，便原文一字不动刊出。读者的不明真相，编辑者不敢为之设想了。纵然如此，如有一报将此消息登载在不重要的地位，其编辑人立即被传询质问，该被传询编辑，如答为一时辨认不清，至发载错误，犹可无事，不然，必指为消极的'反满抗日'，给以相当处分。自1934年起，副刊版的稿件，也须送检，其没有

---

① 赵新言：《倭寇对东北的新闻侵略》，东北问题研究社编印1940年版，第34—35页。

第二章　日伪新闻统制的开始与国人的新闻抵抗（1931.9—1937.7）

受检的，只剩广告了。"①

正是由于日本殖民者对新闻报刊业的全面监控和严厉打击，东北各地国人报纸的数量持续下降，而日伪的报纸则如雨后春笋般涌现，并成集约化趋势。

2. 严密监视广播内容，控制各局广播

日本侵略者十分重视利用广播来向东北人民进行奴化宣传，并向华北、华东方面大力宣传侵略整个亚洲的政策，煽动唆使搞独立自治，分裂中国。从 1933 年起，遍地设立无线电普及营业所，向广大民众动员收听广播，用廉价出售、赊卖、分期付款等方式推销无线电收音机，用中、日、俄、蒙、英 5 种语言，精心编排广播内容，日夜向各地传播各种侵略政策。

为监视广播内容，伪满交通部特在各地的邮政管理局内设一电政科，科长由日本人担任。凡一切广播稿件，事先必须送到电政科审查，否则不允许广播。电政科可以对原稿的某些字句提出修改意见，也可以勒令禁止广播，不仅对于广播稿件详加检查，而且对于广播使用唱盘的检查也毫不放松。比如，京剧里的《苏武牧羊》是不能播出的，因为有降低"皇家尊严"之嫌；歌曲里的《大路歌》《开路先锋》也不可以播出，因为它唱出了劳动人民的心声……②1934 年的《南船北马》风波和 1935 年的"口琴社事件"（后文详述），恰恰体现了日伪对广播监视的严格。

伪满国务院弘报处成立后，对各地电政科都有统一指示，全盘审定禁播唱片，然后由各电政科通知各放送局照行。日伪警宪每年都要实行春秋两次大检举，逮捕他们所谓的"思想犯"，对于供职于放送局的中国人，则成为他们的重点监视对象。此外，日伪当局以广播为防空司令塔，每年都有一次或两次防空演习，"敌机侵入""空袭警报""疏散""待避"等一系列信号，都利用广播传达到各处，使所有机关、居民都按照这些讯号而有所行止。

总之，日伪统治下的东北广播，表现出了十足的殖民地性质，成为贯

---

① 赵新言：《倭寇对东北的新闻侵略》，东北问题研究社编印 1940 年版，第 34—35 页。
② 孙邦主编：《伪满洲国史料丛书·伪满文化》，吉林人民出版社 1993 年版，第 268 页。

彻日本殖民侵略政策的不折不扣的工具。

3. 严密控制电信、电话事业，全面掌控新闻通信媒介

1935年3月，日伪强行从苏联那里收买中东铁路。其后，将铁路沿线的通信设施交由"电电公司"接管。该公司在通信事业的接管过程中，均按日本人计划加以归并调整，并建立各种企业规章制度。随后，又合并了"南满"、东铁以及所谓的"关东州"与延吉地区的通信事业，从而实现了一贯追求的通信事业"一元化"。日本"电电公司"的工作人员，绝大部分是从日本国内邮电部派来的日籍工作人员。所有各局通信业务，全由日本工作人员包办，把持一切，而任职的中国人主要为电报员、电话技术人员和线路工、电报工、杂役等，担任高级较重要职务的中国人则凤毛麟角。

日伪政府还实施了所谓的"日满通讯网一元化"的手段。1937年4月，"国通社"与日本同盟社签订协约，主要内容是：日本和中国的"国通社"记者必须在"国通社"登记，同盟社派驻伪满的通讯员，皆加入"国通社"；合同签订之前，"国家通讯社"在东京、大阪的主社和同盟社在伪满各地的支局，相互移让；"国通社"与同盟社在发送新闻消息的时候互换名义，实行"新闻交流"①。"通讯一元化"的结果，就是将"国通社"变为同盟社的一个支社。它利用海外通讯网与同盟社的外国通讯社关系，形成国际通讯网，并发送国际新闻。

（四）"七七事变"前日伪政府的两次新闻整顿

1936年9月到1937年5月期间，日伪当局进行了两次新闻整顿。

1. 第一次新闻整顿

1936年，日伪为加强新闻统制，实行了第一次新闻整顿。此次整顿就是通过成立伪满弘报协会，把所有报社的言论、报道和经营统一起来管理，纳入日本关东军的所谓"实施国策"轨道。伪满弘报协会推行"一地一报"的原则，先后兼并和收买了伪满大部分报社。该会把沈阳、大连、长春、哈尔滨4个中心城市的10家日伪报纸，吸收为第一批加盟社。对以上报社进行集中统一管理，使报纸成为日伪统治的"一家之言"。

---

① 解学诗：《伪满洲国史新编》，人民出版社1995年版，第598—601页。

第三章　日伪新闻统制的开始与国人的新闻抵抗（1931.9—1937.7）

其中有沈阳的《盛京时报》（中文）、《奉天日日新闻》（日文），大连的《泰东日报》（中文）、《满洲日日新闻》（日文）、《满洲每日新闻》（英文），长春的《大同报》（中文）、《大新京日报》（日文）、《满鲜日报》（朝鲜文），哈尔滨的《大北新报》（中文）、《哈尔滨日日新闻》（日文），还有一家准加盟社——《哈尔滨时报》（俄文）。

可以说，伪满弘报协会几乎囊括了东北的全部报纸，当时东北共有 40 多家报社，属于伪满弘报协会的占 3/4，其发行量占全伪满洲国报纸发行总量的 85%[①]，其他的报纸，特别是缺乏资金和后台的小报，事变后纷纷倒闭，还有的公然遭受日伪迫害，被勒令取消。剩下的几家报社，力量微乎其微，根本无法做到与伪满弘报协会抗衡，只是因为不参与发表政治相关的内容才存活下来。

在此期间，伪满当局开始实施所谓的"官制统治"，报纸和新闻的制作材料均由伪满弘报协会统一分配，刊发的新闻内容也必须"顺应国策"，并且通过法律规定，伪满国务总理大臣随时都能以妨碍"外交"、军事或财务，或者以"维持治安"的名义，禁止或限制报纸、杂志的新闻报道。[②] 此外，日伪当局还严厉打击出版物，通过禁止发行、禁止出口、禁止运入的手段进行封锁信息及思想。因此，伪满弘报协会将报道、言论及经营三方面统一起来，实行着新闻事业的垄断政策。

2. 第二次新闻整顿

1937 年 5 月，在伪满弘报协会的主导下，日伪政府进行了第二次新闻整顿。日伪政府将未加入伪满弘报协会的报纸纳入协会的控制之下。这次新闻整顿，由伪满弘报协会遵照日伪提出的中、日文报纸各"一省一报"方针，组织实施。并由日伪增加投资 300 万元，作为整顿经费。对 28 家非加盟社报纸通过新设、收买、撤销和合并，纳入该会的统制之下。弱小的报纸被淘汰，而日文报纸的发行量急剧增加，其发行量已占伪满报纸发行

[①] 孙邦主编：《伪满洲国史料丛书·伪满文化》，吉林人民出版社 1993 年版，第 308 页。
[②] 闫皓：《试论伪满总务厅弘报处在日本对伪满洲国文化统治中所起的作用》，《延边大学学报》2013 年第 1 期。

总量的 90%。每个地方只允许存在一种类型的报纸，其他报纸都在扫荡之列。①

通过第二次新闻整顿，伪满弘报协会直接统制的加盟社报纸，在各伪省基本上达到了日、中文报纸各"一省一报"（参见本书附表 6）。本书同时，保留下来的非加盟社的综合性日报大多数是由日本人经营的，少数由中国人经营，都以"民间报纸"面目出版发行。这就使得新闻媒体完全受日伪的控制，实现了全面控制新闻舆论的目的。

鉴于当时国际通讯竞争更加激烈化的形势，伪满弘报协会于 1937 年 7 月 1 日重新成立了"株式会社满洲国通讯社"（以下简称"满通社"）。"满通社"成立后，仍为伪满弘报协会的加盟社，由该会理事长兼任社长，下设编辑局、事业局、总务局。② 同年，"满通社"与日本同盟通讯社订立了契约关系，继续实行前"国通社"时期的"日满通讯网一元化"。"满通社"从伪满发出的新闻，到日本和外国时用同盟社的名义。同盟社从日本和外国发出的新闻，到伪满用"满通社"的名义。这样一来，"满通社"实际上仍然作为日本同盟通讯社的一个分支机构。③

至此，日伪实现了对东北地区各主要报刊的统一管理，完全掌控了东北的新闻报刊业。同时，伪满弘报协会的建立，对于其管理之下的各大报社均产生了重大影响。伪满弘报协会在充足的资金的支撑下，每年均为其所属各大报纸提供数目不等的巨额补助，其中，《大同报》《新民报》《大新京日报》《满蒙日报》每年补助高达 55 万元。另外，所有的"弘报委员"（各加盟社长或"主干"）也会获得高额的补助，因此"这些御用报纸社长挥霍不尽，都具有豪华的社用轿车"④。

正是在伪满弘报协会的大力扶植下，其所属的各加盟社不断更新设备、招揽人才，为扩展报社业务创造了条件。同时，经过两次新闻整顿，

---

① 除对 28 家非加盟社报纸整顿外，还兼并和关闭了 19 家报纸（其中日文报纸 7 家，中文报纸 11 家，俄文报纸 1 家），收买和保留 8 家报纸（其中日文报纸 3 家，中文报纸 5 家）。同时新办报纸 5 家（其中日文报纸 3 家，中文报纸 2 家）
② 满洲通讯社：《国通十年史》，国通印刷所 1942 年版，第 55 页。
③ 满洲通讯社：《国通十年史》，国通印刷所 1942 年版，第 55 页。
④ ［日］中村明星：《动荡的满洲新闻界全貌》，转引自大连日报社《大连报史资料》1989 年版，第 200 页。

第三章 日伪新闻统制的开始与国人的新闻抵抗（1931.9—1937.7）

在"伪满弘报协会"高压管理下的东北各主要报社，其日常经营管理、出版发行等方面的事务均要经过伪满弘报协会认定方可进行，报社本身已经完全丧失了经营管理的自主权。

通过调整、合并、关闭，日伪当局达到了对报业的垄断。东北新闻界完全操纵在日伪专制机关的手中，国人报纸越来越少，日伪报纸越来越多。这是东北新闻史上的最黑暗的岁月。

二 日伪统制下东北媒介格局的变化

日伪政府在伪满统治初期大力发展日伪报纸，广播。使日伪报纸、广播充斥东北各地。从"九一八"事变到1936年年初，日伪就新办了中文报纸14家、日文报纸8家、俄文报纸1家、朝鲜文报纸1家。（具体新办报纸见附表5）新成立新京、奉天、大连、哈尔滨4家中央放送局及13家地方放送局。遍及东北各地，形成一个以长春为中心的四向放射的新闻传播网。

（一）日伪在东北的代表性报纸

伪满弘报协会共有18个加盟社。在11家日文加盟报纸中，影响较大的是"南满"的《满洲日日新闻》、"北满"的《哈尔滨日日新闻》和伪首都的《大新京日报》，即伪满三大日文报纸。在15家中文报纸中，影响较大的是长春《大同报》、沈阳《盛京时报》、大连《泰东日报》、哈尔滨《大北新报》，即伪满四大中文报纸。

1.《满洲日日新闻》

《满洲日日新闻》是日本侵略东北最古老的报纸，也是势力最大的日文报纸。创办于1907年11月3日，是"满铁"系报纸。《满洲日日新闻》继1927年与《辽东新报》合并，改称《满洲日报》以后，1935年8月又与《大连新闻》合并，恢复《满洲日日新闻》旧称。至此，《满洲日日新闻》成为大连唯一一家大型日文报纸。1936年9月脱离"南满"，加入伪满弘报协会，成为第一批加盟社。总部也迁往奉天。该报在伪满期间的读者群，是在东北负有侵略使命的全体日本人。[①]

[①] 辽宁省地方志编纂委员会办公室主编：《辽宁省志报业志》，辽宁人民出版社2005年版，第22页。

《满洲日日新闻》报社设备完善，有4台高速轮转印刷机；资金雄厚。该报管理严密，设有编辑局、总务局、营业局、印刷所。在奉天、伪"新京"、哈尔滨和日本的东京、大阪设有分社、支局或特约通讯员。在日本的门司，中国的北平、天津、上海、台北等地设置了通讯、营业网点，发行范围主要为东北和华北地区。①

《满洲日日新闻》站在侵略者或者是统治者的立场，用"社评""杂评"来指导形势，或者纠正统治当局的某些错误。《满洲日日新闻》的"社评"经常代表政府对当前形势或重大事件发表指导性言论。这些社评不是一般的歌功颂德，而是针对日本在伪满的实际，发表的"积极"意见。它既暴露了日本对东北的榨取所遇到的困难，又为它出谋划策。

2.《哈尔滨日日新闻》

《哈尔滨日日新闻》曾于1922年11月1日由《北满洲》《西伯利亚新闻》《哈尔滨新闻》3家日文报纸合并后创刊。1932年2月哈尔滨沦陷后，《哈尔滨日日新闻》充当了日本占领者在哈尔滨的主要喉舌，内部机构也随之扩大和加强。在纪念创刊15周年时，该报期发数超过万份，号称"哈尔滨第一报"②。

1936年9月，《哈尔滨日日新闻》奉命加入了伪满弘报协会，正式成为日伪在哈尔滨出版的"国策报道机关"。11月，曾任"满铁"齐齐哈尔事务所所长、日本驻齐领事的古泽幸吉继任社长。此人早在1907年就职于日本驻哈领事馆，长期参与了日本入侵哈尔滨和齐齐哈尔的活动。由于伪满弘报协会的安排，《哈尔滨日日新闻》进入了它最兴旺的时期。③

从1937年起，该报先后在齐齐哈尔、牡丹江、佳木斯等地出版《哈尔滨日日新闻》地方版；并在长春、沈阳、大连和东京、大阪等地设立支社、局。报社内部也调整充实机构，扩充设备。其后该报搬入哈尔滨弘报会馆大楼（今黑龙江报业集团旧楼），并自诩为"北满"报界的王座。该

---

① 辽宁省地方志编纂委员会办公室主编：《辽宁省志报业志》，辽宁人民出版社2005年版，第22页。

② 黑龙江省地方志编纂委员会：《黑龙江省志报业志》，黑龙江人民出版社1993年版，第271页。

③ 黑龙江省地方志编纂委员会：《黑龙江省志报业志》，黑龙江人民出版社1993年版，第271页。

第三章 日伪新闻统制的开始与国人的新闻抵抗（1931.9—1937.7）

报在宣传内容上，与《满洲日日新闻》一样，积极为日本统治者进行殖民统治和经济掠夺、思想奴化等方面出谋献策，为日本侵略者张目。

3. 《满洲新闻》

《满洲新闻》原名为《北满日报》，1909年1月在长春创刊，1932年改名为《新京日报》，1935年2月将日文《大满蒙》报吞并，又改名为《大新京日报》。1936年6月，由满洲日日新闻社接办，作为日本关东军和伪满洲国的日文机关报。1936年9月加入伪满弘报协会，为第一批加盟社，并补助该报伪满币10万元，作为"执行国策"的报纸。

1937年2月1日，该报迁入新址，长春中央通，增添了超高速轮转印刷机、活字铸字机、照相机等设备，大大提高了印刷能力。为使其与《满洲日日新闻》脱离关系，委派制造侵华舆论的得力干将和田日出吉为社长。与此同时，依据伪《满洲国公司法》，《大新京日报》改为股份公司。该报在沈阳、哈尔滨、吉林，以及日本东京、大阪等地设支社、局。在其出版的3年时间里，机构人员频繁变动。1938年11月10日改名为《满洲新闻》，成为伪满中央一级日本报纸。[①]

4. 《大同报》

《大同报》创刊于1932年3月1日。它的前身是《大东报》，为迎合日本傀儡溥仪"登基"时的大同年号，在创刊时改名为《大同报》，对开两大张8版，1934年扩为对开12版。社长为辽宁人王光烈、掌实权的副社长为日本关东军嘱托都甲文雄。

作为伪满洲国政府的官方报，《大同报》完全仰仗着日本侵略者的鼻息行事，奉承侵略者的意志，读者多数是生活在日寇铁蹄下的东北人民，所以，它是典型的"奴隶型"报纸。《大同报》每日发早、晚两刊，每日对开3大张，共12版。1至5版为政治、军事；1版刊登社会和要闻；2版刊登国内、国际新闻；3版刊登吉林新闻；4、5版刊登各地新闻；6、7版为文艺版；8版刊登人物、小说、风土人情、历史知识；9版刊登

[①] 吉林省地方志编纂委员会编：《吉林省志 新闻事业 报纸》，吉林人民出版社2006年版，第61—62页。

经济新闻；10版、12版为广告。①

《大同报》从一创刊就开始粉饰日本侵略军屠杀东北抗日军民行为。1933年7月27日第7版刊登了题为《邢警备司令统帅大军讨伐叛国巨匪匪首风远　仅余红军一个匪团满日军夹击中》的新闻，报道敌伪的"讨伐队"到达磐石一带后，因抗日部队打的是游击战，伪军看不到抗日军的影子。文中说："十步不能见人，是小匪得以隐匿其中，而大军竟不能得以全灭，而匪首等亦莫名其去处。"②《大同报》就是这样不惜篇幅，大量刊登了日伪军屠杀抗日军民的此类报道。

《大同报》很少有"社评"，至于杂评，则根本没有。其"重要新闻"栏目，一般只刊登政令新闻，什么"价格并配给统制法""强化暴利取缔令"等，强迫东北人民必须遵行。再就是宣传日本侵华的"战果"和对我抗日部队的诬蔑。在"一般新闻"和"社会新闻"栏目中，登载一些什么"日满亲善佳话""友邦军官救护满洲无依孤儿""满日融合气象新"等所谓"日满协和""王道乐土"之类的新闻，以及一些恋爱、情杀、桃色的新闻。③

"七七事变"前，中国共产党呼吁国共合作，一致对外，共同抗日。日本帝国主义采取各种手段拉拢蒋介石，阻止国共合作。《大同报》在宣传报道上紧跟日本侵略者，挑拨国共关系，为拉蒋排共献策。1936年7月8日2版头题、二题新闻中报道他们对抗日运动的所谓客观分析，鼓吹蒋介石用"武力弹压"群众的抗日运动。接着又在第三条新闻中说："各地抗日其实反蒋，蒋氏态度如何，系于日本外交手腕。"类似这样在全面抗日战争爆发之前，对蒋介石又打又拉的报道，屡见不鲜。④ 1936年8月，《大同报》改为股份有限公司。9月，《大同报》加入伪满弘报协会，成为第一批加盟社成员。撤销了王希哲的社长职务。改由日本侵华特务染谷保

---

① 吉林省地方志编纂委员会编：《吉林省志　新闻事业　报纸》，吉林人民出版社2006年版，第58页。
② 《邢警备司令统帅大军讨伐叛国巨匪匪首风远　仅余红军一个匪团满日军夹击中》，《大同报》，1933年7月27日第7版。
③ 孙邦主编：《伪满洲国史料丛书·伪满文化》，第321页。
④ 孙邦主编：《伪满洲国史料丛书·伪满文化》，第321页。

第三章 日伪新闻统制的开始与国人的新闻抵抗（1931.9—1937.7）

藏任社长，大石智郎任主干。

5.《盛京时报》

《盛京时报》是伪满时期行销东北的大报。该报仰仗特权，经常针对中国时政，放言高论、挑拨离间、造谣生事，唯恐中国不乱。"九一八"事变以后，该报更加称雄于沈阳，版面不断扩大，销量增加，及至卢沟桥事变发生后，更是骄横一时，睥睨一切。它的新闻稿很短，但桃色新闻、凶杀案、演员生涯等却添枝加叶，篇幅较长。其副刊除综合性的"神皋杂俎"外，还有"家庭""青年""儿童""妇女""文学"等栏目，一般都内容贫乏，文字水平较差。[①]

"文学"副刊自1940年后，曾间或发表一些带有进步倾向的作品，是日本侵略者始料不及的。1932年7月，社长佐原笃升病死，由染谷保藏接任社长。1937年8月，该报吞并了沈阳的《大亚公报》《民报》《奉天公报》《奉天日报》《民声晚报》5家中文报纸，成为行销全东北的大报。当时该报日出对开两大张、8个版，最多时达到三大张半，14个版，发行量达到17万份（在当时的东北首屈一指）。此外，他们还增加了四开版的《小时报》，专门刊登一些社会花絮，同时又帮助"锦州省"创办了一份《辽西晨报》。

日伪时期，该报的宣传内容与《大同报》一样，极力宣扬日本帝国主义侵华"功绩"，竭力为其在东北的殖民统治效劳，为日本帝国主义进一步扩大侵略制造舆论，也发挥其对东北人民进行"欺骗"和"麻醉"的作用。该报在"新京"（长春）、大连、哈尔滨、北京、天津和东京、大阪等地设有支社、局。

6.《大北新报》

《大北新报》自1922年创办起，便一直充当日本殖民主义在中国的铺路石，反苏反共立场明显，诋毁苏共美化自己。在其创办后期（1932—1944），由于伪满洲国建立，日本全面侵华战争爆发，该报更加确定了立场，即为殖民主义所服务，不断对东北人民进行新闻统制和舆论控制的工具。

[①] 郭君、陈潮：《日本帝国主义对伪满新闻报业的垄断》，转引自孙邦主编《伪满洲国史料丛书·伪满文化》，吉林人民出版社1993年版，第313页。

哈尔滨沦陷后,《大北新报》以战胜者的姿态傲居哈埠国人各报之上。1933年6月1日,该报脱离《盛京时报》而独立,成为日本占领者在哈尔滨的机关报。为此增设机构,扩大版面,每日对开8版,期发6000多份,并增出《大北新报画刊》,竭力鼓吹"日满协和""王道乐土"[①]。

《大北新报》十分排斥共产党,在其报道中,不乏"赤匪"与"保卫国家"的战争。其中,在《大北新报》报道《鄂省匪势仍猖獗,一举肃清殆难奏效》曾写道:"国军正努力剿赤而赤匪亦有努力反攻之口号,赤匪疑连用军事策略,于九月一日以前占领一重要城市为政治根据地,蓄边事败坏,疆土日削,亦到短兵相接时期,自热河形势严重。此间最高负责者颇感失彼之痛苦面请各方之意见。咸谓无论如何,绝不变更剿匪计划,否则危机掣肘,国必不可救云。"[②] 1936年,伪满弘报协会成立时,《大北新报》被作为11个"加盟社"之一,第一批入会。按照伪满弘报协会"新闻统制"的计划,该报于1937年8月强行"收买"了曾经长期与之抗争的哈埠国人小报《午报》,并利用《午报》在读者中的广泛影响,继续用原报名出版。此后,这张小报专门刊载十分低级庸俗的社会新闻和黄色新闻,麻醉和毒化普通市民。人们蔑称它为"小午报"[③]。

7.《泰东日报》

《泰东日报》创刊于1908年11月3日,是日俄战争后日本侵略者侵占大连后最早的中文日报。该报开始是由中国人的工商界组织——大连华商公议会发起,并由中国商人集资创办,首任社长为刘肇亿。后来资金持有者将资金"转让"给社长金子平吉,遂变为金子吉平个人经营。民国二十五年(1936)该报社为资金20万元(伪币)的股份公司。1937年前,该报每期发行量为3万份左右。1937年前,《泰东日报》有老式轮转机、自动铸字机、手摇铸字机等,纸型用手打制,锌、铜版照相制版在外厂加工。每天出报8版(其中广告占3版)。民国二十七年(1938)后,报社

[①] 黑龙江省地方志编纂委员会:《黑龙江省志报业志》,黑龙江人民出版社1993年版,第77页。

[②] 《鄂省匪势仍猖獗,一举肃清殆难奏效》,《大北新报》,1932年8月5日第1版。

[③] 黑龙江省地方志编纂委员会:《黑龙江省志报业志》,黑龙江人民出版社1993年版,第78页。

第三章　日伪新闻统制的开始与国人的新闻抵抗（1931.9—1937.7）

增设 1 台大型附有套色的轮转机，纸型由手压改用机压。该报技术、设备在全伪满都属于一流。

"九一八"事变后，日本帝国主义为加强对舆论机关的统制，将《泰东日报》各主要部门负责人，全部换上日本人。报纸完全成为宣传日本"大东亚共荣圈""日满协和""王道乐土"的工具，成为日本军国主义对东北人民进行"奴化教育"的阵地。

《泰东日报》的机构，开始时设编辑部和经营部，后升格为局。编辑局下设社会委员、整理部、取材部、文化部、校对部、翻译部；营业局下设总务部、广告部、贩卖部、事业部、工务部。报社人员最多时达 100 人，日常也保持在 80 人左右。《泰东日报》除首任社长外，历任社长均为日本人，仅"编辑人"一职由中国人挂名，以造成中国人自己在办报的假象。[①]

1937 年 10 月，该报按照日伪的"新闻整顿"计划，将大连中文报纸《满洲报》《关东报》吞并后，成为伪满弘报协会的加盟社。每日出版对开两大张、8 个版，后增至三大张、12 个版；期发行量 3 万份，其中 2/3 行销全东北，成为辽东一带颇有影响的大报，也是大连唯一一家中文报纸。[②]该报在长春、沈阳、哈尔滨、吉林、北京、天津，以及日本东京、大阪等地，设有支社、局。

除了《盛京时报》《大北新报》外，另两份中文报纸也都办有一种 16 开的小报，以适应文化程度低的"下层市民"的需要。如《大同报》办了《实话报》《泰东日报》办了《新亚报》。这些小报的内容，都是用白话文写成，专门刊载十分低级庸俗的社会新闻和黄色新闻，以麻醉和毒化"下层市民"。

总之，日伪在东北各地新办各种综合性报纸中既有中、日文报纸，又有俄文报纸和朝鲜文报纸，甚至还有英文报纸。同时，日伪还办有大量的各种专业性报纸和各种期刊百余种。日本侵略者控制下的日系新闻报纸，表现了十足的殖民地性质，它是日本帝国主义侵略政策的号角和工具，是

[①] 辽宁省地方志编纂委员会：《辽宁省志·报业志》，辽宁人民出版社 2005 年版，第 15 页。

[②] 辽宁省地方志编纂委员会：《辽宁省志·报业志》，辽宁人民出版社 2005 年版，第 16 页。

日本侵华战争中的文化尖兵。

（二）日伪创办的广播电台

"九一八"事变后，日寇先后攫夺中国东北的沈阳、哈尔滨两座广播电台，组成沈阳广播电台，于1931年10月26日开始播音。1932年3月伪满洲国在长春成立后，日伪把长春改称"新京"，日本主管通信、广播事务的关东军特殊通信部也迁到长春，在日伪政权的直接统制下充当殖民者的传声筒。

1. 伪新京放送局

1932年10月，日本关东军司令部由沈阳迁至长春，主管通信、广播事务的关东军特殊通信部也迁至长春，同时在"新京电话局"内设立演播室，以"奉天放送局新京演奏所"的名义开始播音。1933年4月，在演奏所的基础上，日伪成立了伪新京放送局，呼号MTAY，发射功率1000瓦。该台完全由关东军司令部控制，后又移交伪满洲国交通部管辖。

1934年11月，伪"新京放送局"启用100千瓦的大功率发射机广播，可覆盖东北大部分地区。1943年4月，日本又把伪新京中央放送局进一步升格为"新京放送总局"。同时，伪满当局极力推销只能收听到当地日伪广播的廉价收音机，强制中国居民购买，严厉取缔6个电子管以上的收音机，借以限制收听重庆和苏联、欧美的广播。①

2. 伪奉天中央放送局

1931年"九一八"事变后，日本关东军抢占了沈阳广播电台。10月26日，在关东军特殊通讯部控制下，以为奉天放送局名义进行军事侵略宣传。初期使用原2000瓦发射机进行以广告为主要内容的广播。1932年1月开始，固定在星期二、四、六转播15分钟日本东京广播电台节目，使用短波播放。1932年5月改为二套广播，一套为日语广播，一套为汉语广播。②

1932年10月，日本关东军特殊通信部由沈阳迁至长春，在伪新京电

---

① 赵玉明主编《中国广播电视通史》，北京广播学院出版社2004年版，第57页。
② 沈阳市人民政府地方志：《沈阳市志·新闻出版》（第十三卷），沈阳出版社1990年版，第203页。

第二章 日伪新闻统制的开始与国人的新闻抵抗（1931.9—1937.7）

话局内设广播室，以伪奉天放送局新京演奏所名义播音。后改为伪新京中央放送局，控制全东北的广播。1933年伪满洲国电信电话株式会成立，接管了奉天的广播电台。伪奉天放送局进行了扩建，共占地 1.8 万平方米。在原 1000 瓦发射机基础上增加 1000 瓦发射机，用以播出话语节目。①

3. 伪大连中央放送局

伪大连中央放送局是东北地区最早的广播电台。1925 年，大连市西郊的西山屯"大连无线电信局沙河口受信所"设立发射装置，由市内大山通的"中央电话局"内设立广播室开始试播，呼出名为"大连中央放送局"。用日语、汉语、朝鲜语、俄语、英语、蒙古语等多种语言广播。在收音机尚未普及的当年，听众已达 2122 名。

每天早、午、晚 3 次播音，发射功率为 500 瓦，累计在 5 小时到 6 小时左右。播出节目有新闻、文艺、知识教育等，其新闻节目，间接地反映日本的军事政治情况，传达日本侵略的意识观念和政策。② 日本把伪大连中央放送局视为国家与国民联系的有力纽带，殖民宣传的重要工具，负有执行"国策"的特殊使命。因为"此时在日本国内，亦仅有东京及名古屋两个广播电台而已"③。

1933 年 9 月，伪"大连中央放送局"被伪"满洲电信电话株式会社"所接收。从此，东北地区的"电气、通信事业之一元化"的统治形势也就出现了。1945 年 8 月日本投降后，"大连中央放送局"停播。④

4. 伪哈尔滨放送局

哈尔滨广播无线电台 1932 年 2 月 5 日被日本侵略军占领，7 月，改成伪哈尔滨放送局，恢复了广播。1933 年 9 月日，伪哈尔滨发放局归属伪"满洲电信电话株式会社"哈尔滨管理局管理。1934 年 7 月，新京到哈尔滨的广播专用中继线路建成，开始实行全满联网广播。

---

① 辽宁省地方志编：《辽宁省志·报业志》，辽宁人民出版社 2005 年版，第 64 页。
② 大连市地方志编纂委员会：《大连市志·广播电视志》，大连出版社 1996 年版，第 2 页。
③ 东北物资调节委员会研究组：《东北经济小丛书（16）（电信）》，中国文化服务社 1948 年版，第 90 页。
④ 顾明义、张德良：《日本侵占旅大四十年史》，辽宁人民出版社 1991 年版，第 500 页。

1934年以前，哈尔滨放送局工作人员是从日本放送协会和关东军特殊通讯部抽调出来的，全是日本人。所以哈尔滨放送局的广播节目怪声怪气，奇腔异调，它播放出来的声音同中国人发出的声音似乎隔着一道鸿沟，不太容易进入中国人的耳朵，广播收不到他们预想的效果。[1]

为了扭转这种情况，到1935年，放送局才开始吸收中国人参加广播工作。逐年请一些中国人演播节目，单独播出或向联网中继输出，向全伪满地区播出。1935年，满洲电信电话株式会社试行收音机赊销、修配收音机减价、简化收听手续等措施，企图扩大收听范围。后因收效甚微而停止。

东北沦陷时期，除了上述4个中央放送局外，还建有安东放送局、营口放送局、锦州放送局等13座放送局（广播电台）。同时，在日伪统治下，东北地区广播的编辑方针，都是遵循日伪的国策进行的，即使在文艺节目中，也要结合一些"日满协和""王道政治""大东亚共荣圈""国兵法"等，其内容随着日本帝国主义侵略战争的不断扩大而有所侧重。初期宣传伪满洲国"王道乐土"，"七七事变"后则侧重宣传"日满支相提携，建设东亚新秩序"，太平洋战争爆发后以"圣战必胜"为主要内容。

日伪规定，各广播台站必须唯伪新京中央放送局（后升级为放送总局）马首是瞻，而伪新京放送局又直接受伪"满洲电信电话株式会社"控制，所有广播节目必须经由日本人主管的电政科审查，"电政科可以对原稿的某些字句提出修改意见，也可以勒令禁止广播，不仅可以对广播稿件详加检查，即对于广播使用的唱盘的审查亦毫不松懈"[2]。同时，日伪警宪每年实行春秋两次例行大检查，对广播新闻系统里的重点目标（中国人）进行审查检举，甚至肆意逮捕关押。

（三）日伪统治下的国人报纸

在伪满洲国初期，日本实施"治安第一主义"，尽一切可能压制东北人民的抗日斗争，同时不放弃和忽视文化统治。在日伪的法西斯新闻统制

---

[1] 尔泰、丛林：《哈尔滨放送局和哈尔滨中央放送局时期》，转引自孙邦主编《伪满洲国史料丛书·伪满文化》，吉林人民出版社1993年版，第279—280页。

[2] 赵家斌：《日伪统治下的东北广播》，转引自孙邦主编《伪满洲国史料丛书·伪满文化》，吉林人民出版社1993年版，第268页。

第三章　日伪新闻统制的开始与国人的新闻抵抗（1931.9—1937.7）

下，东北各地的国人报纸逐渐下降。例如哈尔滨在沦陷前，有国人报纸 13 家，伪满初期降至 8 家，到 1936 年初只剩下 5 家。长春、吉林、齐齐哈尔、安东等地的国人报纸，有的被日本人接管，有的被迫停刊，已全部消失。

在"七七事变"之前，在东北仅有的 8 家国人报纸中，其政治态度和状况也不同。有被迫改变政治方向，但对日伪统治不满的；有自觉拥护日伪，并为其唱赞歌的；有被汉奸直接插手，为日伪忠实效命的。这 8 家国人报纸均分布在哈尔滨及沈阳。哈尔滨的国人报纸主要有《国际协报》《滨江时报》《哈尔滨公报》《午报》《东三省商报》等 5 家。沈阳的国人报纸有《醒时报》《东三省公报》及《民报》3 家。

1. 《国际协报》

1932 年 3 月 7 日，《国际协报》被日伪当局准予复刊。复刊后，社长张复生声明封笔，不再撰写每日社评。尽管该报从形式上屈服了日伪的统治，主要按照日伪政权的旨意来组织报道，很多消息都来源于"满洲国"的通讯社"国通社"。但对于关内及国外新闻，该报则大多进行客观的报道。同时，虽然由于形势所迫，最能代表该报立场的社评从此不复存在，但自 1935 年 4 月开始，该报开辟了评论专栏"论题之键"，每日针对国际热点事件发表见解，尤其关注二战前的风云变幻，其笔端对弱小国家的同情实际上也隐喻了中国面临的处境和国际地位。

这段时期《国际协报》副刊的光华在一定程度上填补了不能尽言的苍白。1932 年春，中共满洲省委从日伪统治十分严密的沈阳迁到了日伪统治尚不稳固的哈尔滨，从此，哈尔滨成为东北人民抗日反满斗争的中心。中共满洲省委候补委员、中共哈尔滨市委东区（道外）宣传委员罗烽，在中共哈尔滨市委书记杨靖宇的领导下，组织中共满洲省委宣传干事姜椿芳，中共地下党员金剑啸、舒群、方未艾等和反日同盟会会员白朗、达秋（唐景阳），团结爱国进步青年萧军、萧红、金人、温佩筠以及爱国进步文化工作者冯咏秋、吴寄萍、刘昨非等，利用敌伪和民营报刊，建立文艺宣传阵地，在社长张复生的默许下，这些爱国青年在《国际协报》副刊《国际公园》以及《文艺》周刊上，曾经发表了大量反映现实、暴露日伪统治下社会黑暗和人民反抗斗争的文艺作品。这些爱国文学青年的骨干也便构成了"东北作家群"的核心力量。因这段时间该报尚有一些特色，因此发行量居东北几家国人报纸之首，在8000份左右。①

但是，随着日伪政权和新闻统制在东北的进一步巩固和加强，为数不多的在黑暗中挣扎的东北国人报纸生存愈加艰难。曾经活跃在《国际协报》副刊的"东北作家群"成员星散逃往关内，《国际协报》赖以维系生命力的源头至此被再一次堵塞。其后，《国际协报》开始受到更加严密的监视。此时，日伪当局对于报纸的检查更为全面，就连副刊上的文学作品也一律不放过。《国际协报》在种种束缚之下，渐渐失去了自己的市场地位。1936年上半年，《国际协报》期发行量下降到4000多份，从此该报开始进一步走向衰落，直至1937年10月被迫与《滨江时报》与《哈尔滨公报》合并。

2. 《滨江时报》

1932年2月4日，即哈尔滨被日本占领的前一天，《滨江时报》曾发表了时任黑龙江省主席马占山的领衔通电，毅然表明抗日的决心与态度。"彼有精械，我有热血，保我子孙，还我河山，在此一举，精神终胜物质，胜算贵在决心。"②然而颇具讽刺的是，待哈尔滨沦陷后，该报却是第一家复刊的国人报纸。

《滨江时报》复刊第二日，立即抢先刊载独家新闻，匆忙发表了尚未出笼的伪满《新国家的独立宣言》。同年3月初，当傀儡皇帝溥仪被日军扶植"登基"时，该报推出大字标题《维皇登极普天同庆/尧天舜日于斯万年》，极尽"讴歌"之能事。为了保全自己，该报牺牲了原有的办报风格，完全转向，成为粉饰"日满和作""王道乐土"的点缀品。③复刊后的《滨江时报》的报道内容受到日伪政府的严格垄断，只能发表"经过许

---

① 参见赵惜梦《沦陷三年之东北》，大公报馆1935年版，第46页。沈阳：张子歧创办的《醒时报》发行量为800份，王希哲创办的《大亚公报》发行量为千余份；哈尔滨：关鸿翼创办的《哈尔滨公报》发行量为4000份，张复生创办的《国际协报》发行量为8000份，赵郁卿创办的《午报》发行量为700份；齐齐哈尔：卢文善创办的《黑龙江民报》发行量为800余份；吉林：余渊孚创办的《吉林日报》发行量为千余份；承德：王璨三创办的《热河日报》发行量为400余份。

② 《黑龙江省主席马占山领衔通电》，《滨江时报》，1932年2月4日第1版。

③ 黑龙江省地方志编纂委员会：《黑龙江省志·报业志》，黑龙江人民出版社1993年版，第53页。

第三章 日伪新闻统制的开始与国人的新闻抵抗（1931.9—1937.7）

可"的新闻，极少有自己的评论性言论出现，同时经常登载一些粉饰日伪统治的文章，还曾组织《大亚细亚联盟之我见》等谄媚性征文。

3. 《哈尔滨公报》

《哈尔滨公报》在沦陷后不久复刊，立即改变宣传方向，提出以"日满亲善""宣扬满洲国王道政治"为办报口号，当即受到日伪当局的夸奖，称其"言论正大"。不久，傀儡溥仪向该报颁赐亲笔题词"辅德博仁"。社长关鸿翼也成为日伪的"红人"，1935 年 4 月，傀儡溥仪出访日本时，他被指定为"访日记者团"成员之一，随同访日。①

1937 年日本帝国主义以武力全面侵略中国前，日伪为彻底封锁消息和言论，进一步加强舆论控制，更为严酷的第二次新闻整顿迫使国人报纸几乎全部停刊。当时在哈尔滨出版的《国际协报》《滨江时报》《哈尔滨公报》3 家报纸，都是办报时间较长、拥有不少读者，而且有一定影响的国人民办报纸，虽然他们已经陆续转向，但日伪当局对他们仍不放心，强令三报停办，又担心此举会损及"日满亲善""日满协和"的高调，于是经过哈尔滨特务机关的策划，1937 年 10 月将 3 家报纸合并，在《哈尔滨公报》的旧址，出版了《滨江日报》。② 该报由效忠天皇的汉奸王维周任社长，直接控制该报。范介卿以股东身份被任命为新报常务理事兼营业局局长，主管广告与发行，直到日本投降为止。

4. 《午报》

《午报》在哈尔滨沦陷后虽被核准复刊，但日本占领者却对这家曾经"带有浓厚排日色彩，善用煽动性语言"的小报，严加限制。社长赵郁卿以"愤慨"为笔名，表达他对"王道乐土""日满协和"的愤慨。1935 年他在该报《警世钟》专栏，以老报人身份指斥日伪的新闻统制，说他们对报纸"所载他们的劣迹，认为是狗咬耗子多管闲事，不是肆行无理取闹，就是叫骂无理陷害"③。

---

① 黑龙江省地方志编纂委员会：《黑龙江省志·报业志》，黑龙江人民出版社 1993 年版，第 63 页。

② 黑龙江省地方志编纂委员会：《黑龙江省志·报业志》，黑龙江人民出版社 1993 年版，第 64 页。

③ 黑龙江省地方志编纂委员会：《黑龙江省志·报业志》，黑龙江人民出版社 1993 年版，第 54 页。

赵郁卿对日不满的言论，惹恼了日伪当局。1936年日本宪兵队以《午报》报道失实为借口。将他逮捕，并打伤他的腿。后经他的旧友、青帮头目任某保释后，逃回山东原籍。《午报》在其妻王惠贞主持下继续出版。1937年9月15日，赵郁卿创办的《午报》被大北新报社强制"收买"，作为其子报出版。

5.《东三省商报》

《东三省商报》在"九一八"事变后，由《国际协报》社长张复生之叔张子淦出资接办。该报复刊后，较多地采用英亚电讯稿，用客观手段安排国内各地和伪满的消息，一定程度上表现了与日本占领者合作的态度。1933年张子淦病逝后不久，《东三省商报》停刊。该报于1932年附出的《商报晚刊》仍继续出版。该报同当时一些不甘心"转向"的报纸那样，只刊消息，不发言论。在报道中仍采用客观主义手段。①

1934年8月15日，该报报道红军长征消息，稿中说"重庆成都之间"，"约三十万"农民援助红军，并指出"蒋介石氏之讨共产军工作，前途极为悲观"②。当时报纸上很少有这样正面报道红军长征的内容。

6.《醒时报》

《醒时报》原名为《醒时白话报》，于1909年2月10日在沈阳创刊，为爱国人士张兆麟创办。1931年，该报也受到日本帝国主义摧残。《醒时报》虽曾反日，但因它在群众中"颇有势力"，被日本占领者准予继续出版。

在日伪的高压下，其办报宗旨发生改变，大力宣传满洲"建国"。如1932年9月20日，该报发表一篇《建国纪念祝词》，这篇祝词把日本对东北的殖民侵略说成是"幸经邻国，仗义歼强，苏昭万姓，政治重光"③，从这种背离事实真相的阐述中足以看出，彼时的《醒时报》已经从原先的"排日先锋"沦落为"亲满亲日"的世俗报刊。

对于日本承认"满洲国"这一事件，《醒时报》中也有着大量谄媚的

---

① 黑龙江省地方志编纂委员会：《黑龙江省志·报业志》，黑龙江人民出版社1993年版，第56页。
② 《朱毛拟在川甘边境建设新共产区》，《东三省商报》，1934年8月15日第1版。
③ 《建国纪念祝词》，《醒时报》，1932年9月20日第1版。

第三章　日伪新闻统制的开始与国人的新闻抵抗（1931.9—1937.7）

报道。比如，1933 年 9 月 17 日，该报发表了隆重的纪念"满洲国"被承认一周年的报道，文中称"日本率先列国承认满洲国，已届一年，逢此具有深意义之九月十五日，不仅全满各地开催纪念祝典，即在日本有同样之祝贺"，并形容出席庆典的人群"蜿蜒如长蛇，欢声弥宇宙，美丽庄严极盛一时"①，从而迎合日伪当局为广大民众制造着局制造着"日满友好"舆论假象。在日伪统治时期，《醒时报》不仅对伪满洲国的建立进行了大量的宣传报道，而且还大肆登载转发日本官方报道、公文等，并援引各方消息佐证"满洲国"在国际上的合法地位。究其实质，这些报道内容已经严重背离了新闻报道的客观真实性，只为"满洲国"做卖力宣传。

此外，该报在日伪统治时期还经常刊载一些市井趣闻之类的稿件，并在副刊连载惨情小说《守宫毒》，社会小说《浊世人情传》，武侠小说《明清八义十三侠》以及张恨水的言情小说《啼笑因缘》等，使该报沦为世俗小报。1935 年初，年过七旬的张兆麟，将《醒时报》交给长子张友兰和儿媳王维棋经营。不久，日本特务机关将张友兰收买，后期该报流入世俗，多登载黄色社会新闻与奇闻轶事。②因此，在 1937 年的"新闻整顿"中，该报仍被保留下来。

7.《东三省公报》

日本帝国主义为彻底吞并东北，变东北为日本本土的一部分，早在酝酿"九一八"事变之前就别有用心地炮制出"东北非中国论"和"汉民族非东北民族论"两个谬论。当年伪满协和会的骨干分子山口重次后来便在他的《满洲建国——满洲事变正史》中宣称，"满洲不是中国的一部分"，满洲"200 年的历史是由同中国完全不同的另外民族创建的……"③伪满洲国出笼以后，在关东军的授意和指使下，这种反动理论愈加得到"张扬"和"完善"。日本在东北成立伪满洲国后，为忌伪国之讳，以示东北地区已不属于中国领土，将带有"三省"字样的报名全部"删掉"。

---

① 《九一五纪念日——新京祝贺盛况 庄严灿烂空前式典》，《醒时报》，1933 年 9 月 17 日第 1 版。

② 辽宁省地方志编纂委员会：《辽宁省志·报业志》，辽宁人民出版社 2005 年版，第 17 页。

③ [日] 山口重次：《满洲建国——满洲事变正史》，日本行政通讯社 1975 年版，第 18—19 页。

这份与晚清《东三省公报》同名的报纸曾于1912年2月创刊，是文人王希哲（王光烈）所办，曾被作为奉天省公署的机关报，"九一八"事变后大量刊载"拥日"消息。由于亲日，该报被日本关东军特准继续出版。1933年，伪满洲国机关报《大同报》出版，王光烈被日伪委任为首任社长。为向日伪当局示好，王光烈把《东三省公报》更名为《大亚公报》，作为《大同报》的附庸，王光烈本人兼任社长。该报于1935年9月停刊。

8.《民报》

《民报》的前身即是1921年创刊的《东三省民报》。日军占领沈阳后，《东三省民报》公开提出"沉着、冷静、不屈服"的口号。但日伪政府成立后，该报由大特务土肥原命令汉奸赵欣伯经办这家报纸，为关东军服务。赵欣伯接管后，将其更名为《民报》。该报主笔张梦九，是个死心塌地的卖国文化汉奸，为向关东军邀功请赏，该人连篇累牍地在报纸上发表亲日文章，刊登"日满不可分""共存共荣""拥护皇军"的报道，甚至连大字标题都是这类肉麻的口号，如"东亚之乐园""新国家之前途""协和会之使命"等。该报于1933年停刊。

综上，伪满洲国新闻报纸尽管由于汉文和日文报纸的地位、读者对象及其内容上有很大区别，但在宣传上有一个共性，即鼓吹日本侵华战争的"合理性"，宣传"大东亚圣战"①，不惜污蔑中国人民的反日斗争，宣扬侵华战争的所谓"辉煌战果"，甚至欺骗中国人民和日本人民，表现出极强的殖民文化色彩。

第三节 在共产党领导、参与下的新闻出版及广播战线的抗日斗争

东北沦陷后，中国共产党领导的武装斗争的同时，在文化战线主要表现为新闻宣传事业的斗争，新闻战线是文化抗争的重要阵地。这一时期中共东北党组织的新闻宣传事业由大城市向广大乡村地域拓展。在城市，中共各级组织在从事地下革命活动和武装斗争的同时，十分注重文化界的反满抗日斗争，新闻传播战线的爱国人士在中共党组织的影响、指导、发动

---

① "大东亚圣战"为日本在第二次世界大战时参加远东和太平洋战场的总称。

第三章 日伪新闻统制的开始与国人的新闻抵抗（1931.9—1937.7）

下一直没有停止同日伪统治当局的斗争。他们利用日伪的报纸副刊、广播电台，揭露日伪统治的黑暗，在东北民众中产生了重大影响。在广大农村的抗日游击区和抗联根据地，在"火烤胸前暖、风吹背后寒"艰苦的环境中，抗日联军配合东北党组织的政治工作印制报刊，出版了众多油印报刊。还以编写油印宣传品、散发小册子等形式向群众宣传、打击敌人，其文化贡献彪炳史册。

一 新闻出版战线的斗争

（一）中共满洲省委各级组织的新闻活动

1930年9月15日，中共满洲总行动委员会创了机关报《满洲红旗》。10月24日，总行动委员会撤销后停刊。《满洲红旗》第一期发刊词中说，"当中国革命逼近高潮，国民党军阀、豪绅资产阶级的统治在急剧崩溃，工农斗争在突飞发展，苏维埃与红军在猛烈扩大，一省与几省的首先胜利快要实现的时候，《满洲红旗》诞生了"[①]。

1931年1月，中共满洲省委机关报《满洲红旗》在沈阳复刊，为3日刊。同年2月24日，中共满洲省委确定了该报的宗旨是"党和群众工作的领导者，是扩大党在群众中的影响的有力工具。该报不仅要成为群众的宣传者，而且要成为群众的组织者"[②]。"九一八"事变后停刊。1932年年初，中共满洲省委迁入哈尔滨，哈尔滨成为中国共产党领导东北人民抗日斗争的指挥中心。

早在"九一八"事变爆发前，1931年8月15日，中共"北满"特委就在哈尔滨领导出版了一家公开报纸《哈尔滨新报》，该报以民办报纸面貌出现。《哈尔滨新报》社长吴雅泉，总编辑安希伯，兼任报社中共支部书记，后来安被调走，哈尔滨特委书记吴敬福兼任报社支部书记。12月6日《哈尔滨新报》要闻版头条，报道国民党屈从国联偏袒日本，支持日本无理要求我国军队撤出山海关，把锦州划为中立区的提案。1932年2月5

[①] 辽宁省地方志编纂委员会：《辽宁省志·报业志》，辽宁人民出版社2005年版，第37页。

[②] 辽宁省地方志编纂委员会：《辽宁省志·报业志》，辽宁人民出版社2005年版，第37页。

日哈尔滨沦陷后停刊。

1932年1月30日，中共满洲省委机关报《满洲红旗》继续在哈尔滨出版。宣传中国共产党的抗日救国主张，同时还发表东北军民抗击日本侵略的消息。为了加强党的思想、组织建设，提高政治理论水平和战斗力，中共满洲省委还创办了机关刊物《战斗》。

重新创刊的《满洲红旗》8开2版，同时出版《满洲红旗副刊》，它由省委秘书长聂树先负责编辑，是中共满洲省委迁至哈尔滨后秘密出版的第一份机关报。哈尔滨出版的《满洲红旗》报，现在仅存有：《满洲红旗》副刊第一期、第二期和正刊第三期，出刊日分别为1932年1月30日、2月14日和3月14日。两期副刊32开2页，横版立文1栏，蜡纸油印。正刊第3期8开2版，竖版立文，绿色油墨印刷。①

头两期《满洲红旗副刊》，各载一篇新闻评论，分别是：《哈尔滨二十六事件的意义》和《二月八日市民大会失败的经验和教训》，前文讲吉林伪军攻击哈尔滨事件，抨击日本侵略者，同时批判哈尔滨国民党市党部的《国民公报》鼓吹的"反共就是反日"等谬论；后文主要批评中共地下组织内的某些右倾恐日思想。《满洲红旗》副刊第一期，还刊载了《目前宣传鼓动的重要口号》，如"罢工、罢课、罢业，反对日本帝国主义及其新工具进攻哈尔滨""民众立刻武装起来，赶走日本帝国主义出满洲"等，共35条。②

《满洲红旗》第3期，1版头条刊登了长篇社论《论上海事变》，歌颂了"十九路军士兵的英勇抵抗"，揭露日本帝国主义的侵华野心与罪行，并批判国民党政府的不抵抗政策。这期报纸共刊载17条消息，多数是黑龙江和东北地区的抗日斗争近况。如《哈尔滨反日情绪高涨》《黑河大暴动》《中东路东线到处兵变》《义勇军袭击奉天》《反日便衣队扰乱长春》等。

伪满洲国成立后，1932年9月18日，《满洲红旗》改名为《东北红旗》。在出刊18期后，1933年6月，《东北红旗》又改名为《东北民众

---

① 黑龙江省地方志编纂委员会：《黑龙江省志·报业志》，黑龙江人民出版社1993年版，第74页。

② 黑龙江省地方志编纂委员会：《黑龙江省志·报业志》，黑龙江人民出版社1993年版，第75页。

第三章 日伪新闻统制的开始与国人的新闻抵抗（1931.9—1937.7）

报》继续出版至 1935 年 4 月终刊。

在东北各级中共组织的领导下，群团组织报刊陆续创办。共青团满洲省委和满洲总工会分别在哈尔滨出版了《东北青年报》《东铁工人报》，在沈阳创办了《工人之路报》《奉天青年》。在"南满""东满""北满"、吉东各抗日游击根据地也纷纷出版油印抗日小报。（参见附表 7）如"南满"地区的《青年义勇军报》《反日青年》《东边道青年先锋》《青年民众》《救国民众报》；"东满"地区的《新主人报》《青年斗争》；"北满"地区的《白刃战》；吉东地区的《吉东青年救国画报》《吉海工人报》《勃利先锋报》。上述革命群团报刊都以报道青年、工人和民众活动为主，密切配合当地党报和军报，积极进行抗日救国的教育宣传，但绝大多数报刊已经失存。

（二）东北抗联及各地党组织的新闻活动

满洲省委时期，作为抗联前身的反日游击队、人民革命军代表报刊有"南满"的《人民革命报》《东边道反日报》，"东满"的《东满民众报》《两条战线》，"北满"的（哈东）《人民革命报》《珠河群众小报》，吉东的《绥宁报》《反日报》《吉东战报》等。

抗联报刊以 1932 年 11 月磐石中心县委、"南满"游击队创办的《红军消息》为始，至 1941 年抗联入苏整训之前的报刊活动为止。《红军消息》创办之初，通常为 8 开或 16 开，单面油印。起初，报纸办得不受群众欢迎。1933 年 9 月 18 日，"南满"游击队改编为东北人民革命军第一军独立师。之后，为了适应革命形势的需要，《红军消息》改为《人民小报》，两个月后又改名为《人民革命报》。[①]

1934 年 9 月 18 日，《人民革命报》创办了副刊，突出宣传人民革命军的战果。当日内容就包括"庆祝东北人民革命军第一军独立师光荣胜利的战斗""人民革命军第一团一周年来英勇善战的总结""第一团一年来几个主要战绩"。在重大节日及人民革命军每次战斗取得重大胜利或地方党、军组织开展大型活动的时候，《人民革命报》都予以迅速报道，如果赶不

[①] 吉林省地方志编纂委员会：《吉林省志·新闻事业志·报纸》，吉林人民出版社 2006 年版，第 48 页。

上刊期，便以"号外"或"纪念号"刊出。

《人民革命报》在出版文字报纸的同时，还出版了《人民革命画报》。该报通常16开或8开单面油印。画报往往画一幅宣传画或数幅连环画，配有人物对话和报道背景说明。《人民革命画报》第65期，报道人民军队活捉一队伪军，部队首长对俘虏们讲话："咱们都是中国人，都应拿起枪杆子，打击日本强盗，不当日本奴隶！"宣传画是一大批战利品，周围是人民军战士和附近的群众活跃的场面。① 该报主要提供不识字或识字少的抗日军民阅读。该报联系实际，插画幽默生动，颇受游击区抗日军民和义勇军山林队的欢迎。② 人民革命报社自1934年离开磐石，随"南满"一军政治部南下，1936年年初终刊。

1935年初，东北人民革命军第三军成立，赵尚志任军长，冯仲云任政治部主任，在接连粉碎日伪冬季和春季"大讨伐"之后，于同年4月创刊了哈东《人民革命报》。现存5月4日出版的《人民革命报》第二期，共刊载16篇稿件。一版刊载社论《纪念红色五一劳动节》。全文不到400字重点揭露日本强盗在东北疯狂"讨伐、奸淫、掠夺、烧杀、奴役"等法西斯罪行，并歌颂东北人民革命军第三军奋起抗敌的英勇战绩，最后号召"工农劳苦群众，团结起来"，"驱逐日本帝国主义滚出满洲，打倒满洲国，光荣地建立自己的东北人民政府"③。1935年夏，日伪军又对哈东进行"大讨伐"，第三军在战斗中遭到严重损失，《人民革命报》也暂时停刊。

以上报刊多为蜡纸油印，使用汉文和朝鲜文，图文并茂。虽然印制简陋、发行数量较少、发行范围有限、刊期也不固定，但宗旨明确、内容翔实、传播效果显著、富于新闻价值，"与诗词、歌谣、演讲、话剧、舞蹈等文艺活动样式构成早期抗联宣传工作的基本形态，是东北民众文化抗争

---

① 《人民革命画报》1935年第65期。

② 吉林省地方志编纂委员会：《吉林省志·新闻事业志·报纸》，吉林人民出版社2006年版，第49页。

③ 黑龙江省地方志编纂委员会：《黑龙江省志·报业志》，黑龙江人民出版社1993年版，第88页。

第二章　日伪新闻统制的开始与国人的新闻抵抗（1931.9—1937.7）

的真实写照"[1]。

1936年以后，中共满洲省委撤销，先后成立"南满"、吉东、"北满"三省委。东北抗联各部经过整编后，建立第一、二、三路军，分别隶属三个省委。抗联各部建制得以统一并与所属党组织完成了一体化。抗联代表性报刊有"南满"省委党刊《列宁旗》和第一路军的《南满抗日联合报》《中国报》《中华画报》，吉东省委党刊《前哨》和第二路军的《救国报》《东北红星壁报》，"北满"省委党刊《统一》和第三路军的《北满救国报》等。

东北抗日联军第一路军和中共"南满"省委成立后，积极扩大宣传舆论，1937年"七七事变"前，先后创办了党刊《列宁旗》《中华画报》和《南满抗日联合报》。

《列宁旗》1935年1月创刊，是中共"南满"省委机关刊，由东北抗联第一路军政治部出版。1938年12月，中共"南满"省委决定将东北抗联第一军和前中共东满特委的刊物《战旗》，并入《列宁旗》，该刊1939年停刊。[2]

《中华画报》1936年7月创刊，由中共"南满"省委秘书处和东北抗日联军第一路军政治部合办。《"南满"抗日联合报》于1936年7月下旬创刊，中共"南满"省委机关报，中共"南满"省委主办。该报经常刊登社论、抗日游击区军民活动新闻、关内八路军打日本的报道和对国统区人民在水深火热中挣扎生存的情况报道，以及少量的国际时事报道。[3] 该报于1938年停刊。

此外，吉东省委，在周保中同志亲自领导下，1937年6月1日，《救国报》于在依兰县四道河子抗联第五军营地创刊。报纸由省委秘书处编印，周保中经常给小报撰写评论。

---

[1] 田雷：《东北抗联对敌舆论斗争十四年》，《中国社会科学报》，2015年10月8日第3版。

[2] 辽宁省、吉林省、黑龙江省档案馆编：《东北地区革命历史文件汇集》（甲60册），辽宁、吉林、黑龙江档案馆出版1989年版，第100页。

[3] 吉林省地方志编纂委员会：《吉林省志·新闻事业志·报纸》，吉林人民出版社2006年版，第51页。

1937年冬，日伪统治当局调集6万多人的日伪军，对抗日根据地实行军事大讨伐，东北抗日游击战争进入最艰苦的阶段。即使在严酷的环境中，中共在抗日联军中的政治工作者仍没有放弃宣传群众的责任，而是千方百计克服困难，坚持出版。

　　东北抗联创办的报刊虽然多数都已经遗失，但其抗争精神永远值得铭记。其意义主要体现在以下两个方面：

　　第一，在异常艰苦、凶险的办报环境中坚持办报，体现了东北抗联各级党组织的干部战士，坚定的革命信仰和坚强的战斗意志。1932年7月，绥宁中心县委创办的《绥宁报》曾靠群众以进山采药、进城卖山货为由散播，此外只能依靠秘密交通线、"地下"交通站完成。为了躲避敌人的疯狂"讨伐"，中共"南满"省委秘书处《南满抗日联合报》编辑部主任、第一路军政治部宣传科长傅世昌和"南满"省委宣传部印刷主任李永浩曾在位于今吉林省通化市、辽宁省新宾满族自治县、桓仁满族自治县一带的山沟中进行编印工作。他们在山洞里用松树明子照明，捣碎蓟草挤汁当印油，进行艰苦的编印工作。1936年日伪报告称："匪贼间的联络，经常是使用密探来担当此项工作，密探原则上不变动。"这些"交通员"常投宿在朝鲜族群众家里，因为"投宿在旅馆和满人住宅，会经常遭到官宪的严密监视和频繁的检查"[①]。

　　第二，各级领导同志的亲力亲为，体现了对党报的高度重视，也体现了我党全党办报的光荣传统。从编撰者身份来看，东北抗联各级领导人直接参与办报，以上提及的军报都形成了军政一体的办报模式，充分体现了党组织对报纸工作的重视。第一路军《南满抗日联合报》《中国报》由"南满"省委秘书处与第一路军政治部合办。周保中指导创办的吉东《救国报》由吉东省委秘书处编印、吉东抗日救国会发行，创办于今黑龙江省林口县境内。杨靖宇为"南满"省委、第一路军创办的《南满抗日联合报》创刊号写下了"南满抗日联合报万岁"等。

[①] 田雷：《东北抗联对敌舆论斗争十四年》，《中国社会科学报》，2015年10月8日第3版。

第三章 日伪新闻统制的开始与国人的新闻抵抗（1931.9—1937.7）

（三）日伪统治下中共地下党员在部分媒体中的斗争

除了共产党组织直接创办的各种地下及根据地报刊外，在日伪统治区还有中共地下党员领导部分爱国报人在新闻出版战线进行的不屈斗争。《满洲红旗》停刊后，中共满洲省委又在敌伪报刊上开辟了第二战场。从1933年到1936年间，在敌伪报纸上共创办了三个副刊一个画刊，即《大同报》的《夜哨》副刊、《国际协报》的《文艺》周刊（详情将在下一节中专题论述）、《大北新报》的《大北新报画刊》以及《黑龙江民报》的《芜田》副刊。

1.《夜哨》副刊团结的左翼作家

《夜哨》，是1933年8月6日在伪满机关报《大同报》上创刊的文艺副刊。伪《大同报》副刊主编陈华是爱国青年，由于和萧军的关系，在《大同报》第5版上办了文艺副刊。

《夜哨》的名字是萧红起的，富于诗意和象征意味。"夜哨"这个名字，萧军、萧红等东北作家流亡到上海时仍然采用。他们曾以"夜哨丛书出版社"的名义，为已经牺牲的金剑啸出版了诗文集《兴安岭的风雪》。[①]《夜哨》的刊头是金剑啸设计的。图案展示的漆黑的夜空下布"南满"丝网。寓意为《夜哨》副刊是在黑暗中同日伪统治进行抗争的前哨阵地。

该副刊从创刊到结束，只有三年多时间，共出21期。但它的影响所及却是大大地出乎人们的预料。《夜哨》所发表的很多作品不仅暴露了日伪统治下的黑暗现实，而且也暗示人们只有抵抗才是唯一的出路。

《夜哨》创刊号上，代发刊词《生命的"力"》号召广大青年要看到自己的"伟大与重要"，要"起来，以自己的生命力去斗争！"不要"彷徨""踌躇""随波逐流"，同时还抨击了日伪政府"日满协和""共存共荣"等谎言。更寄语青年要："以自己为显微镜去鉴别，以自己为武器去抗争。"[②]

在《夜哨》周围，聚集了众多爱国作家，包括萧军、萧红、金剑啸、罗烽、白朗、舒群、梁山丁、金人等。其中金剑啸、白朗、罗烽是中共地

[①] 黄万华：《史述和史论：战时中国文学研究》，山东大学出版社2005年版，第11页。
[②] 《生命的"力"》，《大同报》，1933年8月6日第5版。

下党员。萧军、萧红虽然不是中共党员，也是具有左翼进步倾向的作家。

《夜哨》发表的文学作品逐渐引起了日伪当局的注意。小说《路》在描述与对话中生动地凸显出东北地域特征。《路》发表以后，《夜哨》的处境日益艰难。1933年12月24日，主编陈华在《夜哨》副刊上，发表了终刊词《夜哨的绝响》，文中提到：

> 以前是拙著的以"生命的力"作开端，现在以"夜哨的绝响"作终结，全始全终，想起来也怪可笑，同时可以自慰的地方就是无论如何，独角戏终是难以张嘴，与其用我的力填到大家冷笑而且张着眼睛的地方，不如扩张开普遍地运用吧，于是夜哨最后地响一下，结束了他自己，虽然，我并不灰心，还希望旁的食粮充足的孩子们出来。①

这个"绝响"虽然充满了无奈和愤恨，但终究蕴含着期望，期望"旁的食粮充足的孩子们"能继续完成未竟的事业。

2. 金剑啸与《大北新报画刊》

《大北新报》社附刊《大北新报画刊》于1933年5月28日出版，该画刊原定宗旨始终突出"艺术与女人"的主题。但1934年8月，中共地下党员金剑啸应聘为画刊编辑后，提出改变办刊思想，认为"画刊不仅是艺术的，而更是社会的"，并指出："满篇都是一般'仕女'的照片，会使画刊千篇一律，那岂不更糟。"他主张"多注意新闻照片、艺术名作的照片、值得人一识的仕女照片，以及世界上的政治家、外交家、艺术家、科学家、哲学家等各个学术部门有所专长的人的照片，这些至少每期介绍一个"；同时提出文字稿"不但要简短，最好是有意义的"。总之要"多播下与人类有用的种子，结出可充人饥的果实"②。当时曾以"世界名人"为题，刊载了斯大林的半身头像，以及木刻画《列宁在十月和攻击冬宫》，这些图片，引人注目。

金剑啸在主编画刊期间，还发表了他撰写的寓言故事《胜利之后的威纳斯》，短诗《哑巴》，剧本《咖啡馆》，文艺短评《文坛登龙术》《挂羊

---

① 《夜哨的绝响》，《大同报》，1933年12月24日第5版。
② 金剑啸：《致词》，《大北新报画刊》，1933年12月17日。

第二章　日伪新闻统制的开始与国人的新闻抵抗（1931.9—1937.7）

头卖狗肉与说漂亮话》，以及一些漫画等。一年后，金剑啸被画刊辞退，画刊只出了 11 期。

《大北新报画刊》因主持人孙惠菊经营不善以致陷入困境。金剑啸与姜椿芳等人筹资接办画刊，金剑啸担任实际上的画刊主编，中共地下党员姜椿芳等参加采编，1935 年 4 月 20 日出版了新刊第 1 号。

新画刊第 1 页不再刊载广告，而是在报头下安排大幅艺术作品或摄影照片，其他各页也重新调整，增加新闻报道和国际时事评述以及揭露日伪统治下劳动人民痛苦生活的报道，同时突出对进步文化艺术的宣传。从形式到内容的面貌都大为改观，尤其难能可贵的是，画刊正面刊载红军的捷报，如报道贺龙、萧克率领的红二方面军长征中，在云南和西康建立"边区民族革命政府"。金剑啸的漫画《山西》中：一只身上写明"共产军"猛虎，向持枪而逃的"国民党"军人追去，说明文是："共产军自进入山西省后，国民党颇为震骇，尽力围剿，但勇虎比猎人聪明，'剿者'反被剿矣！"[1] 还报道了东北抗日联军进行抗日斗争的情况和红军长征途中战斗的消息。

新画刊极少有所谓"王道乐土"的宣传，却常常刊载本刊记者采写的纪实新闻，披露劳动人民的悲惨遭遇。如伪满警察在中央大街飞车撞死幼女；同记工厂女工一天劳动 16 个小时 "都变成机器"；以及极乐寺的难民区；等等。还大量刊载中外著名作家，如鲁迅、郭沫若和高尔基、马雅可夫斯基等的头像、作品，语录或轶事，以及其他世界名作。之后画刊因登载高尔基病重的消息被《大北新报》社长山本发现并进行追查，金剑啸和画刊编辑部同人被捕入狱，随之停办。[2]

3.《黑龙江民报》事件

《黑龙江民报》事件是 1936 年 6 月发生在齐齐哈尔的震惊整个东北的"六一三"大逮捕事件的重要组成部分。在此事件中，以《黑龙江民报》社长王复生等为首的该报众多编辑记者等人均受到株连，遭到了日伪警宪机关逮捕及严刑逼供。

《黑龙江民报》（以下简称《民报》）原为黑龙江省主席万福麟之子

---

[1] 金剑啸：《山西》，《大北新报画刊》，1935 年 4 月 20 日。
[2] 王承礼主编：《东北沦陷十四年史纲要》，中国大百科全书出版社 1991 年版，第 219 页。

万国宾所办，于 1929 年元旦在齐齐哈尔创刊。1931 年 11 月 19 日，日本关东军侵占齐齐哈尔后，将该报作为敌产没收，并派随军的"南满"职员桂五郎，于 12 月 17 日将其复刊。

日军侵占黑龙江省城齐齐哈尔后，急需向中国民众宣传日军的"正当行动"，及"满洲国前景"。《民报》复刊后，桂五郎任社长，金中孚任总编辑，日出 1000 份，免费向各界赠阅。计划在伪满洲国出笼后，期发 5000 份，向全省各县及部队"无偿赠阅"①。

1933 年 2 月，按照伪满《出版法》的规定，《民报》重新注册，正式成为伪黑龙江省署机关报。为了制造"日满协和""共存共荣"的假象，报社社长和总编辑改由"满人"担任。1934 年 10 月，中共地下党员王复生（化名王甄海），经伪省署总务厅秘书长李浓如推荐，就任社长。《民报》原来设有副刊《嫩流》和文艺周刊《荒原》。沦陷后因编辑人员纷纷引避，副刊无专人编辑，毫无生气。1935 年 6 月，中共地下党员金剑啸由哈尔滨来齐齐哈尔主编《民报》副刊，他在王复生的支持下，新办《芜田》文艺副刊，旨在开垦由于日军入侵而荒芜的文坛，不久又开办《艺文》周刊，以接续他与罗烽、白朗、萧军、萧红等在《国际协报》曾专设的《文艺》周刊。

这两个专刊经常刊载暗含有反满抗日思想的作品，如王复生的短诗《谁的世界》，金剑啸的散文《王二之死》《瘦骨头》，记者刘乃风的小说《小香之死》、小学教师晓希（即黑龙江省女作家田琳）的散文《招魂》等，都不同程度地反映了所谓"王道乐土"上人民群众的悲惨生活及他们渴望光复中华大地的急迫心情。金剑啸的代表作——长诗《兴安岭的风雪》曾在副刊上节载。该文描写了 3 个抗联战士在严寒的冬季，转战风雪弥漫的兴安岭上，英勇反抗敌人的战斗故事。② 为了纪念逝世不久的法国著名诗人巴比塞，副刊出版专号，发表他的诗作和木刻头像，介绍他的生平。副刊面貌一新，吸引了不少进步青年。

11 月，《民报》筹备纪念创刊 2000 号活动。金剑啸等人组织白光剧

---

① 据伪《满洲国年报》记载，该报期发只达到 3000 份。
② 赵冬晖、孙玉玲主编：《苦难与斗争的十四年史》，中国大百科全书出版社 1995 年版，第 472 页。

第三章　日伪新闻统制的开始与国人的新闻抵抗（1931.9—1937.7）

社，在庆祝会那天（12月24日）演出美国作家高尔特的话剧《钱》和金剑啸创作的反对包办婚姻的独幕话剧《母与子》，以及反映劳动人民痛苦生活的《黄昏》等。但日伪当局认为这次纪念活动是"做出普及共产主义的剧本，而把它公开地宣传，为了达到该党的目的进行宣传"。所以勒令停演，并且传讯王复生，追查金剑啸的来历。1936年2月，金剑啸被迫离开齐齐哈尔。

6月13日，日伪当局在齐齐哈尔和哈尔滨同时动手，逮捕了王复生、金剑啸以及新闻、教育界的爱国人士和无辜群众百余人，在一个多月的时间里，百般折磨、严刑拷打王复生、金剑啸等人，制造了"六一三"大逮捕事件。8月15日，日伪第3军管区军法处判处王复生、金剑啸和民报编辑阎达生等5人死刑，立即执行（另2人在狱中拷打致死），有26人被判无期或有期徒刑，这也就是当时轰动一时的"黑龙江民报"事件。

此后，日伪当局进一步强化对《民报》的控制，每天报头下的发行人、编辑人和印刷人的姓名虽然仍是中国人，但实际上的主管者却是日本人仓内勇，不久由加藤勘治代理社长。1938年2月，该报奉命加入伪满弘报协会，成为该会第二批加盟社员，完全纳入日伪法西斯新闻统治。

日伪统治初期，中共满洲省委和各地党组织，为了配合抗日武装斗争，动员群众奋起抗日，特派罗烽、金剑啸、舒群、姜椿芳等一批中共党员，团结白朗、萧军、萧红、达秋、金人等爱国进步青年，从事抗日爱国文学创作活动，对群众进行爱国思想教育。他们利用哈尔滨《国际协报》《哈尔滨公报》《五日画报》等报纸副刊发表了大量抗日救国作品，这个时期的报纸副刊由于中共地下党员和进步文艺青年的加入，在日伪统制的缝隙中成了反满抗日的又一战场。

二　广播战线的反满抗日文艺活动

日伪统治时期，尽管广播战线也处处受到日伪当局的严密控制，但是抗日活动始终没有停止过，其中最有代表性的是"口琴社事件"[①]、《南船

[①] "口琴社"事件的介绍系根据《黑龙江省志·广播电视志》（黑龙江人民出版社1996年版）相关内容删节整理而成。

北马》事件、FY合唱团事件和"十姊妹"事件在放送局进行的斗争。① 其中FY合唱团事件和"十姊妹"事件为日伪统治中后期广播战线的抵制斗争。现仅以"口琴社"事件和《南船北马》事件为例来考察。

1. "口琴社"事件

"口琴社"是东北沦陷时期由中国共产党领导的唯一一个音乐团体，成立于1935年4月17日，创办人是袁亚成，队长侯小谷（中共党员），有队员40余人。该社以"孔洋氏行"为掩护，通过音乐活动来团结广大爱国青年。

1935年年末，该社在口琴音乐会上不顾日伪统治者的禁令，在袁亚成指挥下，演出了揭露、控诉日本军国主义在"九一八"之夜偷袭沈阳北大营，屠杀中国人民，侵占中国领土的合奏曲——《沈阳月》。这首曲子控诉了"九一八"的夜晚，日本军国主义者偷袭沈阳北大营，杀害中国同胞、侵占中国国土的罪行。为了让更多听众听到这首乐曲，在哈尔滨中央放送局中国职工的大力协助下，以改换曲名的办法，瞒过了日本的检查，在中央放送局成功播出。

口琴社的活动引起日伪当局的嫉恨，1937年4月15日和18日，日伪当局先后两次逮捕了侯小古、王家文、陈笑岩、李哲范、刘忠等10余人，并且软硬兼施、严刑逼供。其后，侯小古在齐齐哈尔市壮烈牺牲，王家文等人被判五年徒刑，顾问叶长春被哈尔滨市教育局开除教育界，刘忠被逮捕折磨了几个月后因为没有确切证据被释放，但仍被日伪政府列入"要注意视察人"名单……这就是当时轰动一时的"口琴社"事件。

2. 《南船北马》事件

1934年，哈尔滨市私立龙光学校校长王雁秋，向哈尔滨中央放送局"节目编成"边永逯投递了一篇广播稿，题目是《南船北马》。该文用趣闻闲话的方式，讲述南方水多到处是河沟港汊，出门总得划船；北方地广路长，外出常常需要骑马，意在抒发一种怀念国家的情绪，引起广大听众时时想念北方与划船的南方同属中华，不能忘记北方骑马的辽阔土地正是祖

---

① 《南船北马》事件、FY合唱团和"十姊妹"3个事件的介绍参见孙邦主编《伪满洲国史料丛书——伪满文化》，吉林人民出版社1993年版，第281—286、290—291页相关内容。

第三章 日伪新闻统制的开始与国人的新闻抵抗（1931.9—1937.7）

国不可分割的领土。原本十分普通的一篇稿子，因为涉及分裂"满洲国"民心，而遭受非难，差点令当事人身陷囹圄。

由于《南船北马》稿子送到邮政管理局电政科业务股第二放送监督室时，负责收发监听的郝清廉没有看完稿子，也未盖上"供览"章，所以股长、课长都没有过目。节目播出30分钟前郝清廉让边永逯另换节目。但由于时间紧迫无法更换，边永逯于是大胆播出。结果节目刚播出便接到第二放送监督室电话，边永逯故意拖延到播完稿子才接电话，果然是郝清廉来电追问。为避免旁出枝节，边永逯抢先报告第二放送主事赵忠恕，二人又一起向放送局长日本人高桥将武报告，咬定邮政管理局有意刁难，最终由高桥出面同邮政管理局的日本人联系，才将事情压了下来。

可以说，在民族危亡之际，东北文化界的爱国人士自觉地运用各种新闻传播媒体紧密配合现实斗争，尽管如履薄冰，困难重重，但他们的勇敢行为仍鼓舞了广大民众，在东北抗日救亡运动史上留下了辉煌的一页。

第四节 生存与抗争：日伪统治时期的《国际协报》

日本侵略者发动"九一八"事变后，辽宁及吉林的国人媒体很快便遭受摧残，几被砍杀殆尽。在东三省中，黑龙江省最后沦陷。相对应地，黑龙江的部分国人媒介便与黑龙江民众一样，表现出了强烈的民族气节，在东北新闻史上映射出耀眼的光辉。其中，最令人可圈可点的便是由张复生创办的民办报纸——哈尔滨《国际协报》。即使是在伪满洲国成立以后的相当长一段时间，该报均以自身的实际行动，在保证艰难生存之余进行着消极抗争，从而使其成为国人媒介中的翘楚。

一 "九一八"事变后《国际协报》的全方位反击

面对日本帝国主义赤裸裸的侵略行径，面对战火即将烧到家门口的残酷事实，《国际协报》同人被深深刺痛。他们本着一贯的"扶持正义，促进和平"的办报宗旨，以强烈的爱国主义为核心，表现出了十分激进的抗日态度。自事变爆发一直到12月23日报临时停刊，《国际协报》的报道立场十分坚定，报道力度也十分强劲。在新闻、言论及副刊三大体裁的表现上均可圈可点。

(一) 事变发生后《国际协报》对日本侵略行径的追踪报道

事变发生后，尽管已知晓日本侵略者对沈阳及长春国人报馆的大肆查抄和破坏，但在这种紧张的形势下，《国际协报》仍然冒着极大风险，不断地揭露日本帝国主义的侵华行径。该报以大无畏的精神，迅速调整报道重心，倾全力报道日军的暴行和对东北的影响，及时追踪权威媒体、普通民众乃至国际各国的反应，密切报道中国军队的抗日壮举，并积极赶赴作战现场、精心采写独家新闻，从而极大地调动了广大官民的抗日热情。根据哈尔滨民众与日本侵略者的对抗状况，可分两个阶段加以考察。

第一阶段："九一八"事变发生后（1931.9.18）至马占山就任黑龙江省代理主席（1931.10.16）期间

这一阶段辽宁、吉林两省大部分沦陷，黑龙江省主要处于防范日军大举入侵的状况。在这个阶段中，《国际协报》的报道重心主要集中在以下几个方面：

首先，全力反映辽吉两省被日寇占领的情形。由于报纸的缺失，现今所见的"九一八"事变后《国际协报》最早的国内新闻版面应从9月24日算起。这一天刊登了两则消息，一则为华东社的电讯稿，题为《日军入吉时情形之续讯（主）先以飞机散放关东司令布告 日领介绍与当局接洽（副）》；另一则将来自长春的长途电话与从沈阳逃离的东北大学学员的口述做对比，标题为《长春秩序已渐次安定（主）日军允路警执行职务 日来沈阳之惨淡景象（副）》；之后，该报陆续刊出从不同渠道搜集来的纪实性消息和通讯，全面反映了辽吉两省被占的进展情况和后果，揭露了日军的残暴和兽行。代表性标题如下：

《荣臻等抵平之谈（引）沈阳被占经过之详述（主）》（9.26—9.30）；《日军铁蹄下我军损失（引）无抵抗形势下之结果（主）》（9.26）；《德国记者之沈垣访问记（主）城中日军骄纵充满死气（副）》（9.29）；《沈阳失陷真相之追述（主）日军侵占沈市系预定计划 我方坚持无抵抗避免冲突（副）》（9.30）；《长春日军攻杀之前后（主）当时交涉及事后惨象（副）》（9.29—9.30）；《日军蹂躏下（引）激励形势一变（主）军政两署改组长官公署 更动官吏日军把持电信——虽云日军撤退实权悉操日人（副）》（9.30）；《日本强占辽吉事件（主）徐淑希在燕大教职员会讲演（副）》

第三章 日伪新闻统制的开始与国人的新闻抵抗（1931.9—1937.7）

(9.30—10.1)；《今日之辽宁！（主）试问究系谁家天下？（副）》(10.1)；《日军占领东北各地（主）民食断绝金融破坏土匪横行 千百万人民失了国家保护（副）》(10.1)；《日本在南满驻军（主）根本上已失条约依据（副）》(10.1)；《侵辽日军竟有此兽行！（主）同泽一女生被日军轮奸 英国牧师愤告到日军司令部（副）》(10.2)；《异哉日人之野心 侵占辽吉后（主）设置一切行政机关 意在企图永久占据（副）》(10.3)；《日军虐待我长春特警（主）每日数次点名少违即行打骂（副）》(10.3)；《日军侵占南满的观察（主）日本帝国主义寿终正寝的丧钟 并造成世界第二次大战的动机》(10.3—10.9)；《日军破坏我长春电政（主）限制发电并派员检查 居然订定所谓办法！（副）》(10.9)；《日军盘踞之吉垣近况 日军假托吉民挽救日军》(10.10—10.13)；《长春与吉林 日军尤在经营》(10.15)……

以上仅列出了部分标题，但想必任何一个读者都会从该报新闻标题所陈述的事实以及渗透的强烈情感中感受到被日军占领后人民的悲惨命运。《国际协报》也正是通过对沦陷区真实状况的揭示提醒黑龙江民众不抵抗的后果，坚定人们御敌的信心。

其次，汇集国内民众反应，鼓舞反日士气。东北的危机受到全国人民的极大关注。在政府迟迟不予以回击，只持息事宁人立场的境况下，国内爱国民众群情激昂，纷纷以各种形式表达不满和抗议。《国际协报》对这些爱国行为十分支持，不断报道北京、上海、南京、广州等地民众的绝食、演讲、抗议示威活动，对哈尔滨本埠的各类爱国集会无一遗漏地进行报道，而对被占领区人民的反抗持极其肯定的态度。9月26日，吉林省代理主席熙洽公开叛国投降，宣布就任吉林省长官公署长官后，《国际协报》曾登出一则消息《吉长官公署已成立》，文中提及"吉垣悬旗志庆"，之后吉林一读者致函该报，否认民众悬旗庆祝的事实，该报获悉这一信息立刻登报予以更正，并制作了这样一个标题：《吉林人心尚未尽死！（主）熙洽就职市民未曾悬旗志庆（副）》，在不可逆转的形势下，以百姓的消极反抗唤醒政府的良知和民众的爱国情怀。

另外，该报还以自身对日的强硬立场，进一步激励人们坚定信心。10月9日，该报在本埠新闻版头条以大字标题刊出《日领竟要求取缔本报（主）谓日人接济白俄匪徒新闻为恶宣传 函请我交涉员办事处转嘱本报更正（副）》，针对曾经刊出的一则新闻《日人破坏东路之阴谋》引起日本侵略者不满并强令更正一事，表达了在"没有确凿事实证明消息有误外绝对不能取消"的态度，并义正词严地摆出三点拒绝更正的理由，最后指出，"当此国破家亡之会，吾人头可断志不能屈，此可以诚恳告诸国人及日本明达之士者也"。这几句大义凛然的话语，足可以使所有的读者热血沸腾。

最后，关注外媒动态，澄清不实言论。战争未发，舆论先行。为实施对中国的武装侵略，日本早已对本国国民实行了精神渗透和新闻侵略。为使读者更加清楚地认识到日军的阴谋，《国际协报》连续登载了通讯《日本对华开战的鼓吹》（1931.9.25—29），全文译载了日本国民新闻社的细野繁盛所著的曾经在日本刊行12版，发行167万本的《满蒙重大性与实力发动》，再次以事实验证了日本此次侵略的毒辣。另外，日军迅速占领沈阳长春后，又以报纸、传单等为武器，向哈埠民众发起舆论攻势。9月25日，一架由长春驶来的日本飞机飞抵哈尔滨上空，在道里地段街日侨聚居处、南岗车站一带盘旋半个多小时，撒下日文、俄文两种传单，捏造事实，找出种种理由为发动"九一八"事变狡辩，《国际协报》立刻于第二日刊登消息《日飞机昨来哈（主）翱翔许久散放多数传单 解释此次侵华片面理由 中外居民视后多一笑置之（副）》，并附上日军散发的俄文传单和翻译文字，针对其恶意宣传予以批驳，揭穿日军分化中国官民的阴险嘴脸。

在对日本侵华的态度上，白俄大部分报纸并未能做到客观公允。《国际协报》严厉斥责了白俄报纸的卑鄙行为。10月13日的报道中，该报不无气愤地陈述了一个事实："白俄渐为金票感化（引）日方请取缔东华报等（主）白俄在沈办报大骂中国 本埠俄报多数倾向日本（副）"，对侨居中国，长期受中国政府保护，却忘恩负义，"替日本做反宣传"的大部分白俄机关报加以指责，并转载了同情中国的《东华报》上刊登的关于日本侵华的讽刺漫画，对日本的侵略以及国联的不作为进行了嘲弄。另外，《国际协报》还及时更正日本侵华的喉舌——中文《盛京时报》中的不实言论，还事实以真相。10月16日，该报刊出《盛京时报造谣（主）谓吉省府设哈路局内 经各方调查并无其事（副）》，用该报记者经过深入调查得到的实际情况粉碎了日媒蛊惑哈埠民心的宣传。

第三章 日伪新闻统制的开始与国人的新闻抵抗（1931.9—1937.7）

第二阶段：马占山就任黑龙江省代理主席（1931.10.20）后至《国际协报》被迫停刊（1931.12.23）

这是黑龙江省军民反抗暴日的关键性阶段。为唾手取得黑龙江，日军收买了洮辽镇守使张海鹏，唆使其率部进攻黑龙江，夺取省政权。由于黑龙江省政府主席万福麟远避北平，省内军政两界群龙无首，主战主和莫衷一是，人心惶惶。紧急关头，张学良于10月10日电令委任黑河警备司令兼骑兵第3旅旅长，马占山为黑龙江省政府代主席兼东北边防军驻黑龙江省副司令官、军事总指挥，20日上午，马占山正式就任，并率领全体官兵对日军进行了英勇的反击。《国际协报》在此期间坚定地站在抗日立场，积极报道奋战实况，极大地鼓舞了黑龙江民众的抗战热情。

第一，抨击汉奸卖国行径，揭示其可悲下场。

日本侵占沈阳后的9月20日，便任命其特务机关张土肥原为沈阳市市长。为欺骗世人，又推出由日本豢养多年的汉奸赵欣伯充当奉天市长。同时成立"奉天自治维持会"，以袁金铠为委员长，代行省政府职能。另外，经日本关东军策划，9月26日，吉林省熙洽宣布"独立"，由熙洽任长官，但实权却掌握在由日本人组成的顾问团手中。29日，《国际协报》发布了这一消息，在标题中暗含了质疑：《吉省政府因时势改组！（主）改组中政务由熙氏主持 日军宪兵队竟移入公安局办事！（副）》；10月15日，该报又刊登了大字标题新闻《袁熙卖国密约（主）据闻已与日私自订立 残酷程度甚于二十一条——国土拱手让人袁等自绝人类（副）》，标题中袁熙二人的罪恶淋漓尽致地得以彰显；10月16日登出新闻《人间地狱之吉林现状（主）熙洽与日军官酬酢甚欢 并令商民以礼貌对日人（副）》；10月27日有《袁金铠丧心！（主）受日本唆使组交委会（副）》的消息，分别了这两个大汉奸的丑恶行径。其后以"同情"的姿态揭示了汉奸的下场：《熙洽真可怜 忙于奉迎》（10.28），《吉长吉敦路直非我有（主）重要职员悉改为日人吉长守备队日人指挥——可怜金璧东甘为日人之傀儡》（10.28），《熙洽受制于日之苦状（主）欲坐不牢欲罢不能欲走不得 日军虑其反复现又设法牵制（副）》（11.1）……

第二，独家报道最新战况，充分满足读者信息需求。

10月20日马占山就任黑龙江省政府代理主席后，第二日，《国际协报》便在本埠新闻版头条以"本报昂昂溪长途电话"为消息头重点发布了

· 217 ·

这一喜讯，并刊登了马占山的肖像照，陈述了对张海鹏叛军的布防情况，以安定民心。此后，该报一直密切跟踪，通过在战区设置的特派员，以该报专属长途电话和电报的形式向读者第一时间传递战争的进展情况。哈尔滨的另外一家民办报纸《滨江日报》此时虽然也逐日报道战况，但其消息来源却主要通过转载华东社（当时国人在哈尔滨创办的最大的通讯社）的电话电报稿件，缺少独家消息。

11月2日，日军集结于黑龙江省泰来镇，黑龙江守军为阻挡敌人过江，将嫩江桥炸毁三孔，遂成为日军直接出兵的"借口"，4日，日军向我方发起攻击，遂爆发了震惊中外的江桥抗战（11.4—11.21），打响了东北抗战的第一枪。马占山下令拼死抵抗，我方将士立即英勇战斗，迅速地击退了敌人的进攻。5日晨，在将士们的奋勇抵抗下，又驱散了被日军逼迫打头阵的张海鹏叛军。《国际协报》异常振奋，于10月6日刊出头条，大号标题为《黑军决定宁死不屈！（主）宁为日军杀尽亦不肯率尔撤退 日军昨又猛攻两次但终未得逞 张逆海鹏终不觉悟甘心为敌人利用（副）》，这个长标题将抗战官兵不怕牺牲的精神和汉奸的不齿行为均渲染到极致。

战争期间，《国际协报》派出曾成功采访了"万宝山事件"的外勤部主任王研石以随军记者的身份，采访马占山将军率部奋战的消息。这些重大报道一时成为《国际协报》的独家新闻，在哈埠引起强烈反响。王研石作为上海《申报》和《新闻报》的驻哈尔滨特派员，还及时向这两家报纸发稿，把江桥抗战的消息向国内外广为传播。以《申报》为例，自11月5日始一直至11月下旬，第3版的"国内要电"中，来自哈尔滨江桥抗战的报道占据了该报最醒目的位置。黑省主席马占山将军被人们称为"当代英雄"，成为大无畏的代表。后来，中国福昌烟草公司为鼓舞士气，还生产了"马占山将军牌"香烟。

不仅如此，为更好地满足广大读者对信息的渴求，及时报道黑龙江守军的作战动态，鼓舞民众抗战情绪，《国际协报》自10月19日起，星期不停，由每周六日刊改为七日刊，每逢星期日出一小张四个版面，一直持续到12月23日该报被迫停刊为止。尽管后来由于敌强我弱，齐齐哈尔终陷敌手，但此后《国际协报》对马占山率部继续与敌寇作战以及全国人民大力声援的消息仍然屡见报端。这种打破常规的举动赢得了读者的广泛关注，其背后承载的是《国际协报》同人的辛勤付出和无私奉献精神。

第三章 日伪新闻统制的开始与国人的新闻抵抗（1931.9—1937.7）

第三，发起慰劳倡议，积极组织社会各界募捐。

早在10月23日，《国际协报》就率先刊登了《提议慰劳黑龙江军队（主）因其转危为安功不可没（副）》，江桥抗战开始后的11月8日，该报把提议化为实际行动，开始组织社会各界发起募捐劳军活动。第二日，该报便在增刊的头版醒目位置将所有捐款人的姓名及捐款数目详细刊登出来，同时告知读者"本报代收慰劳义捐今日购物运赴前方"。在该消息发布中，《国际协报》表示将8日所收的千余元现金"已购妥适用而极普及之物品，故今日午后委派专员，运赴前方，亲往慰劳，绝不假手他人，以期实惠我忠勇将士。往返路费及零星开销，均由本报自任……"这些内容与该日的两条精心制作的重要消息：《日军图黑野心未死！（主）我军士气极盛正在严密防御（副）》《决奋斗到底（主）守土有责绝不使失寸土 因日军压迫不得不抵抗 马占山电告全国（副）》，可谓相辅相成、相得益彰，极大地调动了读者的参与热情。

此后，《国际协报》经常抽出宝贵的版面，将捐款人的名字和所捐款项一一列出，并根据前线需求，有组织地购买适用物品，分批将其源源不断地运往战场。每一笔款项的用途去向以及接收收据都清清楚楚地在报纸上予以公示，做到了公益事业公开透明。因此时关于南方水灾的赈灾活动尚未结束，所以在一个版面经常会有这样的情景：一面是慰劳黑省防日军捐款详单和各界劳军动态，一面是代收水灾赈款详单和赈款汇寄情况，使得报纸服务于社会的功能发挥到极致。《国际协报》的劳军活动得到社会各界的大力支持，仅发起三日，接收的慰劳款就达到1万元。11月28日，该报登出由马占山主席亲笔书写的"收到慰劳哈洋二万五千元整"的收据，这笔钱都是经《国际协报》送达的。在短短的20余天内，除所捐物品，该报竟然还募得上述巨款，而且这些现金都是由普通的热心读者一元一元地积攒而成，不能不称为一种奇迹。这项募捐活动一直持续到该报12月23日暂时休刊为止。

11月9日，《国际协报》开始了第一次慰劳守军的行动，该报派出两个得力记者——赵惜梦与刘荃荪带队，携带报社及社会各界所捐赠及自行采购的各种物品、食品奔赴江桥战场。赵惜梦与刘荃荪与马占山等会晤后，随即发回一系列前方交战、慰问伤员的消息和照片。还接连登载了前方记者赵惜梦撰写的战地通讯《前方视察记》（11.12）、《战地零音》

(11.17)等。一时间，哈埠民众抗战情绪十分高昂。由于《国际协报》记者奔赴前线慰问采访的时期正是江桥抗战的最关键最惨烈的阶段，因此有关前线的抗战经过得以在第一时间客观细致地被报道出来，从而为这段历史提供了宝贵的资料参考。在此期间，赵惜梦还被委任为马占山的私人秘书，负责接待国内外新闻记者和外国驻华武官。尽管后来由于敌强我弱，齐齐哈尔终陷敌手，但此后《国际协报》对马占山率部继续与敌寇作战以及各地组织"援马抗日团"等大力声援的消息仍然屡见报端。

与此同时，《国际协报》还以民众的热情给政府施加影响。例如11月19日，该报登载一则消息，题为《各地慰劳黑军（主）国内外同胞一致汇款 民众如此我政府当局如何？（副）》、11月24日该报在马占山军队失败后代民众表达了决心：《孤军本难久支（引）民众拥马到底（主）内地仍在募集慰劳捐 望整饬余军实力以待（副）》，对黑龙江守军在江桥抗战中的表现给予了充分认可，指出马军"卒因弹尽援绝，不堪日本重兵压迫，遂至引兵暂退，以俟将来……事实所在，非战之罪"；该报同时发表了杭州赵市长的电话声援，对马占山的行为表达了敬意和一如既往的支持："此次之战，孤军不能持久，早经虑及，马主席能决死抗御，虽败犹荣，望转电敬恳整饬余军，实力以待，全国奋应……"在广大民众的支持下，马占山率领军队转战各地，顽强地与敌人做着斗争，狠狠地打击了日本侵略者的嚣张气焰。

但是，随着时局的变化，东北的政治形势和媒介生态变得十分严峻。事变发生地的沈阳报纸最先受到日本侵略者摧残。事变后第二天，日本军方派出一辆满载日本宪兵的卡车，立刻查封了受张学良支持的《新民晚报》和爱国知识分子陈言创办的《东北民众报》。前者是由于其与日本人办的中文报纸《盛京时报》的一贯过节；后者则是因为该报在1929年10月10日创办时，明确提出"爱祖国，爱家乡，反对日本帝国主义侵略"的办报宗旨。①

当天（19日）上午，日本南满路株式会社附属的新闻情报机构"日中文化协会"的头目都甲文雄还用"绑票"的手段，将《东三省民报》等六七家国人报纸的主持人挟持，恫吓他们以后不许发表反日言论，否则

---

① 《辽宁省地方志资料丛刊》（第十二辑），辽宁省地方志办公室1987年版，第229页。

第三章 日伪新闻统制的开始与国人的新闻抵抗（1931.9—1937.7）

将予以取缔。对于反日立场坚定的《东三省民报》，由大汉奸赵欣伯接管，更名为《民报》，使其成为一家名副其实的"媚日"报纸；日军侵占长春后，立即接管了曾于9月19日以号外形式报道日本侵略真相的、当时唯一一家国人报纸《大东日报》；9月21日，日本侵占吉林市后又接管了已经拥有22年历史的《吉长日报》以及由中共地下组织控制的《东北实业日报》。短短几日，辽宁与吉林的大部分国人报纸都已受到日军警备司令部的控制，无任何自由可言；1931年11月19日，日军占领了黑龙江省城齐齐哈尔，并以"没收敌产"为名，接管了《黑龙江民报》，接管了由原黑龙江省政府主席万福麟之子万国宾主办的、齐齐哈尔仅存的《黑龙江民报》，并派随军的"满铁"职员、日报人桂五郎任社长。①

紧接着，日本侵略者开始伺机寻找借口，进犯哈尔滨。在这种严酷的形势之下，12月23日，《国际协报》登出"紧要声明"，说明临时停刊之原因："本报现因时局关系，处境万分困难，同时印刷机器，因赶印年报，忽生障碍，故决自明日起，暂行停刊……"同日，该报发布了反映长春《大东日报》②的现实处境的消息《长春大东日报变色矣（主）发行晚刊名为大东晚刊　添日顾问霍占一氏辞职（副）》，陈述了平日"持反日论调甚严，为长春日人所深嫉"，并曾不畏强权，详细报道万宝山案件的长春《大东日报》在"九一八"事变以后受到日本人的严密监视和控制，并被迫改组，主编霍占一辞职，重要职位均由日本人把持，最终刊行晚报的事实，指出该报"面目尤昔，实质已非"的遗憾之处。面对黯淡的前途，《国际协报》对自身以及整个国家未来的发展无疑有着实实在在的忧虑。

（二）"九一八"事变后《国际协报》的言论倾向

"九一八"事变前，《国际协报》即发表了一系列社评，揭露日本帝国主义的险恶用心，不断抨击其侵略行径。"九一八"事变发生后，《国际协报》的社评重心完全指向中日关系，指向对日本侵略的防范与批判，并且

---

① 黑龙江日报社新闻志编辑室编著：《东北新闻史》，黑龙江人民出版社2001年版，第234页。

② 长春的《大东日报》已于1928年改称为《大东报》，此处应为《国际协报》表述有误。

往往有统一的议题，旗帜鲜明地阐述自己的观点。事变发生后，社长张复生立刻以《日本军队能如此侵占东北?》为总题目，连续撰写50篇社评，抨击日本的侵略行径，总计七八万字；之后的诸多社评，也都与事变直接相关。这段时间该报抨击日本侵略的社评无论是规模，还是态度，在全国均属罕见！

在社评中，张复生毫不留情地击破敌人的谎言："此次日本军部之口号曰'击灭东北政权'，曰'教训政治小儿'，其彰著军事动作，已费半年以上时间之决策……设最高之军政部，管辖一省临时行政。设分属之维持会，变更地方性的治安组织。宁可以往日一部分之冲突论？犹可诬中国军队之挑战？皇姑屯间铁道交接站之破坏，辽宁军队在严令收缴武装之后，能徒手为之？且冒险以冲入南满之守备队防区以内，能如此之昏昧？夜间潜入北大营堡垒，直施其突击队之炮火者为谁？中国军队正在不抵抗的惨烈之处境，并正当防卫而无之。谁先挑战，谁先开衅，事实最称雄辩，宣传宁能抹煞！"① 这一连串的反问，切实拆穿了日本的侵略野心。此外，随着事态的发展变化，该报言论还呈现出以下特点。

1. 大胆揭穿美英法等国绥靖政策的实质

事实上，"九一八"事变之前，国联的领导权主要被英、法两国所驾驭。"九一八"事变之初，美国虽未参加国联，但却对国联活动有很大影响。随着10月16日美国代表正式参加国联会议，对中日争端处理的决定权便集中在美、英、法等少数强国之手。然而，美、英、法政府对"满洲事件"的处理自始至终畏首畏尾，他们为了各自的利益，对日本采取了姑息养奸的绥靖主义政策。

"九一八"事变爆发后，在美国的支持下，英国操纵国联竟将其性质判为中日两国"冲突"，并要求两国同时从战区撤退，这就完全抹杀了日本侵略我国东北这一事实。《国际协报》就此分析了导致这一后果的根源所在："美国之于满洲，从来以开放门户机会均等为标榜……所谓于门户开放之下，各国只许沾有利益均等机会，相约免除猜忌或纷争之原因。详言之，即不得单独为'侵犯中国主权'之行为，不得单独为'妨碍中国独立'之行为，不得单独为'割占中国领土'或'干涉中国行政'之行为。

---

① 复生：《日本军队能如此侵占东北?》（四），《国际协报》，1931年9月24日第2版。

第三章 日伪新闻统制的开始与国人的新闻抵抗（1931.9—1937.7）

违反此议，则为乘机谋特别权利，且为危害友邦之安全，协约各国将施用以共同排斥之计……吾人已闻其发送觉书于日本，而一造'不侵略中国土地'之覆文，须在'保障占领'主义下，为直接解决之遁词……"① 在这里，以美国为代表的西方列强为保住既得利益，用牺牲一些局部利益或弱小国家的利益，来满足法西斯国家的侵略欲望，求得自身太平的本质已显露无遗。

针对国联经过数次公开会议和秘密会议，于 12 月 10 日通过的决议案，《国际协报》在列举了各项条款后，又对议案第五条提出了一系列疑问："所谓'调查委员会之工作无论如何不能再使日军延缓撤退'一语，将如何执行其规定之效能？委员会只有随时报告之力，自始即无强制性的特权之赋与。至谓'有碍各国国交及中日和平互相谅解之处'，解释亦至困难……凡此恶化事实，皆非吾人所忍言。而决议案最后执行之威权，既未约定一肯定撤兵期限，则其未来形势之扩大自更难预测。斯诚吾人重大之遗憾者矣。"②《国际协报》社评中抓住决议案语焉不详的症结，即对美英等帝国唯恐制裁日本损害了自己的利益，对日本一味纵容、包庇，以及未对日本采取有力的制裁措施等做了批判，让国人认识到了在这几个资本强国掌控下的国联的本真面目，认识到了列强的帝国主义本质，这在当时是极其深刻的。

2. 呼吁政府及国民自立自强，奋起御敌

对于国人应持的立场，《国际协报》最初即站在国际公理的视角，援引华会九国协定、国际联盟规约和非战公约，郑重阐明对国联应具的态度："华府会议之九国协约，国际联盟之共同规约，与非战公约，在欧战后均为人类和平之最大保障。一民族之生存权，诚不容依赖印版文字侥幸以图存……若果如英代表所言'日本之占领满洲国联无干涉之必要'，吾中国民族，应据实告诉世界弱小民族，国联全部规约之无信义。吾中国民族应立时郑重声明退出所有国联团体。此后中国民族更当认明友敌为正当结合或放弃。"③ 同时，该报呼吁政府和国民做好自决奋战的准备。"中国

---

① 复生：《日本军队能如此侵占东北？》（九），《国际协报》，1931 年 10 月 2 日第 2 版。
② 复生：《申论国联第三次之议决案》，《国际协报》，1931 年 12 月 13 日第 2 版。
③ 复生：《日本军队能如此侵占东北？》（六），《国际协报》，1931 年 9 月 29 日第 2 版。

为国联团体之一员，但在规约上为有路可走，拥护盟约效力于拱卫国际和平之志愿，则始终不变之处境，在最后忍痛牺牲不能履行义务时自然宣布生存自卫之决定。"①

黑龙江作为东三省中最后一块与日寇抗争的区域，经历了艰苦卓绝的嫩江桥保卫战，在势单力孤之下终难逃脱沦陷的危险。《国际协报》在省城齐齐哈尔被占以后，一方面表达了对政府的极度失望和不满；另一方面又理智地看到了法国、美国甚至苏联几个国家保全自身的原因所在，批驳了对他们的盲目依赖："东京与巴黎间之外交历史，向来有其结托的必需协调……苏联虽以世界社会革命主义相号召，然五年计划未完成，正面冲突力图避免，满洲之直接威胁，当然可依保全革命成绩之训条，暂时作持重之忍耐……美利坚之金元势力，方期以经济势力世界，不愿为争夺殖民地之战，即不肯公然主张昭著太平洋第二大战之导火……"最后该报依然将持续抗争的权利落脚于中国民众自身："中国民族精神未死，应不许再继持此种迷信，须从自决主义生存信条以下共同唤起严重之觉悟，与确保单一自卫之目的。吾人所获世界民族有力之援助，只有公论同情一点，而最后恢复抗拒之奋斗工作，能否稳健持久，频扑不败，乃全在自身而不在他人……"② 在深刻地洞悉复杂的国际关系之余，《国际协报》大力倡导政府和国民能自立自强，绝不可以将希望徒寄他国，从而陷入更加艰难的境地。

3. 批判不抵抗的政府，讴歌守土抗暴的英雄

事变发生后，面对蒋介石南京政府的不抵抗政策，《国际协报》表达了极度的不满："以无防御不抵抗之东北，始终听命其炮火之毁灭伤亡……以通常未断交之国际关系，发如斯可骇之变态。唯东方国际能有此怪象。唯中国民族能受此侮辱。所谓独立自主之面目安在？"③ 当黑龙江省府代理主席兼东北边防军军事总指挥马占山所率部队终因势单力孤退出黑

---

① 复生：《日本军队能如此侵占东北？》（二十六），《国际协报》，1931年10月23日第2版。

② 复生：《日本军队能如此侵占东北？》（五十），《国际协报》，1931年11月21日第2版。

③ 复生：《日本军队能如此侵占东北？》（四），《国际协报》，1931年9月24日第2版。

第三章 日伪新闻统制的开始与国人的新闻抵抗（1931.9—1937.7）

龙江省城齐齐哈尔之后，《国际协报》的悲愤之情达到极点："吾三千万民众之哭声，紧随马占山退却之令几同时为惨痛之应和。政府无办法无责任无抵抗之结果，不啻视我东北为一破甑，宁弃之而不惜。又不啻视我三千万民众为一陷路弃儿，一任其自然流落而无所抚辑。民族社会最惨痛之境遇，盖无如今日东北之冷酷者矣。"① 寥寥数语，承载了《国际协报》和东北爱国民众心中积蓄已久的愤懑，表达着对持不抵抗态度政府的强烈不满。

出于对列强的万般痛恨，《国际协报》将倡导自卫反击的基调唱到最后。"失败都需要许多解释，而胜利本身则说明了一切。"② 当黑龙江守军在马占山的率领下奋勇抗战之时，《国际协报》异常感奋，立刻发动民众为守军捐款捐物，同时派记者采访马占山，将其事迹向关内媒体宣传，还携带劳军款项及物品、食品赴江桥战场向抗日将士表示慰问。在此期间，该报不仅改周六刊为日刊，每日都有大量的战事、劳军新闻报道，还配发激愤悲壮的社评，高度赞扬守军的英雄气概，其拳拳之情，溢于言表："江省逼处联络断绝援应缺乏苦境，仅恃一隅兵力以屹守危城，事属难能。唯马主席引正当自卫，坚守与土地共存亡之义，其部属将士又歃血为盟，相约以'宁为敌杀尽勿投降'之决心。精诚团结，血溅嫩江，东北军人之荣誉，至此而特放一异彩。中国民族主义最后之抬头，端赖马氏一人支持之力为领导……"③ 同时，该报无情抨击部分政府官员的猥琐渺小，热烈呼吁广大民众做最后的抗争，充满了杀身成仁的决绝之意。

面对时局的变化，1931年12月23日，《国际协报》不得不暂时休刊。休刊社评说："盖中国目前所可惧者，即在'人人不能各尽其责'，设中国全部人民，均能'各尽其责'，则吾人敢断言最低限度，国家亦必不至被人灭亡。……本报同人，向即抱定此旨，明知数十人之奋斗，于事或无大补，但个人'中国人'之责任，不能不尽，以故在最近三月中，虽日日处

---

① 复生：《日本军队能如此侵占东北？》（五十），《国际协报》，1931年11月21日第2版。

② [美]哈罗德·D.拉斯维尔：《世界大战中的宣传技巧》，展江译，中国人民大学出版社2003年版，第92页。

③ 复生：《日本军队能如此侵占东北？》（四十一），《国际协报》，1931年11月10日第2版。

于惊涛骇浪之中，自问爱国之志，未曾少夺。虽间有友侪劝阻，谓著作记载，勿太积极，致招外人之嫉，而罹意外之祸，但同人等，深恐东北民众'心死'，故自始至终，未敢少懈……本报万一不幸，一二日间，或暂时与读者小别，但中国不亡，中国人心不亡，在最近之将来，或尚有与读者相见之期……"① 想必每个有良知的中国人读之，均不能不泪满衣襟。

（三）"九一八"事变后《国际协报》副刊《国际公园》的转变

作为《国际协报》的主力副刊，《国际公园》在"九一八"事变之后的表现可谓可歌可泣。自9月23日始，副刊主编赵惜梦便将《国际公园》动了"大手术"，使其变成抗日救亡的阵地。反应之快，变革之彻底，反抗力度之强劲，不唯在东北新闻界中少有，即使在全国也是屈指可数。

1. 幽雅闲适痕迹的消逝

"九一八"事变前，"国际公园" 4个字位于版头正中，两侧分别开辟了"新语录"和"小事记"两个小专栏，每日刊登简短的随笔或杂感。但从9月23日起一直到10月10日，该报将"新语录"和"小事记"两个区域改换成了特制的大字通栏口号，向读者抛出一系列令人震惊的问题："你的心跳不？你的血流不？"（9.23）"你认识敌人吗？你看准敌人吗？"（9.24）"炮弹什么滋味？月饼什么滋味？"（9.26—9.29）；"你怎样雪耻？你怎样救国？"（9.30—10.10）……读来令人血脉偾张，心潮难平。

与此同时，赵惜梦以"惜梦"为署名，每日在头条位置开辟醒目的专栏，连续撰写关于时局的简短杂文，成为"九一八"事变后，"最早开始写作抗日文学的作家"②。在《第一步功夫》《第二步功夫》《第三步功夫》3篇杂文中，号召人们于国难来临之际，"每个人都放开自己的眼，每个人都抓回自己的心""行为务必要改得规律，智力务必要用得正当""我们的意志要统一，我们的力量要集中"，以实际行动而非空喊的口号来实施救国方针；在9月26日传统中秋佳节来临之际，该刊却提醒民众"炮弹什么滋味？月饼什么滋味？"并且刊登杂文《中天月色好谁看？》，表达自己的

---

① 星岷：《本报处今日环境下所望于"中国人"者》，《国际协报》，1931年12月23日第2版。

② 彭放、铁峰：《黑龙江文学通史》（第二卷），北方文艺出版社2002年版，第153页。

第三章　日伪新闻统制的开始与国人的新闻抵抗（1931.9—1937.7）

忧戚。面对本来象征着团圆的明月，作者却想到了"江南被洪水淹没的冤魂，东北被敌人杀戮的恨鬼"，在"人月双圆"的日子里，却只能用泪和血送去祭礼；在《秋风落叶》中，又毫不留情地批驳了当局进行舆论钳制，达官贵人忙于保全自己，普通群众依然如故的麻木状态；在《白说的话》中，则辛辣地嘲讽了那些口头说抵制"仇货"而实际上却蜂拥抢购的老爷太太先生甚至学生们；在《哀国庆纪念》中，惜梦的情绪因国庆（1931.10.10）的来临而更加愤懑。他悲痛地指出："对着这一个千疮百孔的中华民国，饮恨吞声的强作一种苦笑，但究竟还使我们苦笑得出！时至今日，纵使想强作一种苦笑，而这样悲愤的高压，也是使我们苦笑不出了……在天灾，人祸，外侮，这样紧紧的相逼而来，尤其是我们衣食住行所寄的东北，已竟沦于半灭亡的状态，对于这一度的国庆，更向哪里去找到一丝一毫的欢心来表示庆贺？……"

在这种忧国忧民基调的指导下，人们在《国际公园》里看不到逸致雅兴，看不到缠绵悱恻，看不到嬉皮调笑，看到的只是广大爱国民众对敌人的控诉，对国家危机的焦虑，对抗争策略的思考。而同时期，哈尔滨的另一家私营大报《滨江时报》则依然在其副刊上同时连载着4篇流行的传奇文言小说——《卤莽婚姻》《峨嵋奇侠》《贞孝孤女记》《大侠复仇记》。相比之下，真是大相径庭。

2. 民众救亡热情的汇聚

副刊主编赵惜梦所做的议题设置极大地唤起了广大读者的爱国热忱。人们纷纷投稿，以各种文学形式表达对国家的热爱，对时局的关注，对帝国主义侵略者的愤慨，对麻木不仁之士的批驳以及对广大民众寄予的厚望。这一时期采用的体裁多种多样，散文、随笔、杂文、诗歌、小说、戏剧、书信，甚至报告文学等一应俱全，作者也来自各个领域，整个《国际公园》刹那间开满了各色苦涩的花朵，这些花朵上都承载着一个共同的主题：抗日救亡、保家卫国。

《国际公园》善于用诗歌来表达浓烈的情感，号召民众奋起。早在1925年五卅惨案发生后，远在东北边陲的《国际协报》就遥相呼应，迅速刊登电讯和新闻稿件及时关注惨案的进展情况和五卅运动的风潮，用慷慨激昂的时评控诉日英帝国的残暴，同时在哈埠最先刊登了《痛恨英日惨杀我同胞成七绝偶句四首》，高扬"众口同声齐奋发，精神到处鬼神惊"的

· 227 ·

旗帜。"九一八"事变后，在《国际公园》上汇集了许多充满激情的诗歌，比较有名的如董济川的长诗《醒同胞》："同胞同胞齐速醒，大难临头当自警。沉沉大梦梦已长，梦长不醒国将亡。救国不用喊口号。只在人人图自强，图自强。道何在？痛改前非把国爱……愿同胞，勿自馁。南北内争祸已悔，谁知皇帝之子孙，何分反动与共匪……"（9.30），在长诗中，作者用明白晓畅的语言让国民认清当前的形势，呼吁各党派和文武官员消除内争，承担起救国的责任，誓死保卫家园，同时号召普通百姓从睡梦中惊醒，团结一致共同御敌。

在黑龙江嫩江桥保卫战中，省主席马占山率领的军队勇猛杀敌，浴血奋战，极大地提升了民气。《国际公园》上立刻登出止图（即原黑龙江省都督兼民政长宋小廉）的诗作《和蔺子宣先生赞马占山将军元韵》，诗中高度赞扬了以马占山为代表的黑龙江守军的顽强精神："一勇真堪抵万夫，河山再造好头颅。飞机掩护天难辛，妙著争先棋不输。热血誓浇辽吉恨，雄心不待国联扶。歌功愧乏香山笔，一读瑶章一跃如……"（11.21）此外，还有读者郑君民的《赞美黑将军歌》（11.26），白隐一的《赞马占山将军》（11.27），尽情地赞扬了马将军"不怕死，不爱钱，北风不以寒，艰辛不以难"的精神境界和"将军挥青锋，倭血染黄泉，将士亦奋斗，踊跃把敌歼"的豪迈气度。

为更加贴近读者的心灵，主编赵惜梦经常刊载一些书信，这些书信或为读者给编辑部所写，或为编辑部给读者所复，或为搜集来的读者之间的信笺。书信中大多饱蘸着情感，表达对时局的态度，对御侮的决心和对个人与国家命运的思索。赵惜梦曾在9月30日的《国际公园》中，专门汇集了一组答复读者的简短回信，集纳在"落日哀鸿———一纸音书涕泪多"这个标题之下。

例如，在回复博文的信中，他高度肯定了博文"宁在枪下死，不当亡国奴"的精神，倡导"我们全国的青年，也都要养成这种精神，也都要预储这种精神；什么时候开战，什么时候我们便是前线上的战士"；在回复雨华关于抵制日货的询问中，提到"抵制日货，什么时候我都认为这是应当，经过这一次不幸的事件，我们更应当特别的彻底"；在10月6日的《国际公园》里充斥了"一片哀告声"。惜梦节录了四位不知名的爱国读者来信的片段，如是缘的"呵！亲爱的同胞们呵！不要再贪睡了，醒醒吧！

第三章 日伪新闻统制的开始与国人的新闻抵抗（1931.9—1937.7）

你们想一想我们中国前途的命运！你们想一想我们东北前途的命运！你们想一想我们个人前途的命运！该振刷起精神，你们看！敌人的枪口已触到我们的胸前了"。

再如剑非的"同胞！人说我们是'睡狮'，我说我们是'病狮'，因为睡狮犹能醒，醒起来时仍然是使百兽皆畏！病狮不能起，勉强起来，也是丝毫不足怕。同胞！被人们杀死的已竟不知道什么了，活着的应该怎样呢？啊！应该怎样呢？"对"言者谆谆"而"听者邈邈"的事实表达极大不满的同时，仍寄托着无限的希望。10 月 16 日，又刊登了跻青写给好友孔罗荪①的长信，编辑为其加了标题"需要这一针强劲的吗啡"，在信中，他一针见血地指出："我们的民族麻木极了，须要这明显的武力侵略，高压。所谓经济侵略，无论内中多么险毒，甚于武力政策，可怜已麻痹的民族是决不关痛痒的。为上的还在那里耀武扬威，杀人放火；而下层整天是醉生梦死，只要不是石子打到他身上不知其痛苦，更何能感到别人以及集团的痛苦呢？是的！中华民族须要日本的吗啡针，非如此，南北两势力派不会罢战；非如此，民众不会愤恨，不会哭泣，不会哀痛……"字里行间，洋溢着"哀其不幸，怒其不争"的强烈情感。

在 1931 年 11 月 17 日的《国际公园》中，还刊登了两篇特殊的书信，一篇名为《赵欣伯复甘为奴书》，一篇名为《忠告张逆海鹏书》。张海鹏和赵欣伯是投靠日本人的两个汉奸，前者受日本人唆使与马占山对抗，后者甘心当亡国奴做伪沈阳市市长。在《赵欣伯复甘为奴书》中，借用大卖国贼赵欣伯的口吻，对于他的奴才嘴脸做了十分辛辣的嘲讽和生动展示："欣本布衣，负笈东瀛，对卖国之密诀，媚日之真谛，特有研究……就职以来，陨越时虞，焦虑深思，谋所以利用日华混治之名，行永远灭亡中国之实，以报日本知遇之皇恩，而谋禄位荣华之垂远。惟经纬多端，在在需人，故与熙同志洽，成立卖国大学校……"而在西耀撰写的《忠告张逆海鹏书》中，则在对张海鹏的叛逆行为进行抨击之余，苦口婆心地对其加以劝诫，希望他能悬崖勒马，以免为中国人抹黑："汝之祖宗坟墓葬于斯，汝之子子孙孙，生有斯，汝之妻妾长于斯，汝之产业置于斯，假使倭奴亡我东省，汝祖宗之坟墓被掘，汝之子孙被残，汝之妻妾被劫，汝之产业被

---

① 哈尔滨最大的新文学社团"蓓蕾"文学社负责人。

占,海鹏!汝何其不知自爱之理耶?汝本为草莽出身,遽得镇守使之官衔,国家对汝不为不厚,汝有何德何能来长我江省欤……"这两封书信从不同的角度表达了国人对汉奸的痛恨,十分发人深省。

20世纪二三十年代,哈尔滨的戏剧活动比较活跃。《国际公园》最早登载了一些进步作家的话剧剧本,用这种形式反映人民的爱国热忱,鼓舞人民抗日的意志。比较有名的是兆同的独幕短剧《去吧》(9.25—26),健硕的独幕剧《海风》(10.25—30)。兆同的《去吧》主要写了哈尔滨各界在为救济南方十几省灾情举办募捐过程中,一个青年学生(梅步霁)向自己有钱的父亲(梅仁馨)请求捐款不成反遭到抽大烟的父亲和小姨太一番奚落的故事,揭示了部分阔人的自私自利心理;健硕的《海风》以"九一八"事变后日本武装侵略营口为背景,描写了一艘停泊在营口海岸的某日商货轮上水手们与日本船长、大副进行的一场生死搏斗,表现了这些受压迫的中国人宁死不做亡国奴的大无畏精神。

在黑龙江抗战过程中,《国际公园》还刊登了东北文坛最早的3篇抗战报告文学,即王因心的《敌人在这》(10.6—11.10),张骞的《战线》(12.2—20)和夏崇山的《投军日记》(12.2—20)。此外,还有众多的散文、杂文,如惜梦的《废人 病国》(9.23)、物心的《求助》(10.6)、铮瞳的《向同年们说》(10.10)、革命的《日军暴行和我们房东的命运》(10.14)、佩筠的《秋风无语泣辽东》(10.15)、铁肩的《魔力种种》、致平的《抗日声中对于影院的建议》、莲的《中国心》(10.27)……

更值得一提的是,自1931年10月13日起,在《国际公园》的左下角辟栏处新开设一个专栏"编辑余话",经常书写当日的编后感。在10月16日的"编辑余话"《天理与地理》中编辑辛辣地指出:"本来我们中国的一切,随便检出一点什么事情来看,只有教我们失望,都是在自私自利,压根儿就没有人把所谓'国家'放在了自己的心头,这样已不成其所谓国家,如果不亡,哪里还有天理?但另一方面看来,中国的幅员这样的广大,中国的土质这样的肥沃,为两半球上所仅有,这真是天然的一个富强的国家,如果要亡,哪里还有地理?"

在这里,我们可以看到一颗火热的、焦灼的心在痛苦地跃动。在11月3日的"编辑余话"《老鼠与我们》中,通过一个老鼠开会商议对付猫的良策结果却不了了之的寓言故事指出:"最后,为这一群可怜的老鼠来想,

第三章 日伪新闻统制的开始与国人的新闻抵抗（1931.9—1937.7）

这样幻想的办法，想到什么时候都无用，只有团结起来和猫决一个死战。同时，对付我们的敌人，也只有采取和老鼠同样的方式，并且，老鼠毕竟有洞可逃，猫无论怎样的残暴，钻不进老鼠的洞里。我们呢，敌人可以随便钻到我们的家里，踏在我们的头上，纵使抱定了'不抵抗主义'，哪里有洞让我们钻呢？这一点又未免使我们自恨连老鼠都赶不上啊！"在这里，以老鼠对待猫的态度告诉弱小者在强敌面前只有拧成一股绳，一致对外，才能改变被动的局面，同时也无情抨击了政府的"不抵抗主义"，文风泼辣，洋溢着同仇敌忾之气和拳拳爱国之情。

二 伪满洲国成立后《国际协报》的消极抵抗

1932年3月1日，伪满洲国正式出笼，日伪当局为了给"新国家"制造"日满协和"的升平景象，准许哈尔滨的中国人报纸此前相继复刊。《国际协报》后来经哈尔滨商会等函请和张复生的多方努力才于1932年3月7日伪市政局核准《国际协报》最后一个准予复刊。

复刊后，《国际协报》原来每日必有的社评停止了，这是因为张复生声明封笔，不再撰写每日社评，但为了报纸的生存，只在新年写一篇应景文章，后来集成《建国文存》一册，向日伪各机关分送，每遇当局刁难，就把这个小册子拿出来应急作挡箭牌，日常编报业务，多交总编辑代理。在此阶段，该报将重心集中到副刊上，悉心扶植具有左翼倾向的青年作家。国内外新闻版则以客观主义的手段混发各中外通讯社的电讯稿，虽然不乏日本侵略军的"武功"战报，但同时还大量刊载中国政府和广大人民群众的抗敌活动。

（一）日伪统治初期《国际协报》的新闻报道

伪满洲国成立后，《国际协报》与东北其他报纸一样，在新闻报道上失去了自由，只能听命于伪满政权，在新闻报道上主要遵从日伪政权的旨意，重大节日中也基本迎合伪政府的要求，出版一些纪念性专刊，刊登几篇赞美性文章。但该报在顺应着这种严酷政治局势的同时，还想方设法地保留一点尊严和特色，让读者获取到国内外更多更真实的信息，领会到隐藏在深处的良苦用心。因此在此时期的报纸版面中就呈现出了以下几个特点。

1. 基本按照日伪政权的旨意来组织"满洲新闻"报道

《国际协报》复刊后,"满洲新闻"均取自"国通社",强调"满洲国"的独立性,宣扬满洲的变化,宣传日本对"满洲国"的"恩惠"和日华"和谐",关注"皇帝"与日本的接触互访,同时适当报道蒋介石国民政府的动态等。如《山海关方面（引）满中两军冲突（主）满国警备军队与何柱国部交战　满洲国军队已占天下第一关　日军决定出动（副）》（1932.10.2）；《上海日华官绅发起大同和平主义运动（主）主张日华提携共同维持世界和平　何应钦及日本吉野武官等均参加（副）》（1934.12.13）；《又一国家将承认我国（主）中美哥斯德黎加共和国大总统致书我皇帝陛下愿敦睦邻交（副）》（1934.12.30）；《皇帝明春渡日（主）宫内府秘书加藤藏之助最近即将赴东京筹备一切（副）》（1934.12.3）；《皇帝启銮访日》（1935.4.2）；《皇帝陛下慰问日伤兵（主）东京学生提灯竭诚奉迎（副）》（1935.4.13）……在上述这些报道中,《国际协报》均严格遵守新闻规定,不再轻易越雷池一步。

2. 重大纪念日的特殊报道

对于中国人来说,9月18日应为国耻日。然而在伪满政府看来,这一天却被视为"满洲国"的开始。伪满洲国成立后,每逢这个日子,都借助于媒体大肆宣传,进行所谓的"满洲事变周年纪念"。1932年9月18日,哈尔滨一家最早"转向"的民办报纸《滨江时报》精心进行了策划,发表了一系列充满谄媚色彩的文章。比如分别登载了伪满洲国总理大臣张景惠、伪满驻日大使李绍庚、哈尔滨市市长吕荣寰等的纪念演说词,处处都是对伪满洲国的溢美之词。李绍庚在祝词中写道："国有兴立,天命靡常。荡涤瑕垢,借助邻邦。同文布纪,巩固金汤。尧天舜目,盛德休光。拯民水火,辟此康庄。岁星初度,百世永昌。白山黑水,长发其祥。和平幸福,王道无疆……"吕荣寰在陈述过去一年来的经过时,也不无羞耻地指出："今日是九月十八日,回想去年今日是满洲国建国开始之第一日,亦即是一致拥戴满洲国之三千万民众重见天日之第一日,在历史上具有无上之光荣……"[①]这些令人肉麻的文字让今人实在不忍卒读。

---

① 见《滨江时报》,1932年9月18日第2版。

第三章 日伪新闻统制的开始与国人的新闻抵抗（1931.9—1937.7）

当然，《国际协报》在无法回避的重大"纪念日"也会适当刊登几篇奉承类的文章，但往往在奉承之余有自己的独特表现。《国际协报》此时尽管已转向，但张复生仍然被日本特务机关秘密监视。为应付检查，《国际协报》于此纪念日推出大约10版新年增刊，在头版刊载了张复生的一篇歌功颂德的千字文《一九三三年国际形势与满洲国民之自觉》①和总编辑王新民的一篇文章《所谓福建人民政府对中国及远东大局所生之影响》，其余主要是相关人员的题词。该增刊还刊登了一系列比较严肃的文章，如《满洲金融整理之经过》《满洲之采金业》《希特勒之暴风军》等。整个版面内容与《滨江时报》相比，则多了几许凝重，少了许多阿谀成分。

3. 对关内抗战消息的巧妙传递

在这一时期，虽然《国际协报》对于"满洲新闻"只能按照日伪政权旨意报道，然而，对于发生在国内外的新闻则往往采用"有闻必录"的编排手法，混发各中外通讯社的电讯稿。其中虽不乏日本侵略军的"武功"战报，但同时也适当刊登中国政府和广大群众的抗战活动。例如，"一二·九"运动爆发后，该报就陆续客观地登载了这样几则消息：《平市各大学生反对自治（主题）在居仁堂附近撒布传单 日方提出抗议旋即平息》（1935.12.11）、《平市特别戒备（主）禁止集会游行（副）》（1935.12.14）、《北平各大学生排日运动（主题）学生三千余名沿街游行 散布传单致与警察冲突（副题）》（1935.12.18），向读者传递了这一大规模的学生爱国运动消息。

《国际协报》也经常报道共产党领导的斗争活动和蒋介石的并不成功的"剿匪"消息。在报道共产党领导的斗争活动时，尽管有时加上"匪"字，却常常站在中立的立场，将其称为"共产军"或"共军"，或直接提及领导人的名字，并且在正文中却常将其行军路线加以透露，将其英勇行为详细渲染。例如《共匪进入贵州后（主）毛泽东股拟向四川进出 朱德股图与贺龙股联络 刘湘部队现固守万县（副）》（1935.1.13）、《毛泽

---

① 据曾在《国际协报》担任副刊编辑的方未艾回忆，张复生曾经编写了名为《建国文存》的小册子，每逢伪满洲国庆祝之际编写了一本，即拿出来敷衍。

· 233 ·

东共军已侵入川省（主）重庆泸州等处赤焰嚣张 英国派舰四只急驶上游（副）》（1935.1.18）、《贵州共产军逼近贵阳！（主）占领息烽与王家烈叛军合并 蒋介石令宁黔两军协力防御（副）》（1935.4.6）；《西安目下之军政实权完全落于共产军手中》（1937.1.21）、《共产军改编后（主）陕北共产军学校移南京 朱德毛泽东将出洋游历（副）》（1937.4.11）；《蒋汪两派暗斗愈趋激烈》（1937.4.11）……

有时在报道中，读者能感受到对共产党的钦佩之情。例如，有一则题目为《共产女子军激励华军前进》（1937.10.27）的消息，消息中写道："山西省之共产军，因日军之猛烈的压迫，次等放弃忻口镇阵地，而退却中，而于敌之共产军中竟有青年女子军，约二百余，持枪对日军作必死的抵抗……共产女子军，对堑壕内之中国并，盛行鼓励，使其越战壕前进，如是，此等中国兵，因受此等之激励，乃踊跃越壕，向日军之前面投手榴弹，彼等之激励方法，使日本军之部队将士呆然。"这则短消息，极好地展现了共产党军队中英勇的女兵形象。

在严酷的新闻和文化统制下，《国际协报》仍然对一些敏感的人物给予了必要关注。例如，1935年6月14日，该报刊登了发自上海的一则中国共产党的创始人之一瞿秋白同志牺牲的消息，标题为《瞿秋白已枪决（主）与陈独秀共创共党 有中国布哈林之称（副）》。这则消息虽然标题字号不够大，但却登载在第2版的左上方辟栏处，十分醒目。消息中简单介绍了瞿秋白的身份以及被捕经过，关押地点，福建绥靖主任蒋鼎文接受蒋介石命令将其枪决的事实，而且特意在结尾处强调"查瞿秋白系日本留学生，与陈独秀共创中国共产党，乃党内理论指导者，所占地位极重要，有中国布哈林之称，其地位仅次于毛泽东也"。在这里，实际上已经渗透了对人物的极高评价。再如1936年10月19日鲁迅先生逝世后，《国际协报》在21日头版刊发了一则消息"在沪逝世之鲁迅略历"，重新强调了其代表作品，充分肯定了鲁迅为中国新文化运动所做的贡献，同时表达了惋惜之情："此次遽然溘逝，士林惋惜不置，诚然不禁为中国新文学前途惜也。"

日本侵占东北后，各地的义勇军就进行了不屈不挠的抗日活动。《国际协报》中经常客观地刊载东北各地义勇军的抗日活动，虽然这时受日伪新闻检察机关的监视，但该报仍在言辞中透露出立场。例如，1934年

第三章 日伪新闻统制的开始与国人的新闻抵抗（1931.9—1937.7）

12月26日，该报刊登了这样一篇报道，题目是《十六岁女匪首被捕！（主）郭商沫为报父仇入匪 盘踞吉林磐石县密林地带 被捕后态度顽强愿就一死（副）》。开头写道："一身赤服，骑所好之白马，指挥共党一团，自称东洋的姜达克，仅十六岁磐石共产党女头目，受第三国际指挥之下，以建设苏维埃地域为宗旨，虽经满日军迭次讨伐，仍不屈不挠，执拗其反满工作……该女生奉天省通化县火泉山地主家，为复仇入匪党，问官含泪劝其回首猛省，然其顽强不应，愿就一死耳。其反抗态度，殊令人不解……"这里，就将一名普通的抗日义勇军战士的坚强不屈刻画得淋漓尽致。

此外，对于对中国发动侵略的日本军队，《国际协报》从未将其称为"皇军"或"友军"，而依然称其为"日军"。即使在日本发动全面侵华战争之后，该报在刊载国通社的新闻时，也通过一定的编辑手段，巧妙地加以处理。如在标题中将反映日军暴行的文字放大字号，而将抗日部队的称呼"敌军"制作成很不显眼的字号。例如，《日本空军数十机（引）爆炸汉口南昌（主）敌军事设施受极大损失（副）》（1937.9.26），同日还登载了《日军再炸南京 演成空中激战》《南京军当局 努力补充前线部队》等新闻。

再如在10月28日，该报在第二版头条刊出《日军以破竹之势进击 上海南京间交通断绝》的消息，之后又在该版中间偏下以小字标题刊登《韩复榘之积极备战（主）以禹城临邑商河为第一线 集结三个师团约达五万人（副）》以及《蒋介石氏赴苏洲督战》两篇稿件，以这种稿件分立的手段向读者隐晦地传递着信息。此外，对于国外新闻，除转载国通社的电讯稿外，还单独转载英亚社的电讯稿和来自巴黎、罗马、日内瓦、维也纳等国家接收的无线电消息，有时甚至转载苏联《真理报》的消息，以打破日伪的新闻垄断，及时报道国际关系和国际纷争，让读者意识到世界的复杂局势。

（二）日伪统治时期《国际协报》的言论变化

复刊后的《国际协报》取消了以往固定发表在2版的社评，同时在康德二年（1935.3）之前这3年左右的时间里该报基本没有评论，只是发表新闻稿件，不再传递自己的声音。但自1935年4月起，该报又增设了署名为"涛声"的国际问题研究专栏——《论题之键》，每日发表一篇有关国际热点事件的论述，该专栏一直延续至1937年终刊。1937年前刊登在第2版，1937年1—10月刊登在第3版。该专栏文章主要针对国际新闻发表见解，固定作者为"涛声"，也即社长张复生的笔名。

"论题之键"的文章在很大程度上沿袭了《国际协报》关心国际政治经济军事等大事，洞察国际局势的传统，对二战前的世界风云变幻给予了深切关注。该专栏刊载的常常为长篇系列论文，多针对一个问题做持续深入的解析，从一个论题入手，循序渐进，次第展开，论述十分透辟。

以长篇撰述《意阿纷争之真相与原因》为例，该文围绕着意大利与阿比西尼亚（今埃塞俄比亚）正在爆发的军事冲突，由意阿两国纷争起始点——瓦尔瓦里冲突入手，对两国之间的历史纠葛做了系统回顾，然后探讨了意大利进犯阿比西尼亚的原因和英、法、意三国侵略阿比西尼亚的历史，其间穿插了英法与阿比西尼亚之间的关系，以及国联对意阿纷争的处理经过，最后对意阿纷争的将来进行了详细展望。虽然洋洋几万言，但因为条理清楚，论述清晰严密，环环相扣，因此尽管文章涉及比较复杂的国际纠葛，然而读者在阅读时却丝毫不觉得吃力，对诸国之间的关系把握得十分完整透彻。

《国际协报》的"论题之键"有着十分宽广的国际视野，这主要体现在评论者对国际新闻事件本质特征的把握能力、对事件所具有的国际意义或影响的判断能力及对事态发展趋向的预见能力，成为人们分析二战前夕国际关系发展的重要参考。《国际协报》之所以将观察及评论的视角转向诸多国际事件，一方面是因为在沦陷期的东北舆论受到严酷钳制的情况下，对中国时政再如以往那样酣畅淋漓地评判已无法实现；另一方面则由于中国被日本侵略者欺凌的境遇实际上是世界诸多弱小国家的缩影，故而将目光放远，将当时国际上错综复杂的政治经济等形势下弱肉强食的现象加以客观展示和适当的主观评价，就是在提醒民众认清国家的危难和自身的处境，从而发奋图强，及早冲破黑暗。

因此，《国际协报》在东北沦陷期间社评的缺失和在伪满洲国重大日子的逢迎并不意味着该报已彻底沦为统治者的传声筒，而恰恰是通过这种隐忍和保全，间接地向民众发出自己不屈的声音。

第三章 日伪新闻统制的开始与国人的新闻抵抗（1931.9—1937.7）

（三）日伪统治时期《国际协报》专刊《文艺》的短暂辉煌

自哈尔滨沦陷后，《国际协报》副刊编辑赵惜梦便与曾经活跃在黑龙江文坛的新文学主力作家代表陈凝秋（塞克）、孔罗荪、陈纪滢、于浣非等因不愿当亡国奴而离开哈尔滨，相继逃往北京、天津等地。可以说，在1932年日伪政权建立后相当长的一段时间内，整个东北报业的副刊发展均处于低谷时期，曾经繁花锦簇的黑龙江文坛很快陷于枯萎。在此期间，《国际协报》副刊也免不了刊载一些逃避现实，迎合普通大众口味的作品。

但客观而言，在哈尔滨的几家报纸中，《国际协报》的副刊仍是比较有特色的，正如萧军所言："这时哈尔滨象点样的只有一家《国际协报》。"① 无论通俗文学如何抢占市场，该副刊总是给新文学留有一席之地，时常发表一些文学青年的作品。比如，萧军早期的几篇散文都是在《国际协报》上发表的，困在旅馆中的萧红就把《国际公园》中的许多文章当作最好的精神食粮。这块"根据地"的保留也为后来的不断扩大提供了较好的基础。

1933年8月6日，中共地下党为扩大党的宣传阵地，由中共满洲团省委宣传部部长姜椿芳与罗烽、金剑啸商定，利用三郎（萧军）关系，在《大同报》副刊创办了由中国共产党直接领导的文艺周刊《夜哨》。《夜哨》由三郎（萧军）负责组稿，主要撰稿人有悄吟（萧红）、洛虹（罗烽）、剑啸（巴来）、刘莉（白朗）、星（文光）、权（陈华）、梁倩（杨倩）、三郎（萧军）、黑人（舒群）等。与以往东北新文学作品所不同的是，《夜哨》作品不再局限于对个性解放、婚姻自由的呐喊，而更多地以国家和民族的解放为主题，暴露日伪统治的黑暗残暴。《夜哨》共出版21期，后因刊登讴歌抗日游击战士的小说《路》而引起当局关注，1933年12月24日被迫停刊。

《夜哨》停办之后，萧军、萧红等"北满"左翼作家群迅速转移到《国际协报》的副刊上去，以原班人马继续反满抗日文学活动。共产党员方未艾在任《国际协报》副刊编辑期间利用自己的身份宣传新文艺，扶持新文学作家。1933年10月方未艾被党派往苏联后，另一副刊编辑白朗被

---

① 萧军：《人与人间——萧军回忆录》，中国文联出版社2006年版，第210页。

委任为主编，全面负责着《国际公国》等专刊的编辑工作。白朗在丈夫罗烽的影响下，曾参加了地下党组织的半公开抗日文艺团体"星星剧团"。

1933年12月26日，《夜哨》终刊后，地下党利用白朗的便利条件，在《国际协报》继续创办《文艺》周刊，由白朗主编，撰稿人几乎是《夜哨》的原班人马。白朗在极其险恶的环境下做着编辑工作，使《文艺》专刊成为东北沦陷区由地下党创办的时间最长、影响最大的副刊。①

为蒙骗敌人，"夜哨"作家们纷纷更换了笔名，在《国际公园》和《文艺》中发表作品。《文艺》中发表的文学作品题材广泛，其中有的借助于对个人的烦恼和苦闷生活的描绘表现现实的无奈；有的借助于刻画弱小"动物"的遭遇来表达"人"的悲惨命运；有的通过对家乡壮美河山、美好景物的描绘，衬托当下的苦难生活；有的描写了阶级压迫、底层人民的苦难生活和社会的丑恶，还有的以曲折暗示的笔法表现了抗日救国的激情，抨击揭露了日伪反动统治的残酷，号召广大民众奋起反抗。

因此，《文艺》具有强烈的左翼倾向，发出了反抗侵略和奴役，揭示阶级压迫的声音。文学是现实生活的反映。日寇的侵略，国土的沦丧，人民的痛苦，民族的灾难，自然都是文学反映的对象，变成培育文学成长的土壤。萧军和萧红发表在《文艺》中的作品，尽管多数在描写自己生活的磨难和坎坷经历，思想上还未走向成熟，但透过他们善良而善感的心灵，却使我们感受到，他们用生命贴近着现实，以先觉者的悲凉笔触抒写着生活的艰辛和社会的黑暗。

如萧红的《患难中》和萧军的《弃儿》[连载于《国际协报》专刊《文艺》（1934.2.15—5.3）]，深深地打动着读者的心扉，让人感受到人世间的悲凉；白朗的《四年间》（连载于1934年5月17日—8月23日）描写了一个知识女青年在黑暗的社会环境里，由希望到幻灭，再希望到再幻灭的历程，让人切实地体会到人生的酸楚；金剑啸的叙事诗《洪流》（连载于1934年6月21—28日《文艺》）通过对水灾后挣扎在贫困中的，睁着"饥饿的眼睛""肚子鹿鹿的鸣""下腭蠕动着/吃着吐沫"的底层百姓的生活状况的揭示，面对"人与人相杀/刺刀……人与人相杀/天灾……"的悲惨现实，大胆地喊出："强悍的伙伴啊/用骨堆住这洪流/用

---

① 金玉良：《冰城热血——白朗在沦陷前后》，《传媒》2001年第1期。

第三章 日伪新闻统制的开始与国人的新闻抵抗（1931.9—1937.7）

手——再造个和平的宇宙"……这些均引起社会很大的反响。

在此期间，《文艺》的作家骨干也经常使用其他笔名，在《国际公园》上发表了大量诗歌、散文、小说和杂文，如萧军使用笔名"三郎"发表了系列杂文《漫记》《给朋友们》，诗歌《你常常问我》，散文《女人》等，萧红以"悄吟"为笔名接连发表了散文《夏夜》《蹲在洋车上》，小说《出嫁》《麦场》，诗歌《幻觉》等文章，其中《麦场》便是后来得到鲁迅关怀和支持，在上海出版的中篇小说《生死场》的前两章。还有达秋、山丁、金人等的名字经常在公园里出现。他们作品的内容有许多是暴露社会黑暗，反映人民疾苦的，如达秋的《归途》《一对私生子》，金人的《慈善家的道德》《有闲与有钱》《出路》，山丁的《题默映的画》等。

正当《文艺》办得轰轰烈烈之时，哈尔滨的局势开始日益恶化，1934年4月，中共满洲省委、满洲团省委遭到日伪破坏，哈尔滨陷入一片白色恐怖之中，左翼文化人士的活动引起了敌人的注意。《文艺》的创办者、共产党员罗烽因被叛徒出卖，于1934年6月12日遭到逮捕。金玉良在《冰城热血——白朗在沦陷前后》中提到，在此之前的3月2日，即康德登基第二天，由于罗烽在《国际协报》副刊上发表了一首诗《晒黑了你的脸》，内容是抨击那些甘当亡国奴、为康德登基上街摇旗呐喊参加庆典活动的败类们，结果新闻部门要求报馆追查作者，同时牵连到了白朗。多亏社长张复生和总编辑王新民从中斡旋，才得以平息该风波。[①] 在罗烽被捕前一周，萧军、萧红已在地下党的劝说安排下秘密出走，投奔春天已去青岛的舒群。这是因为萧红与萧军曾于1933年10月自费出版的第一部小说散文集《跋涉》引起了很大轰动，其中大部分作品揭露了日伪统治下社会的黑暗，歌颂了人民的觉醒、抗争，引起特务机关怀疑。为躲避迫害，二人便于1934年6月逃离哈尔滨。

1935年1月15日，白朗在《国际协报》副刊《珊瑚网》的头条发表了终刊词。在重重高压之下，《文艺》带着无尽的遗憾离开了读者的视线，这在某种程度上也意味着东北左翼文学活动最活跃的时期已就此终止。从

[①] 金玉良：《冰城热血——白朗在沦陷前后》，《传媒》2001年第1期中将《国际协报》此时的总编辑表述为王星岷有误，因为此时王星岷和王研石均已离开《国际协报》，总编辑应为王新民。

东北流亡到关内的作家寒爵曾经回忆说，当年他在一家报馆里当记者，后来做了编辑，每天编好的报纸都要打成大样，送到哈尔滨警察厅特务科逐字检查，稍有所谓反映"阴暗面"的字句，都要被删掉，重者做记录，追查作者。他举例说，我们看见抓人的囚车满街跑，不能说"抓人"和"恐怖"，而要这样写："那囚车新漆的灰色，发着光泽，正象征着王道乐土的光明面……"可以说，至此，日伪统治在东北已经无孔不入，愈加严酷了。

本章小结

　　日本关东军发动的"九一八"事变迅速了民国政府在东北的历史进程。从此，中国东北被强制割裂于中国版图之外，以所谓的"国家"——伪满洲国，在日本军国主义的奴役下走过 14 年的时光。14 年逆历史潮流而动，留下日伪当局凶残和血腥的辙迹，记录着殖民统治集团奴役、奴化、压榨东北人民的罪证，也镌刻着东北军民誓死捍卫国家主权和领土完整的浴血斗争的历程。

　　"九一八"事变后日本侵略者一手炮制的伪满洲国，是日本关东军通过侵略手段一手炮制的伪政权。既不被当时的国际社会所承认，也不被东北人民所承认。当时的国民党政府和中国民众均不曾认可"满洲国"是一个"独立国家"。它是日本法西斯制造的傀儡伪政权，始终与日本军国主义捆绑在一起，随着日本的战败而灭亡。

　　日伪统治时期，日本通过伪满洲国对东北人民实行统治。伪满洲国的傀儡性毋庸置疑。殖民统治者先是确立日伪之间为"盟邦"或"邻邦"关系，表面上给伪满洲国一个"平等地位"；但未几，"盟邦"变成了"友邦"，"邻邦"变成了"亲帮"，日伪关系"明明之鉴如亲，穆穆之爱如子"。傀儡皇帝溥仪"在肉体上是爱新觉罗的子孙，但在精神上则与万世一系之皇统相连，因此可以说，皇帝是日本皇室的养子"[①]。

　　日伪统治期间，日本人不仅站在幕后操纵，而且直接站在前台指挥和

---

　　① 参见武藤富男《日伪总务厅弘报处处长武藤富男的广播讲话》，《私と満洲国．文艺春秋》1988 年版，第 320 页。

第三章 日伪新闻统制的开始与国人的新闻抵抗（1931.9—1937.7）

统制一切。日本军政当局在制定统治伪满洲国的理念中明确规定，日本人是"五族"中的"中核民族""指导民族"，是"满洲的主人"。因此，从中央到地方，日本人是以总务厅长，各部次长，副省长、副市长、副县长的名义直接参政，有些伪省、市、县甚至直接由日本人充任主官。伪满洲国就是这样一个在日本关东军在武装吞并中国东北的背景下，一手炮制，亲自操纵的，其政治、军事、"国防"、经济、文化、教育等领域均受控于日本主宰的傀儡政权。

在"九一八"事变至"七七事变"期间，日伪在新闻宣传领域逐步建立起一套完备的新闻宣传统制体系。日伪当局设立弘报处作为文化专制机关，日本人主持一切，实行全面专制。其主要手段，一是阻断中原文化，割裂东北同中原文化的地缘联系，泯灭东北民众的民族意识和国家意识。二是强制灌输日本法西斯文化及天皇文化。利用广播、报刊、电影、出版等多种形式，以伪满弘报协会、映画协会、协和会等组织机构和推进力量，把东北人民禁锢在日本侵略者设定的雷池之内，不得逾越半步。

纵观整个日本侵华史，日本在我国东北地区是新闻传媒办得最多的，在"七七事变"前，日本侵略者把新闻媒介作为侵略的先锋，是侵略的喉舌，是言论机关。具体来说表现在以下三个方面。

第一，进一步强化日文报纸在东北的统治地位。早在1890年，日本就在国内大肆宣传"中国的大陆是日本的生命线"的思想，以此来煽动政府及群众。随之日本侵略者就将魔爪伸向了我国东北地区，为的是抢夺资源将我国东北地区作为侵略的根据地，创办大量报刊，为实施"大陆政策"而做准备，也为掩盖侵略的罪行做善后工作。伪满洲国成立后，日本侵略者更加肆无忌惮地利用日文报纸，组织遍布东北各地的记者，收集了各地区的情报，并向日本政府提供制定侵略政策。

第二，进一步利用新闻媒介对东北人民进行奴化教育。日本操纵下的伪满洲国之所以实施严酷的新闻统制，其目的就是使东北人民接受奴化思想，逐渐失去自身的民族意识，从而沦为日本政府统治下的俘虏。日伪政权始终控制新闻出版业，并采取高度集中垄断的政策全面控制着东北的舆论，采取"顺我者存，逆我者亡"的方针，不遗余力地破坏中国东北的新闻出版业。同时，日伪借助于新闻媒介，企图削弱民族思想与民族意识，灌输天皇思想，禁锢人民的言论，通过宣传奴化和殖民统治理论，将东北人民驯化成供他们任意奴役驱使的顺民，从而实现他们征服"满蒙""经营满洲"的黄粱美梦。

第三，继续发挥日办中文报纸的侵略作用。日本侵略者利用报纸发行速度快，覆盖面广等特点，最大限度地鼓吹其侵略政策，美化侵略，麻痹中国人民，掩盖侵略野心。日本侵略者一直都把新闻及出版机构当作侵略战争的先锋部队，因此，他们广设文化机构，操纵、垄断舆论阵地，向东北人民灌输"民族协和""日满一德一心"等殖民思想言论，其目的就是要把殖民统治阶级的思想、意识、观念、道德强加在中国人民的头上，同时割裂东北同中原文化的密切联系及历史渊源，使民族文化失去接续和发展的条件，并且企图让东北地区的新闻报社成为日本帝国主义的喉舌，以便使其侵略变为合法化，美化其侵略行径。

总之，这个时期东北的新闻界毫无自由可言。报道的新闻也都缺少真实性，日本的报社则制造大量的假新闻及报道，随意编造鼓吹、蒙蔽东北地区人民的思想，并且深入社会文化思想生活中的各个方面，对人民影响危害巨大。

日伪的严酷统制虽然能控制住东北人民的身体，但却无法控制住人们的国家认同感与民族观念。可以说，伪满洲国时期东北民众对日本政府舆论控制的反抗就从未停止过。

东北各阶层、各团体以各种形式，在中国共产党的领导下，在新闻宣传领域展开了坚决的斗争。这既是东北新闻界反帝爱国传统的继续，也是东北人民民族精神的觉醒，更是中国共产党领导下东北人民谱写的可歌可泣的《义勇军进行曲》的第一乐章，意义十分重大。

1. 这种抵抗是一直以来东北抵抗外来侵略光荣传统的延续。东北地区从早期"拒俄"报纸就形成了光荣的反抗外来侵略的传统。哈尔滨老报人奚廷黻从创办《东方晓报》开始就举起了鲜明的反抗沙俄侵略的旗帜。之后接连创办《滨江日报》《东陲公报》等报纸，虽然接连被沙俄当局扼杀，但依然坚持斗争。后来《盛京时报》社长中岛真雄，为了配合日本向"北满"地区的扩张，在哈尔滨创办了《大北新报》，哈尔滨报界对其进行了一致抵制，致使其迟迟未能发刊。东北沦陷初期《国际协报》勇敢地派出记者报道"九一八"事变真相，社长兼主笔张复生连续撰写系列评论，从而发出了当时东北舆论界抵抗日本侵略的最强音。在日伪政府严厉统制

第三章　日伪新闻统制的开始与国人的新闻抵抗（1931.9—1937.7）

下，东北民间报人仍然进行了不屈不挠的抗争。

2. 这种抵抗是东北民众乃至全国民众国家意识、民族精神的觉醒。应当说，近代以来东北地区地处关外，经济文化发展远远滞后于关内中原地区。但因饱受帝国主义侵略压迫，又接受了关内传来的新文化的影响，东北民间报人形成了抵抗外侮、爱国抗争的光荣传统。在与日、俄等帝国主义列强的抗争中，以沈阳、哈尔滨为中心的"南北满"地区，国人报纸纷纷举起了反帝爱国的旗帜，尤其是五四运动后，各报更是将唤起国家意识、民族精神作为自身的社会责任。如上文提到的沈阳的《东三省民报》，哈尔滨的《国际协报》、长春的《大东日报》都是杰出代表。日本帝国主义的侵略，虽然在辽宁在吉林猖狂一时，但是时任黑龙江省主席，扼守嫩江江桥的马占山将军率部进行了英勇抵抗。对此，哈尔滨报界都进行了充分报道。东北地区爱国的民间报刊将抗日反满大旗一直树立在沦陷区民众的心中。

3. 在抵抗过程中，中国共产党挺起了东北抗日斗争的脊梁。1928年中共满洲省委成立后，以刘少奇同志为代表的历任满洲省委负责人都明确把抵抗日本帝国主义对东北的侵略作为省委工作的重要的任务。先后创办了各种党报、党刊宣传抗日斗争，尤其是"九一八"事变后中共满洲省委机关报《满洲红旗》迁哈尔滨后，更是明确提出了"驱逐日本帝国主义出中国"的口号。中国共产党的优秀党员以隐蔽身份进入民间报纸，利用文艺团体，报纸副刊为阵地进行了坚决的抗争。王复生、金剑啸在《黑龙江民报》事件中，候小谷在"口琴社"事件中，都用自己的鲜血和生命与日寇进行了坚决的抗争。更重要的是在他们的影响下一大批爱国作家、艺术家逐渐向党组织靠拢，坚定了抗日到底的决心。此外，依托《国际协报》副刊成长起来的萧红、萧军、金人、达秋等，逐步形成了东北作家群，他们中大多数后来都奔赴延安成了党的文艺工作者。

应当指出，沦陷时期，党的新闻宣传工作中，最为壮烈的当属东北抗日联军的报刊宣传活动。"九一八"事变后，东北爱国军民奋起抗战，30余万名东北义勇军冲杀在第一线，随后，中国共产党领导的抗日游击队、人民革命军、抗日联军作为东北抗战的中流砥柱，驰骋白山黑水，爬冰卧雪、风餐露宿、血洒大小兴安岭。在与日寇进行的最为艰苦卓绝的斗争中，抗联各路军均创办了自己的报纸、杂志。虽然现存仅仅零星几期，且难以辨认，仍然让人感受到其顽强的斗争精神和坚定的革命意志。

在日伪残酷的统制、镇压下，各种斗争最后都被迫逐渐隐蔽、停止。东北沦陷14年，尤其是从"九一八"事变到"七七事变"爆发前这一时期，东北民众在中国共产党领导下抵抗日本舆论的报刊，谴责日本侵略者犯下的罪行，抵制日本侵略者的控制。这些力量尽管微弱，但仍然勇敢地发声，尽管遭到日本侵略者的严厉镇压，也从不畏惧。在共产党领导、组织、参与下的社会各阶层在新闻战线展开了英勇的斗争，犹如黑夜中的一盏明灯，为处于最为黑暗的东北大地指引着胜利的方向。

第四章

日伪新闻统制的强化及国人的另类反抗
(1937.7—1945.8)

1937年7月7日,蓄谋已久的日本侵略军按照既定的"大陆政策",向北平卢沟桥附近的中国驻军发起进攻,遭到中国军队的坚决反抗,从而爆发了震惊世界的"七七事变",这也标志着日本发动全面侵华战争的开始,同时拉开了中国全民族抗战的序幕。在强敌压境面前,中国面临着亡国亡种的危险。全国各阶层、各民族也展现出了空前的觉醒和团结意识,开始了艰苦卓绝的抗战。

与此同时,"七七事变"爆发后,意味着主战场由东北迁移到了关内,东北成为日本侵略者重要的后方基地。经过"七七事变",日本在中国东北的殖民统治已稳定下来,并且将伪满洲国变成了进一步扩大侵华战争的战略基地、战争能源供应后方、经济掠夺基地和笼络人心的道场。日伪自1937年5月开始第二次新闻整顿之后,就包藏着将国人媒体逐步剔除,全面控制东北新闻事业的祸心,事变后其在东北的新闻统制更是不断强化,因此整个东北的舆论环境完全陷入一片黑暗之中。

在此期间,国人媒体几被翦杀殆尽,只保留了两家国人报纸。一是创刊于1909年2月的《醒时报》,该报原本为进步报纸,但"九一八"事变后彻底臣服于日伪政权,在日伪第二次新闻整顿中以"南满"唯一的"民间报纸"面目为点缀的世俗小报;二是在日本关东军哈尔滨特务机关一手操纵下,于 1937 年 11 月 1 日,由《国际协报》《滨江时报》《哈尔滨公报》这三家报纸合并而成的《滨江日报》,其创刊宗旨十分明确,概言之,即"遵奉政府统制言论之政策而诞生,除传达政令发扬东方文化外……使外人均明了是非之所在,无再施行逆宣传之余地"①。另外,东北地区的红色报刊经过 1931 年年底至 1936 年年初的活跃期以后,尽管面临的媒介环境愈加恶劣、生存空间日渐狭小,但仍然在苦苦坚守,直至 1941 年由于日伪的多次军事"围剿",使红色报刊事业在东北党组织及领导的武装力量遭受巨大损失下难以维系,无奈陷入低谷。

第一节　日伪新闻统制的强化

"七七事变"以后,经过日伪的第二次新闻整顿,各伪省基本达到了日文、中文报纸各"一省一报",同时伪满弘报协会完全控制了以"满通社"为中心的伪满报纸网,"垄断了东北 40 余家综合性日报的 3/4,占报纸总发行量的 90%"②。同时,基于 1936 年 9 月出台的《关于对支问题的对外宣传方针》与《关于日支问题的对内对外宣传方针》,"七七事变"爆发后,在"战时体制"的大背景之下,日伪需要进一步加强对东北新闻事业的监管和控制力度。于是又提出了《关于北支事变的宣传实施纲要》,再次明确强调了"思想战""宣传战"的重要意义,继而建立了"弘报新体制",增加了一系列"新闻法规",并大肆扩建广播电台,强化广播体制,实施第三次新闻整顿,从而使伪满国的舆论陷入前所未有的高压管控之中。

一　"七七事变"后东北各地的媒介概况

为加强伪满弘报协会对新闻舆论的统治,日伪以第二次新闻整顿为由头,在"七七事变"后对东北的报业重新进行了整顿,淘汰了一批弱小报纸,坚决取缔有进步倾向的报刊。同时,日伪进一步扩建广播电台,力图扩大伪满洲国的"国际影响"。

---

① 如葵:《本报创刊之使命》,《滨江日报》,1937 年 11 月 1 日第 5 版。
② 解学诗:《伪满洲国史新编》,人民出版社 1995 年版,第 599 页。

第四章　日伪新闻统制的强化及国人的另类反抗（1937.7—1945.8）

（一）报业整顿概况

日伪在东北的四大中心城市——奉天（沈阳）、大连、新京（长春）、哈尔滨日伪当局在实施中文报纸"一省一报"方针下，仅剩下独家经营的官办报纸《大同报》《盛京时报》《泰东日报》《大北新报》，以便扩大欺骗宣传和进行奴化教育。上述报纸全都被"满洲伪弘报协会"吸收为"加盟社"，从而使舆论牢牢掌握在其掌中。具体整顿情况如下（见附表6）：

沈阳——1937年8月，日伪采取收买的手段，将中文《民声晚报》《民报》《大亚公报》《奉天日报》停刊，全部并入《盛京时报》；将日文《满洲日日新闻》于1938年12月从大连迁至沈阳，在大连设立支社，并将日文《奉天日日新闻》停刊，同时保留了一家民办报纸——中文《醒时报》，以扩大欺骗宣传。

大连——1937年8月，日伪通过收买的方式，将中文《满洲报》《关东报》停刊，并入《泰东日报》；1940年7月1日，将《满洲日日新闻》大连分社改为《大连日日新闻》社。

长春——除中文《大同报》仍为伪中央一级报纸外，于1937年10月将日文《满洲商工日报》停刊，并入《大新京日报》，并于1938年11月10日改名为《满洲新闻》，使之成为中央一级报纸；1939年11月，将英文《满洲每日新闻》从大连迁至长春。作为伪满弘报协会第一批加盟社的朝鲜文《满鲜日报》，继续在长春出版。

哈尔滨——1937年9月通过收买，将中文《午报》作为《大北新报》的子报出版；1937年11月，将三家中文民办报纸《国际协报》《滨江时报》《哈尔滨公报》停刊合并为《滨江日报》，由日本关东军派汉奸王维周任社长，直接控制该报；1937年10月，通过收买，将俄文《哈尔滨公报》并入《哈尔滨时报》；1937年9月，通过收买，将日文《牡丹江商报》改为《哈日牡丹江版》；1939年12月，将日文《哈尔滨新闻》停刊；继续出版伪满弘报协会第一批加盟社的日文报纸《哈尔滨日日新闻》。

此外，在齐齐哈尔，日伪通过收买，于1939年将日文《北满洲日报》停刊，将人员并入《黑龙江民报》，并于1939年1月出版了日文《齐齐哈尔新闻》；在安东（丹东），通过收买，于1939年6月1日，将中文《东边日报》改为《安东时报》，将日文《安东新报》《国境每日新闻》停刊，两报人员合并创刊了日文《安东新闻》；在锦州，由锦州新报社在出版日文《锦州新报》的基础上，于1938年6月创刊了中文《辽西晨报》；在佳木斯，由三江报社在出版中文《三江报》的基础上，于1940年5月1日创刊了日文《三江日日新闻》；在吉林，通过收买，于1938年6月将中文《东省日报》、日文《松江新闻》停刊，出版《吉林新闻》中文及日文版；在延吉，通过收买，于1937年8月，将中文《延边晨报》改为《东满时报》，将日文《间岛新闻》改为《东满新闻》；在承德，在出版中文《热河新报》的基础上，于1937年9月创刊了日文《三江日日新闻》；在牡丹江，通过收买，将日文《哈尔滨新闻》停刊后，人员、设备迁移到牡丹江，于1940年1月1日创办了日文《东满日日新闻》，1940年8月1日又创刊了中文《东满报》……①

1940年，伪满弘报协会解散，伪满的新闻通讯等部门直接由伪国务院弘报处管理。1941年1月，又在长春成立了"满洲新闻协会"，由《大同报》社长染谷保藏任会长，吸收伪满洲国通讯社、大同报社、盛京时报社、满洲新闻社、大北新报社、泰东日报社、醒时报社、滨江日报社等20多家新闻单位为会员。② 同时，为了麻痹民众，要求当时所有报纸都须宣传日本侵华战争的"合理性"，将日本的侵略战争美化为"解放东北、解放中国、解放东亚"。1942年1月，"满洲国通社"、康德新闻社、"满洲日日新闻社"（日文）、"满洲新闻社"（日文）等新闻通讯机构全部改组，报纸改为官办，建立通讯新闻新体制，伪满政府实现了对新闻报道机关的完全控制。

（二）日伪广播电台的扩建

伪满洲国建立后，日本便提出"在国土广大、民族众多，文化多样的环境中，实行德政和统治，广播是首选的工具"。在日本看来，在中日战争这一"非常时局"中，"宣传国策有赖于广播的扩张与听众的增加"，这

---

① 黑龙江日报社新闻志编辑室：《东北新闻史》，黑龙江人民出版社2001年版，第255—256页。

② 黑龙江日报社新闻志编辑室：《东北新闻史》，黑龙江人民出版社2001年版，第278页。

第四章 日伪新闻统制的强化及国人的另类反抗（1937.7—1945.8）

是"国家宣传"的重要组成。① 自 1933 年 8 月由日本政府、"满洲国"当局、"南满"、日本放送协会、朝鲜银行出资成立满洲电报电话株式会社（以下简称伪"电电"）以来，日本政府逐渐垄断了东北的电话、电报和广播业务。而且随着日本殖民统治逐渐稳固，其在东北的广播扩张活动达到顶峰。

"七七事变"后，伪满广播旋即按照日本宣传的整体战略对南京国民政府和苏联广播展开电波战。尤其随着日本帝国主义全面侵华战争的加剧，面对抗日斗争的汹涌浪潮，为掩盖真相，在思想上欺骗和蒙蔽东北人民，日本关东军和"伪电电"极力扩充伪满广播。"新京（长春）放送局"增设了《时事解说》《今日新闻》《临时新闻》节目，并随时插播殖民主义的政治口号。东北地区的广播宣传以"新京放送局"为中心，广播节目由它组织编排，统一播出后，各地方放送局实行联播。1937 年 7 月 17 日，日本在大连开设针对华北和华东地区播出的中文短波广播节目。随后与华北伪政权实现了广播节目"交换放送"，借助无线广播将华北与伪满两大占领区连接在一起，企图扭转"七七事变"之后在华北宣传真空的局面。可以说，从"七七事变"到太平洋战争爆发前，是伪满广播的高速发展阶段。

1938 年日伪制订了《放送设施五年计划》。这个计划的根本方针是，要增加广播的发射功率，其最低功率不能低于 500 瓦，要增加广播电台；要争取所有广播电台实现二重广播；对边境上的小城市要设立特殊的广播设施，以防范外国电波的侵入等。此后，伪"电电"开始在东北进行了大规模的修建和扩充工作，在各地新建了一批广播电台。到 1941 年年底，伪"电电"共在齐齐哈尔、牡丹江、佳木斯、延吉、黑河、营口等地设立 13 家"放送局"，完成了全东北境内主要基础广播网的配备工作，原有的广播设施也得到了加强。东北部和西南部一带，基本覆盖了广播。这个时期，伪满已经有广播电台 17 座，其中 12 座实行二重广播，听众约有 45 万户。②

---

① 满洲电信电话株式会社：《满洲放送年鉴》，满洲电信电话株式会社 1940 年版，第 15 页。

② 哈艳秋：《伪满 14 年广播历史概述》，《新闻研究史料》1989 年第 6 期。

为一步强化广播宣传机构，伪"电电"对原有的机构进行调整。把公司营业部所属的广播课升格为广播部，专门负责广播宣传和事业建设工作。并将伪新京、大连、奉天、哈尔滨等4个广播局改称"中央放送局"，以"新京放送局"为中心，广播节目由它组织编排，统一播出，各地方"放送局"一律转播，从而实现"全满联网广播"。

此外，日本关东军、伪满洲国当局、协和会、满洲电电还共同组成了"宣传联络会议"，旨在协调各方立场，统一广播的内容和言论。正如日本殖民主义者久保升所说："广播战时的任务，是帮助（人们）认识时局，统一国论，昂扬国民精神，指导战时经济政策，即政治上、经济上、治安上有关政策，通过广播完全实现一体化。"① 在该组织中，关东军对广播工作具有绝对的控制权，广播中充斥着日军"战无不克"，"以少胜多"虚传，而对于中国民众的抗日活动和日军侵华暴行则只字不提。②

在广播宣传的内容发布上，为适应日本帝国主义扩大侵略的需要，日伪除对东北人民进行殖民政策宣传和奴化教育外，还不断增加鼓吹"建立东亚新秩序""大东亚共荣圈"等主题，大讲"日满华之间善邻友好、共同防共和经济合作"。同时为使伪满广播和伪满政府的宣传更加一致，从1941年1月起，伪满广播的宣传审查监督工作，由原来的伪交通部负责改为伪国务院总务厅弘报处负责。由它对伪满广播实行所谓"监督机构一元化领导"，使伪满广播的宣传与日本的侵略政策配合更加紧密。

为扩大伪满洲国的"国际影响"，提高其"国际地位"，日伪还利用伪满广播来进行对外宣传，通过"广播外交"来加强所谓"国际友好关系"。从1939年7月起，使用伪新京广播电台新设的20千瓦短波发射机开始了对欧洲、北美西部及远东一带进行定向广播。广播用语有汉语、英语、日语、俄语、蒙古语、法语和德语等7种语言。每天广播4次，全天播音3小时55分钟。对外广播的宗旨是宣传所谓的"门户开放、民族协和、王

---

① 久保升：《满洲电气通讯现业组织的现在和将来》，《伪"电电"业务资料》1942年第6期。
② 齐辉：《试论抗战时期日本对华广播侵略与殖民宣传——以日本在"满洲国"的放送活动为中心》，《新闻与传播研究》2015年第9期。

第四章　日伪新闻统制的强化及国人的另类反抗（1937.7—1945.8）

道乐上的建国精神"，以及向世界表明伪满的"防共反共"立场。①

1941年12月7日，日本海空军突然袭击珍珠港，8日，美、英对日本宣战，太平洋战争爆发。为适应所谓"大东亚圣战决战体制"的要求，实行"日满一体化"，日伪不断强化广播体制，严格控制广播舆论，实施由"新京中央放送局"统一编排和播出节目，各地方"放送局"一律转播日本东京中央放送局的节目，不得自办广播节目。第二放送（汉语）的新闻节目，从每天7次增加到10次，并时刻监听日本短波广播，一旦东京中央放送局播发新闻，不管任何时候，都立即中断正常广播，插播日本东京放送局的节目。②

随着日本在侵略战争的泥潭里越陷越深，伪满广播陷入困境。自1942年以后，日本在东北的广播扩张已成强弩之末。1945年8月15日，伪满第一放送播出"天皇玉音"宣告无条件投降，8月19日，苏军全面接收"满洲电电"，其职员被遣散，至此日本在东北的广播侵略活动宣告终结。

二　"七七事变"后日伪当局对新闻统制的强化

（一）适应"总体备战"需要成立的大弘报处及"弘报三法"的颁布

从1938年年底开始，由于中日战场上的战线不断拉长，双方陷入胶着状态，日本难以在短期内完成原来宣称的"速战速决"目标，国内各种矛盾激化。1940年9月27日，《德意日三国同盟条约》（通称《三国轴心协定》）在柏林正式签订。条约规定：日本承认德国与意大利在建立欧洲"新秩序"事业中的领导权，德国与意大利则承认日本在建立东亚"新秩序"事业中的领导权。这一侵略性条约的签订，标志着德、意、日法西斯轴心国正式结盟。为了适应日、德、意军事同盟的建立与日美矛盾加剧的形势，1940年年末，日伪政权从各方面进行一系列的战备动员。

为摆脱内忧外患的局面，日本决定模仿纳粹德国建立"战时体制"，也开始进行了"总体备战"，大搞"新体制运动"，改组"政府"机构，

---

① 黑龙江日报社新闻志编辑室：《东北新闻史》，黑龙江人民出版社2001年版，第271页。

② 黑龙江日报社新闻志编辑室：《东北新闻史》，黑龙江人民出版社2001年版，第277页。

使其成为"高度国防国家体制"①。以近卫文麿为首的内阁开始在国内推行舆论划一、一国一党的"新体制运动",将言论出版、舆论思想与政治、经济和生活等各个领域全部纳入统制体系,以动员全国力量。比如日本《每日新闻》社出版的《战时新闻读本》一书便对战时报纸的作用进行了较为深入的阐述,称报纸必须放弃"新闻商品主义"的经营思路,"对外作为我们国家的伟大的发言人,对内要使国民大众完全了解国家方针,同时负担起重要使命,激励、鼓舞官民,指导、启发他们不要走错一步哪怕半步的道路"②。

作为日本侵略战争基地的伪满洲国,在新闻统制方面,解散了伪满弘报协会,扩充了伪满政府的弘报处,由伪弘报处直接监督和控制新闻事业,并公布了所谓"弘报三法"(《满洲国通讯社法》《新闻社法》《记者法》),以强化弘报宣传。

1. "新体制运动"倡导下扩建的"大弘报处"

伪满洲国的"新体制运动"于1940年11月开始进行。宗旨是"精简中央,加强地方",这是带有临战性质的行政改革。改革后,伪中央政府减少部局人事费15%,并撤销了一些机构,执掌战时宣传和控制思想言论的伪国务院总务厅弘报处相反却增加了编制,扩大了权限。1940年12月,原属于伪治安部负责的"映画新闻出版之检阅"以及伪交通部负责的"新闻通信之检阅"等事务都统归弘报处管辖,弘报处成为一个具有新闻、出版、宣传和文艺监管等诸多职权的综合性殖民机关。

新的弘报处设事务、情报、监理、新闻、放送、宣传、映画等8个室,由于其机构和权力比之原弘报处大了许多,因之被称为"大弘报处"。在扩大弘报处的同时,伪满洲国于1940年12月解散了满洲伪弘报协会。此举是为了建立所谓"弘报新体制",强化伪满政府直接操纵宣传舆论。

2. "弘报三法"及"两件"的出台及企图

为进一步强化对新闻出版的统制,伪满于1941年8月25日公布了《新闻社法》《通信社法》《记者法》《关于外国人记者之件》《关于外国通信社或新闻社之支社及记者之件》,统称"弘报三法两件"。"弘报三法两

---

① 解学诗:《伪满洲国史新编》,人民出版社1995年版,第428页。
② [日] 平田外喜二郎:《战时新闻读本》,大阪每日新闻社1940年版,第3页。

第四章 日伪新闻统制的强化及国人的另类反抗（1937.7—1945.8）

件"的实施，意在"确立统制搜集情报新闻消息及其他及其供给事集，从新迈进渗透国政，发扬国威之国家机关解消从来之满洲国通信社新创立特殊法人，满洲国通信社，又国内新闻社，亦各在新闻社法下，用时事报道，时事解说等迈进渗透国政成昂扬文化之国策机关，而改组为特殊法人"①。该"法令"公布后，随即在《大同报》全文刊登。

伪《新闻社法》共四十一条，其制定的意图标榜为："政府为明确新闻社之使命，谋其新闻事业之健全发达，强化弘报宣传，以期国政之渗透并文化之向上。"②根据《新闻社法》第四条至第七条规定，新闻社的设立须经"国务总理大臣"之认可，否则将不予认可；新闻社置理事长并理事及监事若干人，理事长由"国务总理大臣"任命，理事由理事长之推荐，由"国务总理大臣"之任命。同时，该法还在第二十五条规定："新闻社须依国务总理大臣之命，将其指定之事项，揭载或不揭载于新闻纸"；第三十二条规定："国务总理大臣认为确有必要时，无论何时得令新闻社报告其业务及财产或状况，或派所属官吏检查其金库账簿或其他各种文书物件。"③在这次整顿中，所有的日文报纸由新京的满洲新闻社、奉天的满洲日日新闻社统管，绝大多数中文报纸则归属于康德新闻社，这三大新闻社几乎垄断了伪满境内的新闻出版事业，伪满当局可依法控制境内所有报纸的内容。

伪《通信社法》共三十条，根据《通信社法》的规定，为统制"依电信、电话或其他通信方法汇集及供给信报之事业"，以达到"渗透国政、发扬国威"的目的，特令设立"满洲国"通信社，原来的"株式会社满洲国通信社"予以解散。伪满洲国通讯社与伪满的新闻社一样同属"特殊法人"，其主要负责人员皆由伪国务总理大臣任命。该法第十八条与伪《新闻社法》第三十二条类似，明确规定"国务总理大臣认为确有必要时，无论何时得令满洲国通信社报告其业务及财产或状况，或派所属官吏检查其金库账簿或其他各种文书物件"；第十九条规定："国务总理大臣认为满洲

---

① 《我政府确立弘报新体制》，《滨江日报》，1941年8月27日第2版。注：原文即表述如此。

② 《政府强化弘报宣传制定新闻社法》（上），《大同报》，1941年8月26日第1版。

③ 《政府强化弘报宣传制定新闻社法》（下），《大同报》，1941年8月26日第1版。

国通信社之理事长、理事或监事之行为有违反法令、定款或依本法之命令或有害公益时，得解其任"①……这样一来，日本关东军仍可借助于位高而权轻的伪国务总理大臣实现对伪满洲国通信社的集中性操纵。

伪《记者法》共十七条，该法开宗明义地指出，"政府为明确记者之国家的使命，谋其资质之向上以期借报及新闻纸内容之进步发展并新闻通信所要人员之增养确保，故制定记者法"②。该法的核心内容即要求记者必须为日伪殖民统治服务，化身为日伪殖民统治宣传的喉舌。该法确定了弘报处有权对记者从业资格进行审查和管理，再次强调了国务总理大臣"对于满洲国通讯社及新闻社之理事长，得为关于其所属记者之监督教育、福祉及给予所必要之命令"，同时规定了记者的义务，尤其是制定了"记者惩戒"制度，对违反规定义务即不服从殖民宣传使命的记者实行严厉的惩戒，其惩戒手续由"国务总理大臣"确定。这样，记者在工作中无不噤若寒蝉，被迫为日本军国主义的侵略政策、战争政策服务。

至于《关于外国通信社或新闻社之支社及记者之件》与《关于外国人记者之件》的出台，主要是针对在"国通社"等新闻机构工作的外国记者，以及与"国通社"建立了协作关系的日本通讯社和新闻社的记者而专门制定出台的。其中强调，在伪满设立支社必须要向伪国务总理大臣（实际负责者为弘报处）提交申请，获得认可，并且在登录簿上进行登录，而伪国务总理大臣有权撤销认可其登录，即废除其营业资格；同时要求其所属记者同样要获得认可并进行登录，而伪国务总理大臣在认为必要时可取消其认可及登录。

可以说，伪满洲国"弘报三法两件"的实施，其动机即建立所谓的"新闻新体制"。"新闻新体制"的核心内容体现在：对大中城市一些内容重复的报纸实行停刊；在"政策实行不彻底的地方"，要创办新的中文报纸；伪满的现有报纸，要积极报道"国情"，适应世界形势的变化。因此，"新闻新体制"的实施，进一步强化了日伪对新闻通信事业的垄断，也标志着伪满当局通过法律形式确立了对新闻事业的"国家"垄断，使新闻统制力度达到顶峰。

---

① 《满洲国通信社法》（下），《大同报》，1941年8月27日第2版。
② 《记者法公布施行》，《大同报》，1941年8月26日第2版。

第四章　日伪新闻统制的强化及国人的另类反抗（1937.7—1945.8）

（二）日伪的"第三次新闻整顿"

太平洋战争爆发后，日本侵略军势力日趋衰竭，每况愈下。日伪当局唯恐人心动摇，后方不稳，遂从严封锁失败消息，进一步加强新闻统治，又进行了第三次新闻整顿。相比之前两次新闻整顿，此次整顿更为严酷。

1942年1月，日伪当局通过成立《康德新闻》《满洲日日新闻》《满洲新闻》三大新闻社，统管伪满的中文和日文报纸。康德新闻社将原大同报社、盛京时报社、大北新报社等11家中文报社，全部改名为康德新闻在各地的支社，但报纸仍以原名出版。康德新闻社在统辖各地中文报社的同时，还在没有报纸的偏远地区新设立许多支社，创办8种中文报纸，扩大对中国人民的舆论影响和精神奴役。这一时期也是日伪中文报纸覆盖面最广的时期。这样，全东北的报纸不仅是言论一致，体制上也变为一家，成为名副其实的"一家之言"。至此，东北地区的报业萧条到了极致。

在东北三省中，原来新闻事业最落后的吉林，由于伪满洲国建都新京（长春）的关系，一些主要新闻监控机构和新闻总社、通讯总社都集中在那里，报社的数量已大体与其他两省持平，而长春的日文报纸数量又远远超过其他城市，几乎是当地中文报纸的3倍，显示了伪满新闻事业的高度殖民地化。[1]

1944年3月，伪满政府弘报处召开了弘报协议会，研讨"在决战体制下"，完成"弘报业之使命"。新闻媒体也更加露骨地代表日本帝国主义利益，散布污蔑东北军民抗日的谣言，鼓吹"击碎英美""建设东亚""国人奋起，协力亲邦""决战下致力国民精神之统一""国民同襄圣战，慰劳友邦将士"等言论[2]，疯狂地为"战时新体制"的"宣传战""思想战"服务，连篇累牍地报道所谓"大东亚圣战"和侵略战争的"战绩"，欺骗、蒙蔽沦陷区的广大民众。[3]

---

[1] 宁树藩主编：《中国地区比较新闻史》（上），复旦大学出版社2018年版，第269页。
[2] 辽宁报业通史编委会：《辽宁报业通史（1899—1978）》（第1卷），辽宁人民出版社2016年版，第140页。
[3] 吉林省地方志编纂委员会：《吉林省志 卷四十二 新闻事业志·报纸》，吉林人民出版社2006年版，第6页。

1945年8月，苏联对日本全面参战，红军出兵东北，美国对日本扔下两枚原子弹，8月15日中午，日本天皇向全日本广播，接受《波茨坦公告》，实行无条件投降，结束战争。在8月16日的《康德新闻》头版头条上，日本宣布"大东亚战争停止，满洲帝国事业至此结束"后，《康德新闻》《满洲日报》及其在各地的地方版，其他所谓的"民间报纸"、各类专业报刊随即停刊；伪满洲国通讯社、伪满放送总局和各地方放送局全部停播。至此，伪满新闻业走向全面解体。

第二节 "七七事变"后部分媒体及爱国人士的抵抗

如前所述，经过"七七事变"前后的"第二次新闻整顿"，东北的媒体市场又经历了一次彻底的"大清洗"。以报纸为例，在日本关东军司令部的蓄意策划下，日伪除吸收一部分报社作为直营"加盟社"以外，其余均被陆续兼并、取消、封闭或收买，硕果仅存的国人报纸也已开始转向，投向日伪怀抱，仅作为些许点缀支撑着可怜的门面。"北满"的唯一代表性国人报纸为《滨江日报》，"南满"的唯一代表性国人报纸为《醒时报》，他们以"民间报纸"的面目发行，尽管名义上为中国人经营，但管理及掌控权已沦落到日本侵略者手里，因此其在立场态度及新闻报道内容上都体现出了和日伪"亲如一家"的关系，唯日伪"马首是瞻"。

因受日伪严酷的新闻统制，作为受到统治者直接控制的报纸新闻及评论很明显必须严格贯彻日本侵略者的思想和意志，因此，各报的主要内容均以复制的面孔出现，到处宣扬着"友邦日本"的文化，充斥着所谓"日满和谐、王道乐土"的图景，吹嘘着日伪政权的"施政业绩"，蒙蔽着东北民众的神经。在日伪严酷的政治高压下，部分进步人士尤其是左翼青年开始巧妙地利用报纸的文艺副刊，利用文学作品的特殊性和复杂性，隐蔽地描写着现实的残酷，暴露着黑暗的世界，向广大读者传递着企盼光明的心声。直到1941年日伪出台《艺文指导要纲》及同年8月日伪针对媒体实施更为严厉的"弘报三法"之后，日伪的文化专制达到前所未有之程度，左翼青年们身上的枷锁愈加沉重，整个东北沦陷区陷入一派死寂当中，广大民众也处在最艰难、最痛苦的时期。

与日伪统治初期相比，东北沦陷中后期的抵抗力度略显薄弱。在日伪

第四章　日伪新闻统制的强化及国人的另类反抗（1937.7—1945.8）

的严酷统治下，除抗日游击区继续艰苦出版的红色报刊外，硕果仅存的几家国人媒体中公开的抵抗已无法进行。但一些进步人士仍千方百计借助于报刊等公开出版物，通过文艺创作，借助于现实主义的写作手段与当时的主旋律"王道文学"作着抗衡，甚至有人因此遭到逮捕。尽管这种抵制不及新闻作品那般直接，但这种无奈之举恰恰反映了此阶段东北新闻界的特殊性和复杂性，其中蕴藏的顽强生命力和隐匿的抵抗意识依然可圈可点。

一 "七七事变"后代表性国人媒体的立场

1937年，日本为扩大侵华战争，在伪满洲国加强舆论控制，实行一省两报（一中文、一日文）体制，迫使国人报纸全部停刊。并分别在"北满"保留了一家国人报纸《滨江日报》，"南满"保留了一家国人报纸《醒时报》。因此时期的《醒时报》未能留存，故以保存相对完好的《滨江日报》为考察对象，将该报的诞生及报道立场予以阐述。

（一）日伪策划下《滨江日报》的出炉

《滨江日报》是日伪第二次新闻整顿后的产物。当时在哈尔滨出版的《国际协报》《滨江时报》《哈尔滨公报》这3家报纸，都是办报时间较长、拥有不少读者，而且有一定影响的国人民办报纸。尽管这3家报纸已陆续转向，但日伪当局仍不放心，强令三报停办。同时又担心此举会损及"日满亲善""日满协和"的论调，于是经哈尔滨特务机关的策划，由驻哈日本关东军特务机关长樋口季一郎出面主持，经渡边少将的"一再斡旋"，将3家报纸合并，在《哈尔滨公报》的旧址，出版了《滨江日报》。由特务机关选派与日本特务头子土肥原贤二关系密切的王维周出任社长。

经合并三报而创刊的《滨江日报》完全成了日伪的宣传工具，虽然其标榜的是"民间报纸"，但实质上却是一家受日伪掌控的半官方报纸。

王维周（1889—1961），又名王希太，河北人，"九一八"事变时任沈阳日站总商会会长，被土肥原委任为沈阳四民维持会长。1932年1月，土肥原调任哈尔滨特务机关长时，王维周随其来哈任东北航务局常务理事兼协和会长。他根本不懂办报，却被安插在报社理事会会长兼社长的高位，原三报社长皆以股东身份列名理事。

1937年11月1日，在《滨江日报》创刊典礼上，日本在哈尔滨的各机关首要悉数列席，伪满官宪及地方绅商纷纷表示"热心赞助"。樋口机关长即席致辞说："此报乃系本职经手而创设，故对今后之发展一切之事，均负有重大责任。"① 这句冠冕堂皇的理由，使日本关东军的操控企图昭然若揭。

原三报社长张复生、关鸿翼、范介卿不甘心王维周任社长，他们在12月1日和5日召开理事会，决议解除王维周的社长职务，改任参事，社务由张复生、关鸿翼、范介卿共同负责，并把决议公开登在《滨江日报》上。不料其后哈尔滨特务机关出面干预，对张复生等人软硬兼施，经过20余天的风波后，日伪重新扶王维周上马。王维周为更好地驾驭原报人员，有意拉拢原《滨江时报》社长范介卿，排斥与疏远原《国际协报》社长张复生和原《哈尔滨公报》社长关鸿翼，并特别聘请已退休的老报人杨墨宣重新出山，兼任报社总务和编辑局长，原《国际协报》末任总编赵秋鸿出任编辑局次长。张复生为志国耻，自照"失业相"，"以志痛苦"②。

对于特务机关的扶植，王维周感恩戴德，再三向主子表示"贡其愚忠，效其绵力"，提出充分利用这家"北满"唯一"民有报纸"，"联朝野为一体，洽君民为一家"，使该报成为日本法西斯"推行大亚细亚主义唯一无二的优良工具"，从而"使满洲之王道乐土期达实现"③。同时，与原来三报不同，王维周组织杨墨宣、赵秋鸿等人轮流撰写社论，题目多由王维周拟定，反复向日伪当局表达忠心，这在其后若干年的重大纪念日中尤为明显。

（二）甘愿充当日伪统治舆论工具的《滨江日报》

1. 极尽谄媚的创刊宗旨

《滨江日报》自创刊之日起，便已满是奴才之相。其创刊号头版头条位置刊发了赵秋鸿的署名社论，社论开门见山地指出："时代巨轮，不时

---

① 黑龙江省地方志编纂委员会：《黑龙江省志·报业志》，黑龙江人民出版社1993年版，第82页。
② 哈尔滨市人民政府地方志办公室编：《哈尔滨人物》（第三辑），哈尔滨市政府地方志办公室1982年版，第25页。
③ 黑龙江省地方志编纂委员会：《黑龙江省志·报业志》，黑龙江人民出版社1993年版，第83页。

第四章 日伪新闻统制的强化及国人的另类反抗（1937.7—1945.8）

碾过，新兴国家，树立伟大开发计划，自应有一轻便而易购之刊物。"随即道出该报的立场："我新兴之满洲，崛起东亚，各新闻报道机关，为时代之先驱，作匡时之工具，与所肩负之伟大责任，比之一般普通过度，尤为严重，而含有特殊之意义。吾人恭读建国宣言，及访日回銮训民诏书，于敬聆圣训，衷怀威篆之余，益为觉悟，我三千万父老兄妹，人人有协和民众，开发产业，宣扬东方道德真义，而期以增益人类福祉，完成其唯一天职之必要。"①

该报还在当日第5版分别刊登了《本报创刊之几种要义》及《本报创刊之使命》。在《本报创刊之使命》中，该报俨然以日本帝国代言人的口吻，在文中堆砌了许多溢美之词，"自七月七日，卢沟桥事件发生以来，迄今已将及四个月。在此期间，日军基于膺惩惨无人道之华军，及利己殃民之国民党，奋勇进攻，因各部队均抱有誓死杀敌之决心，故亘华南华北各战线，均占优势……日军之神威，尤足惊人。而在此不足四个月之短促时间内，日军进展，能如此之速，实旷古所未闻，而近世之罕见也……"

其后该文又称："我政府当局，基于日满一体之精神，对友军之行动，始终予以援助，近更鉴于国际情势之紧张，为使国内民众及各国人士明了事实之真相起见，决定统治言论机关，使全国舆论，均本正义与事实，支持友军，对华方之逆宣传，加以反驳，庶免外人不明真相，受华方片面消息之欺骗也。本报尊奉政府统治言论之政策而诞生，除传达政令发扬东方之文化外，当此九国条约会议即将开幕之际，对日华事变之相真（原文如此），决据实揭载，使外人均明了是非之所在，同时更使华方，无再施行逆宣传之余地，则是创刊伊始，有待于各界之指导与援助者也，敢不勉励。"②

此外，在《滨江日报》创刊之际，许多政府部门及要员都献上祝词。如时任哈尔滨航务局长张景弼书写的"协和先导"；吉林省省长阎传绂书写的"壬辰之朔　贵报发行　重大使命　觉世牖民　蔚四大报　冶为一炉　珠联璧合　价媲三都　誉满滨江　文章报国　荆璞露珠　山川生色"；哈尔滨高等监察厅长王肇勋题写的"经营擘画　缔业造端　滨江日报　始

---

① 秋鸿：《创刊第一日》，《滨江日报》，1937年11月1日第1版。
② 茹葵：《本报创刊之使命》，《滨江日报》，1937年11月1日第5版。

· 259 ·

成一元　宗旨重大　谠论直言　敬祝前途　蔚然可观"；宾县县长傅广义题写的"新闻统制　贵报诞生　化民牖俗　亲仁善邻　文章报国　宣德达情　不胫而走　不翼而翔　一经问世　纸贵洛阳"；穆棱煤矿公司的"大报创刊　为民舌喉　众擎易举　并蓄兼收　亲仁善邻　聿展谋猷　发扬光大　万古千秋"……这一系列溜须拍马的祝词无不将《滨江日报》捧到一个较高的地位，使该报所承载的"政治使命"昭然若揭。

2.《滨江日报》的核心报道内容及立场

在《滨江日报》存续的近 8 年时间里，该报无疑充当了日本军国主义的喉舌工具，不断为日伪在东北的统治提供舆论支持，宣扬日本的殖民文化、鼓吹殖民战争，加大亲日奴化思想的宣传，宣扬"友邦日本"的文化，并且反复向东北人民灌输着"日满和谐、王道乐土"的观念。因此，其核心报道内容均体现了"拥护日本，声援友邦"的"坚定立场"。一方面，该报竭尽全力地报道伪满洲国的所谓"施政成果"及傀儡皇帝的行踪；另一方面，则重在凸显"友邦"的"赫赫战果"，表现出强烈的欺骗性和虚假性。

例如，该报曾刊登了一篇哈尔滨市长的发送词，报道题为《民族协和会与王道乐土》。文中指出："协和可谓之政策，乐土可谓之目的，虽属两阶段，实则系一气呵成之国体，若能民族协和，则王道乐土自至之，而欲求王道乐土，不可不自民族协和做起。"① 很明显，为实现"同心同德，水乳交融的和睦局面"，达到对东北的政治控制、军事占领之目的，日本统治当局的宣传活动是自上而下，一以贯之的。

因此，为更好地实施"以满治满"策略，对于伪满洲国傀儡皇帝溥仪的报道便时常在《滨江日报》中体现。如《圣驾安抵佳木斯　官民均热诚奉迎》《圣驾安抵牡丹江　全市民竭诚奉迎》《圣上昨朝起銮御还京　日满高官恭谨奉送 李间岛省长讲话》《圣上对战功者赐御会释　御差遣违侍卫官传熙圣旨》《圣驾安抵延吉　文武百官至御行在所请安　御钦差满侍从武官慰问日满将兵》等，单从标题中即可窥见其中的形式大于内容，主要妄图在东北民众的心中营造出伪满洲国作为"王道乐土"的和谐与安乐。

《滨江日报》自创刊起每年的 3 月 2 日都会设置"建国纪念专刊"，报

---

① 《民族协和会与王道乐土》，《滨江日报》，1938 年 9 月 12 日第 3 版。

第四章 日伪新闻统制的强化及国人的另类反抗（1937.7—1945.8）

道"建国纪念活动"，并着力描绘纪念活动的盛况，希望将伪满境内的人们培育成真正的"伪满国民"，心甘情愿地接受日本的压迫和奴役；该报几乎每年的9月15日都会将"友邦日本"同伪满洲国签署《日满议定书》的日子作为纪念日进行相关报道；每年7月7日都有"支那事变周年纪念专刊"，元旦时则有"新年增刊"。这些议程设置无疑很好地贯彻了在日本军国主义政府操纵下的日伪当局的意图，成为殖民政策不折不扣的传声筒。

例如，在1938年7月7日，《滨江日报》不仅在3版头条报道了《今日支那事变一周年纪念讲演及映画大会》的活动盛况，而且同时刊登了时任哈尔滨市长冯广民的《日华事变一周年感言》及协和会滨江省本部的《支那事变勃发一周年纪念感言》。前者将"七七事变"的起因完全归咎于蒋介石领导的国民政府"毫无反省之心，且变本加厉，或依赖第三国，或接纳共产党，继续自暴自弃的抵抗，其四亿民众沦为涂炭之苦，东亚全局之和平，供其牺牲而不顾，坐是酿成此可虑之事态，贻中国民众之戚，而启东亚大局之忧……"继而指出："今者中国民众，觉醒国民政策之错误，与反抗日满政策之破绽，树立新政权，从事于更生新中国之建设，与日满两国相提携，以固安东亚之基础，诚不胜庆贺者也……"① 这种黑白颠倒的论调，恰恰是当局的愚民政策。后者竟恬不知耻地声称"七七事变"的爆发"乃膺惩联共反满抗日之蒋介石政权，及其部下暴戾的军阀而已，今后必促其反省，使日满支三国提携，共趋于共存共荣途下，更使东洋和平永远之确保，再更进一步，而贡献于大局人类福祉者是也。故为排除非人道国民政府的桎梏，使邻邦民众解放，并使其生活安乐计，方振起正义的圣战，此实感有崇高道德的使命……"② 两篇文章一唱一和，完全掩盖了"七七事变"的真相，意图蒙蔽东北民众的眼睛，将其带入思想的歧途。

在每年元旦的增刊上，《滨江日报》也将对"友邦日本"的阿谀奉承之意上升到极点。比如1940年的"新年增刊"中，社长王维周谈到过去

---

① 哈尔滨市长冯广民：《日华事变一周年感言》，《滨江日报》，1938年7月7日第3版。

② 协和会滨江省本部：《支那事变勃发一周年感言》，《滨江日报》，1938年7月7日第3版。

在"兴亚建设"上取得的成就时就露骨地为日本和伪满洲国鼓吹："亚洲大陆虽占世界之第一，除我友邦日本为唯一之强国，足以领导亚洲各国外，其他完全独立之国家，诚寥寥无几也。……我满洲国人民，得立于今日之王道乐土，免除玉石俱焚之浩劫，欣随友邦之后，躬沐兴亚圣业之光荣，更应竭其赤诚，懔然满洲建国之精神，为皇军枪后声援，克服时艰，迈进兴亚建设之途。"① 其丑态毕现。

在《滨江日报》上，战争成为该报最重要的新闻题材。但在该类题材的报道上，《滨江日报》无疑充当了日本侵略者及日伪当局的吹鼓手，重在凸显"友军"的胜利以及中国军队的不堪一击，为法西斯的侵略行径摇旗呐喊和歌功颂德。比如在南京陷落前后，《滨江日报》即连续在头版头条等显著位置刊登了复合式标题《（引题）树立五年防卫计划 夸为金城铁壁之南京（正题）旦夕即将陷落（副题）日军围攻逼近城壁 城之周围化为火海》（1937-12-09）、《（正题）南京陷落危在旦夕 哈市庆祝待机举行（副题）举行事项协和会昨日会议已经决定》（1937-12-10）、《（正题）日军占领南京各城门（副题）于陆空威力下日军昨晚五时突破各城门 誓言全城化为焦土之十万敌军动摇崩溃》（1937-12-11）、《（引题）待望已久之中国新政府（正题）昨日举行成立典礼》（1937-12-14）等。上述标题不但详细描述了日军的嚣张气焰和庆祝场景，将这场侵略战争美化为"正义之战"，而且讽刺了国民政府的腐败无为。

不仅如此，该报还连续3天发表了社说《南京之陷落》（1937-12-14）、《助中华新政权》（1937-12-15）、《真向亲善理解之途上走去》（1937-12-16），文章全然置中华民族命运于不顾，以丑陋的汉奸面孔为日本的侵略大唱赞歌，将南京陷落视为"于世界之邦交亲睦史上，别开一崭新之记录，而资为永世之典范楷模"，同时说"友军之赫赫武勋，辉光闪烁，洵足以炳耀于瀛海寰宇间，而夸为神武天威，无与伦比者矣……"② 还大言不惭地憧憬"以我日满两大帝国，皇道王道之真实精神，灌输于新政权区域以内，则相互提携，忠勇焕发，前途之辉光，更必闪烁照耀，炳

---

① 维周：《迎年词》，《滨江日报》，1940年1月1日新年增刊。
② 秋鸿：《南京之陷落》，《滨江日报》，1937年12月14日第1版。

第四章 日伪新闻统制的强化及国人的另类反抗（1937.7—1945.8）

炳麟麟，普遍于尘寰海宇间，而茫无涯际矣"①。此种姿态，已完全站到了日本侵略者的立场。

此外，《滨江日报》还经常刊载失去时效性的报道，以欺骗民众，混淆视听。比如在1938年3—4月的台儿庄战役中，中国军队英勇抗击，取得了歼灭日军1万余人的巨大胜利。双方交战过程中十分胶着，中国军人以顽强的意志击退敌人的一次次进攻。该报在3月25日刊载了3篇重要报道，其标题分别是：《日军占独树镇，沂州亦将陷落》《日军独占夏镇》《津浦线上日军获得重大胜利，树立战史上不朽功勋》，可是这些报道的来源却是23日"国通电"，战况也与事实根本不符。在4月5日敌我双方激战的最后关头，《滨江日报》发表了一篇表现战争动态的新闻稿，其标题为《占领台儿庄南门，敌军越运河开始退却，沂州与徐州亦即将陷落》，但其电头标明"兖州三日国通电"，说明早已失去时效性。而国内著名大报《申报》却在4月4日对前一天的事件进行了报道：《鲁南我军奋勇出击，台儿庄四路告捷，两日来歼灭敌兵二千以上，临沂方面昨无大接触》，4月5日又刊载了题为《台儿庄附近仍苦斗　犯赵村敌被击溃　窜向城敌亦被我全部歼灭　枣庄峄县战事转寂》一文，将战争的真实进展情况以及中国军队的勇猛淋漓尽致地加以展现。

此外，《滨江日报》上还经常对重大战役的庆祝纪念活动加以报道。如《上海战捷庆祝大会哈官民昨盛大举行》（1937.11.16）、《支那事变第一周年国都之纪念行事》（1938.7.8）、《九一五、九一八两大纪念佳辰本市正筹备庆祝行事》（1939.9.11）、《皇军之阅兵式在南京盛大举行》（1941.1.10）、《九一八事变纪念日　福山报道部长希望国民奋起》（1941.9.20）等，在这些报道中，该报均卖力地描述日本法西斯精心构筑的庆祝场景，以此欺骗不明真相的东北民众，鼓动其竭力支持所谓的"大东亚圣战"。

总之，作为一份被日伪当局控制的报纸，《滨江日报》在存续的8年里，始终站在维护日本殖民统治的立场上，千方百计地设法确立伪满洲国的合法性，在东北民众心中树立起一种对"盟国"日本的"认同感"，麻

---

① 《助中华之新政权》，《滨江日报》，1937年12月15日第1版。

痹奴役东北人民的思想，泯灭他们对日本帝国主义侵略者仇恨心理，削减人们的反抗意识，妄图将东北广大民众真正地变为日本的文化和心灵上的殖民。

二 "七七事变"后国人的另类反抗

东北沦陷初期，由于日本侵略者忙于扩大对中国关内的侵略，所以把文化钳制的重心集中在新闻制裁上，还来不及实施更为严酷的文艺统治。因此中共满洲省委和各地党组织的中共党员代表，团结一批爱国进步青年，开始利用部分报纸文艺副刊从事抗日爱国文学创作活动，发表了大量的诗歌、小说、散文、戏剧等抗日救国的作品。然而1936年以后，随着东北文坛曾一度出现衰微，一些进步作家或出走或被逮捕；1937年5月8日，日伪颁布了《满洲国政府行政机构改革大纲》，继而将情报处扩大为弘报处，将新闻出版、文学艺术全部交给弘报处管理，并且勒令部分国人报刊停刊。从此，东北沦陷初期那些结社、创办副刊、开辟文艺阵地的活动便日渐稀少。

"七七事变"爆发以后，随着日本在东北统治的全面开展，文艺同样受到了日渐严酷的监控。然而，在这种严酷紧张的环境下，仍活跃着部分进步作家，在他们的心田流淌着深切的悲凉感和民族感，尽管受环境所迫，他们只能用曲折、委婉、隐晦的方式来抒发自己的情怀，尽量描写现实、暴露现实，因此便与当时流行的玩弄现实、虚构浪漫的作品有了天壤之别。

1941年3月23日，日伪炮制了《艺文指导要纲》（以下简称《要纲》）。《要纲》规定了沦陷区文艺的性质，即必须以建国精神为基础，只能为实现"日满"一德一心、民族协和、王道乐土、"道义世界"及"天皇的圣意"而存在。1941年8月25日，随着《新闻社法》《通信社法》《记者法》《关于外国人记者之件》《关于外国通信社或新闻社之支社及记者之件》等一系列新闻"法令"的实施，整个东北文化界已是风声鹤唳、一片哀鸣。

1941年12月，太平洋战争爆发后，随着战争形势的发展，日伪当局更加注意强化思想文化统治。在日本的殖民高压政策之下，即便是东北文坛也几近凋零，由此，沦陷区的文化抵抗也只留下余音。

第四章　日伪新闻统制的强化及国人的另类反抗（1937.7—1945.8）

（一）1937 年 7 月—1941 年 12 月国人的艰难抵抗

在沦陷区内，日伪不仅在政治上实施高压统治，经济上进行残酷剥削，而且在意识形态上持续贯彻鼓吹所谓满洲的"建国精神"，这一点在对文学创作的要求上亦是如此。在沦陷区，日伪炮制出了完整的"汉奸"式的文学机制，他们在理论上主张"和平文学"和"大东亚文学"，在内容上要求文学为"大东亚战争"服务，宣传所谓"共存共荣"的思想。这些有强烈殖民色彩的文学，大至政治的说教宣传，小至词语、诗句，在一些文艺副刊中，都不同程度地得到反映。

比如，在《滨江日报》副刊《文艺》的发刊词中，编辑支离在赞颂东北的富饶美丽及东北三千万民众具有"大陆民族之优美性格"以外重点提到："近自九一八事变，横于吾人之前者，为一伟大时代。全满三千万民众，在友邦日本精神及实力多方援助下，大同元年三月一日，肇建新国家。而至此次华北事变之勃发，又已展开所谓东亚非常时局。以吾满洲大陆民族，当此重大时代，凡为国民一份子者，故应彻底觉悟满日一体关系之重要性，与夫个人应尽之责任，协助满日两国政府当局，共向建国乐业之潜入迈进，始不负天赋特优之造物至意……文艺创作之价值，即在感化大众，认识社会生活之本质，及个人生活意义，从而修正之改善之，由个人生活核心之是正，达到社会生活向上之境地……"[①] 这种导向显然是日伪当局的核心纲领。因此，在这种思想的指引下，沦陷区的报纸副刊上，均刊载着众多附逆文学作品，这无疑是日伪政府残酷压迫下的畸形产物。能够直接发出反抗声音的，仅仅体现在共产党及抗联部队所办的红色报刊中。

尽管时局如此，仍有部分爱国青年没有完全沉沦其中，而是通过秘密集会、组成文学团体、创办文学副刊、文艺性刊物等方式创作了不少揭露东北沦陷后悲惨现实、具有抵抗意识的作品。在这一时期，东北文学逐渐摆脱依附报纸副刊的生存格局，将文学杂志作为发表文学作品的主要阵地，这也成为抵制日伪当局引导与胁迫双重压力下的无奈转变。

[①] 支离：《发刊之词·致文艺界》，《滨江日报》，1937 年 11 月 1 日第 6 版。

1. 在抗日游击区继续艰苦出版的红色报刊

经过连续的新闻整顿之后，东北城市中的国人民办报刊已实质性消亡，仅存的"硕果"也被迫转变为"汉奸报刊"。因此，在这种特殊的背景下，由东北党组织领导创办的以党刊、军报为中心发行的红色报刊已成为东北沦陷区仅存的真正意义上的"国人报刊"。

创刊于1936年7月的"南满"省委机关报《南满抗日联合报》曾经在1937年8月25日的"号外"版刊发了社论《论中日大战》、新闻报道《华军百师集结上海》，在8月30日的"号外"版刊发了新闻报道《"满洲国"靖安军哗变 枪毙日人藤井司令 投入华北中国军》等，让人们对战争局势有了更为清晰的认识；1938年2月吉东省委机关刊《前哨》刊发了《尾声》《论东北民族反日游击运动》《论讨论战争的趋势和制止战争问题》《对东北抗日联军第二次代表大会之热望》等，"南满"省委秘书处与抗联第一路军政治部创办于1938年12月的《中国报》刊发了新闻报道《三个月内队伍战绩惊人！》等文，为抗日游击区的人们指明了方向，极大鼓舞了军民的士气。

此时因受日伪政权控制，抗日根据地、游击区被分割和封锁，这些抗联报刊不能通过邮寄或设点分销报纸，只能用内部交通员、交通网络来传递。因许多报刊无法完整保存，因此只能从零星的残存片段中窥见其动态。例如1938年2月7日《前哨》第1期中刊发了署名白景三的文章《论东北民族反日游击运动》，根据唯物论辩证法的法则分析了东北民族反日游击运动的发展；1939年8月1日《统一》第2期刊发的《中共北满省委告北满全党同志书》中，阐述了北满省委在当时反日新形势下党的任务与策略；1940年2月1日《统一》第4期发表的《反奸细斗争》中，重点论述了"日贼奸细"整体上的活动情形；1940年5月，《东北红星壁报》刊载了周保中撰写的文章《宣传问题概论》，结合抗联实际斗争情况，阐述了宣传的定义、性质、作用、目的和方式方法等。

尽管这一时期随着媒介环境的愈加恶劣，东北报刊的生存空间日渐狭小，但"东北党组织在中央红军长征前与中共中央的抗战宣传遥相呼应，在与中央失去联系后继续宣传工作和报刊活动。其红色出版物在东北沦陷区及邻接的苏境内构筑了抗日反满拥苏的舆论阵地，高举起抗战的宣传旗

第四章 日伪新闻统制的强化及国人的另类反抗（1937.7—1945.8）

帜，红色报刊与武装斗争双管齐下、相互配合"①。

1939 年日伪报告即称："南满"省委又于抗联一路军总政治部内设中国报社，以中国报为机关报，热衷于煽动、激奋士兵及群众之抗日情绪"。在其"查获"的第 101—116 号《中国报》上可见报道内容的战斗性，第 106 号中说"日本军实为豆腐军，满军乃供应我军武器弹药之部队"；第 107 号刊发《三个月内抗联第一路军总司令部队伍战绩惊人》《常胜的红军老将贺龙将军一战击溃日匪两个联队》；第 111 号报道日本国内反战运动和经济危机、中国关内抗日活动等消息。②

此时的抗联报刊还善于结合特殊的时间节点来做专门的议题设置。例如为了纪念"七七事变"3 周年，《统一》编辑部于 1940 年 6 月 13 日的第 7 期上转载了抗战两周年中共领袖言论，并特别刊发了如下引言：

> 去年的抗战二周年纪念时，时局是处于严重危机。当时由于日本帝国主义的诱降政策，由于国际投降主义的妥协企图，由于中国抗日阵线中一部份的动摇性，于是就在中国内部挑起和战问题的争论。张精卫李精卫之流的内奸卖国贼一面高唱着"和则存，战则亡"无耻的失败主义的谰言，一面制造着反共空气，挑拨国共摩擦的龌龊勾当。现在抗战又到三周年纪念了。仅仅短短的一年时光，但一切都是变动了！由于对中国人民的三年苦斗的国际同情，伟大友人——苏联政治上物质上的援助，世界第二次大战的爆发，中国人民不仅在国际间是站起来，而且国际形势是完全有利于中国，而日本是处于四面楚歌孤立的状况，我国内则进步和团结，日寇内则涸竭和纷扰。尤其是我数百万忠勇将士奋发和牺牲，使日寇惨败于长沙、广州、南宁、城郊，溃退于山西、绥远各省，形势是完全变动了，抗战已步入相持阶段的末期，不久中国将展开胜利的反攻，光荣的胜利之旗帜不久将把握在伟大的狂喜的中国民族手中。
>
> 本刊特将中共领袖毛、朱、陈、周、王诸同志，在抗战二周年纪

---

① 田雷：《抗战时期东北地区红色报刊考察》，《红色文化学刊》2020 年第 6 期。
② 田雷：《东北抗联对敌舆论斗争 14 年》，《中国社会科学报》，2015 年 10 月 8 日第 3 版。

念时之言论专戴［载］于下，以示当时中共为了克服抗战中的投降危险，而苦心孤诣地顽强斗争之可敬的精神，藉兹参考。

但是，在日伪1936年4月至1939年3月"满洲国治安肃正计划"、1939年10月至1941年3月"三省联合大讨伐"等多次军事"围剿"下，东北党组织及领导的武装力量遭受巨大损失，武装力量锐减，红色报刊事业难以维系。1940年11月至1941年12月，随着抗联一、二、三路军主力部队相继越过苏"满"边境至苏联境内休整，东北的红色报刊自此停止出版。

2. "马克思主义文艺学习小组"的成立及对哈尔滨报纸副刊的利用

1936年1月中共满洲省委撤销之后，东北城市中的大部分共产党员都与党失去联系。一些曾经是共产党员或者抱有共产主义信仰的报人努力找党，他们与左翼青年形成党的外围组织，其中哈尔滨"马克思主义文艺学习小组"的成立以及对部分报纸副刊的利用很有代表性。

哈尔滨"马克思主义文艺学习小组"形成于1937年秋冬之交，是由陈紫（化名关毓华）、关沫南、王忠生、宋敏等爱国青年在哈尔滨发起成立的组织，主要成员有艾循（温成筠）、高山（佟醒愚）、宿学良、沙郁、孙广坤等10余人。他们因为共同的兴趣爱好以及不愿做亡国奴的心态自发地聚拢在一起，在中共党员关毓华的影响下，学习马克思主义与进步文学，讨论文学创作，表达着对日伪的不满情绪。

1939年冬，该小组又分别在哈尔滨道里、道外成立两个文学学习小组，主要成员有支援、刘宾雁、李沫、李学斌等20余人。他们阅读了大量马克思主义经典著作和革命文艺作品，并且利用各种可以利用的关系，在《大北新报》《滨江日报》上创办文学副刊，并以此为阵地发表着文学作品。

这一文学小组作家的创作体裁多种多样，题材广泛，但大多继承了沦陷初期进步文学的传统，把文学当作反映现实的利器。所不同的是，他们无法像沦陷初期的作家那样用比较明朗的方式公开表达自己的思想，只能用象征和暗示的手法表达自身情感。1939年后，随着部分成员相继流入关内，小组逐渐停止了活动，最后终止于1941年年底日伪制造的"左翼文学事件"。

第四章 日伪新闻统制的强化及国人的另类反抗（1937.7—1945.8）

作为《盛京时报》"北满"版的《大北新报》于1933年脱离《盛京时报》后，考虑到仅仅依靠"满洲国通讯社"的新闻，不能完全达到奴化麻醉哈尔滨人民的思想和意识，为此创办了不少文艺副刊，并且聘用当时在文坛上略有名气的青年作家萧戈（谭铁铮）为文艺部长。

1937年秋，在哈尔滨邮政管理局任职的青年作家关沫南，趁《大北新报》副刊任务重、人才不足之机，向谭铁铮提出并经同意在《大北新报》副刊版上自办同人文学刊物《松水半月刊》（后为《群黎》），由此吸引了一批进步爱国青年聚焦在该刊物上，发表了不少以反映社会底层民众生活为内容的、带有普罗文学色彩的作品。关沫南后来回忆道，在作品中，"我们使用了些隐晦的名词术语，称无产阶级为普罗列塔利亚，把资产阶级叫布尔乔亚，把马克思称为卡尔·马导师，把恩格斯称力昂格士，把列宁称为少里奇或乌利扬诺夫，把阶级斗争改称为阶层或属层斗争……但不管怎样隐晦，我们写的小说、诗歌、杂文和短论，毕竟还是露出了左倾色彩"[①]。因此，《松水半月刊》只出了几期，其后该刊又换名《群黎》继续出版，但因遭到个别读者的攻击，也在不久后被迫停刊。

但这些青年作家不甘于此，终于在1939年9月24日再次在《大北新报》上创办了《大北风》文学周刊，由陈隄、关沫南、高山、艾循（温成筠）、厉行健等人合编。他们大多曾参与"马克思主义文艺学习小组"，所以其创作活动素有政治理论指导，凭借开阔的艺术视野和明确的现实倾向性一度为东北文学增添了亮色，延续了"北满"文学早期的反抗与革命基调。该刊创办的意图正如陈隄所言："扫荡风花雪月无病呻吟的文学，树立揭露黑暗、传播光明的现实主义文学理论，批评、创作，也着重以杂文形式抨击那些认贼作父、粉饰太平的汉奸文学，扫除那些淫声浪气的娼妇文学，绝不允许那些哀感顽艳的文学来麻醉和毒害人们。"[②]

在这种思想的指引下，该刊在第一期就发表了高山的小说《面子与人

[①] 关沫南：《忆哈尔滨左翼文学事件》，转引自中国人民政治协商会议黑龙江委员会文史资料研究委员会《黑龙江文史资料》（第20辑），黑龙江人民出版社1986年版，第135页。

[②] 陈隄：《我与哈尔滨左翼文学事件的始末》，转引自彭放主编《中国沦陷区文学研究》，黑龙江人民出版社2007年版，第423页。

性》，陈隄的小说《宫女》，寂秋的新诗《献给春》，白黎的散文《生之铁门》。他们或描写了生活在最底层妇女的悲惨命运，或抒发了对故国的怀念，或表现对冬的诅咒和春的憧憬，或大胆揭露日伪统治的黑暗。其后因陈隄发表的批判王道乐土的系列杂文《灯下记》触动了供职于日伪日语翻译部曲狂夫等人痛处，曲狂夫在《滨江日报》发表评论《读完〈大北风〉后》，蓄意将文学批评引向政治问题，诬陷陈隄是奉斯大林之命肃清"北满"文坛，因而《大北风》只出刊13期，仅仅维持了不到3个月，便于同年12月17日停刊。后来，随着哈尔滨文艺管控形势的日益严峻，关沫南和陈隄等人的这些创作均成为口实，在哈尔滨"左翼文学事件"中遭到警察局逮捕。

《滨江日报》的文艺副刊繁多，沦陷中期就有《文艺》（1937.11—1938.1）、《创作与批评》（1938.4—1940.2）、《粟末微澜》（1938.2—1942.1）、《艺苑大观》（1938.11—1939.4）、《江天一览》（1939.2—1941.7）、《暖流》（1940.3—1940.6）、《驼铃》（1940.12—1941.2）、《青鸟》（1941.1—1941.7）等。当然，还有昙花一现的临时性副刊，如《诗坛》（1938年初）、《协和》（1938.10）、《电影》（1938年秋）、《菊声》（1938年秋）、《儿童周刊》（1938年初）、《快乐家庭》（1938年夏）等。这些林林总总的文艺副刊中刊载的大部分文章无疑是为日伪统治歌功颂德、粉饰太平、休闲娱乐以及无病呻吟之作，目的是营造日伪统治下的"太平盛世"。但在一派平和之中，也偶见以关沫南与陈隄等青年作者为代表的不同色彩的作品。

关沫南（1919—2003），原名关东彦，笔名沫南、路以、泊丐等。他1933年进入哈尔滨第二中学读书，在校期间比较喜爱鲁迅、茅盾等人的作品，1937年曾在《大北新报》副刊版上自办同人文学刊物《松水半月刊》（后为《群黎》），遭到日伪禁止后又与陈隄、王光逖等在《大北新报》上办起《大北风》《南北极》《北地人话》等文学副刊，从而聚拢了许多热血青年作者。

关沫南也笔耕不辍，曾在《大北新报》《滨江日报》等报纸副刊上发表了一系列散文、杂文、小说、文艺评论等作品。仅1937—1938年两年间，就发表了《偏方》《古董》《醉妇》《父子》《老刘的烦闷》《看云》等一系列短篇小说，并于1938年夏结集为《蹉跎》出版。有学者评价，

第四章　日伪新闻统制的强化及国人的另类反抗（1937.7—1945.8）

"这本含蓄着反压迫、反剥削、反读经复古、反奴化教育的小说集，可说是二萧的《跋涉》在哈尔滨出版5年之后，出现的又一册严谨的现实主义作品……"①

陈隄（1915—2016），原名刘国兴，笔名陈隄、曼娣、姝莹、果竹、衣尼等，是东北沦陷时期较为活跃的作家之一。东北沦陷前即在《国际协报》上发表文章，曾与金剑啸、萧军、萧红、罗烽等左翼作家为良师益友。1935年以后，他的文学作品日益趋向于现实主义风格，善于将笔延伸到社会底层，从悲惨的现实生活中提炼出启迪人们奋起的意旨。比如以表现小知识分子苦闷、徘徊的作品《卖歌者》《三月的哀愁》《妻去之后》《云子姑娘》；以描写反抗日伪统治以及工人生活斗争为题材的作品如《棉袍》《谴罚》《夜星》《离婚》《宫女》等。

他在《大北新报·大北文学周刊》上发表的连载小说《飞絮》借助于一个叫克拉鲁的德国士兵对法国女友的眷恋，控诉了战争的罪恶："我虽然这样酷爱我的祖国，然而我的心里又装满了矛盾，我希望在第一次大战后的德法，永远不会再发生战争，我希望我的祖国要熄灭了征服法国的雄心，我希望两个仇视的民族能和平地握起手来……"② 因此，有人指出，陈隄的作品，"像利剑刺破黑暗的长空，掷向王道乐土"③。

3.《大同报·文艺专页》作家群的出现

《文艺专页》是《大同报》一个名为《文艺》的副刊所设的"刊中刊"，其出刊时仍沿用《文艺》的刊头，只是在旁边注明该期为《小说专页》《翻译专页》《批评与介绍专页》《散文与诗专页》等，存在时间为1938年7月1日至11月20日，主要撰稿人有苏克（王秋萤）、山丁、梁世铮等，强调"要在自己和许多奸细们底面前，建立最困难的课题。那就是'描写真实'与'暴露真实'，以可能范围内的美满，和向上的创作方法来表现的叙事史的艺术。"④ 呼吁作家不能脱离社会现实，文学者的责任

---

① 周玲玉：《关沫南研究专集》，北方文艺出版社1989年版，第158页。
② 陈隄：《飞絮》，《大北新报》，1940年7月21日第6版。
③ 刘慧娟主编：《东北沦陷时期文学作品与史料编年集成》（1935年卷），线装书局出版社2015年版，第351页。
④ 山丁：《前夜》，《大同报》，1938年6月30日第5版。

在于正视现实,以文学如实反映现实,主张文学要为时代、为社会现实、为人生大众服务。

《小说专页》作家群将目光集中在平民的现实生存状态和心理状态上,这些小说的主人公有矿工、被侮辱的寡妇、潦倒的画家、制鞋工人、被欺凌的小镇居民等。刊载的小说力图呈现社会的真相、民众真实的生存和心理,大都展现出当时东北社会阴霾、黑暗、不公、腐朽的现实,从而表现出对"五四"新文学现实主义文学精神的承袭。

4. "文丛刊行会"及"文选刊行会"的现实主义文学主张

自伪弘报处颁布新闻统制政策对东北报刊进行全面整顿以后,依附于报纸文艺副刊进行文学创作已变得日益艰难。因此,许多作家不得不另外开辟路径,这便使得相对自由的文学团体及文艺性刊物应运而生,成为东北沦陷中期的一大景观。其中1939年出现的"文丛刊行会"和"文选刊行会"成为较有影响的两大现实主义文学团体,他们用自身迥异于日伪当局倡导的作品谱写了另类的风景。

"文丛刊行会"是山丁、吴瑛等人在长春成立的一个文学团体。该团体的核心成员即在《大同报·文艺专页》作家群基础上形成,他们将一贯倡导的现实主义及乡土文艺的主张继续付诸实践。该团体于1939年5月成立"文丛编委会",出版了四种文艺丛刊,分别是吴瑛的短篇小说集《两极》,山丁的短篇小说集《山风》,秋萤的短篇小说集《去故集》。其中山丁提出了"乡土文学"的主张,主张真实地表现乡土社会中的人事风俗,展现民众的悲苦欢乐,这对该团体的创作产生了很大影响。文丛派的创作结合东北沦陷区特殊的社会现实,强调现实主义文学的批判性和社会性,从真实反映社会现实的角度,深化了现实主义文学的认识功能,从而承袭了"五四"新文学现实主义的文学传统,推进了现实主义文学在东北沦陷区的发展。但随着其后文艺政策的日益严酷,该团体的其他许多出版计划未能实现。

1939年12月,大型文学杂志《文选》出版,文选刊行会也在沈阳正式成立,主要发起人是王秋萤、陈因、王孟素等。在《刊行缘起》中,文章阐述了文选派的文艺观,指出"我们既不愿意给躺在玫瑰花坛上已经麻木的人唱着催眠的软歌,也不愿意给狂放的态唯者再燃烧起怒火。我们的

第四章 日伪新闻统制的强化及国人的另类反抗（1937.7—1945.8）

希望是大家能在无路的颠仆里，一同寻到明显坦广的历史大路！"① 显然，该团体试图向所有文学者树立一种文学姿态，既不能故意麻醉自己，也不能只用文学抒发个人的抱怨，而是应该敢于直面、再现和暴露现实。

可以说，文丛派和文选派一样，两个团体有着相类似的文艺观，都是新文学现实主义传统在东北沦陷区的继承者。这便与日伪当局倡导的王道文学以及严重脱离现实的虚假文章有着截然的不同。

5.《艺文指导要纲》出台后爱国青年的隐匿抵制

1941 年 3 月 23 日，伪满国务院弘报处制定并发布了《艺文指导要纲》（以下简称《要纲》），该纲领实际上是一个强化殖民主义思想，实行文化专制，镇压抗日爱国文艺活动的反动纲领，从而将殖民文化统制推进到一个新阶段。

《要纲》的出笼，正是因为日伪当局已经看到了继报纸文艺副刊以后，部分与讴歌"王道乐土"成对立面的文学团体以及个人作品集的相继出版，这令其无法漠视，千方百计遏止该势头的发展。

《要纲》全文分为 5 个部分，21 个条款。第一条便明确规定："我国艺文，乃以建国精神为基础，是为八纮一宇精神之美的显现。"《要纲》中提出了"八不主义"，对东北文化领域加以种种限制。其中严格规定"不准描写社会黑暗"，"不许写悲观和失望"，严禁一切"激发民族意识对立" "对时局具有逆反倾向"的作品等，强令"以移植我国土之日本艺文为经，原住民族固有之艺文为纬"，编织成"康德文学""国策文学"，从而达到对东北沦陷区文化事业彻底的统制。同时，《要纲》还规定文艺团体、文艺创作活动等一律由日本占领者及汉奸政权"直接指导"，并成立伪"满洲艺文家协会"等由日本人严密监视、一手控制的御用组织。该组织积极鼓吹"圣战"，号召文学者要搞所谓的"决战文艺"，为侵略战争创作出所谓的雄浑无比的伟大的"大东亚文学"。

《要纲》发布后，日本的殖民文化和汉奸文化在东北文化领域泛滥成灾，在日伪控制的报刊上发表的文章大多以"勤劳报国""圣战必胜" "东亚明朗""灭敌兴亚"等为基调。从此，东北沦陷区文坛进一步走向衰微。即便如此，仍有个别爱国青年如挣扎在石缝中的野草，继续在幽暗中

---

① 《刊行缘起》，《文选（创刊号）》1939 年第 12 期。

努力寻求着光亮。其中比较有代表性的是《滨江日报》上创办的《漠烟》及《大荒》这两个文艺专刊。

前文提到，除借助于新闻报道体现"拥护日本，声援友邦"的"坚定立场"外，《滨江日报》一向比较重视利用多样化的副刊来粉饰太平。在东北沦陷后期，该报还相继开辟了《行行》《诗经》《青鸟》《大荒》《剧风》《激流》《漠烟》《沧浪亭》《文学与艺术》《滨江文艺》等文艺类周刊，而且，在林林总总的副刊中，《漠烟》及《大荒》因编辑人支援和关沫南对文学的深入理解及对现实的深刻体认而有了别样的风采，如同荒漠中的两缕孤烟，展现出了劲拔、坚毅之美。

《漠烟》创办于1941年3月，大约于5月短暂停刊，8月初恢复，同年11月12日被迫终刊，主要编辑为支援。支援（1919—2004），原名支振垣，笔名支援、支原、之原、原、石又等，河北人。他于1936年开始在《承德报》上发表文章，1939年来到哈尔滨，不久便加入"马克思主义文艺学习小组"，并在哈尔滨的部分报纸副刊上发表了一系列诗歌、评论、小说等作品。

《漠烟》创刊时，陈隉为该刊写了发刊词，画家兼翻译家高莾画了刊头。刊头的画面是一片沙漠，一缕晚烟，在黑暗的天空中有一颗星，用它微弱的光芒在沉沉的夜空中投射出一点希望之光。该副刊与读者见面后，吸引了许多热情的支持者。包括关沫南、陈隉、温佩筠（艾循）、信风等之前已经比较活跃的一批文人，均热情投稿。"为躲过日伪的检查，他们把满腔热忱化作忧郁感伤的情调在笔尖流露。或写沙漠中的旅人，或写社会底层的困迫，或写残缺人的悲境，或写流浪者浪迹天涯的命运……甚至通过涂抹落日的余晖，描述残月的光华，也想从中透出晨曦的微光，给生活在长夜中的人们以企盼和希望。"[①] 支援也在《漠烟》上发表了《群犯》《采野花的姑娘》《逃亡妇》《极乐之村》《生之恶魔》《猪圈旁》《乡愁》《当》《读者需要什么》《论泰戈尔》等许多诗歌、散文、小说及评论作品，以含蓄委婉的笔法，大胆地触及了社会伤痛，真实地记录了日伪统治下中国东北的局势，反映了人们在压迫下的苦难与反抗。

---

① 中共哈尔滨市委史志研究室：《哈尔滨党史研究》（第三十九辑），哈尔滨市久晟印务设计有限公司印制，2019年版，第192页。

第四章 日伪新闻统制的强化及国人的另类反抗（1937.7—1945.8）

1941年5月19日，《滨江日报》的《大荒》副刊创刊，创办者是关沫南。《大荒》一问世便道出了与众不同的创办宗旨，这清晰地体现在首期《大荒代跋》中："制神论的卢那卡尔斯基示唆了人类的命运是要在永恒的争持里生长的……我们必须要执拗，要顽强，我们必须要作一些肉身生存以外的事迹，就使这工作的力量是一粒微尘也好。"[1] 显然，该刊意在号召广大文学青年能够在荒芜的东北文坛，凭借不懈的追求和辛勤的耕耘开辟出一块绿野。其后，一直活跃在哈尔滨文坛的青年作者支援、艾循、张志阁。

在出版了18期以后，关沫南写了《大荒杂话》，文中提到，"无可讳言地出了十八期的本刊，到现在还没有一点成绩，这所谓成绩是要看它投给现实多少影响的。一张副刊能够在一代人的思维生活上发生一点作用，这不仅应该于把握现实挖掘现实上来求得，并且要看执笔的文化人有没有昂扬的热力。常常有人说热情足可以使你毁灭，事实是没有了热情的时节，也就一并怠惰了工作，所以纵即是一点肤浅的热情，现在也还需要……"[2]

在此期间，关沫南率先垂范，他不仅经常在《大荒》上发表散文、杂文、评论等作品，而且于1941年8月12日在《滨江日报》副刊《粟末微澜》上连载自己创作的长篇小说《落雾时节》。该小说以他满族亲友的生活为素材，描写东北一个满族封建大家庭在日伪统治下走向没落以至分化瓦解的故事。家族中的一部分进步青年最后踏上了革命之路。尽管小说所提到的革命比较空泛，革命者的形象也较模糊，但总的来说，关沫南这一时期小说无疑是当时沦陷区的东北难能可贵的革命文学，遗憾的是该小说被迫中断于1941年10月4日。由于日伪日益严苛的检查制度，《大荒》副刊也于同年12月6日停刊，仅仅存在了6个多月的时间。其后不久关沫南便在"哈尔滨左翼文学事件"中被捕。

可以说，《大荒》与《漠烟》是滞留在东北的作家进行文学抵抗的重要阵地，这两个文艺周刊都设置在《艺文指导要纲》出台之后，可见创办者之勇气以及无法抑制的情绪。他们不时借助这两个园地排遣着自身的困惑、苦闷和压抑之情，揭露着残酷的现实。尽管这种声音在日伪当局鼓噪的歌舞升

---

[1] 沫南：《大荒代跋》，《滨江日报》，1941年5月19日第7版。
[2] 沫南：《大荒杂话》，《滨江日报》，1941年10月4日第7版。

平的氛围中十分微弱，十分不入主流，但却永远留存在历史的回音壁中。

(二) 1941 年 12 月—1945 年 8 月轰动东北的"左翼文学事件"及文艺界的彻底沉寂

为维持和巩固大东亚新秩序，把文艺尽快引入战争轨道，日本特务机关分别于 1941 年 12 月 30 日和 31 日在哈尔滨等地掀起了"青年思想大检举"的高潮。日伪特务让假"中共代表"与爱国青年联系会面，利用青年急于找党组织的心理对来自各地的"东北铁血同盟"成员进行诱捕。其后又于 1942 年 7 月 27 日再次对东北进步文化人士及左翼作家实施了大搜捕，从而制造了"12.30 事件"及"7.27 事件"这两起"左翼文学事件"。

在这两起事件中，王光逖、关沫南、陈隄、艾循（温成筠）、问流（刘鸿云）、刘丹华、赵文选、李默、刘荣久等近 20 名青年作家都身陷囹圄，他们在狱中被严刑拷打，经受了无数摧残折磨。刘荣久被判处极刑绞死，王德麟在狱中被折磨致死，马成龙被判无期徒刑惨死在狱中，艾循和问流在受尽折磨被保释后相继病逝，陈东升在押解途中自己撞车身亡，孙海峰为保护战友跳楼殉难，关沫南和陈隄入狱 3 年，直到东北光复后才获得自由……

敌伪此次秘密逮捕进步青年作家，以哈尔滨为主，日本特务机关在长春、沈阳、抚顺等城市同时进行大搜捕行动。比如在长春，《大同报》编辑李季风、记者张景皓、王德林等人同样遭到逮捕，张景皓、王德林在监狱被毒打致死。在抚顺，高德生（杳杲）等一批知名作家被捕。到 1942 年上半年，共有数百名青年被捕，9 人被处死刑。这也是继 1936 年日伪对左翼爱国青年进行大逮捕后又一次针对东北文化界和新闻界的"大清洗"。

1942 年以后，日伪虽然没有进行大规模的逮捕和屠杀，但对爱国进步人士的迫害活动从未停止，比如 1945 年春还逮捕了曾在日伪刊物《华文大阪每日》上发表《白藤花》的青年作家支援。

小说《白藤花》是东北沦陷末期少有的有一定思想倾向的现实主义作品，作品描写了"我"住在一位俄国老妇人家里，病中得到老妇人照料，以及老妇人向"我"讲述他们流落异国他乡的遭遇的故事。后来她的丈夫从流放的苦役中逃出来，老夫妇惶恐又悲伤。"我"病愈后告别老夫妇，两个月后再回来看望他们时，门上已挂了锁，据邻居说他们是被汽车载走

第四章 日伪新闻统制的强化及国人的另类反抗（1937.7—1945.8）

的。小说用清丽的笔调、淡淡的忧伤，细腻地描写了旅居在哈尔滨的一对白俄夫妇的窘迫生活，同时也压抑着对社会的不满。

该小说后来被译成日文，从而引起了日本宪兵队的注意。据说这篇小说在日本出版后，特意加了一段评语，"说此作对社会表现极度不满，诅咒现实，叙述民众颠沛流离，生活充满凄凉恐怖，刻意描绘了民族没落的悲哀"①。因此，在"哈尔滨左翼文学事件"发生后，支援被迫逃亡，流浪到外地，后于1945年春返回哈尔滨。谁料此时仍没有逃脱敌人的魔爪，不幸被捕，被关押在日本宪兵队中，经历了严刑拷打，最终于日本投降前出狱。总之，在肃杀之气笼罩之下，东北沦陷后期的文学已然朝着当局设定的轨道行进，配合新闻报道共同为"决战文艺"而服务，即使微弱的反抗之声人们也再难发出。然而，黎明之前总是最黑暗的，熬过这段最为艰辛的岁月，就意味着光明的到来！

本章小结

1932年3月伪满洲国的成立，标志着日本第一阶段的侵略目标实现。而"七七事变"以后，随着日本侵华步骤的调整，日本国内思想界又开始将"东亚协同体论"与日本的"世界扩张计划"紧密联结起来。这种"东亚协同体论"是伪满"建国精神"的延续，是伴随着日本企图"征服中国"乃至"征服世界"而采取的掩人耳目的宣传。

1940年11月30日，汪伪政府行政院院长汪精卫、日本驻汪伪政府"大使"阿部信行和伪满洲国参议长臧式毅在汪伪政府"首都"南京签订《日满华共同宣言》，其宣扬的主旨在于："1. 希冀三国间相互尊重其原有特质；2. 在东亚建设基于道义的新秩序；3. 在这一共同理想下，善邻友好，紧密提携；4. 以形成东亚永久和平之枢轴，并以此为整个世界和平作出贡献。"② 这里的"满洲国"是日本的傀儡政权，"中华民国"是日本扶植的"伪汪国民政府"，因此，《宣言》本身根本不具有正义性，此时的

---

① 陈明：《在日光与夜色之间进击——忆支援老师》，转引自中共哈尔滨市委史志研究室等编《哈尔滨党史研究》，哈尔滨久晟印务设计有限公司2019年版，第51页。

② 《日满华共同宣言》，《满洲评论》第19卷第23号，1940年12月。

"伪政权"无疑被当作殖民地或附属国看待,所谓"善邻友好""紧密提携",不过是欺骗舆论的口号而已。

葛兰西指出:"强化舆论宣传,进行意识形态的灌输,已经成为'领导权'的思想意识和宣传手段的集中体现。"① 随着中日全面战争的开展和战争的持久化趋势,为了满足国内建设和侵略战争的需要,日本不断调整战略格局,企图将伪满洲国变成进一步扩大侵华战争的战略基地、经济掠夺基地和笼络人心的道场。在这种思想的指引下,"七七事变"以后,日本对伪满洲国的媒体管控及相关工作人员的限制也达到了前所未有的高度。这主要表现在。

1. 日伪的新闻统制日益强化。为了全面控制社会舆论、蒙蔽国际视听,日本殖民者通过摧残国人报刊、建立严苛的新闻监督检查制度、加强组织管理等方式开始全面掌控东北的媒体。继1936年进行第一次新闻整顿,成立强制管理报纸的高度垄断机构——伪满弘报协会,吸收东北主要中心城市的11家日伪报纸为加盟社之后,日伪又于1937年进行了第二次新闻整顿,由伪满弘报协会按照中、日文报纸各"一省一报"的方针,对其统制外的中、日文报纸通过收买、兼并、关闭以及新办等方式进一步加以整顿,同时极力扩充伪满广播,不断扩大虚假宣传范围,强化宣传力度,从而牢牢地掌控了在伪满洲国的舆论引导权。

不仅如此,为更好地配合"总体备战论",又于1940年12月解散了伪满弘报协会,扩充了伪满弘报处,建立了所谓"弘报新体制"。在这种"新体制"要求下,伪满政府于1941年8月25日特别公布了《新闻社法》《通信社法》《记者法》《关于外国人记者之件》《关于外国通信社或新闻社之支社及记者之件》,等"弘报三法"及"两件",以"法律"形式确立了对新闻事业的"国家"垄断,使新闻统制力度达到顶峰。其后,根据"弘报三法",日伪又于1942年起实施了第三次新闻整顿,规定由"康德新闻社""满洲日日新闻社""满洲新闻社"这三大新闻社统管东北各地的中、日文报纸,这便使日伪报纸在宣传报道上基调更加一致,舆论更加统一,彻底地沦为高度维护日本利益的代言人。

---

① [意]安东尼奥·葛兰西:《狱中札记》,曹雷雨等译,中国社会科学出版社2000年版,第38页。

第四章 日伪新闻统制的强化及国人的另类反抗（1937.7—1945.8）

2. 利用媒体的议程设置美化对东北的侵略。"七七事变"以后，日本国内的媒体开始公开发出战争号召，向日本国民传达对中国军队使用武力是"迫不得已"的表现，同时在《东京日日新闻》《东京朝日新闻》《读卖新闻》等媒体不断刊发战争动员文章，用舆论影响国内民众。日本陆军甚至于1941年组织了陆军宣传队，组织知名作家、新闻记者、摄影师、画家等各界人士充当"文化尖兵"，使日本民众陷入战争的狂热之中。

此外，为了美化侵略战争，蒙蔽东北民众，日伪当局不断地通过媒体确立宣传主调，将日本对东北的殖民统治给予"合理化"阐释，经常借助于特殊的时间节点，比如"建国日""元旦""支那事变"周年、日本承认伪满洲国纪念日等，在所辖主要媒体设置专刊，精心组织报道内容，美化侵略，颠倒黑白，歪曲真相，将日本发动的全面侵华战争，解释成是为建立"东亚新秩序"而采取的必要措施。这是在"武力征服"之后，在思想文化上采取殖民奴化政策的一大体现。

3. 针对知识分子以及"反满抗日"人士的制裁手段日益严酷。日伪统治后期，对东北知识分子的监视和迫害更是变本加厉。当局不但鼓励汉奸文人连篇累牍地在报纸上发表亲日文章，刊登"日满不可分""共存共荣""拥护皇军"等的报道，而且进一步强化对左翼人士的政治压迫。因此，经常有些人被日伪特务军警以"巧妙编辑，反满抗日"的罪名逮捕，或者以思想犯、政治犯的罪名秘密处死。

正如《东北记痛》中所提及："凡是中国籍的知识分子在东北，不仅言论、出版、集会等自由早被剥夺，就是三五人在一起谈话，请几个客宴会，除非事先通知日本警察，否则便有被捕的危险。人民来往的通信，都须经过严密的检查……东北知识分子是没有权利购读关内新书和定期刊物自由的。上海商务印书馆和中华书局的书籍，规定是禁售的。看天津大公报和益世报者，如经查出要判处八年的监禁……"[①] 不仅如此，1941年3月23日，《艺文指导要纲》出台后，日伪当局还进一步加大了对文学副刊及文艺刊物的审查力度，并实施了大搜捕，制造了"左翼文学事件"，逮捕并杀害了许多进步文化人士及左翼作家，使得整个东北的人文环境更加恶劣。1941年8月25日，随着日伪"弘报三法两件"的出台，媒体从业

[①] 史天行：《抗战丛书第三辑·东北记痛》，华中图书公司1938年版，第19—20页。

人员的生存空间已狭窄到极致。

在日本殖民者的高压政策之下，东北报刊业进入了畸形的发展时期，被日伪当局操纵的国人媒体出现了千篇一律的报道倾向，在他们的新闻报道中已看不到异样的声音。同时，在敌人的严密封锁下，东北地区的红色报刊经历了1936年之前的高潮期，也开始走向式微。尽管如此，游击区继续驻守的抗联部队仍出版了部分小报，鼓舞抗日军民的斗志。另外，部分热血青年只能借助于文学手段在媒体发声，隐晦地书写着残酷的现实生活，抒发着自身被压抑的情感。这一阶段主要呈现出以下几方面特色：

1. 残存的"汉奸报纸"被迫曲意迎合。经过日伪的第二次新闻整顿，东北新闻界便只剩下了哈尔滨的《滨江日报》和沈阳的《醒时报》作为"国人"报纸装点门面。这两家报纸在日伪当局的直接管控下，已无法发出客观正义的声音，而是极力宣传"盟国"日本的"优秀文化"与"辉煌战果"，宣扬"满洲国"是所谓的王道乐土，为生存被迫发表违心的言论，某种程度上起着充当日本人帮凶的作用。

因此，在这两份报纸上，读者看到的多是经过"国通社""加工"之后的"新闻"，他们基本不做任何不利于己方的负面报道，从来不报道"友军"的失利，总是极力鼓吹日军的胜利。对欧战期间复杂的战事都是站在法西斯的立场，表现出对法西斯阵营的"青睐"以及对国共两党的厌恶。此外，报纸对伪满洲国"皇帝"溥仪的诸多报道也均是在日本侵略者的授意下作秀而已，只是为了确立伪满洲国的合法性。

2. 共产党领导下的红色报刊继续对东北革命斗争进行指引。在伪满洲国的高压政策之下，共产党领导下的革命游击区，部分东北抗日联军仍坚持在艰苦的条件下出版报刊，并通过报刊组织群众、宣传群众，用以揭露日本侵略者的罪行，唤起民众的觉醒，鼓舞军民继续克服困难斗争下去。尽管这些报刊印行受限、数量有限，但立场鲜明、形态多样，在党性、群众性的引领下发挥了组织、指导的战斗作用。

1939年起，东北抗日联军各军按照活动区域先后组建成为三路军队，由新成立的各省委领导，1940年11月之后各部相继到苏联休整。在此期间中共东"南满"省委领导与第一路军，中共吉东省委领导与第二路军，中共"北满"省委领导与第三路军分别联合创办报刊，尽管时间比较短暂，数量也远远不及"七七事变"之前，但却成为"北满"抗日人士的喉

第四章 日伪新闻统制的强化及国人的另类反抗（1937.7—1945.8）

舌，为戳穿日本侵略者的谣言，有效激发了广大士兵及群众的抗日热情。在"我们一定要踏着他们血迹向前迈进，一定完成他们所未完成的事业，我们要斗争到底，直到流了我们最后的一滴血"[①]的决心中，在长达14年艰苦卓绝、气壮山河的英勇拼搏中，铸就的光耀千秋、彪炳史册的民族精神。

3. 进步文化人士与左翼文学青年借助文学苦苦挣扎。东北沦陷中后期，伴随着日本对新闻管控力度的日益加大，部分热血青年仍选择借助媒体来发表文学作品，以相对克制的心态，隐忍的笔触来描写生活中的困境，揭示现实的残酷。特别是参与过"马克思主义文艺学习小组"的一些左翼青年，利用部分日伪报刊如《大北新报》《滨江日报》《大同报》等报纸创办同人副刊，发表了一些与"王道文学"迥然不同的文艺作品。意识到报纸副刊的局限性，1939年起，部分有着共同追求的青年作者组织了"文丛刊行会"和"文选刊行会"等文学团体，他们崇尚现实主义笔法，希望文学能直面、再现和暴露现实。尽管受客观环境所限，这一时期作家作品的批判程度逊色于沦陷初期，但其不盲从于主流意识形态的追求十分可贵。

然而，自1941年3月日伪《艺文指导要纲》及1941年8月"弘报三法"出炉以后，当局对东北的文艺及新闻钳制政策都极度严苛，对爱国青年的迫害也日益残酷，并于1941年年底制造了"左翼文学事件"，逮捕了活跃在《滨江日报》副刊《大荒》《漠烟》上的一批左翼青年作家和《大同报》副刊的编辑、记者等若干人，使部分青年在关押和痛苦的折磨中悲惨死去，这便令日本侵略者在东北新闻界和文艺界注入了军事暴力之外的另一重强大的殖民统治力量，也令东北沦陷区的文化事业彻底失去了生气，直到日本战败投降，才得以重见光明。

---

① 中央档案馆等：《东北地区革命历史文件汇集（甲61册）(1941年2—10月)》，吉林省白城市造纸厂印刷厂1990年版，第425—427页。

余 论

关于东北新闻界对日侵略抗争历程的省思

通过系统地爬梳近代以来中日媒介在中国东北这一特殊场域的博弈历程，可以清晰地看到，日本对东北的新闻侵略与东北新闻界的奋力抵抗互为因果。一部东北近现代新闻史，即是东北新闻界被迫奋起抵抗以日本为代表的帝国主义国家殖民侵略的历史。如前所述，自1905年东北的第一份国人报刊《东三省公报》问世起，直至1945年日本结束在东三省的殖民统治，东北新闻界抵制日本侵略的斗争从未停止。

面对中国东北被瓜分的残酷现实，面对东北舆论场上受军国主义操纵的日本人媒介实施的新闻侵略，一批又一批新闻媒介、新闻团体及新闻工作者前赴后继，怀着朴素的爱国情感和民族共同体意识，对抗着日本殖民主义的掠夺和压迫。在复杂的博弈中，尽管东北新闻界遭遇到由波峰降至波谷的困境，但其中迸发出的精神力量，却得到迅速迁播，极大影响和带动着国内更广大的抗日群体，使中国的抗日思潮如滔滔洪水奔流不息，为其后赢得决定性胜利奠定了坚实的思想基础。

一 日本对东北的新闻侵略是其殖民中国"梦想"的重要一环

在日本侵华期间，与为武力侵略提供服务的宗教信仰、学术研究、语言教育、文学艺术等其他文化形态相比，新闻传媒无疑是影响范围更广、传播效果更为鲜明的一种形态。因此，日本始终将"文化战""思想战""宣传战"置于重要地位，以媒体为先锋，以武力为保障，进而长期占领中国、将中国殖民地化，并以"东亚协同体论"为指导，妄图侵略全世界。

1. 日本报纸诞生前侵华理念便由来已久且均形成系统论述

自16世纪末日本的政治家、军事冒险家丰臣秀吉（1537—1598）提出大陆扩张的构想，筹划以朝鲜为跳板，将中国纳入日本之版图以来，日本的许多民间学者、文化人士便借助各种方式表达着侵华的意念。比较典型的有：

17世纪末18世纪初日本的著名戏剧家近松门左卫门（1653—1725）曾通过创作并演出历史剧《国姓爷合战》把中国的民族英雄郑成功编造为日本的武士，并以臆想的结果赤裸地表达了打算在中国实施日本统治策略的迷梦。

日本江户后期的战略理论家、主张日本走军国主义道路的先驱佐藤信渊（1769—1850）大肆鼓吹"日本中心论"，主张日本的防卫圈应建立在尽可能远离本土的他国领土上，为此首先要吞并中国，进而向全亚洲扩张，直至称霸世界。他在《宇内混同秘策》一书中，甚至提出了攻占中国北京和南京的具体方法。

明治维新的精神领袖及理论奠基者吉田松阴（1830—1859）曾著书立说，鼓吹天皇中心主义，即使在生命的最后时刻还在为日本的未来谋划。他在囚禁期间写下《幽室文库》，描绘了日本"并吞五大洲"的短期目标：

> 乘间垦虾夷，收琉球，取朝鲜，拉满洲，临印度，以张进取之势，以固退守之基。遂神功之所未遂，果丰国之所未果也。收满洲，逼俄国，并朝鲜，窥清国，取南洲，袭印度。宜择三者之中易为者而先为之。此乃天下万世、代代相承之大业矣。[①]

相比而言，吉田松阴的主张已十分具体。他既继承了佐藤信渊侵华的衣钵，又将"满洲"的重要性加以强调，并有意将其与中国的国土分离出来，这对于"满洲观"的形成，对于其后日本军国主义者有着极为深远的影响。

[①] 参见王向远《日本对中国的文化侵略》，昆仑出版社2005年版，第39页。

2. 媒介出现后便沦为日本军国侵略者进行政治动员最有力的工具

自 1868 年实施明治维新以后,日本开始由弱到强,并逐渐在皇国思想、法西斯思想及军人的强硬政治下不断走向军国主义扩张的道路。而滋生于 19 世纪后半期的日本报刊以及陆续出现的新闻通信机构恰恰成为这一思想的"帮凶",在各个历史时期充当着思想动员、宣传战及心理战的"利器",为众多战争舆论制造者和政策推动者提供了更为广阔和更有影响力的平台。

被视为日本近代第一位军国主义理论家的福泽谕吉(1834—1901),就善于利用报纸高唱侵华论和脱亚论,将日本"文明开化"的近代化进程与侵略中国密切联系起来,并且公开鼓吹弱肉强食的强盗哲学。他于 1882 年自创《时事新报》,积极配合政府实施对外侵略扩张政策,发挥着意见领袖的作用。1885 年 3 月 16 日,福泽谕吉在《时事新报》上发表了酝酿已久的《脱亚论》,胡言"与恶人交友就难免恶名,我们要从内心里谢绝亚细亚东方的恶友……对支那一步都不可让……与西洋文明国共进退"[1]。

当甲午战争爆发后,福泽谕吉异常兴奋,并于 1894 年 7 月 29 日专门在《时事新报》上发表了《日清战争是文明与野蛮的战争》一文,其中就有这样的表述:

> 在朝鲜海丰岛附近,日清两国之间展开海战,我军取得了伟大胜利……我听到这一消息真是欣喜若狂。由于我军的开战而博得了胜利的大荣誉确实可喜可贺。我军的勇武再加上文明精锐的武器,打他的腐败国的腐败军队,胜败的结果本是明明白白的。恰似挥日本刀斩草无异,所向披靡,无可阻挡,原不足为怪,与预想的完全相同。最可喜的是日本军人果真勇武,文明的利器果真好用,绝非处于侥幸……
>
> 今天的战争虽是日清两国之争,实际上却是文明与野蛮、光明与黑暗之战,其胜败如何关系到文明革新的命运。应该意识到我国是东亚先进文明的代表,非国与国之战,而是为着世界文明而战……
>
> 要以文明之势力席卷四百余州,让四亿人民沐浴革新的阳光雨露,就必须做出决断,直冲首都北京,扼其咽喉,一不做、二不休,

---

[1] [日]庆应义塾:《福泽谕吉全集》(第 10 卷),岩波书店 1960 年版,第 238—240 页。

余论　关于东北新闻界对日侵略抗争历程的省思

使其俯伏于文明之师面前。此非好战，乃是世界文明大势赋予日本的天职，是不得不为之也。日本的太阳旗尽早在北京城迎着晨风飘扬，四百余州的全图尽在文明的阳光普照之下，此等快事，我辈翘首以盼……①

不仅如此，福泽谕吉还特意谋划了未来的战争策略，其后他又分别在8月11日及8月16日的报纸中火速发表《赶快攻略满洲三省》《旷日持久会上支那人的当》两篇文章，大力煽动日本政府及军队以侵占"满洲"为起点，尽快蹂躏整个中国。福泽谕吉对中国狂热的侵略构想连同印刻在日本货币上最大面值的其肖像一起，成为受其后辈顶礼膜拜的对象。

此外，日本的其他军国主义御用知识分子如岸田吟香（1833—1905）、江藤新平（1834—1874）、德富苏峰（1863—1957）、小寺谦吉（1877—1949）等也都操纵着《东京日日新闻》《国民之友》《国民新闻》《朝日新闻》等媒介，卖力鼓吹着"国权皇张""支那分割论""大日本膨胀论""大亚细亚主义"等侵略扩张思想，凭借传媒的巨大影响力，致力于战争的舆论动员，激发并培育着日本国民的战争意识。

甲午战争中取胜后，日本侵略中国的野心日益高涨；日俄战争时期，日本国内的绝大多数媒体已被充分调动起战争的热情，积极支持政府的对外扩张政策；第一次世界大战期间，日本媒体纷纷派出各路随军记者，及时追踪报道战争动态，不断强化媒介与战争的互动；"九一八"事变爆发后，日本利用国内日益庞大的新闻传媒体系，更是大造侵华舆论，倾力报道侵华事件与人物活动，煽动反华狂热，支持军国主义者公然践踏国际公约及国际关系准则，大肆鼓动日本国民投入侵华战争。此外，随着日本在中国东北全境殖民统治地位的确立以及对中国武装侵略进程的加快，日本政府又开始以纳粹德国的法西斯战争理论为圭臬，实施所谓的"国家总力战"，日本媒体无条件地配合日本的全面侵华战争，专门成立"军报道部"，统一领导战时传媒宣传，狂热吹捧"大日本皇军的赫赫战功"，宣传"大东亚主义"和建立"大东亚共荣圈"的必要性。可以说，"日本军国主义当局在对中国多年的侵略活动中，始终以对新闻舆论的控制、编造及

---

① ［日］庆应义塾：《福泽谕吉全集》（第14卷），岩波书店1960年版，第491—501页。

利用，为其侵略战争与殖民统治服务"①。

3. 日本侵略东北的同时即有预谋地利用新闻媒介发动了"思想战"

早在1890年，日本人就在上海创办了日文报纸《上海新报》。当日本按照既定计划将铁蹄驻留在东北后，便开始有目的地在东北各主要城市创设报刊、通讯社、广播电台等新闻媒介，精心编织着一张巨大的新闻网络，将其逐步发展成为策动舆论的工具和疯狂机器，进行着意识形态的渗透，从而助其实现颠覆地方政权的阴谋。也即是说，日本自从将侵略东北的理论付诸实践之际，便操控各类媒介统一思想，发动了一场不见硝烟的"思想战"，这种"思想战"不单单在东北沦陷后得到强化，而是始终贯穿了日本侵略东北的全过程，因此将其视为"国是"也不为过。正如日本人自己所总结的：

思想战是克服他人的手段。平时，将我之确信其为正当的理念，传诸于人使其确信与我相同的理念，于武力战斗开始之先，或于战时之际，使其丧失战意，而贯彻或屈服于我的意志之下……思想战，是人类对于真理的理念，于国家民族之中，形成国是、国策的具体性质，不自今日始……

思想战与武力战的重要，同为一般所承认。单独依赖武力战，决难圆满的实施国是。换言之，消灭敌人的军队，无法贯彻自我的意志……思想战单独地，固然可以作战，紧密地连接武力战、经济战与政略战，共同协战，尤能发挥尽致。

如上所述，思想战异于武力战，于平时充分行使，更可以加强它的重要……②

在这种蓄谋已久的理念指引下，日本特别注重在东北的媒介部署及宣传口径，加紧布设各类报刊、通讯社及广播电台，将触角伸向东北的角角

---

① 经盛鸿：《恶魔的吹鼓手与辩护士：战时日本新闻传媒与南京大屠杀》（上），南京出版社2008年版，第12页。

② [日]神田孝一：《思想战与宣传战》，余仲瑶译，华中图书公司1937年版，第1—5页。

余论　关于东北新闻界对日侵略抗争历程的省思

落落，千方百计排挤掉竞争对手沙俄等国在东北的媒介机构。在时局不利于自身的情况下，操纵媒介适时隐藏真实动机，麻痹东北民众，混淆视听，甚至在阴谋败露之际仍颠倒是非，误导公众；待时机成熟便迅速配合武装侵略，卖力进行战争策动及舆论鼓噪，影响本国国民判断，以达到险恶目的；而建立好殖民政权并使其日益稳固之后，则又凭借强权牢牢将所有媒介掌控在掌心，并使出精心建构的撒手锏和组合拳，将新闻统制作为"思想战""总力战"的重要环节，妄图长期统治东北、占领中国。

在第二次世界大战中，日本的媒体完全陷入癫狂状态，它们已自觉地将自己放置到了思想宣传战的前沿阵地。各大报纸都将中国战场的消息作为重要新闻刊登，有的报纸通篇充斥着鼓吹和煽动侵华战争的文章和歪曲中国真相的报道，极力煽动国民的战争狂热。正如朝日新闻社的记者上田正二郎在《今后的报纸——战时下的报纸和读者的精神预期》中所提到的：

> 举国体制下，和平产业的各工厂，不论人还是机器，都埋头于军需生产。报社也应该从过去的梦中醒来，作为思想战的弹丸而活跃起来。报社和一般的工厂不同，只要报人的头脑转变过来，就能立刻为国家服务。全国的报社从前仅仅属于和平产业部门，如今这样的时代过去了。换言之，它是重要的军需工厂。早晨晚上发行的报纸作为思想战的弹丸，都有很大的作用。[①]

因此，在这一时期，日本全国上下均充斥着浓烈的思想宣传战的气氛，不但出版了一系列关于战争与宣传的书籍（如《国家和情报宣传》《日本精神和思想战》《战争指导和思想战》《支那的抗日思想战》《间谍战的现象和防谍》《思想战和新闻学》《思想战和出版业》《思想战和通信机关》《电台广播在思想战中的机能》等），而且各大媒介与日本的政府当局也已做到步调一致，极力美化侵华日军的行为，进行着国内战争的总动员。

[①] 参见王向远《日本对中国的文化侵略——学者文化人的侵华战争》，昆仑出版社2015年版，第206页。

其实，日本的媒介与政府当局之所以通力协作，亲密无间，是因为其在发展过程中始终受到政府的重视及扶持。伪满洲国成立前，日本在东北创办的许多媒介就有着强大的军政背景和雄厚的财力支持。由日本各军政机关、日本驻东北各"领事馆"及充当殖民政策先锋队的"满铁"所掌控的媒介自不必说，即使是对于所谓的"民间人士"创办的媒介，日本当局也是极力扶持。比如，一向标榜自己"从没有利用官府的力量来创办报纸"的中岛真雄，其创办的《盛京时报》便得到了日本外务省长期的、持续的定额资金援助，正如有学者研究所指出的："外务省在《盛京时报》改组成为股份公司之前，历时 19 年持续资助该报，通过持续的定额补助、临时补助两种方式，一共投入 194380 日元。从数额上看，外务省的援助超过了后来成立股份公司满铁的注资，虽然表面上满铁是《盛京时报》的最大股东，实际上外务省才是《盛京时报》最大的'金主'。"[1]

与此同时，日本当局还投入极大的精力，借助于在东北各地的领事馆建立起一整套情报信息网络，密切监视中国媒介的动态，甚至针对具有"排日"倾向的中国报刊报人，专门拨付"操纵费"，拉拢部分意志不坚定者为其服务。例如在日本外务省的几份已解密的档案中，就分别收录了 1918 年 11 月至 1921 年 2 月日本驻吉林总领事森田宽藏向时任外务大臣内田康哉的密报及日本报人儿玉多一从日本外务省获得的经费支持票据。在大正七年（1918）十一月二十六日森田宽藏向内田康哉递交的密信中，森田宽藏谈及拟拉拢《吉长日报》中国记者魏某一事的态度：

  其中最为理智的魏某，已经对于我方十分亲近。我认为操纵该报，最为捷径的便是利用该人。然而，《吉长日报》记者，依然俸给微薄，对儿玉倾诉财政上的穷乏并且寻求救济。如果此时通过儿玉，回应对方的要求，施以恩惠，我想是一条计策。[2]

---

[1] 叶彤：《被隐藏的言论机关报：〈盛京时报〉的真实身份探微》，《新闻大学》2020 年第 5 期。

[2] 《吉长日报操纵费》，1920—1922 年，日本外务省外交史料馆藏，资料号：B03040628200。

余论　关于东北新闻界对日侵略抗争历程的省思

该档案中还列出了1918年11月至1921年2月日本外务省支出的媒体操纵费用明细，里面涉及给付日本报人操纵费、提供谍报的中国报人操纵费、记者接待费甚至"鲜人状况视察费"等，仅1918年投入《吉长日报》的操纵费就合计1800元。从这些密信中可以看出，日本外务省很早便开始利用日本在东北的报人向中国报人行贿，而且这笔费用的支出有绝对的保障。同时期，日本当局对其他部分东北的国人报纸也竭尽全力地渗透，对相关值得利用的人施以恩惠，并要求驻东北各领事馆的密探及时捕捉东北国人媒体任何不利于日本的言论并迅速上报，然后再密谋解决方案。

从本书剔抉的不同历史阶段日本政府操控在东北的一系列媒介实施侵略的实践中，可以充分彰显出日本的新闻侵略是一个历史久远、庞大复杂且与其整体侵华方略相辅相成的系统，这种侵略甚至发挥了超越于武力侵略的特殊功效，从而为日本进一步扩大侵略开辟了精神和文化阵地，起到了精神支柱的重要作用，当然也为东北人民带来了深重的灾难。

二　东北新闻界的对日抗争是捍卫国家主权的必要手段及精神指引

早在1899年，梁启超便在《清议报》上发表了著名的《爱国论》，揭露西方帝国主义国家"日日议瓜分，逐逐思择肉，以我人民为其圉下之隶，以我财产为其囊中之物，以我土地为其版内之图，扬言之于议院，腾说之于报馆，视为固然，无所忌讳"[①]的侵略行为。而自中日甲午战争起至日俄战争这短短的10余年间，东北人民便遭受了来自日俄侵略军残酷的暴行，以致"陷于枪烟弹雨之中，死于炮林雷阵之上者数万生灵，血飞肉溅，产破家倾，父子兄弟哭于途，夫妇亲朋呼于路，痛心疾首，惨不忍闻"[②]。因此，由这块特殊的土地滋生的东北国人媒介便自然背负了启蒙民众、救亡图存的使命，在其后的发展历程中，捍卫国家主权及领土完整，已成为东北新闻界或显或隐的重要主题。

[①] 梁启超：《饮冰室合集·文集之三》，中华书局1981年版，第65—66页。
[②] 参见吉林师范大学历史系编《沙俄侵华史简编》，吉林人民出版社1976年版，第320页。

东北新闻界反抗日本侵略史（1903—1945）

1. 东北新闻界的表现是抗击外敌入侵的舆论保证

众所周知，新闻媒介是以传播消息、观点为主的载体，是社会的瞭望塔。正如梁启超所指出的："去塞求通，厥道非一，而报馆其导端也。无耳目、无喉舌，是曰废疾……有助耳目喉舌之用而起天下废疾者，则报馆之谓也。"① 尤其在经受外敌入侵之际，新闻媒介的"耳目喉舌"功效便得以充分展现。

以东北的国人报刊为例，其诞生就以启发民智和反抗俄日等帝国压迫为宗旨。无论是辽宁省为"牖启民聪，培养国脉"而创办的《东三省公报》，为唤醒大众而问世的《海城白话演说报》，还是吉林省引领反帝思想的几大官报，抑或是黑龙江省以"拒俄"为主要宗旨的《东方晓报》和《东陲公报》，创办者都有意识地利用报刊对广大百姓进行思想启蒙，呼吁国人迅速觉醒，奋发图强，共御外辱。

尤其是经历了五四思潮、五卅运动以及东北易帜等事件的洗礼后，许多有着强烈的忧国忧民意识、强大社会责任感和使命感的国人媒介，都愈发清晰地认识到以日本为代表的帝国主义国家瓜分东北的野心，认识到日本当局操纵下日本人媒介的叵测居心，并力求通过不懈的努力与之抗衡。于是便有了对日本人创办的《大北新报》的公开抵制，有了配合收回受日本控制的教育权运动的舆论支持，有了长时期针对日本"文化侵略"及"新闻政策"的激烈论辩，有了五卅惨案发生后东北各地媒介的一致声援，有了对马列主义思想及共产党主张的倡导，有了对日本"满蒙政策"的透辟认知，有了提防日本"亲善"面目的言论预警，有了东北日益强大的新闻阵营，有了与关内媒体合作强健自身筋骨的行动，有了对日本悍然发动"九一八"事变的强势反击，有了对中国军民奋勇御敌的大力讴歌……这一切的出发点，均源于对中国国家主权和领土完整的捍卫。

东北自古以来就是中国的国土，因此针对日本的无稽之谈，李浩非就曾在《东北小史》中予以驳斥：

> 东北早属中国。东北去今四千二百年前，虞舜的时代，已为我国的属土，载籍斑斑可考……日本人大言不惭，说"满蒙在历史上非中

---

① 梁启超：《论报馆有益于国事》，《时务报》（第一册），1896年8月9日。

余论　关于东北新闻界对日侵略抗争历程的省思

国领土",真是抹煞事实,指鹿为马。且东北即在国际公法上和民族自决上言之,皆为中国省区,更有其历史的事实上之根据。

因中俄交涉,遂将用字不慎,"南满"字样著于条约之中,日人竟以小人之心,利用罅隙,因缘为利,假为诡辩之资,声言东北是满族的而非中国固有之地,即含有不承认其为普通行政区域的意思,而与蒙藏等地等量齐观,更恣其雌黄,造作"南满""北满""满蒙"一些名称,来遂其分化离间的阴谋,次策蚕食的目的……①

经过深入省察,东北新闻界的有识之士已愈发认识到东北与内地的血脉关联,认识到全民族团结的重要性,同时也表达了为捍卫国家主权而不惜牺牲自我的决心。这一点在东北著名报人张复生掷地有声的话语中以及他在"九一八"事变爆发后的一系列行为中得到极好的印证。他指出:

东北民众与中原民众,且为一民族集成之肢体,其神经系结构之智能感觉与行动,向在敌国外患同一环境之下,涉历奋斗划一共同生存的出路。就囊昔自主保靖时代,且不抱秦越肥瘠之见,而在今日智识进展利害存亡之见地,民族意志愈较从前之分明,其捍卫生存之责任,度更以了解程度而激发其负重抗争之责任……一民族国难临头,其刺激奋斗之凝积性,往往观摩于平日公众之知觉。而抵抗外来高压之强权威力,任何牺牲为非所顾惜。②

辛亥革命以后,随着民国政府的建立,中华民族逐渐形成了共同体意识,并随着帝国主义国家的入侵,随着民族危机的加深而由"自在"发展到"自觉"。而在日本等后发强国的霸凌下,面对一系列主权的丧失,以媒体人为代表的最先觉醒的东北新知识群体开始有意识地引导广大民众将个人和集体的利益让渡给国家,形成一致对外、争取民族独立及维护国家尊严的思想。这种思想也在其后全面抗战时期真正成为更广大中国民众的认同符号,揭示了中华民族结构的理性自觉。这也即是后来费孝通先生所

---

① 李浩非:《东北小史》,中国文化服务社1942年版,第2页。
② 张复生:《国难中之满蒙问题》,东北文化社1929年版,第13—14页。

剖析的"在这个民族实体里所有归属的成分都已具有高一层次的民族认同意识：共休戚、共存亡、共荣辱、共命运的感情和道义"①。

西方马克思主义的重要开拓者之一葛兰西就曾倡导要发挥通讯、报纸等大众文化传播对集体意志形成的作用，特别注重文化层面的民族国家精神共同体的建设，强调发挥知识分子应有的作用和担当，推进各阶级阶层对国家的民族归属和认可，并力求打破知识分子与人民之间的分离，充分发挥有机知识分子的作用，让他们创造先进的意识形态来凝聚人民群众和各阶层。民国东北新闻界的一系列努力，恰恰是为了从文化层面来引领舆论，寻求民族国家建构的艰辛实践。

2. 东北新闻界由波峰到波谷的抗争历程揭示了传媒与政治的复杂关系

作为社会有机体中精神系统的重要角色，传媒自诞生起便有着政治属性，与社会的其他子系统之间相互作用和牵制，其身份也包含在多元变化的社会文化语境下，并受到政府、政党及财团等组织的影响和制约。基于复杂的历史背景，东北的近现代新闻事业与关内相比有着自身的特殊性。正如方汉奇先生所总结的：

> 东北地区除了清末民初革命与保皇激烈斗争的那段时期，北洋军阀割据的时期，国民党统治的时期和几次国内革命战争时期之外，还多出了日俄两大帝国主义在那里开战和战前战后划地割据的时期，以及1932年至1945年东北全境沦陷和伪满统治的那一段时期。这是关内的其他地区所没有的。②

清朝末期，清政府为取悦列强，保住自身的统治地位，不惜开门揖盗，以东三省为代价，将沙俄和日本两大帝国的军事力量、新闻机构、中东铁路经营大权等引入我国国土，从而为东北埋下了一颗定时炸弹；日俄战后，日本侵略者又在腐败的清政府默许下，将武装势力侵入中国东北，并从沙俄手里夺取了东北的特权，将旅顺、大连租界地，长春至旅顺的铁

---

① 费孝通：《简述我的民族研究经历和思考》，《北京大学学报》（哲学社会科学版）1997年第2期。
② 黑龙江日报社新闻志编辑室：《东北新闻史（1899—1949）》，黑龙江人民出版社2001年版，序言第1页。

余论 关于东北新闻界对日侵略抗争历程的省思

路及支线以及相关租界地、铁路的所有利益据为己有,同时获得了一系列经济权益,并逐步建立起一整套带有日本印记的殖民统治机构,使"南满洲"沦为其半殖民地;奉系军阀统治时期,张作霖为与国内众多军阀抗衡,实现其政治野心,又建立了以亲日为重心的封建政权,使东北人民再次陷入日本帝国跃跃欲试的魔爪之中;张学良顺应潮流进行东北"易帜"以后,尽管一度令东北民众看到希望,但其后在蒋介石为代表的国民政府的压力下,面对日本赤裸裸的军事入侵,仍放弃抵抗,致使东北的大好河山最终悉数被日本占领,东北的黎民百姓在日本帝国扶植的傀儡政权统治下度过了长达14年的黑暗岁月……

正因如此,东北近现代的媒介生态环境才尤为复杂,东北新闻界的生存空间才尤为艰难逼仄。很多时候,为了追求公共利益,只能在诸多控制中寻找罅隙。例如,在晚清专制势力掌控政权的背景下,东北新闻界的启蒙及反帝思想只能来源于开明官员扶持的报刊,或者依赖于留学归国的进步人士;张作霖统治东北时期,由于奉张军阀与日本殖民者之间存在相互利用而又相互猜忌的态势,东北新闻界对日本人媒介的批判力度便时弱时强;在张作霖成为日本侵略者的弃子,特别是东北易帜后,随着国内日趋统一,随着政治上摆脱了对日本官方的依赖,东北新闻界攻击日本的言论才变得更为大胆和激烈;而伪满洲国政权存续期间,随着整个东北的媒介生态受到严重破坏,东北新闻界能称得上正面反抗的只寄希望于敌后抗日游击区创办的红色报刊,更多的只能利用日伪控制的报纸副刊进行着隐匿抵抗……

任何专业化的媒介组织都离不开政府的控制,统治阶级为了本阶级的意识形态成为所有阶级的意识形态,使本阶级的价值观最大范围地传播开去,操纵现代媒介已成为统治阶级获得和维护本阶级意识形态的最主要的手段之一。正如法兰克福学派成员赫伯特·马尔库塞所言,"单向度思想是由政策的制定者及其新闻信息的提供者在系统地推进的。他们的论域充满着自我生效的假设,这些被垄断的假设不断重复,最后变成了令人昏昏欲睡的定义和命令……"[①]

[①] [美]赫伯特·马尔库塞:《单向度的人》,刘继译,上海译文出版社1989年版,第14页。

布尔迪厄也曾强调场域的斗争因素，认为场域是一个内嵌冲突与博弈的空间，任何场域都经过了一个争夺其自主性的过程。可以说，在中日两国媒介相互博弈的过程中，为追求各自的利益，双方都在努力获得各类信息，选择博弈策略，在维持平衡之余寻求制胜法宝。在这一局势中，中央政府及地方当局无疑成为重要的关系变量，其决策直接关乎博弈双方的胜败。可见政治对传媒有着极其重要的影响，回顾国人媒介对弈时取得的阶段性胜利，无不与执政当局的强势助力息息相关。

3. 东北新闻界抗击日本侵略的思想迁播到全国并成为精神指引

在侵略者强大的奴役之下，东北新闻界那激越的爱国情怀、深重的忧患意识被牢牢囚禁，但部分被迫流亡到关内，从这一母体成熟分离的人士却传承了这一衣钵，带着被侵略被奴役的痛苦，带着由痛苦转化而成的动力，继续转战到国内其他媒体，将坚决抗击日本侵略的思想及深重的忧患意识迁播到全国各地，并以中华民族的名义号召共同抗日，从而在历史上留下了更深的印记。比较典型的有赵雨时、肖丹峰、赵惜梦、王研石等从东北新闻界走出的杰出新闻工作者。

"九一八"事变后，曾任沈阳《新民晚报》社长的赵雨时（1898—1946）迫于形势撤离至北平，成为《北平晨报》的主笔。在这期间，他曾写过80多篇社论，内容大多是抨击日本侵占东北的行为。东北沦陷后，赵雨时又参加了东北民众抗日救国会[①]，并担任了《东方快报》总编辑，创办了北平复生新闻编译社和《西京民报》等，宣传抗日救亡。1946年，赵雨时回到沈阳，创办了《和平日报》，沈阳解放后不久因病逝世。

曾任《大东日报》总编的肖丹峰（1902—1985）在日伪统治期间投笔从戎，加入抗日义勇军，并于1933年被党组织派到东北军王以哲部担任团部政治训练员，宣传抗日，号召官兵团结起来打回老家去。1939年9月，肖丹峰又调到晋察冀边区政府，负责编辑出版《边区建设》等刊物，继续投入抗日洪流中。东北解放后回到家乡从政，为家乡建设贡献了后半生。

[①] 该会是1931年9月27日由著名的东北流亡爱国人士王化一、高崇民、阎宝航、陈先舟、卢广绩等人在北平成立的抗日救亡组织，以"抵抗日人侵略、共谋收复失地、保护主权"为宗旨，也是全国最早的、比较完备的抗日统一战线性质的组织。

余论　关于东北新闻界对日侵略抗争历程的省思

哈尔滨沦陷后,《国际协报》副刊总编赵惜梦(1899—1956)奔赴北平,随后相继担任《大公报》与《华北日报》外勤记者。在此期间,赵惜梦曾秘密回到东北进行大量调研,负责报道东北和热河、察哈尔、绥远军民的抗日情况,最终将自己冒险深入采访的一手资料编纂成《沦陷三年之东北》,1935年3月由《大公报》报社隆重出版。同月,赵惜梦受张学良的委托,带领《国际协报》部分流亡编辑记者及与该报关系密切的东北爱国人士如王星岷、孔罗荪、陈纪滢、于浣非等,到武汉创办了《大光报》。该报由当时国民政府军事委员会武汉行营主任张学良出资,极力主张收复东北,积极抗日。

《大光报》创办之时,得到了在武汉的一批东北知名人士的支持和《大公报》总经理胡政之在人力、物力上的帮助。在赵惜梦撰写的《本报发刊自述与今后努力之标准》中,重点阐述了办报宗旨,呼吁大家消除南北差异,并且"站在纯民众的立场来维护国家的统一,培植整个民族的抗战力量"。发刊词指出:

> 本报同人,固有一部系于事变以前,服务东北新闻界中,事变以后,流亡各地,奔走于救国工作之低能份子,但在主张方面,自信绝非代表某一阶级,抑或某一区域,当在筹备时间,社会少数人士,未悉底蕴,或以同人,多系来自华北,仗着一种外来势力之侵入武汉,实则同人本身对于此点,初无所谓特殊感觉,质直言之,只知以中国人资格,在中国内地办报而已,南北省域之狭义观念,同人辈不独不愿亲出诸口,且亦不愿萦系于心,盖当此国难临头之会,国人不欲精诚团结,努力图存则已,苟尚欲精诚团结,努力图存,自非首先打破所谓南北界限以及相互菲视之肤浅意识,不足为功……

由于《大光报》极为鲜明的特色以及强大的政治背景和编辑队伍,使得这份报纸很快在武汉站稳了脚跟,发行量一度达到10万余份,成为武汉当时较有影响的一家报纸。1937年抗战爆发后不久,《大光报》因经济原因被迫宣布停刊,其全部资产及设备包括印刷排字工人和部分编辑管理人员转让给了《大公报》汉口版,使得《大公报》汉口版只一个多月便筹备就绪。尽管《大光报》没能支撑到抗战胜利,但其闪现的光华以及处处充溢的强烈爱国情怀和忧患意识，却永远地留在武汉乃至全国。

此外，《国际协报》的外勤记者王研石（1904—1969）作为民国东北新闻界最为出色的记者，曾实地采访披露了震惊中外的"万宝山"事件，也曾冒着生命危险进入日寇侵占的沈阳城采访日军的暴行，还曾以随军记者的身份，战地采访马占山将军率部奋战的消息，将江桥抗战的消息向国内外广为传播。1932年，王研石被日伪当局逮捕入狱，被保释出狱后于1933年10月离开哈尔滨奔赴天津，任《益世报》采访部主任。采写了许多揭露日寇侵华罪行的报道。第二次世界大战后，盟国在东京审判日本战犯时，供检察官援引做证的当年《益世报》的许多报道，都出自他之手。1936年4月，王研石开始专任上海申、新两报驻津特派记者，他除了每天拍发专电外，应《中报周刊》主编俞颂华之约，以"公敢、大启"为笔名经常撰写长篇通讯，揭露日寇侵占华北的内幕情况。[①]"七七事变"后，再次被日本宪兵队逮捕，获释后化装逃到香港任《星岛日报》特派记者，继续从事抗战报道。抗战胜利后，曾任重庆《时事新报》总编辑、天津《益世报》总编辑等，为新闻事业奋斗了终生。

当然，还有一个不容忽视的群体，这个群体主要受到东北新闻界爱国人士的支持，经由东北部分报刊滋养壮大，并带着国恨家仇流亡到关内，史称"东北作家群"（主要成员有萧军、萧红、舒群、骆宾基、罗烽、白朗、金人、塞克、李辉英、端木蕻良等）。他们以一种强烈的爱憎交织的群体意识和饱蘸血泪的文字，撰写乡邦的灾难，版图的变色，凭借浓烈的爱国热情，凭借着辛勤的劳动，为自己的创作争得了冠以"东北"这一故土、家园的标记。在抗战期间，他们成了文艺队伍中最具生命力的一支劲旅……

因此可以说，许多从东北新闻界走出的流亡知识分子在失去原初身份之后，并未自怨自艾，而是迅速将个人投入大时代当中，用自己的切肤之痛，以"抗日话语"为中心，怀揣"苟利国家生死以，岂因祸福避趋之"的民族大义活跃在文化前锋阵地，从而成为国家更广阔抗日平台上的重要力量及精神指引。

[①] 张福山：《哈尔滨文史资料（第20辑）》，中国人民政治协商会议黑龙江省哈尔滨市委员会文史资料委员会1997年版，第23页。

附　表

附表1：日本在东北编织的报刊网络（1903—1912）

报刊名称	创办地址	创办时间	创办人	报刊语种	备注
《营口新闻》	营口	1903年秋	不详	日文	半年后因日俄战争爆发而停刊
《营口商报》	营口	1905.5.15	大井宪太郎	日文	1907年终刊
《满洲日报》	营口	1905.7.26	中岛真雄	日文、中文、英文	《东北新闻史》中注明该报创刊时间为1905年6月1日，但据东三省图书馆馆藏该报缩微版核实创刊时间为7月26日。该报1907年10月停止中文版，翌年迁至沈阳并入《盛京时报》
《辽东新报》	大连	1905.10.25	末永纯一郎	日文	关东都督府机关报，1927.11终刊
《关东都督府府报》	大连	1906.9	日本人	日文	
《安东新报》	安东（今丹东）	1906.10.17	川保笃	日文	1939.6.1终刊

东北新闻界反抗日本侵略史（1903—1945）

续表

报刊名称	创办地址	创办时间	创办人	报刊语种	备 注
《盛京时报》	沈阳	1906.10.18	中岛真雄	中文	日本外务省主办
《大连实业杂志》	大连	1907.2	相泽仁郎	日文	月刊
《吉林时报》	吉林	1907.2	儿玉多一	日文	
《满韩日报》	丹东	1907.6	野口多内	日文	
《安东时报》	丹东	1907.6	金村长	日文	
《安东 Times》	丹东	1907.6	日本人	日文	
《内外通讯》	奉天	1907.7	松宫琴子	日文	1918.8 改为《奉天每日新闻》
《Times》	丹东	1907.9	日本人	日文	
《满洲实业新报》	丹东	1907.9	椿井必治	日文	
《满洲日日新闻》	大连	1907.11.3	森山守次	日文	1945.8 终刊
《满洲日报》	大连	1907.12	中野生	日文	
《满洲新报》	营口	1908.2.11	冈部次郎	日文	1938年4月停刊
《辽鞍每日新闻》	辽阳	1908.3.10	渡边德重	日文	1940.6 终刊
《奉天日报》	奉天	1908.5	原口闻一	日文	
《东边日报》	丹东	1908.9	不详	日文	
《铁岭新闻》	铁岭	1908.9	木户作次郎	日文	
《北满洲》	哈尔滨	1908.10	布施胜治	日文	旬刊
《安东每夕新闻》	丹东	1908.11	嘉纳三治	日文	后并入安东日报
《泰东日报》	大连	1908.11.3	金子平吉	中文	大连华商公议会发起，1945.10 终刊
《南满日报》	沈阳	1908.12	矢野勘	日文	1912年改为《奉天日日新闻》，1918年改为《奉天满洲日报》
《辽阳新报》	辽阳	1908.12	渡边德重	日文	
《铁岭商况日报》	铁岭	1908	鲤江宪治	日文	
《长春日报》	长春	1909.1.1	箱田琢磨	日文	1920年改为《北满日报》
《满洲新闻》	长春	1909.1	和田日出吉	日文	
《满鲜旅行案内》	大连	1909.2	村松武一郎	日文	月刊

附　表

续表

报刊名称	创办地址	创办时间	创办人	报刊语种	备注
《苇原》	大连	1909.2	饭冢佐兄久	日文	月刊
《满洲新报》	大连	1909.2	白石寿觉	日文	月刊
《大陆日日新闻》	沈阳	1909.6.1	吉野直治	日文	1921年统计日发行量为3900份，1923年合并于《辽东新报》
《间岛日报》	延吉	1910.2	山崎庆之助	日文	1924.12终刊
《铁岭时报》	铁岭	1910.8.1	西尾信	日文	发行至日本战败
《抚顺教报》	抚顺	1910.11	梅田谦教	日文	月刊
《大连日露协会会报》	大连	1910.12	上田熊吉	日文	双月刊
《吉林时报》	吉林	1911.11	儿玉多一	日文	周刊
《儿童》	大连	1911.11	竹内恒道	日文	月刊
《妇女》	大连	1911.12	竹内恒道	日文	月刊

本表根据《辽宁省志·报业志》《黑龙江省志·报业志》《吉林省志·新闻事业志·报纸》《东北新闻史》《近代日人在华报业活动》等综合整理而成。

附表2：晚清时期东北地区创办的主要国人报刊（1905—1911）

报刊名称	创办地址	创办时间	创办人	备注
《东三省公报》	沈阳	1905.12.21	谢荫昌	1907年4月左右终刊
《海城白话演说报》	海城	1906.11	管凤和	
《刍报》	沈阳	1906年末	朱霁青等	仅出版2期
《东三省日报》	沈阳	1907.2	赵国亭	武昌起义后停刊
《大中公报》	沈阳	1907.7.10	袁昆乔	革命报刊
《营口醒世汇报》	营口	1907.7	张兆麟	
《东方晓报》	哈尔滨	1907.7.19	奚廷黻	1908.1终刊
《吉林白话报》	吉林市	1907.8.4	吉林官报局	1909.9停刊
《营商日报》	营口	1907.9	潘达球等	营口商务总会主办
《吉林自治报告书》	吉林市	1907.11.15	松毓	
《吉林报》	吉林市	1907.11	刘德	
《吉林官报》	吉林市	1907	徐崇立	吉林官报局主办
《通俗白话报》	沈阳	1907	奉天省学务处	旬刊
《奉天教育官报》	沈阳	1907年冬	奉天省学务处	1928年终刊
《营口官报》	营口	1907	不详	
《黑龙江公报》	齐齐哈尔	1908.1	黑龙江官报局	
《吉林教育官报》	吉林市	1908.2.16	殷辂	
《农安白话汇篇》	吉林农安	1908.2	不详	农安县自治所主办
《蒙话报》	吉林市	1908.5.14	不详	由吉林调查局主管
《吉林白话日报》	吉林市	1908.5	张柢	
《公民日报》	吉林市	1908.6	松毓	1908.10终刊，吉林自治会机关报
《吉林日报》	吉林市	1908.11.17	周维桢、顾植	吉林巡抚部院主办，1909.9停刊
《滨江日报》	哈尔滨	1908.12.23	奚廷黻	1910年末终刊
《东三省民报》	沈阳	1908	赵中鹄	同盟会报纸
《吉林实业官报》	吉林市	1908	不详	

附　　表

续表

报刊名称	创办地址	创办时间	创办人	备注
《吉林农报》	吉林市	1908	不详	
《醒时白话报》	沈阳	1909.2.21	张兆麟	1921.2更名为《醒时报》
《长春日报》	长春	1909.4.3	蒋大同	1909.5.19停刊
《亚东报》	营口	1909.8	郭俊臣	又名《亚东白话报》
《长春时报》	长春	1909.10.14	毕维垣等	
《吉林自治日报》	吉林市	1909.11	不详	吉林行省咨议局地方自治筹办处主管
《吉长日报》	长春	1909.11.27	顾植	1931.9终刊
《黑龙江官报》	齐齐哈尔	1910.3	黑龙江官报局	武昌起义后终刊
《吉林司法官报》	吉林市	1910.3.11	吴焘	
《大中公报》	沈阳	1910.7	袁昆乔	
《微言报》	沈阳	1910.8	主编沈肝若	
《长春公报》	长春	1910.10.3	主编魏毓兰	1911.8更名为《国民新报》
《东陲公报》	哈尔滨	1910.10.3	哈尔滨商务总会	1911.4终刊
《吉林自治旬报》	吉林市	1910.11.2	不详	1911.10终刊，吉林咨议局主办
《奉天劝业报》	沈阳	1910	奉天劝业公所	月刊
《奉天自治筹办方法》	沈阳	1910	奉天省地方自治筹办处	
《奉天商报》	沈阳	1910	沈阳商务总会	
《国民报》	沈阳	1911年春	张榕	革命报刊
《吉林警务官报》	吉林市	1911.4.13	邓邦述	1911.9终刊吉林民政司主管
《民声报》	沈阳	1911.7.10	刘艺舟	革命报刊
《华商报》	营口	1911.7	赵子西	
《铁岭日报》	铁岭	1911.8	不详	
《国民新报》	长春	1911.8	毕维桓	1912.2终刊
《醒民报》	哈尔滨	1911.9	滨江商会	
《奉天官报》	沈阳	1911.9	赵尔巽指令	武昌起义后终刊
《吉林民政官报》	吉林市	1911.10.7	韩国钧	吉林民政司主管，1911.10.23终刊
《滨江画报》	哈尔滨	1911.12	王子山	
《北报》	齐齐哈尔	1911.12.20	不详	

续表

报刊名称	创办地址	创办时间	创办人	备注
《内阁官报》	沈阳	1911	赵尔巽指令	武昌起义后终刊
《宣讲白话报》	沈阳	1911	不详	
《文言白话报》	沈阳	1911	不详	
《简明日报》	沈阳	辛亥革命前	吕君玉	
《满洲画报》	沈阳	辛亥革命前	不详	
《奉天画报》	沈阳	辛亥革命前	不详	

注：本表根据《辽宁省志·报业志》《黑龙江省志·报业志》《吉林省志·新闻事业志·报纸》《吉林近现代新闻媒介简史》《东北新闻史》等整理而成。

附表3：民国时期日本在东北创办的主要报刊
（1912.1—1932.2）

报刊名称	创办地址	创办时间	主办人	报刊语种	备注
东报	哈尔滨	1912.3	布施胜治	俄文	从《北满洲》俄语版独立出来
《满洲每日新闻》	大连	1912.8.5	滨村善吉	英、日文	"满铁"机关报，1941年终刊
《奉天日日新闻（原《南满日报》）》	沈阳	1912.9	难波胜治	日文	1938年终刊
《满洲重要物产商况日报》	大连	1913.	不详	日文	1935年终刊
《大陆》	大连	1913.3	不详	日文	
《边声报》	吉林	1913.8.13	儿玉多一	中文	1913.12终刊
《大陆工报》	大连	1914.1	不详	日文	
《长春商业时报》	长春	1914.1	不详	日文	
《满洲通讯》	大连	1914.8	武内忠次郎	日文	
《公主岭通讯》	公主岭	1916.6	伏屋武龙	日文	1917.1终刊
《北满日报》	长春	1917.2	箱田琢磨	日文	原为《长春日报》
《满蒙日报》	郑家屯	1917.7	渡边寅次郎	日文	
《奉天新闻》	沈阳	1917.9	佐藤善雄	日文	
《大连经济日报》	大连	1917.12.4	不详	日文	1923年改名《满洲商业新报》
《满洲商业新报》	大连	1918.3	不详	日文	1927年终刊
《奉天每日新闻》	沈阳	1918.7.1	松宫干雄	日文	原为《内外通讯》
《奉天蒙文报》	沈阳	1918.8	菊池贞二	蒙文	
《极东新闻》	哈尔滨	1918.11.1	斋藤竹藏	日文	创刊仅一个多月
《西伯利亚新闻》	哈尔滨	1918.12.1	小岛七郎	日文	1922.10终刊
《四洮时事日报》	四平	1918	泉水幸太郎	日文	1923终刊
《大连新闻》	大连	1920.5.5	立川云平	日文	
《哈尔滨新闻》	哈尔滨	1919.1.21	近藤义晴	日文	1922.10.31终刊

东北新闻界反抗日本侵略史（1903—1945）

续表

报刊名称	创办地址	创办时间	主办人	报刊语种	备注
《公主岭商报》	公主岭	1920.3	山边繁太郎	日文	
《俄亚时报》	哈尔滨	1920.5	不详	日文	
《满洲株式经济时报》	大连	1920.6.20	不详	日文	
《奉天每日新闻》	沈阳	1920.7	不详	日文	
《满蒙》	大连	1920.8	不详	日文	
《关东报》	大连	1920.9.1	永田善三郎	日文	
《满蒙文化》	大连	1920.9	不详	日文	月刊
《大同文化》	大连	1920.9	不详	中文	1923.9 更名为"中日文化协会"
《营口商业会议所月报》	营口	1920.9.24	田中七	日文	月刊
《四洮新闻》	梨树	1920.10.10	不详	日文	
《埠头日报》	大连	1920.12	不详	日文	
《奉天满洲日报》	沈阳	1920.12	不详	日文	
《长春实业新闻》	长春	1920.12.15	染谷保藏	日文	
《营口实业会月报》	营口	1920	不详	日文	日本商工团主办
《大连株式商品日报》	大连	1920	不详	日文	
《新天地》	大连	1921.1	不详	日文	
《抚顺新报》	抚顺	1921.2.14	立坂本格	日文	
《北满洲》	大连	1921.3	北满洲支局	日文	1921.12 终刊
《奉天商况时报》	沈阳	1921.6	不详	日文	1934.12 终刊
《间岛新报》	龙井	1921.7.16	安东贞元	日文	
《满洲日日新闻》	大连	1922.1.28	森井国雄（主持）	中文	"满铁"机关报汉文版
《营口经济日报》	营口	1922.3.30	洛合丑彦	日文	1925.5 终刊
《抚顺新闻》	抚顺	1922.4.3	不详	日文	1925.12 终刊
《极东周刊》	大连	1922.6.12	不详	日文	1935.12 终刊
《社会研究》	大连	1922.7	不详	日文	
《东省日报》	吉林	1922.7	泉廉治	中文	1937. 更名为《吉林新闻》

附　表

续表

报刊名称	创办地址	创办时间	主办人	报刊语种	备　注
《满洲报》	大连	1922.7.24	西片朝三	日文	由《满洲日日新闻》中文版改设
《奉天电报通讯》	沈阳	1922.8	渡边义一	日文	
《满洲公论》	大连	1922.9	不详	日文	
《大北新报》	哈尔滨	1922.10.1	中岛真雄	中文	《盛京时报》"北满"版
《中日实业兴信日报》	大连	1922.11.6	不详	日文	1935.12 终刊
《哈尔滨日日新闻》	哈尔滨	1922.11	儿玉右二	日文	1945.8.15 终刊
《东北文化月报》	大连	1922	不详	中文	大连"满蒙文化协会"主办
《满蒙经济时报》	沈阳	1923.1	不详	日文	
《开原实业时报》	开原	1923.1	筱田仙十郎	日文	
《松江新闻》	吉林	1923.9.19	三桥政明	日文	
《联合通信》	大连	1923.10	不详	日文	
《东亚兴信公所周报》	沈阳	1923.12	不详	日文	
《中华乐报》	大连	1923	不详	日文	1925.12 终刊
《泰东兴信公所日报》	大连	1924.2	不详	日文	1926.12 终刊
《帝国通信》	大连	1924.3	不详	日文	
《奉天商工新报》	沈阳	1924.5	不详	日文	1936.12 终刊
《法律时报》	大连	1924.7	不详	日文	
《满洲土木建筑时报》	沈阳	1924.10	新田新太郎	日文	
《满洲医药时报》	沈阳	1925.4	畦森抱山	日文	
《大众兴信所内报》	大连	1925.5	不详	日文	
《辽东时报》	大连	1925.8	不详	日文	1933. 终刊
《满洲日日新闻》	大连	1925.10	不详	日文	1926.12 终刊
《大众兴信周报》	大连	1926.3	不详	日文	
《安东时事新报》	丹东	1926.11	不详	日文	
《亚东时报》	丹东	1926	中野初太郎	日文	1927.12 终刊
《安奉每日新闻》	本溪	1927.8	不详	日文	
《长春经济内报》	长春	1927.9	清水赤一	日文	

续表

报刊名称	创办地址	创办时间	主办人	报刊语种	备注
《满洲日报》	大连	1927.11	不详	日文、中文	1935.终刊
《大连海市日报》	大连	1928.6	不详	日文	1934.12终刊
《国境每日新闻》	丹东	1928.1	中野初太郎	日文	
《大连时报》	大连	1930.6	不详	日文	
《长春商况日报》	长春	1930.8	大谷一	日文	1932.7终刊
《哈尔滨商况通讯》	哈尔滨	1930.12	佐藤象次郎	日文	
《哈尔滨兴农经济特报》	哈尔滨	1930.12	佐藤象次郎	日文	
《奉天公报》	沈阳	1931.9	若月太郎	中文	1937.8终刊
《哈尔滨新闻》	哈尔滨	1932.2	大河原厚仁	日文	1939.12终刊

注：此表所用数据根据《东北新闻史》《黑龙江省志·报业志》《吉林省志·新闻事业志·报纸》《辽宁省志·报业志》《辽宁百年报纸》及相关史料整理而成。

附表4：民国时期东北国人创办的主要报刊（1912—1931）

报刊名称	创办地址	创办时间	创办人	备注
《风俗改良报》	吉林	1912.1.10	安铭	
《新吉林报》	吉林	1912.1.16	松毓	吉林团体联合会主办
《黑河白话醒时日报》	黑河	1912.1	胡润南	
《东三省公报》	沈阳	1912.2.18	曾有严	由奉天省议会主管，1933.4终刊
《奉天公报》	沈阳	1912.2	不详	
《奉天商报》	沈阳	1912.2	不详	
《醒时报》	沈阳	1912.2.21	张兆麟	由《醒时白话报》更名而成
《国民常识报》	沈阳	1912.5	奉天学务公所	
《少年吉林报》	吉林	1912.5	季启琳	1913.9终刊
《民生报》	营口	1912.7	胡子晋	民办报纸
《新东陲报》	哈尔滨	1912.7.1	总编辑王目空	1914年终刊
《国民报》	吉林	1912.8	吉林国民捐总会	
《亚洲日报》	沈阳	1912	王维宙	辽防长官署秘书厅主管，1914年终刊
《国民日报》	沈阳	1912	广铁生	1914年终刊
《中华自治报》	长春	1912	李作炬	
《一声雷晨报》	长春	1912.12	不详	1913.3改为《春雷日报》
《砭俗报》	哈尔滨	1912.12	舒毓才	
《春雷日报》	长春	1913.3	长春群进会	1914.5终刊
《群力报》	长春	1913.5.10	李作炬等	1913.10.20停刊
《警察公报》	安东	1913	不详	安东警察厅主管
《民生报》	齐齐哈尔	1913.8.1	牛得仁	
《天民日报》	长春	1913.12.5	刘炎	1914.5终刊
《吉铎日报》	吉林市	1913.12.1	罗国庆	

续表

报刊名称	创办地址	创办时间	创办人	备注
《晓钟日报》	长春	1914.1	白晓峰、郑希侨	1916.1 停刊
《营口新闻》	营口	1914.5	李雨亭	1914.9 停刊
《长春白话报》	长春	1914.6	李馨武	
《白话报》	吉林	1914.10	初鹤皋	
《健报》	沈阳	1914	张复生	1915 年终刊
《龙沙新报》	齐齐哈尔	1914	总编崔敏唯	1914.9.19 终刊
《维新报》	哈尔滨	1914	不详	
《谭风报》	沈阳	1915	赵荷	1916 年终刊
《延边实报》	延边	1915	尹陶宾	1916 年终刊
《大东日报》	长春	1915.7	刘笠泉、霍占一	民办报纸，1928.8 更名为《大东报》，"九一八"事变后被日本接管
《黑龙江报》	齐齐哈尔	1916.2.10	总经理魏毓兰	1929.4.3 终刊
《吉林新共和报》	吉林市	1916.7	总编诸克聪	
《启民报》	齐齐哈尔	1916.8.10	主任韩鑫楼	
《醒民报》	长春	1916.9	侯炳章等	1926 年终刊
《东亚日报》	哈尔滨	1916.9.15	名誉经理刁子明	1918.9.24 终刊
《吉林工商报》	吉林	1916.9	姚志虞等	吉林省工商会机关报
《吉林商报》	吉林	1916.9	关铎	
《新民日报》	长春	1916.10.10	白云绅	
《民报》	吉林市	1916.11	总编辑赵志超	1918 年终刊
《民生日报》	长春	1916.11	孙一鸣	长春民生协会主办
《吉林农报》	吉林市	1916.12.21	编辑部主任刘文科	由吉林省农会主办
《每日新闻》	哈尔滨	1916.12.26	社长张陶庵	
《谭风新闻》	齐齐哈尔	1917.1.20	社长张浮生	
《微言报》	哈尔滨	1917.3.25	社长庞秋颜	1917.11.15 终刊
《龙沙日报》	齐齐哈尔	1917.5.12	发行人李健元	
《白话画报》	哈尔滨	1917.6.7	社长牛安甫	1917.7.18 终刊
《东边报》	哈尔滨	1917.6.9	陈兴宽	

附　表

续表

报刊名称	创办地址	创办时间	创办人	备注
《长春新报》	长春	1917.6	吴青留	
《辽东商报》	长春	1917.9	沈毓和	
《宏远商报》	齐齐哈尔	1917.9	经理闻鲁希曦	
《正俗日报》	长春	1917.10	贾普知等	
《大连经济日报》	大连	1917	不详	
《通俗报》	吉林市	1917	孙棣坡	
《吉林日报》	吉林市	1918.3.23	张希天、刘哲	民办报纸
《关东日报》	长春	1918.3	栾武等	
《社会时报》	长春	1918.6	刘毅	
《国际协报》	长春	1918.7.1	张复生	1919年10月迁入哈尔滨，1937.11.1被日伪强制与《国际协报》《哈尔滨公报》合并
《大中报》	哈尔滨	1918.9.25	经理王趾舒	1919.5.21终刊
《大北新闻》	哈尔滨	1919.2	社长韩华堂	
《吉林民实报》	吉林市	1919.4.2	不详	1919.8终刊
《毓文周刊》	吉林市	1919.5	编辑人何教堂	
《滨江新报》	哈尔滨	1919.7	沈玉和	
《春鸟秋虫》	长春	1919.9	张云贵	
《小公报》	沈阳	1919.12	不详	《东三省公报》附张，1926.9终刊
《奉天商报》	沈阳	1920	高崇民	1928年9月改为《东北商工日报》，1929年终刊
《吉林一中周刊》	吉林	1920.5	不详	吉林一中主办
《白话商报》	哈尔滨	1920.6	王文林	
《北极日报》	齐齐哈尔	1920.6	马趾祥	
《吉林实业日报》	吉林市	1920.9.1	姚明德等	
《奉天教育官报》	沈阳	不详	不详	
《通俗教育报》	沈阳	不详	不详	
《民国新闻报》	沈阳	不详	不详	

续表

报刊名称	创办地址	创办时间	创办人	备注
《共和报》	沈阳	不详	不详	
《醒狮报》	沈阳	不详	不详	
《亚洲日报》	沈阳	不详	不详	
《营商日报》	营口	不详	不详	
《滨江民报》	哈尔滨	1921.1	赵志超	
《滨江时报》	哈尔滨	1921.3.15	经理范聘卿 社长范介卿	1937.11.1被日伪强制与《国际协报》《哈尔滨公报》合并为《滨江日报》
《午报》	哈尔滨	1921.6	经理兼发行人赵郁卿	
《极东商报》	哈尔滨	1921.6	经理王子益	
《通俗日报》	长春	1921.8	陈澈	
《长春白话报》	长春	1921.8	杨介忱	
《醒民画报》	哈尔滨	1921.9	卢振亚	
《滨江晚报》	哈尔滨	1921.9	发行人王玉麟，编辑李新吾	
《醒民报》	哈尔滨	1921.10	不详	
《民报》	沈阳	1921.10.10	不详	
《东三省商报》	哈尔滨	1921.12.1	发行人叶元宰，总编辑吴春雷、张子淦	
《滨江晨报》	哈尔滨	1922.1	经理井树人	
《广告大观》	哈尔滨	1922.6	经理周祉民	
《滨江新报》	哈尔滨	1922.7	发行人李定宜	
《延边时报》	延边	1922.8	程永年	
《强国日报》	长春	1922.8	蔡兴良	
《国民新闻》	吉林	1922.8	吴景濂	
《工商日报》	哈尔滨	1922.9	发行人延东樵	
《东三省民报》	沈阳	1922.10.20	宋大章	东三省民治促进会主办，1933年终刊
《实事爱国报》	哈尔滨	1922.11	发行人刘宗汉	
《奉天画报》	沈阳	1922	赵子贞	

附　表

续表

报刊名称	创办地址	创办时间	创办人	备　注
《东报》	沈阳	1922	张煊	
《哈尔滨晨光报》	哈尔滨	1923.2.21	韩庆昌（韩铁声）	1931.12终刊
《吉林学生》	吉林	1923.6	不详	吉林毓文中学、主办吉林法政学校学生合办
《松江日报》	哈尔滨	1923.9	郭大鸣	
《吉林民报》	长春	1923.10	沈子易	
《吉东日报》	延吉	1923.10	不详	
《滨江正言报》	哈尔滨	1923.11	张维中	
《东边时报》	安东	1923.12	康荫叔	民办报纸
《奉天市报》	沈阳	1923.12	不详	奉天市政公所主管
《东陆商报》	哈尔滨	1923	不详	哈尔滨商务会主办
《铁岭日报》	铁岭	1923	关向应	1924终刊
《商报晚刊》	哈尔滨	1924	不详	
《国民日报》	长春	1924.4.19	佟振欧	
《春声日报》	长春	1924.4	李佩声	
《长春晓报》	长春	1924.6	陈了俗	
《兴业日报》	吉林	1924.7	陈震	
《东三省新闻报》	哈尔滨	1924.8	发行人韩鑫楼	
《东三省时报》	长春	1924.12.25	发行人王伦章	
《共和报》	吉林	1925.4	不详	
《华北新报》	哈尔滨	1925.5.12	朱实鲁	1932.2终刊
《道德报》	长春	1925.7	徐石藩	
《探美》	吉林	1925.7	不详	吉林毓文中学主办
《益民时报》	长春	1925.8	郎如樵	
《东省经济月刊》	哈尔滨	1925	不详	1930改名《中东经济月刊》，1933年改名《北满经济月刊》
《吉林二师周刊》	长春	1925.10.1	刘旷达、韩守本	吉林省立第二师范学校学生联合会主办
《东北大学周刊》	沈阳	1926.1	不详	1930.12终刊

续表

报刊名称	创办地址	创办时间	创办人	备 注
《采风日报》	哈尔滨	1926.4	卢文芳	1937.10.31 终刊
《东北日报》	沈阳	1926.5	丁袖东	
《松北报》	哈尔滨	1926.10	孔子明	
《新亚日报》	沈阳	1926.11	董荣庭等	1929. 终刊
《哈尔滨公报》	哈尔滨	1926.12.1	社长关鸿翼 编辑长杨墨宣	1937.11.1 被日伪强制与《国际协报》《哈尔滨公报》合并为《滨江日报》
《延边日报》	延吉	1926.12	李琪宣	
《奉天总社商会月刊》	沈阳	1926	不详	
《满蒙日报》	沈阳	1926	周元恒	
《奉天大亚图画周报》	沈阳	1926	陆一勺	
《中华商报》	沈阳	1926	费香九	
《商工日报》	沈阳	1926	不详	
《奉天公报》	沈阳	1927.3	不详	省政府的官报
《奉天商报》	沈阳	1927.10	不详	奉天总商会主管
《大亚画报》	沈阳	1927	沈叔邃	1931 年终刊
《民声报》	延吉	1928.2.12	首任总编 安怀音	和龙等四县集资
《平民日报》	沈阳	1928.2	苗渤然	
《龙沙画报》	齐齐哈尔	1928.6	不详	
《滨江辰报》	哈尔滨	1928.7	赵逸民	
《东北商工日报》	丹东	1929	袁华东	1931.9 终刊
《新民晚报》	沈阳	1928.9.20	钱芥尘等	张学良扶持，1931.9.16 终刊
《文画日报》	沈阳	1928.11	常逸然等	
《吉林新报》	吉林	1928.12	王凤普等	
《军事月刊》	沈阳	1928	不详	东北陆军训练委员会主办
《东北新建设》	沈阳	1928	不详	
《辽宁建设月刊》	沈阳	1928	不详	
《蒙边日报》	沈阳	1928	李一樵	
《安东商报》	丹东	1928	袁慎礼	
《东北航空季刊》	沈阳	1929.1	不详	东北航空司令部主办

附 表

续表

报刊名称	创办地址	创办时间	创办人	备 注
《新民画报》	沈阳	1929.3.31	不详	《新民晚报》主办
《沈阳市报》	沈阳	1929.4.2	不详	沈阳市政公所主办
《协进》	四平	1929.5	佟振江	
《东北民国日报》	沈阳	1929.8	不详	国民政府执委会主办
《安东市报》	丹东	1929.9.1	不详	安东市政筹备处主办
《抚顺商报》	抚顺	1929.9	武子章	
《东北民众报》	沈阳	1929.10	陈言	
《东华日报》	哈尔滨	1929.11	薛子奇	1930.10 终刊
《东边商工日报》	安东	1929	袁华东	
《辽宁日报》	沈阳	1929	马昂雷	
《广告小报》	哈尔滨	1929	王希纯	
《新满公报》	丹东	1929	徐铁珊	
《奉天公报》	沈阳	1929	不详	奉天高等审判所主办
《曦光报》	营口	1929	柏烦尘	
《东北实报》	沈阳	1929	金韬	
《辽宁新报》	营口	1929	马耕非	
《通俗教育报》	吉林	1929	吉林县通俗教育馆	
《新奉午报》	沈阳	1929	王国光	
《汽笛》	延吉	1930.5	中国延边支部	
《满洲红旗》	沈阳	1930.9.15	中共满洲总行动委员会	1931.12 迁哈尔滨
《哈尔滨晚报》	哈尔滨	1930	冯永秋	
《平民报》	哈尔滨	1930	冯戟吴	
《国民新报》	沈阳	1930	张法友	
《沈阳晚报》	沈阳	1930	宋格谨	
《新辽午报》	沈阳	1930	张学成	
《开原公民日报》	开原	1930	李毅	
《救国公报》	沈阳	1930	吴家星	
《东北实业日报》	吉林市	1930	刘积三	

续表

报刊名称	创办地址	创办时间	创办人	备注
《磐石农报》	磐石	1930.8	磐石县农民协会	
《火花报》	延吉	1930.10	中共东满特委	1931.4停刊
《新晨报》	沈阳	1931.1.1	赵雨时	
《东北市声报》	哈尔滨	1931.7.15	庆录	
《东北日报》	哈尔滨	1931.8.15	不详	
《东北国防报》	哈尔滨	1931.10	马润书	
《哈尔滨画报》	哈尔滨	1931	赵文选	
《新新日报》	哈尔滨	1931.11	王味根	

注：此表所用数据根据《东北新闻史》《黑龙江省志·报业志》《辽宁省志·报业志》《吉林省志·新闻事业志·报纸》等整理而成。

附表5：东北沦陷初期日伪新增主要报纸一览表

报纸名称	语种	创办地	创办年份	社长/负责人	备注
《奉天公报》	中文	沈阳	1931.9.21	若月太郎	
《哈尔滨时报》	俄文	哈尔滨	1931.11.3	大泽準	
《东边日报》	中文	丹东	1931.11	向后新太郎	
《黑龙江民报》	中文	齐齐哈尔	1931.12.17	桂五郎	原《黑龙江民报》被接管为黑龙江省公署机关报
《抚顺民报》	中文	抚顺	1931.12.26	窪田利平	
《吉林日报》	中文	吉林市	1931.12.30	林祉	副社长山下诚意
《新京日报》	日文	长春	1932.3	不详	由日文《北满日报》更名
《大同报》	中文	长春	1933.3.1	王光烈	副社长甲文雄掌握实权
《哈尔滨新闻》	日文	哈尔滨	1932.3.29	大河原厚仁	
《奉天日报》	中文	沈阳	1932.4.1	菊地秋四郎	
《龙江日报》	日文	齐齐哈尔	1932.4.25	桂五郎	
《锦州新报》	日文	锦州	1932.5	不详	
《鞍山日日新闻》	日文	鞍山	1932.6	不详	
《满鲜日报》	朝鲜文	长春	1932.8.24	李性在	
《辽海公报》	中文	辽阳	1932.10.1	渡边德重	原《辽鞍每日新闻》基础上创办
《齐齐哈尔日报》	日文	齐齐哈尔	1933.4.1	小笠原俊三	
《延边晨报》	中文	延吉	1933.8.25	中村秀男	
《满洲商工日报》	日文	长春	1933.9.25	得丸助太郎	
《民声晚报》	中文	沈阳	1933.12.1	西片朝三	
《北满洲日报》	日文	齐齐哈尔	1934.1.1	小笠原俊三	由《龙江日报》及《齐齐哈尔日报》合并而成
《新满公报》	日文	丹东	1934.3.1	杉山宗作	
《山海关日报》	日文	山海关	1934.4.29	黑川重幸	
《山海关公报》	中文	山海关	1934.7.1	黑川重幸	
《北安日报》	日文	北安	1934.7	不详	

续表

报纸名称	语种	创办地	创办年份	社长/负责人	备注
《三江报》	中文	富锦	1934.8.1	饭田台辅	
《铁岭公报》	日文	铁岭	1934.10.10	本田正	在原《铁岭时报》基础上创办
《热河新报》	中文	承德	1935.3	不详	

注：此表所用数据根据《东北新闻史》相关资料整理而成。

附表6：东北沦陷中后期存续的主要报纸一览表

报纸名称	语种	创办地	创办年份	在任社长/负责人	备注
《盛京时报》	中文	沈阳	1906	染谷保藏	1937年由《大亚公报》《民报》《奉天公报》《民生晚报》《奉天日报》合并成的最大中文报纸，满洲伪弘报协会成员报
《奉天每日新闻》	日文	沈阳	1907	松宫琴子	
《满洲日日新闻》	日文	沈阳	1907	松本丰三	
《泰东日报》	中文	大连	1908	宫协襄二	满洲伪弘报协会成员报，"关东州"唯一的中文报纸
《营口新报》	日、中文	营口	1908	小川义和	
《辽鞍每日新闻》	日文	辽阳	1908	渡边德重	
《满洲新闻》	日文	长春	1909	和田日出吉	满洲伪弘报协会成员报
《铁岭时报》	日文	铁岭	1911	西尾信	
《满洲利亚每日新闻》	英文	长春	1912	不详	满洲伪弘报协会成员报
《开原新报》	日文	开原	1918	符田仙十郎	
《新京日日新闻》	日文	长春	1920	上田贤象	1931年由《长春实业新闻》更名而成
《关东报》	日文	大连	1920	市川年房	1937年与《满洲报》被勒令停刊
《大连新闻》	日文	大连	1920	小泽太卫兵、立川云平	1935年被《满洲日报》收买，更名为《满洲日日新闻》
《抚顺新报》	日文	抚顺	1921	窪田利平	
《四洮新闻》	日文	四平	1920	樱井教辅	1942年停刊
《满洲报》	中文	大连	1922	西片与卫	1937年与《关东报》被勒令停刊

东北新闻界反抗日本侵略史（1903—1945）

续表

报纸名称	语种	创办地	创办年份	在任社长/负责人	备注
《哈尔滨日日新闻》	日文	哈尔滨	1922	塞河江坚吾	日本在"北满"最有力之报纸
《大北新报》	中文	哈尔滨	1923	山本久治	1925年并入《盛京时报》，1937年接收《午报》，满洲伪弘报协会成员报
《吉林新闻》	日、中文	吉林	1923	三桥壬卜	
《安东新闻》	日文	丹东	1924	佐藤武雄	
《东满新闻》	日文	延吉	1924	和田日出吉	满洲伪弘报协会成员报
《间岛新报》	日文	延吉	1924	八木市松	
《安奉每日新闻》	日文	本溪	1927	伊藤唯雄	
《哈尔滨快报》	俄文	哈尔滨	1931	不详	满洲伪弘报协会成员报
《安东时报》	中文	丹东	1931	佐藤武雄	满洲伪弘报协会成员报
《抚顺民报》	中文	抚顺	1931	窪田利平	
《吉林日报》	中文	吉林	1931	编辑长张舟三	
《大同报》	中文	长春	1932	大石智郎	日伪政府机关报，满洲伪弘报协会成员报
《大满蒙》	日文	沈阳	1932	大石常松	
《实话报（小报）》	中文	长春	1932	大石智郎	《大同报》所属，满洲伪弘报协会成员报
《满鲜日报》	鲜文	长春	1932	山口源二主管	1936年与《间岛日报》合并
《锦州新报》	日文	锦州	1932	下野重三郎	满洲伪弘报协会成员报，1938.6在此基础上创办中文《辽西晨报》
《新京日报》	日文	长春	1932	箱田琢磨	
《鞍山日日新闻》	日文	鞍山	1932	上田利三郎	
《龙江日报》	日文	齐齐哈尔	1932	桂五郎	
《醒时报》	中文	沈阳	1933	社长（空缺）张友兰（编辑长）	"南满"唯一的国人民间报纸

附　表

续表

报纸名称	语种	创办地	创办年份	在任社长/负责人	备　注
《大亚公报》	中文	沈阳	1933	王希哲	1937.8 停刊
《延边晨报》	中文	延边	1933	中村秀男	
《辽海公报》	中文	沈阳	1933	渡边德重	
《午报（小型）》	中文	哈尔滨	1933	山本久治	
《黑龙江民报》	日文	齐齐哈尔	1933	片山诚三	满洲伪弘报协会成员报
《齐齐哈尔新闻》	日文	齐齐哈尔	1933	不详	由《黑龙江民报》社经营
《东满时报》	中文	延吉	1933	和田日出吉	
《辽海公报》	中文	辽阳	1933	不详	《辽鞍每日新闻》经营
《三江报》	中文	佳木斯	1934	田台辅/安井澈	满洲伪弘报协会成员报
《北满洲日报》	日文	齐齐哈尔	1934	小笠原俊三	
《山海关日报》	日、中文	山海关	1934	黑川重幸	
《山海关公报》	中文	山海关	1934	黑川重幸	
《北安日报》	日文	北安	1934	露崎弥太郎	
《哈尔滨兴信所报》	日文	哈尔滨	1934	牛木宽三郎	
《黑河民报》	中文	黑河	1934	阎锡侯	个人经营
《北满经济日报》	日文	哈尔滨	1934	中西仁二	
《热河新报》	日、中文	承德	1935	森常雄	满洲伪弘报协会成员报，1937.9 在此基础上创办日文《热河新闻》
《兴亚经济时报》	日文	哈尔滨	1935	佐藤象次郎	
《大新京日报》	日文	长春	1935	中尾龙夫	
《滨江日报》	中文	哈尔滨	1937	杨墨宣	"北满"唯一的国人民间报纸
《吉林新闻》	中、日文		1937	三桥政明	由《吉林日报》和《东省日报》合并而成，1941.8 汉文《吉林新闻》改为《吉林新报》
《牡丹江兴信所报》	日文	牡丹江	1937	须藤朝一	

续表

报纸名称	语种	创办地	创办年份	在任社长/负责人	备注
《天隆株式日报》	日文	哈尔滨	1937	运藤重三	
《牡丹江特产周报》	日文	牡丹江	1937	安河内隆吉	
《辽西晨报（小型）》	中文	锦州	1938	下野重三郎	
《哈尔滨交通社报》	日文	哈尔滨	1938	市川孝八	
《营口新报》	中、日文	营口	1938	关守锐 水城乙四郎	1942年停刊
《满洲新闻》	日文	长春	1938	田日出吉	由《大新京日报》更名而成
《北满江运局报》	日文	哈尔滨	1939	三沛敞三	
《鞍山商工公会会报》	日文	鞍山	1939	中山正三郎	
《齐齐哈尔新闻》	日文	齐齐哈尔	1939	片山诚三	1945.8.15终刊
《东满日日新闻》	日文	牡丹江	1940	须佐美芳男	满洲伪弘报协会成员报，1945.8.15终刊
《大连日日新闻》	日文	大连	1940	不详	满日社经营
《三江日日新闻》	日文	佳木斯	1940	安井澈	
《协和报》	中文	抚顺	1941	酒井	
《黑河新报》	中文	黑河	1942	主编刘文佩	1944.6更名为《康德新闻·黑河版》
《东安新报》	中文	密山	1942	不详	1944.9更名为《康德新闻·东安版》
《通化新报》	中文	通化	1942	不详	1944.9更名为《康德新闻·通化版》
《四平新报》	中文	四平	1942	不详	1944.9更名为《康德新闻·四平版》
《海拉尔新报》	中文	海拉尔	1942	不详	1944.9更名为《康德新闻·海拉尔版》
《北安新报》	中文	北安	1942	不详	1944.9更名为《康德新闻·北安版》

附　表

续表

报纸名称	语种	创办地	创办年份	在任社长/负责人	备　注
《康德新闻》	中文	长春	1943	染谷保藏	1943.6.1 由康德新闻社将《大同报》更名而成，1944.9 以后各地报纸均作为该报的地方版
《满洲日报》	日文	长春	1944	和田日出吉	1944.5.1 由《满洲新闻》和《满洲日日新闻》合并而成，新闻社所属报纸均改为其地方版

注：本表系根据［日］满史会编著《满洲开发四十年史》《伪满洲国研究资料——满洲国现势》《黑龙江省志·报业志》《吉林省志·新闻事业志·报纸》《辽宁省志·报业志》等相关内容整理而成。

附表7：东北沦陷时期红色报刊概览

报刊名称	创办地址	创办时间	领导组织	备 注
《满洲红旗》	哈尔滨	1932.1	中共满洲省委	中共满洲省委从沈阳迁至哈尔滨后重新出刊
《青年小报》	哈尔滨	1932.6	共青团满洲省委	
《战线上》	今牡丹江市穆棱县	1932夏	吉林救国军宣传部	1932.10终刊
《绥宁报》	今牡丹江市穆棱县	1932.7	中共绥宁（穆棱）中心县委	8开2页，单面油印，每期80份
《满洲青年》	哈尔滨	1932.7	共青团满洲省委	
《东北青年》	哈尔滨	1932.9	共青团满洲省委	1935.3终刊
《东北红旗》	哈尔滨	1932.9	中共满洲省委	1933.6终刊
《战斗》	哈尔滨	1932.9	中共满洲省委	1935.4终刊
《新主人报》	东满	1932.11	共青团东满特委	东满抗日游击区主办的朝鲜文油印画报
《工人之路》	沈阳	1932	中共奉天特委	1933.5由奉天工会接办
《奉天青年》	沈阳	1932	共青团奉天特委	
《两条战线》	东满抗日游击根据地	1933.1	红军32军东满游击队，中共东满特委机关刊	汉文、朝鲜文两种文字出版 1934年3月停刊
《青年斗争》	东满抗日游击根据地	1933.1	共青团东满特委	
《红军消息》	吉林磐石	1933.3	中国工农红军32军南满游击队，中共盘石中心县委	1933年10月改名为《人民小报》
《东北民众报》	哈尔滨	1933.6	中共满洲省委	由《满洲红旗》更名，1935.4终刊
《东北列宁青年》	哈尔滨	1933.8	共青团满洲省委	1935.4终刊
《反日民报》	哈尔滨	1933.8	哈尔滨反日总会	1935.4终刊
《反日青年》	哈尔滨	1933.9	哈尔滨团市委	1935.4终刊

附　表

续表

报刊名称	创办地址	创办时间	领导组织	备　注
《人民革命报》	磐石	1933.9	东北人民革命军第一军	8开2版，1936年初（一说下半年）终刊
《人民革命画报》	磐石	1933.9	东北人民革命军第一军	
《青年义勇军报》	磐石	1933.9	共青团磐石中心县委	1935.8终刊
《青年义勇军画报》	磐石	1933.9	磐石红军报社	
《吉海工人报》	磐石	1933.9	吉海铁路工人工会	1935.2终刊
《人民小报》	磐石	1933.10	中共磐石县委	
《东铁工人报》	哈尔滨	1933.10	满洲总工会	
《公道报》	本溪	不详	本溪湖特支	约1933年
《农民斗争》	延吉	不详	延吉县农协	约1933年
《劳动者的生命》	延吉	不详	延吉县革命互助会	约1933年
《少年先锋》	延吉	不详	团延吉县委	约1933年
《反帝战线》	和龙县	不详	和龙县反帝同盟	约1933年
《夜哨》周刊	长春	1933	编辑陈受权（陈华）	《大同报》副刊，1933.12终刊
《文艺》周刊	哈尔滨	1934.1	编辑白朗（刘莉）	《国际协报》副刊，1934.12终刊
《青年画报》	金川县	1934.2	共青团南满省委宣传部	16开1页
《反日报》	今牡丹江市穆棱县	1934.2	中共吉东局	1934年4月改名为《吉东战报》
《反日青年》	磐石	1934.4	共青团磐石中心县委	16开2版
《吉东战报》	今牡丹江市穆棱县	1934.4	中共吉东局	同上，由《反日报》更名而成
《战斗青年》	磐石	1934.9	共青团磐石中心县委	16开2版
《珠河群众小报》	珠河县（今尚志市）	1934.10	哈尔滨反日总会	仅出版1期

· 323 ·

续表

报刊名称	创办地址	创办时间	领导组织	备注
《东边道反日报》	金川县	1934.12	中共南满特委宣传部	中共南满特委机关报，8开单面油印，1936.7终刊
《东边道反日画报》	金川县	1934.12	中共"南满"特委	8开单面油印，1936.7终刊
《列宁旗》	不详	1935.1	中共南满省委机关刊，东北抗联第一路军政治部	1939年终刊
《反日民众报》	磐石	1935.3	中共磐石中心县委	1936.8终刊
《东边道青年先锋》	金川等地	1935.4	共青团南满省委	16开2版
（哈东）《人民革命报》	珠河县（今尚志市）	1935.4	中共珠河中心县委	1935年9月终刊
《芜田》和《艺文》副刊	齐齐哈尔	1935.6	编辑金剑啸	《黑龙江民报》副刊
《东满民众报》	延边	1935.7	中共东满特委	中共东满特委机关报
《东满周报》	延边	不详	中共东满特委	约1933—1935年间
《大众报》	延吉	不详	中共延吉县委	约1933—1935年间
《赤斗钟声》	延吉	不详	中共延吉县委	约1933—1935年间
《青年民众》	金川等地	1935.8	共青团南满省委	1936.5终刊
《革命青年画报》	金川等地	1935.12	共青团南满特委	
《吉东青年救国画报》	吉东区	1935.12	吉东青年救国画报社	
《赤斗消息》	和龙	1935	和龙县委	
《解放战线》	和龙	1935	和龙县平江区委	
《赤旗新闻》	和龙	1935	和龙县平江区委	
《战斗日报》	汪清	1935	汪清县	
《勃利先锋报》	勃利县	1935	勃利抗日总会	
《白刃战》	珠河县	1935	共青团珠河县委	
《救国青年》	金川	1936.5	共青团南满省委	
《中华画报》	不详	1936.7	东北抗联第一路军政治部、中共南满省委秘书处合办	单面油印，不定期出刊

附　表

续表

报刊名称	创办地址	创办时间	领导组织	备　注
《南满抗日联合报》	金川等地	1936.7	中共南满省委	1938年11月停刊
《救国报》	依兰县	1937.6	吉东省委秘书处编	1939年2月终刊
《前哨》	林口县	1938.2	中共吉东省委机关刊	月刊，发行200份，1939年2月终刊
《中国报》	南满	1938.12	东北抗联第一路军政治部、中共南满省委秘书处合办	1939年末停刊
《战旗》	不详	1938	东北抗联第一军和前中共东满特委刊物	8开纸单面油印
《抗日报》	不详	1938	抗联第二军	
《统一》	通河县	1939.7	中共北满省委机关报	32开油印
《北满救国报》	海伦县	1940.2	北满反日救国总会	8开2版
《东北红星壁报》	今双鸭山市宝清县	1940.5	抗联第二路军总部壁报社	周保中指示金京石、李俊、王春发出版，赵尚志主笔
《新战线》	不详	不详	北满联合军政治部	16开8版

注：本表系根据《黑龙江省志·报业志》《辽宁省志·报业志》《吉林省志·新闻事业志》《东北新闻史》及田雷论文《抗战时期东北地区红色报刊考察》等相关内容整理而成。

参考文献

一　原始报纸及重点关注周期

（一）日本人在东北创办的报纸

《大北新报》（1940.5—1940.12）

《大连新闻》（1925.5—1931.12）

《大同报》（1933.1—1942.10）

《关东报》（1922.10—1923.2）

《满洲报》（1922.7—1931.11）

《满洲日报》（1927.12—1932.7）

《满洲日日新闻》（1907.11—1908.12）

《盛京时报》（1925.5—1931.12）

《泰东日报》（1913.2—1932.10）

（二）东北国人创办的报纸

《滨江日报》（1937.11—1945.4）

《滨江时报》（1925.5—1937.10）

《大东日报》/《大东报》（1923.2—1931.9）

《东陲商报》（1925.4—1925.7）

《东三省民报》（1923.10—1932.8）

《国际协报》（1919.11—1937.10）

《哈尔滨公报》（1931.12—1932.1）

《海城白话演说报》（1906.10）
《吉林时报》（1930.11—1930.12）
《吉长日报》（1911.1—1931.5）
《新民晚报》（1928.1—1929.12）
《醒时报》（1925.2—1933.1）

（三）国内同时代有影响的报纸
《大公报》（1925.1—1932.7）
《民国日报》（1923.10—1931.12）
《申报》（1925.5—1932.3）

二 著作

白润生编著：《中国新闻通史纲要》，新华出版社1998年版。
常城、李鸿文、朱建华：《现代东北史》，黑龙江教育出版社1986年版。
陈本善主编：《日本侵略中国东北史》，吉林大学出版社1989年版。
陈觉编著：《九一八后国难痛史》（上、中、下），辽宁教育出版社1991年版。
陈绍贤：《中日问题之研究》，商务印书馆发行1935年版。
陈廷湘主编：《中国现代史》，四川大学出版社2002年版。
程丽红：《清代报人研究》，社会科学文献出版社2008年版。
初兴佳等编：《九一八研究》（第一辑），吉林文史出版社2000年版。
方汉奇、李矗主编：《中国新闻学之最》，新华出版社2005年版。
方汉奇：《新闻史的奇情壮彩》，华文出版社2000年版。
方汉奇：《中国近代报刊史》（上下共两册），山西人民出版社1981年版。
方汉奇等编著：《中国新闻事业通史》，中国人民大学出版社2000年版。
方正、俞兴茂、纪红民编：《张学良和东北军》，中国文史出版社1986年版。
冯为群等主编：《东北沦陷时期文学国际学术研讨会论文集》，沈阳出版社1992年版。
傅国涌：《笔底波澜：百年中国言论史的一种读法》，广西师范大学出版社2006年版。

高伯时：《日本侵略东三省之实况》，上海文艺书局印行 1932 年版。

高晓燕主编：《东北沦陷时期殖民地形态研究》，社会科学文献出版社 2013 年版。

戈公振：《从东北到庶联》，湖南人民出版社 1984 年版。

戈公振：《中国报学史》，生活·读书·新知三联书店 1955 年版。

戈公振：《中国报学史》，中国新闻出版社 1985 年版。

郭铁桩、关捷：《日本殖民统治大连四十年史》（上、下册），社会科学文献出版社 2008 年版。

黑龙江日报社新闻志编辑室编著：《东北新闻史（一八九九——一九四九）》，黑龙江人民出版社 2001 年版。

胡太春：《中国报业经营管理史》，山西教育出版社 1998 年版。

胡太春：《中国近代新闻思想史》，山西人民出版社 1987 年版。

黄进兴：《历史主义与历史理论》，陕西师范大学出版社 2002 年版。

黄粱梦：《外人在中国经营之通讯业》，光新书局出版 1930 年版。

［英］埃里克·霍布斯鲍姆：《民族与民族主义》，李金梅译，世纪出版集团、上海人民出版社 2006 年版。

姜念东主编：《伪满洲国史》，吉林人民出版社 1980 年版。

蒋恭晟：《国耻史》，上海：中华书局印行 1926 年版。

蒋蕾：《精神抵抗：东北沦陷区报纸文学副刊的政治身份与文化身份——以〈大同报〉为样本的历史考察》，吉林人民出版社 2014 年版。

蒋颂贤主编：《近代吉林人民革命斗争史》，吉林文史出版社 1992 年版。

解学诗主编：《关东军满铁与伪满洲国的建立》，社会科学文献出版社 2015 年版。

解学诗：《伪满洲国史新编》，人民出版社 1995 年版。

经盛鸿：《恶魔的吹鼓手与辩护士——战时日本新闻传媒与南京大屠杀》（全二册），南京出版社 2008 年版。

雷戈：《第三种历史——一个历史新闻学的文本》，人民出版社 2007 年版。

雷殷编：《东三省之过去现在与未来》，民国大学出版部 1926 年版。

李鸿文主编：《东北抗日斗争史论丛》（一、二、三辑），吉林社会科学院东北史研究所 1983—1985 年版。

薛虹、李澍田主编：《中国东北通史》，吉林文史出版社 1991 年版。

李勇慧：《百年中俄关系》，世界知识出版社2006年版。

李群：《黑龙江新闻传播史研究（1901—1949）》，中国社会科学出版社2021年版。

梁山丁编：《烛心集》，春风文艺出版社1989年版。

[日]林义秀：《黑龙江沦陷始末——一个日本特务机关长的回忆》，黑龙江人民出版社1987年版。

刘海静：《抵抗与批判：萨义德后殖民文化理论研究》，中央编译出版社2013年版。

刘慧娟：《东北沦陷时期文学作品与史料编年集成》，线装书局2015年版。

刘兰肖：《晚清报刊与近代史学》，中国人民大学出版社2007年版。

刘晓丽：《异态时空中的精神世界——伪满洲国文学研究》，华东师范大学出版社2008年版。

刘信君、霍燎原：《中国东北史》（第6卷），吉林文史出版社2006年版。

马建标：《权力与媒介——近代中国的政治与传播》，北京师范大学出版社2018年版。

宁树藩主编：《中国地区比较新闻史》（全三卷），复旦大学出版社2018年版。

潘喜廷、卞直甫、赵长碧、王秉忠：《东北抗日义勇军史》，辽宁人民出版社1985年版。

逢增玉：《黑土地文化与东北作家群》，湖南教育出版社1995年版。

朴宣泠：《东北抗日义勇军》，中国友谊出版公司1998年版。

丘琴、白竟凡、高凌：《高崇民传》，人民日报出版社1991年版。

瞿秋白：《瞿秋白选集》，人民出版社1985年版。

尚侠主编：《伪满历史文化与现代中日关系》（上下册），商务印书馆2014年版。

沈卫威：《东北流亡文学史论》，河南人民出版社1992年版。

沈予：《日本大陆政策史（1868—1945）》，社会科学文献出版社2005年版。

孙邦主编：《伪满文化》，吉林人民出版社1993年版。

谭译主编：《"九·一八"抗战史》，辽宁人民出版社1991年版。

天行编：《东北记痛》，华中图书公司发行1938年版。

田保国：《民国时期中苏关系：1917~1949》，济南出版社1999年版。

铁峰主编：《黑龙江文学通史》（第二卷），北方文艺出版社2002年版。

中央档案馆、中国第二历史档案馆、吉林省社会科学院合编：《东北历次大惨案》，中华书局出版社1989年版。

王翠荣：《〈国际协报〉与20世纪二三十年代的哈尔滨》，中国商务出版社2010年版。

王凤超：《中国的报刊》，人民出版社1988年版。

王桧林主编：《中国现代史》（全两册），北京师范大学出版社1991年版。

王洪祥主编：《中国现代新闻史》，新华出版社1997年版。

王魁喜等编：《近代东北史》，黑龙江人民出版社1984年版。

王明伟：《东北抗战史》，长春出版社2016年版。

王树槐：《庚子赔款》，"中央研究院"近代史研究所1974年版。

王希亮：《近代中国东北日本人早期活动研究》，社会科学文献出版社2017年版。

王希亮：《日本对中国东北的政治统治（1931—1945）》，黑龙江人民出版社1991年版。

王向远：《"笔部队"和侵华战争：对日本侵华文学的研究与批判》，昆仑出版社2015年版。

王向远：《日本对中国的文化侵略：学者、文化人的侵华战争》，昆仑出版社2005年版。

伪满洲国通讯社编：《满洲国现势》，伪满洲国通讯社1936年版。

吴廷俊：《中国新闻史新修》，复旦大学出版社2008年版。

夏庆宇：《中国东北与近代大国关系》，人民日报出版社2017年版。

徐文生编著：《中华民族废除不平等条约斗争史》，西南交通大学出版社2008年版。

徐正学、何新吾编：《国人对于东北应有的认识》，南京东北研究社1928年版。

徐铸成：《报海旧闻》，上海人民出版社1981年版。

杨闯、高飞、冯玉军：《百年中俄关系》，世界知识出版社2006年版。

印维廉、管举先编：《东北血痕》，中国复兴学社发行1933年版。

俞爽迷编：《列强侵略中国概况》，大众书局1936年版。

岳谦厚、段彪瑞编著:《媒体·社会与国家:〈大公报〉与 20 世纪初期之中国》,中国社会科学出版社 2008 年版。

恽代英:《恽代英文集》,人民出版社 1984 年版。

张复生:《国难中之满蒙问题》,东北文化社 1929 年版。

张贵:《吉林近现代新闻媒介简史》,吉林文史出版社 2015 年版。

张历历:《百年中日关系》,世界知识出版社 2006 年版。

张其学:《文化殖民的主体性反思——对文化殖民主义的批判》,北京师范大学出版社 2017 年版。

张涛甫:《报纸副刊与中国知识分子的现代转型》,广西师范大学出版社 2007 年版。

张晓刚:《东北亚近代史探赜》,中国社会科学出版社 2012 年版。

张岩:《〈滨江时报〉研究》,吉林文史出版社 2011 年版。

章开沅、余子侠主编:《中国人留学史》,社会科学出版社 2013 年版。

赵新言:《倭寇对东北的新闻侵略》,东北问题研究社编印 1940 年版。

赵永华:《在华俄文新闻传播活动史(1898—1956)》,中国人民大学出版社 2006 年版。

郑兴东:《受众心理与传媒引导》,新华出版社 1999 年版。

周佳荣:《近代日人在华报业活动》,岳麓书社 2012 年版。

朱汉国编:《中国近代国耻全录》,山西人民出版社 1993 年版。

《日本侵略东三省之计划》,上海民众书店编印 1931 年版。

[日] 南满洲铁道株式会社庶务部调查课:《满洲に於け言论机关现势》,南满洲铁道株式会社 1926 年版。

[日] 金子雪斋:《雪斋遗稿》,振东学社 1937 年版。

[日] 平田外喜二郎:《战时新闻读本》,大阪每日新闻社 1940 年版。

[日] 满洲通讯社:《国通十年史》,国通印刷所 1942 年版。

[日] 长泽千代造:《满洲国弘报关系法规集》,满洲新闻协会 1942 年版。

[日] 鹤见祐辅:《后藤新平传》,东京太平洋协会 1943 年版。

[日] 菊池贞二:《秋风三千里——中国四十年回顾:菊池傲霜庵随笔》,南北社,1966 年版

[日] 井上清、铃木正四:《日本近代史》,商务印书馆 1972 年版。

[日] 山口重次:《满洲建国——满洲事变正史》,日本行政通讯社 1975

年版。

［日］蛯原八郎：《海外邦字新闻杂志史》，株式会社 1980 年版。

［日］井上清：《日本军国主义》（中译本）（第 2 册），盛继勤译，商务印书馆 1985 年版。

［日］满洲国史编纂刊行会编：《满洲国史》，黑龙江省社会科学院历史研究所译，黑龙江省社科院 1990 年版。

［美］古尔德纳：《中国知识分子的兴起》，顾昕译，桂冠图书股份有限公司 1992 年版。

［日］中下正治：《新闻にみる石日中关系史》，研文出版社 1996 年版。

［日］鹤见佑辅：《后藤新平》（第二卷），满铁调查月报，昭和十二年版。

［法］皮埃尔·布尔迪厄、［美］华康德：《实践与反思：反思社会学导引》，李猛、李康译，中央编译出版社，1998 年版。

［俄］德米特里·扬契维茨基：《八国联军目击记》，许崇信等译，福建人民出版社 1983 年版。

［美］迈克尔·辛格尔特里编：《大众传播研究现代方法与应用》，刘燕南、轶红译，华夏出版社 2000 年版。

［美］沃尔特·李普曼：《公共舆论》，阎克文、江红译，上海人民出版社 2002 年版。

［英］厄内斯特·盖尔纳：《民族与民族主义》，韩红译，中央编译出版社 2002 年版。

［加］哈罗德·伊尼斯：《帝国与传播》，何道宽译，中国人民大学出版社 2003 年版。

［美］本尼迪克特·安德森：《想象的共同体：民族主义的起源与散布》，吴叡人译，世纪出版集团、上海人民出版社 2003 年版。

［加］哈罗德·伊尼斯：《传播的偏向》，何道宽译，中国人民大学出版社 2003 年版。

［美］哈罗德·D. 拉斯韦尔：《世界大战中的宣传技巧》，张洁、田青译，中国人民大学出版社 2003 年版。

［美］萨义德：《文化与帝国主义》，李琨译，生活·读书·新知三联书店 2003 年版。

［日］山口重次：《满洲建国——满洲事变史》，日本行政通信社昭和五十

年版。

［日］吉田茂：《激荡的百年史》，李杜译，陕西师范大学出版社 2006 年版。

［英］基思·詹金斯：《论"历史是什么？"——从卡尔和艾尔顿到罗蒂和怀特》，江政宽译，商务印书馆 2007 年版。

［日］江口圭一：《日本十五年侵略战争史（1931—1945）》，杨栋梁译，江苏人民出版社 2016 年版。

三 地方文史资料

《东北抗日联军史》编写组：《东北抗日联军史》（全二册），中共党史出版社 2015 年版。

《东北文化月报》，全国图书馆文献缩微复制中心 2007 年版。

大连人民广播电台：《大连广播回忆录（1946—1986）》（第 1 辑），大连人民广播电台出版 1986 年版。

大连日报社：《大连报史资料》，大连日报社 1989 年版。

大连市地方志编纂委员会办公室：《大连市志·广播电视志》，大连出版社 1996 年版。

大连市史志办公室：《大连市志·报业志》，大连出版社 1998 年版。

东北地区革命历史文件汇集：（1923—1928 年 3 月），黑龙江等档案馆出版社 1989 年版。

杜春和等编：《北洋军阀史料选辑》（下册），中国社会科学出版社 1981 年版。

黑龙江省档案馆、哈尔滨师范大学历史系编：《黑龙江历史大事记（1912—1932）》，黑龙江人民出版社 1984 年版。

哈尔滨市地方志编纂委员会编：《哈尔滨市志·报业·广播电视》，黑龙江人民出版社 1994 年版。

哈尔滨市人民政府地方志办公室编：《哈尔滨人物》（第三辑），哈尔滨市人民政府地方志办公室 1982 年版。

哈尔滨市委文史资料委员会编：《哈尔滨文史资料》（1—19 辑），黑龙江人民出版社 1982—1995 年版。

黑龙江省档案馆编：《黑龙江报刊》，哈尔滨市纸制品厂印刷 1985 年版。

黑龙江省地方志编纂委员会：《黑龙江省志·报业志》，黑龙江人民出版社1993年版。

吉林省档案馆编：《王希天档案史料选编》，长春出版社1996年版。

吉林省地方志编纂委员会编纂：《吉林省志·新闻事业志·报纸》，吉林人民出版社2006年版。

吉林省图书馆特藏部：《伪满洲国史料》，全国图书馆文献复制中心2002年影印本。

辽宁、吉林、黑龙江省文化厅、沈阳、大连、长春、哈尔滨市文化局：《东北革命文化史料选编》（第二辑），辽宁、吉林、黑龙江省文化厅1992年版。

李鸿文、张本政主编：《东北大事记》（上、下），吉林文史出版社1987年版。

梁利人主编：《沈阳新闻史纲》，沈阳出版社2014年版。

辽宁报业通史编委会：《辽宁报业通史（1899—1978）》，辽宁人民出版社2016年版。

辽宁省、吉林省、黑龙江省档案馆编：《东北地区革命历史文件汇集》，辽宁、吉林、黑龙江档案馆出版1988年版。

辽宁省档案馆编：《九一八事变前后的日本与中国东北》，辽宁人民出版社1991年版。

辽宁省地方志编纂办公室编：《吉林文史资料选辑——日伪统治东北时期大事记专辑》（第三辑），辽宁人民出版社1981年版。

辽宁省地方志编纂委员会办公室：《辽宁省志·出版志》，辽宁科学技术出版社1999年版。

辽宁省地方志编纂委员会办公室：《辽宁省志·报业志》，辽宁人民出版社2005年版。

辽宁省地方志办公室：《辽宁省地方志资料丛刊》（1—12辑），辽宁省地方志办公室1986—1990年版。

彭放主编：《沦陷区中国文学研究资料总汇》，黑龙江人民出版社2007年版。

秦孝仪主编：《中华民国重要史料初编——对日抗战时期》（二），中国国民党中央委员会史委员会出版1981年版。

参考文献

全国图书馆文献缩微复制中心：《民国珍稀短刊断刊》（东北卷），广西师范大学出版社 2020 年版。

沈阳市地方志编纂办公室编：《沈阳市志·文化·新闻出版·卫生·体育·文物》（第十三卷），沈阳出版社 1990 年版。

孙邦等编：《伪满史料丛书：伪满文化》，吉林人民出版社 1993 年版。

唐继革、王野光、王健、姜杰主编：《长春二百年（1800—2000）》，长春市政协文史和学习委员会 2000 年版。

田秀忠编著：《吉林省报业大事记》，吉林人民出版社 2015 年版。

王秉忠主编：《东北沦陷十四年大事编年》，辽宁人民出版社 1990 年版。

王承礼主编：《苦难与斗争十四年》（上、中、下），中国大百科全书出版社 1995 年版。

王承礼主编：《中国东北沦陷十四年史纲要》，中国大百科全书出版社 1991 年版。

王鸿宾、孙宝君、袁占先等编：《东北人物大辞典》，辽宁古籍出版社 1996 年版。

王胜利主编：《大连近百年史人物》，辽宁人民出版社 1999 年版。

徐铸成：《我参与创办大光报的经历》，武汉文史资料 1996 年版。

杨光主编：《皇姑文史资料·科辑文教专辑》（第 19 辑，全二册），政协沈阳市皇姑区文史委员会 2007 年版。

于泾：《长春史话》，长春出版社 2000 年版。

长春市地方志编纂委员会：《长春市志·广播电视志》，长春市地方志编纂委员会 2009 年版。

赵玉明主编：《日本侵华广播史料选编》，中国广播影视出版社 2015 年版。

政协沈阳市委员会文史资料研究委员会编：《沈阳文史资料》（第九辑）政协沈阳市委员会文史资料委员会办公室 1985 年版。

政协沈阳市委员会文史资料研究委员会编：《沈阳文史资料》（第四辑），政协沈阳市委员会文史资料研究委员会办公室 1983 年版。

中共黑龙江省委党史研究室：《中共黑龙江历史（1921—1949）》（第一卷，上下册），中共党史出版社 2013 年版。

中共吉林历史概要编写组：《中共吉林历史概要》，吉林教育出版社 1991 年版。

中共吉林省委党史工作委员会编：《中国共产党在吉林活动大事记》（新民主主义革命时期），吉林人民出版社 1989 年版。

中共长春市委党史研究室编：《中国共产党长春历史》（第1卷），中共党史出版社 2004 年版。

中国工会运动史料全书总编辑委员会：《中国工会运动史料全书》（吉林卷），吉林人民出版社 2000 年版。

中国人民政治协商会议黑龙江省哈尔滨市委员会文史资料研究委员会编：《哈尔滨文史资料——纪念抗日战争胜利四十周年专辑》，哈尔滨政协文史资料研究委员会 1985 年版。

中国人民政治协商会议吉林省委员会：《吉林文史资料》（2—4 辑），吉林人民出版社 1981—1983 年版。

中国人民政治协商会议辽宁省大连市委员会文史资料研究委员会：《大连文史资料》（第3辑）1987 年版。

周保中：《东北抗日游击日记》，人民出版社 1991 年版。

四　档案文献

奉天全省警务处为报民人赵锄非等创设东三省民报社应予照准各情并送履历事给奉天省长公署的呈，1922 年 10 月 14 日，档案号 JC010-003017-000005，辽宁省档案馆藏。

东三省公报社长王光烈醒时报社长张子岐东三省民报社长赵雨时等为发起组织辽宁报界联合会并送组织大纲请准予立案事给辽宁省政府的呈，档案号 JC010-01-003027-000160，辽宁省档案馆藏。

辽宁省政府为饬拨解东三省民报社民国十八年四月份津贴事给辽宁省财政厅的训令，档案号 JC010-01-023231-000109，辽宁省档案馆藏。

辽宁省政府秘书处为请纠正民国十八年九月二十七日登载蒋中正态度消极报道事给新民晚报社的函，档案号 JC010-01-003001-000035，辽宁省档案馆藏。

奉天东边道尹公署为查盛京时报社捏造事实挑拨文武散布谣言并请派警察严加制止禁止火车站递送盛京时报事给安东关监督公署的函，档案号 JC006-01-000586-000054，辽宁省档案馆藏。

《新聞雜誌操縱關係雜纂/吉長日報、吉林時報、民報》，1918—1920 年，日本外务省外交史料馆藏，资料号：B03040628000。

《吉长日报操纵费》，1920—1922年，日本外务省外交史料馆藏，资料号：B03040628200。

《济南事件／排日及排货关系》，1928年，日本外务省外交史料馆藏，资料号：B02030068800。

《支那（附香港）ニ於ケル新聞及通信ニ関スル調査》，1925年，日本外务省外交史料馆藏，资料号：B02130801400。

《東三省民報及公報記事取締》，1926年，日本外务省外交史料馆藏，资料号：B03040866000。

《万宝山農場事件／排日関係／関東庁報告》，1931年，日本外务省外交史料馆藏，资料号：B02030175300。

《宣伝関係雑件／外国新聞論調》，1926年，日本外务省外交史料馆藏，资料号：B03040970000。

《万宝山農場事件／輿論並新聞論調》，1931年，日本外务省外交史料馆藏，资料号：B02030181800。

《満洲事変（支那兵ノ満鉄柳条溝爆破ニ因ル日、支軍衝突関係）》，1931年，日本外务省外交史料馆藏，资料号：B02030185900。

《満洲事変法律問題ニ関スル亜一意見集（一）（連盟規約関係）》，1933年，日本外务省外交史料馆藏，资料号：B02130094300。

《満洲事変ニ関スル支那各地ノ新聞論調》，1933年，日本外务省外交史料馆藏，资料号：B10070272200。

《非常時ニ於ケル報道宣伝実施要領》，1933年，國立公文書館，资料号：A06030070000。

《中村大尉惨殺事件》（第二卷），1931年，日本外务省外交史料馆藏，资料号：B02030185900。

五 论文

（一）学术论文

蔡铭泽：《论三十年代初期中国的舆论环境》，《中国人民大学学报》1994年第3期。

何村：《伪满洲国新闻传播史的研究与体系的构建》，《新闻大学》2012年第6期。

何兰：《日本对伪满洲国新闻业的垄断》，《现代传播》2005年第3期。

何萍：《中国历史上的报刊新闻检查制度》，《重庆工商大学学报》（社会科学版）2007年第5期。

姜义华：《论二十世纪中国的民族主义》，《复旦学报》（社会科学版）1993年第3期。

李彩霞、华京硕：《日本对初期东北日系报刊的干预与控制——以营口〈满洲日报〉的兴衰为例》，《新闻大学》2018年第6期。

李淑娟：《日本帝国主义对中国东北移民侵略特点之剖析》，《学术交流》2003年第2期。

梁化奎：《瞿秋白对帝国主义文化侵略中国的揭露》，《中国矿业大学学报》（社会科学版）2000年第3期。

刘爱君：《20世纪在华日本报人与中日关系——以〈顺天时报〉为中心》，《贵州民族学院学报》（哲学社会科学版）2006年第2期。

逄增玉：《流亡者的歌哭——论三十年代的东北作家群》，《文学评论》1986年第3期。

齐辉：《〈盛京时报〉与九一八事变》，《民国档案》2009年第3期。

齐辉：《抗战前日本在华新闻舆论势力的扩张与建构——以"满铁"在华新闻活动为中心的解读》，《现代传播》（中国传媒大学报学）2015年第11期。

田雷：《东北抗联报刊述略（1932—1940）》，《哈尔滨学院学报》2012年第9期。

田雷：《黑龙江地区抗联报刊研究》，《新闻大学》2012年第4期。

田雷：《抗战时期东北地区红色报刊考察》，《红色文化学刊》2020年第2期。

田雷：《中共满洲省委机关报〈满洲红旗〉研究》，《北京印刷学院学报》2008年第5期。

王翠荣、吴廷俊：《伪"满洲国"中国人报纸的命运——以〈国际协报〉的发展及消失为例》《国际新闻界》2009年第12期。

王翠荣：《"九一八"事变前后〈国际协报〉的社评》，《新闻爱好者》

2010 年第 10 期。

王翠荣：《1918—1937 年〈国际协报〉的办报宗旨和实践》，《北京印刷学院学报》2010 年第 3 期。

王翠荣：《20 世纪 20 年代东北新闻界对日本新闻侵略的抵制——以〈东三省民报〉与〈盛京时报笔战为中心〉》，《江西社会科学》2019 年第 11 期。

王翠荣：《抗战文学的先锋阵地——哈尔滨〈国际协报〉副刊》，《学术交流》2010 年第 1 期。

王翠荣：《民国东北著名报人赵惜梦副刊编辑实践述论》，《新闻知识》2020 年第 5 期。

王翠荣：《试论"九一八"事变后〈国际协报〉副刊的议题设置》，《黑龙江史志》2010 年第 11 期。

王翠荣：《伪满洲国成立前日本对东北的新闻侵略及东北新闻界的抵制》，《民国档案》2010 年第 3 期。

王素怡、张晓刚：《论日本"大陆政策"与俄国"远东政策"之异同》，《大连近代史研究》2008 年第 5 卷。

王永亮：《近代民营报刊的"文人论政"》，《临沂师范学院学报》2002 年第 5 期。

王卓杰：《〈醒时报〉与张兆麟兄弟》，《沈阳故宫博物院院刊》2009 年第 7 辑。

徐志民：《从合作到对抗：中国人眼中的"东方文化事业"（1923—1931）》，《社会科学研究》2017 年第 4 期。

张福山、张洪涛：《"五四"运动在哈尔滨》，《学理论》2001 年第 5 期。

张贵：《东北沦陷 14 年日伪的新闻事业》，《新闻与传播研究》1993 年第 1 期。

张凯峰：《20 世纪 20 年代的收回教育权运动》，《炎黄春秋》2018 年第 1 期。

张玉芝：《日伪统治时期的弘报机构》，《东北地方史研究》1991 年第 4 期。

赵建国：《民初中日新闻界的交流与对抗——以东三省中日记者大会为中心》，《安徽大学学报》（哲学社会科学版）2016 年第 4 期。

赵建国：《民国初期记者群体的对外交往》，《江汉论坛》2006年第8期。

赵永华：《19世纪末20世纪初沙俄官方和民间在华出版报刊的历史考察与简要评析》，《俄罗斯研究》2010年第6期。

赵永华：《沙俄在华办报史研究》，《新闻学论集》2010年第25辑。

（二）学位论文

卞策：《黑龙江沦陷时期报纸文艺副刊研究综述》，哈尔滨师范大学，硕士论文，2009年。

曹哲：《论东北沦陷时期日伪报业统制政策及其实质》，黑龙江省社会科学院，硕士论文，2008年。

段妍：《东北沦陷时期民众社会心理的嬗变》，东北师范大学，硕士论文，2004年。

谷胜军：《〈满洲日日新闻〉研究》，东北师范大学，博士论文2014年。

李丽：《清末〈盛京时报〉研究》，吉林大学，硕士论文，2007年。

李梅梅：《民初东三省中日记者大会研究》，黑龙江大学，硕士论文，2013年。

梁德学：《〈泰东日报〉中国报人研究（1908—1945）》，吉林大学，博士论文，2017年。

刘金福：《〈远东报〉研究（1910—1921）》，吉林大学，博士论文，2014年。

刘飒：《晚清吉林省报业述略》，吉林大学，硕士论文，2008年。

柳宗杰：《近代日本"大陆政策"的形成及其初步实施（1868—1905）》，黑龙江省社会科学院，硕士论文，2017年。

齐辉、王翠荣、田雷等：《伪满时期东北新闻业研究》，研究报告，2015年。

邱晨阳：《东北最早由国人自创的报纸——〈东三省公报〉研究》，吉林大学，硕士论文，2007年。

孙佳丽：《伪满洲国新闻法制研究》，暨南大学，硕士论文，2017年。

田雷：《东北抗联新闻媒介与宣传机制研究》，研究报告，2017年。

佟雪：《沦陷初期（1931—1937）的东北文学研究——以〈盛京时报〉〈大同报〉〈国际协报〉文学副刊为中心》，东北师范大学，博士论文，

2012年。

王利:《〈滨江日报〉研究》,吉林大学,硕士论文,2009年。

王越:《东北沦陷时期文丛派与艺文志派比较研究》,东北师范大学,博士论文,2013年。

温波:《大众传媒时代知识分子与媒体关系研究》,暨南大学,硕士论文,2007年。

殷欣:《从甲午战争到日俄战争:俄国远东政策的嬗变(1895—1904)》,南京大学,硕士论文,2011年。

张瑞:《〈大北新报〉与伪满洲国殖民统治》,吉林大学,博士论文,2014年。

张岩:《〈滨江时报〉研究》,东北师范大学,硕士论文,2010年。

赵建明:《近代辽宁报业研究(1899—1949)》,吉林大学,博士论文,2010年。

周小伶:《民国时期张学良的新闻活动研究》,渤海大学,硕士论文,2017年。

后　记

当我着手修改书稿的时候，正值江南"梅熟天气半晴阴"的梅雨季节。窗外飘过的丝丝细雨，常常会牵起我的思绪，搅动我的心扉。这部书稿是基于我主持的国家社科基金项目"'七七事变'前东北新闻界对日本新闻侵略的抵制研究"而完成的。自2017年6月立项后我便正式投入到这个选题的深研之中，一转眼，整整4年时光倏然而逝。如果再向前追溯，从2007年开始进入东北新闻史的研究领域算起，不经意间已经穿越了14载光阴隧道。这10余年是我人生旅程中最为重要的一段岁月，因为在这段岁月里，我开始有了较为明确的学术方向，有了自己的一点学术积累和思索，也在工作中有了许多收获。这些年一路走来，身体无疑是疲惫的，然而精神却异常充盈。

当年，在面对"网络文化"与"地方新闻史"这两个研究方向的选择上，我放弃了比较热门的前者而聚焦于相对单调枯燥的后者，原因之一是受到我的导师吴廷俊教授为人为学的影响，原因之二是被当时东北新闻史这一尚待开掘的学术富矿深深吸引。但新闻史的研究需要沉得下心，坐得住板凳，耐得了寂寞，读得进一手文献。近年来，我时常穿梭在各大图书馆、档案馆中，与管理员一起上下班，终日浸泡在地方文献室里，静心阅读着刻满沧桑的报刊及书籍，汲取着前人丰富的思想和强大的精神力量。记不清走了多少里程，抄了多少笔记，复印了多少资料，拍了多少张照片，看了多少卷缩微胶片，翻阅了多少文献；只记得每每有一个新的发

后　记

现，便抑制不住内心的喜悦，每每读到一篇精彩的文章，便不由地为其喝彩，每每看到图书馆档案馆的老师已将我视为"VIP读者"并热心地为我提供各种查询路径，便涌起一种由衷的感动。

尽管偶尔还会想起到档案馆查档午休时无处可去，只能忍受着萧瑟的寒风缩着脖颈一遍遍走圈的可怜样态；会想起查资料回家的路上突逢暴雨路上积水成河，只得艰难跋涉却又被不讲公德的司机快速驶过溅得满身是泥的狼狈场景；会想起伴随图书馆闭馆铃声响过恋恋不舍地离开，结果赶上高峰期动辄要等半个多小时车的焦急心理；会想起为了考证一处史料匆忙买上一张火车票奔赴外地图书馆档案馆去查询，结果人生地不熟迷路坐错车的可笑情形……但这一切的一切，如今都已成为回忆中的小插曲，攀爬过程中的艰辛和苦楚也都被到达山峰后的无边喜悦所覆盖。

这些年来，我高兴地看到越来越多的同道之人加入到对东北新闻史的研究中，从最初的成果寥寥到现在的满目繁花，从过去的孤独前行到如今可以结伴同程，这让我无比欣慰。感谢参与我课题研究的黑龙江大学李群、田雷两位老师，李群老师参与了我书稿第三章部分内容的创作，田雷老师在我进行课题申报时给我提出了许多宝贵的建议。我与他们的友谊也突破了时空的藩篱，历久弥新；感谢吉林大学的蒋蕾老师，我曾因部分问题求教于她，她也十分热心地帮我寻找资料，答疑释惑。尽管只能偶尔在学术会议上相见，但每次见面都倍感亲近；感谢江西师范大学的梁德学老师，尽管只有一面之缘，但一直感佩于他对《泰东日报》的深研，也感谢他指导我如何查阅亚洲历史资料中心这一日本的数据库；感谢东北农业大学的叶彤老师，尽管未曾谋面，但他凭借扎实的日文功底对我查阅的部分档案给予了认真校正。这些东北新闻史的中青年研究学者都在自己的领域精心耕耘，时时给我鼓舞及激励。

在课题的研究中，我也经历了人生中最大的一次改变。2019年下半年，我迈出了十分勇敢的一步，从生活了20多年的冰城夏都来到了烟雨江南，开始尝试走出舒适圈，迎接一场新的挑战。两年来，我不敢有一丝懈怠，马不停蹄地向前奔跑，每天几乎都在半夜12点后才上床休息，只为能如期结题，如期将成果顺利出版，如期完成各类考核任务。这使我仿佛又回到了做博士论文的那段日子，虽然压力山大，但却动力十足；虽然疲累辛苦，但却充满激情。

感谢一路走来所有关心、支持过我的各位师友，他们为我提供了不竭的思想动力，创造了宽松的工作环境，给予了我最大的帮助，让我可以顺利地完成自己的学术目标。尤其是我的领导兼大姐王桂清，我的导师吴廷俊，我的同门马嘉、陈志强；感谢在查阅资料过程中长期为我提供周到服务的图书馆、档案馆的各位管理人员，特别是黑龙江图书馆的夏巨岚、哈尔滨市图书馆的关雪兰和黑龙江省档案馆的陈静升；感谢我那一向勤劳善良而又积极乐观的父亲，他的生活态度一定程度上影响了我，使我也带着这种基因做人做事；当然，更要感谢我的爱人多年来任劳任怨地付出，让我可以心无旁骛地在自己的天地里自由驰骋，感谢我的女儿在学习上一向独立自觉，让我从未因她的学业而费心劳神……

最后，感谢中国社会科学出版社的安芳老师，是她的精心编辑才使本书圆满问世！

王翠荣

2021年6月